인류세란 무엇인가
유럽에서의 철학적 논쟁

지구인문 학총서 04

인류세란 무엇인가

The Anthropocene and the Global Environmental Crisis

유럽에서의 철학적 논쟁

클라이브 해밀턴 크리스토프 보뇌이유
프랑수아 주멘느 편집
조성환 허남진 이원진 옮김

도서출판 모시는사람들

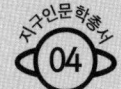

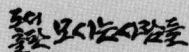

The Anthropocene and the Global Environmental Crisis: Rethinking modernity in a new epoch
copyright © 2015 by Clive Hamilton, Christophe Bonneuil and François Gemenne
Authorised translation from the English Language edition Published by Routledge,
a member of the Taylor & Francis Group
All rights reserved
Korean translation copyright © 2025 by MODLPEOPLE
Korea edition is Published by arrangement with Taylor & Francis Group
through Imprima Korea Agency

이 책의 한국어판 저작권은 Imprima Korea Agency를 통해
Taylor & Francis Group과의 독점계약으로 모시는사람들에 있습니다.
저작권법에 의해 한국 내에서 보호를 받는 저작물이므로
무단전재와 무단복제를 금합니다.

> 역자 서문

인류세를 해석하는 다양한 입장들

조성환·허남진

이 책은 산업혁명 이래로 인류가 지구의 지질학적 조건을 변화시킨 시대를 지칭하는 '인류세Anthropocene' 개념에 관한 가장 포괄적이면서 학제적인 탐구를 시도한 최초의 인문학 서적이다. 집필자로 참여한 14명의 연구자 중에는 브뤼노 라투르나 디페시 차크라바르티, 클라이브 해밀턴과 이자벨 스텡거스와 같이 국내에도 많이 알려진 학자들도 포함되어 있다. 이들은 인류세를 단순히 지질학적 시대 구분으로 보는 자연과학적 관점에서 벗어나서, 그것이 어떻게 근대적 세계관을 뒤흔들면서 새로운 윤리와 정치에 대한 요청으로 이어지는지를 다각도로 보여주고 있다. 각 장은 서로 다른 학문적 배경과 문제의식을 가진 연구자들이 인류세 개념의 복합성과 다층적 긴장을 드러내면서, 독자로 하여금 이 시대의 가장 중대한 문제에 대해 깊이있는 이해를 할 수 있도록 이끈다.

2013년 유럽, "인류세를 사유하다"

이자벨 스텡거스는 제10장 「가이아의 실재를 받아들이기」의 서두에서 이 책이 만들어지게 된 계기를 다음과 같이 전하고 있다.

> 이 책은 2013년 11월 14일~15일에 파리에서 열린 학술대회 《인류세를 사유하기 Thinking the Anthropocene》에서 시작되었다. 학술대회의 목적은 "근본적인 무언가가 바뀌었다"는 직관을 가진 사회과학자와 인문학자들을 한자리에 모으는 것이었다. "근본적인 무언가가 바뀌었다"는 것은 그들의 학문 분야를 다시 생각할 필요가 있음을 의미한다. 왜냐하면 지금까지 그들은 근대성을 정의하는 '사회적인' 개념들에만 의존해 왔기 때문이다.

주지하다시피 '인류세' 개념은 2000년에 대기화학자 파울 크뤼천과 생물학자 유진 스토머가 제기한 새로운 지질시대의 명칭이다. 그로부터 13년 뒤에 유럽의 학자들이 한자리에 모여서 인류세 개념을 주제로 인문학과 사회과학의 관점에서 토론한 학술대회가 이 책의 시작이라는 것이다. 학술대회가 개최된 배경에는 "어떤 근본적인 학문적 전환이 필요하다"는 학자들의 공감대가 있었고, 그것을 상징하는 말이 "근본적인 무언가가 바뀌었다"였다.[1] 과학자가 제안한 '인류세' 개념이 처음으로 인문학의 영역

---

[1] 학술대회 프로그램은 다음 싸이트에서 열람이 가능하다: http://www.adequations.org/IMG/pdf/Thinking_the_Anthropocene_-_final_Programme_rev_Nov.pdf

으로 들어온 것이 2009년에 역사학자 디페시 차크라바르티가 쓴 논문 「역사의 기후: 네 가지 테제」라는 점을 감안하면, 2013년에 개최된 이 학술대회는 '인류세'를 주제로 한 최초의 본격적인 인문사회과학 학술대회일 것이다.

이 책은 학술대회가 개최된 지 2년 뒤에 출판되었는데, 편집자인 클라이브 해밀턴, 크리스토프 보뇌이유, 프랑수아 주멘느는 당시 학술대회 조직위원의 일부였다. 클라이브 해밀턴은 국내에서는 『인류세: 거대한 전환 앞에 선 인간과 지구시스템』(2018, 이상북스)의 저자로 알려져 있고, 초기에는 '한국의 자본주의 산업화'를 연구한 한국 연구자이다.[2] 크리스토프 보뇌이유는 장 바티스트 프레쏘(이 책의 제5장의 저자)와 함께 2013년에 『인류세라는 사건: 지구, 역사 그리고 우리』라는 선구적인 연구서를 출간하였다.[3] 아마도 '인류세'를 주제로 한 인문학 연구서 중에는 가장 빠르지 않을까 생각한다. 이 책은 2016년에 『인류세의 충격』이라는 제목으로 영어로 번역되었고,[4] 2018년에는 『인류세란 무엇인가?: '지구와 인류의 시대'의 사상사』라는 제목으로 일본어로도 번역되었다.[5] 한편 프랑수와 주멘느는 『인류세의 아틀라스』의 공저자이다.[6]

---

2 관련 저서는 *Capitalist industrialization in Korea*, Boulder: Westview Press, 1986이다.
3 Christophe Bonneuil Jean-Baptiste Fressoz, *L'événement Anthropocène: La terre, l'histoire et nous*, Paris: Le Seuil, 2013.
4 Christophe Bonneuil and Jean-Baptiste Fressoz, *The Shock of the Anthropocene: The Earth, History and Us*, Translated by David Fernbach, London: Verso, 2017.
5 クリストフ・ボヌイユ, ジャン=バティスト・フレソズ, 『人新世とは何か:「地球と人類の時代」の思想史』, 野坂しおり訳, 東京: 青土社, 2018.
6 François Gemenne, Aleksandar Rankovic et Atelier de cartographie de Sciences Po,

인류세와 가이아

학술대회가 열렸던 2013년은 최근에 타계한 브뤼노 라투르가 '가이아'를 주제로 6차례에 걸쳐서 기포드 강연을 한 해이기도 한다. 이 강연은 2017년에 2개의 강의를 추가하여 『가이아와 마주하기』라는 제목으로 영어로 번역되어 출판되었다.[7] '가이아'는 1970년대에 대기화학자 제임스 러브록과 생물학자 린 마굴리스가 제안한 '지구'의 다른 이름으로, 지구를 단순한 물체가 아니라 오랜 세월에 걸쳐 변화에 적응하고 진화해 온, 마치 살아있는 생명체와 같이 반응하는 존재로 보는 관점을 담고 있다. 라투르는 국내에서는 '행위자 네트워크 이론'의 선구자로 알려져 있는데, 그의 마지막 10년은 가이아 연구에 바쳤다고 해도 과언이 아니다. 그의 유작은 2022년에 쓴 「사회이론 문제로서의 가이아」라는 글이었다.[8] 이렇게 보면 '인류세'와 '가이아' 개념을 둘러싼 비교 고찰도 가능한데, 이 문제에 대해서는 이 책의 제10장과 11장에서 이자벨 스텡거스와 브뤼노 라투르가 논하고 있다.

근대성의 전제를 흔들다

'근대'라고 하면 대개 진보하고 발전한 시대, 계몽되고 합리적인 시대로

Atlas de l'Anthropocène, Paris: Presses de Sciences Po, 2019.

7 Bruno Latour, *Facing Gaia: Eight Lectures on the New Climatic Regime* translated by Catherine Porter, Cambridge: Polity, 2017.

8 조성환, 『K-사상사: 기후변화 시대 철학의 전환』, 다른백년, 2023, 174~175쪽.

알려져 있다. 하지만 이 책을 읽으면 근대를 떠받치고 있던 기본 전제들이 한순간에 무너지고 있음을 알 수 있다. 이 책을 편집한 클라이브 해밀턴, 크리스토프 보뇌이유, 프랑수아 주멘느는 〈프롤로그〉에서 다음과 같이 말하고 있다.

> 이 책은 인류세의 도래로 촉발된 새로운 급진적 사유를 포착하고, 사회과학과 인문학 분야에 새로운 지질 시대, 즉 '인간의 시대'의 심오한 의미를 열어 준다. 아울러 전 세계적으로 인정받는 저명한 학자들과 사유를 자극하는 지식인들의 전문 지식을 바탕으로, '지질학의 역사와 인간의 역사의 수렴'이 근대 사회과학의 기본 개념들에 제기하는 도전과 질문을 탐구한다.

여기에서 말하는 '인간의 시대'는 '인류세'를 풀어쓴 개념으로, "인간에 의해 지구가 변화된 시대"를 가리킨다. 그런데 이 새로운 시대는 종래에 인간을 이해해 왔던 방식에 대해, 즉 인간을 자연과 분리시켜서 "오로지 사회적으로만social-only" 이해해 왔던 관행에 대해 근본적인 물음을 던진다. 물론 이와 유사한 물음은 종래의 환경윤리나 생태철학에서도 꾸준히 제기되어 왔다. 그러나 인류세는 인간이 생물학적 존재를 넘어 지구의 대기시스템까지 변화시키는 '지질학적 행위자'가 되었다는 선언이기 때문에 종래와는 다른 차원의 사유가 요구된다. 이 책은 이러한 '철학의 전환'이라는 요구에 대한 선구적인 응답이다.

인류세 개념을 둘러싼 논쟁

'인류세' 개념은 아직 지질학계에서 공식적으로 인정되지 않았고, 인문학자들 사이에서도 인류세보다는 '자본세 Capitalocene'나 '쑬루세 Chthulucene'가 적절하다고 주장하는 이들이 있다.[9] 이 책 역시 이러한 문제에 대한 다양한 입장을 싣고 있다.

이자벨 스텡거스는 인류세 개념보다는 가이아라는 '실재 reality'에 초점을 맞추는 것이 현실적이라는 입장이다. 라투르는 스텡거스와 마찬가지로 '가이아' 개념의 긴급성을 인정하면서도, '인류세' 개념이 비록 함정은 있지만 자연과 인간을 분리시킨 '근대화' 개념에서 벗어나기 위한 최선의 대안이라는 점에서 가치가 있다고 보는 입장이다. 장 바티스트 프레쏘는 20세기 전반까지만 해도 "전 세계 탄소배출량의 95%는 영국과 미국에서 배출되었기 때문에, 역사적으로 말하면 인류세는 '앵글로세 Anglocene'라고 불렸을 수도 있다"고 말한다. 프랑수와 주멘느에 의하면, 엘릭 스빙에다우는 인류세가 소수의 남자와 그보다 적은 여성의 시대라는 점에서 '소수세 Oliganthropocene'로 불려야 한다고 주장한다. 알프 호른보리는 기술의 역할을 강조하면서 '테크노세 Technocene' 개념을 제안한다. 한편 디페시 차크라바르티는 행성이라는 장기적인 역사의 관점에서 "기후변화 문제를 자본주의 문제로 환원하는 것은 우리가 마주하고 있는 현실의 본질을 보지 못하게 눈가림할 뿐"이라는 입장이다. 그 이유는 기후변화가 "두 개

---

9   자본세는 2009년에 안드레아스 말름 Andreas Malm이 최초로 사용하였고, 툴루세는 2015년에 도나 해러웨이가 처음으로 제안하였다.

의 과정, 즉 '단기적인 인간의 역사의 과정'과 그보다 훨씬 장기적인 '지구 시스템의 역사와 생명의 역사의 과정'이 하나로 합쳐져서 정의되기 때문이다. 반면에 비르지니 마리스는 인류세 개념이 개인으로부터 도덕적 책임과 능력을 박탈한다고 지적하면서 '자연' 개념을 부활할 것을 주장한다. 이처럼 인류세를 둘러싼 상이한 생각과 입장들이 존재하는데, 이 책은 이러한 다양한 관점들을 다각도로 보여주고 있다.

각 장의 내용 요약

이 책은 크게 세 부분으로 이루어져 있고, 각 부는 서로 다른 차원의 주제를 다루고 있다. 제1부에서는 인류세 개념의 다양한 이해와 함의를 탐구한다. 내용적으로는 인류세를 둘러싼 여덟 가지 명제들, 네 가지 인류세 서사들, 근대 초기의 여덟 가지 환경 문법들, 그리고 역사들의 수렴 등의 문제를 고찰한다. 제2부에서는 인류세에 대두되고 있는 파국주의 catastrophism의 다양한 갈래들을 소개한다. 인류세가 언제까지 지속될 것인지에 대한 네 가지 가설을 비롯하여, 카이로스적 시간관의 관점에서 해석한 인류세 선언, 그리고 파국이 다가오고 있음에도 불구하고 사람들의 행동에 변화가 없는 이유 등을 '인류세 종말론'의 관점에서 분석한다. 제3부에서는 인류세와 관련된 개념들, 가령 '가이아'나 '자연' 개념들이 인류세에 어떤 의미를 지니는지, 그리고 인류세의 정치는 어떠해야 하는지를 정치생태학이나 가이아정치학의 관점에서 고찰한다. 구체적으로 각 장의 내용을 요약하면 다음과 같다.

먼저 머리말은 이 책의 편집자들이 공동으로 집필하였다. "인류세와 지구적 환경위기 The Anthropocene and the Global Environmental Crisis"라는 제목은 원저의 제목을 그대로 사용한 것이다. 머리말에서는 '인류세' 개념에 대한 압축적인 정의와 함께 그것이 함축하는 문명사적 의미를 드러내면서 이 책의 학문적 의의를 간략히 밝히고 있다.

이어지는 프롤로그[10] 역시 편집자 3인의 공동 집필로, 제목인 「인류세를 사유하기」는 이 책의 모태가 된 학술대회 제목에서 가져왔다. 저자들은 이 글에서 인류세에 대한 세 가지 '정의'와 두 가지 '주장'을 소개한 뒤에, 각 장의 주제를 간략히 설명한다.

저자들에 의하면 인류세의 정의는 좁게는 지질학적 차원, 넓게는 지구시스템과학적 차원, 그리고 가장 넓게는 인간이 미치는 영향의 차원으로 나눌 수 있다. 이 중에서 첫 번째 정의는 확실한 지질학적 증거가 필요하기 때문에 공식적으로 인정되기까지는 얼마가 소요될지 모른다. 두 번째 정의는 첫 번째 정의의 대상인 '지질학'보다 훨씬 거시적인 관점으로, 하나의 시스템으로서의 지구가 인류세 상태로 진입하는 변화를 겪고 있다고 주장한다. 세 번째 정의는 여기에다 인간 사회의 변화까지를 포함시켜, 인간과 자연의 관계에서의 질적인 변화를 포착한다.

이어서 인류세 테제가 제기하고 있는 두 가지 주장을 살펴보면, 하나는 "인간이 지구의 기능을 변화시키는 대지적 힘 telluric force"이 되었다는

---

10 원저에서는 이 글이 제1장에 들어있는데 번역서에서는 '프롤로그'로 배치하였다.

것이고, 다른 하나는 그로 인해 "새로운 인간의 조건을 예고한다"는 것이다. 이러한 변화는 두 가지의 종언을 의미한다. 하나는 "인간 역사의 배경에 불과한 것으로 여겨졌던 자연 개념의 종언"이고, 다른 하나는 사회를 이해하는 데 있어서 자연을 배제한 채 '오로지 사회적으로만social-only' 접근했던 "근대적 족쇄의 종언"이다. 그래서 저자들은 인류세 시대에는 "지금까지의 학문을 구성하는 모든 근본적인 관념들을 다시 사유해야 하고," "근대의 인문학과 사회과학은 지구로 돌아와야 한다. 즉, 재물질화rematerialised되어야 한다"고 주장한다.

마지막으로 각 장의 내용을 '자연과 문화', '철학의 위기', 그리고 '인류세 정치학'이라는 범주로 간략하게 요약하면서 글을 맺고 있다.

프롤로그에 이어지는 제1장과 제2장 역시 총론 성격의 글이다. 제1장 「지질학적 전환: 인류세 서사들」에서 역사학자 크리스토프 보뇌이유는 인류세 담론을 '지질학적 전환'으로 규정한다. 그는 먼저 '이야기'의 중요성을 강조하는 것으로 말문을 연다. "오늘날 우리가 우리에게 어떤 인류세 이야기를 하는가가 장차 우리가 거주하게 될 미래를 만든다"는 것이다. 이어서 현재 논의되고 있는 인류세 서사narrative를 크게 네 가지 유형으로 분류하고, 이들의 상호연관성과 각각의 특징을 설명한다. 네 가지 서사는 자연주의 서사naturalist narrative를 비롯하여 포스트 자연 서사post-Nature narrative, 생태 파국주의 서사eco-catastrophist narrative, 생태 마르크스주의 서사eco-Marxist narrative이다.

이 중에서 주류 서사는 첫 번째의 '자연주의 서사'이다. 이 서사는 "수렵 채집인으로 시작해서 지구적인 지질학적 힘으로 진화한 인간 종species

에 대한 이야기이다." 하지만 이 서사에 대해서는 '불평등'의 문제를 간과하고 있다는 비판적 입장도 있다. 구체적으로는 '자연에 대한about Nature 인간들 사이의 비대칭성'과 '자연을 통한through Nature 인간들 사이의 비대칭성'을 모두 모호하게 만든다는 것이다. 전자의 비대칭성은 "환경적으로 좋은 것에 대한 접근과 나쁜 것에 대한 노출에 있어서의 불평등"을 말하고, 후자의 비대칭성은 "에너지와 물질의 흐름을 조직하는 기술시스템의 불평등한 관계"를 말한다. 저자에 의하면 자연주의 서사는 "이러한 증거들을 무시하고 차별화된 책임과 고통을 무차별적인 '인간종'에 포함시켜, 마치 지구에 대한 '인간의 영향'이 특정한 사회집단, 조직 및 제도에 의해 불균등하게 만들어진 결과가 아니라는 식의 지구이야기"라고 비판받아 왔다. 또한 이 서사는 "이전까지만 해도 지구적 환경 변화에 대한 체계적인 지식이 없었던" 인류가 인류세 개념의 등장으로 인해 비로소 지구적 환경 의식이 생기기 시작했다고, 즉 환경 의식이 진화해 왔다고 보는데, 보뇌이유는 이러한 견해가 역사적 고증이 제대로 이루어지지 않은 데에서 기인하는 오류라고 지적한다. "지구 환경에 대한 지식과 성찰 그리고 논쟁은 이미 산업주의 초기부터 존재했다"는 것이 최근의 연구를 통해 확인되었기 때문이다.

'자연주의 서사'가 인류를 '지질학적 힘'으로 규정한다면, '포스트 자연 서사'는 인류세를 '자연의 종언'의 도래로 예고하고, 심지어는 '좋은 인류세'에서 '자연이 없는 세계'를 약속하기까지 한다. 즉 인류세에는 더 이상 "외부적인 자연 또는 원시적인 자연은 존재하지 않고," 항상 문화적이고 기술적인 구성물로서의 자연만 있다는 것이다. 이러한 입장에 있는 이들이 생태실용주의자들이고, 대표적인 인물이 『인류세』(교유서가, 2021)의 저자로 저명한 얼 엘리스Erle Ellis이다. 이들은 "베이컨적인 기획을 급진화하여 지구를 더 많이 인공화하고자 한다." 그런 점에서 포스트 자연 서사는 "근대성을 강화하고 가속화한다"고 보뇌이유는 평가한다.

세 번째 '생태 파국주의 서사'는 인류세를 "무한한 성장과 진보라는 근대성의 기획이 행성의 유한성이라는 벽에 부딪힌 시대"로 간주한다. 앞의 두 서사가 진보주의적인 역사 관념에 기반하고 있다면, 이 서사는 정반대로 인류가 붕괴와 폭력으로 나아간다고 서술한다. 그리고 이에 대한 해결책으로 인간의 생활 방식의 전환을 제시한다. 즉 "과학과 기술만으로는 행성을 구할 수 없고," "역동적인 시민 사회"에서 일어나는 환경적 반성과 사회적 혁신이 필요하다는 것이다. 이 책의 제2부 '인류세의 파국주의'는 이러한 서사를 다루고 있다.

마지막으로 '생태 마르크스주의 서사'는 마르크스가 지적한 자본주의의 두 번째 모순, 즉 자연을 유지하지 못하는 능력의 결과로서 인류세를 이해한다. 이 서사에서 인류세는 "지구시스템 내에서 자본주의 세계체제의 지속불가능한 물질대사 이야기"이며, 어떤 이들은 이 새로운 시대를 '자본세'로 부르는 것을 선호한다. 그래서 이 서사에서는 '자연주의 서사'에서 강조하였던 종species 범주보다는 '세계체제' 범주가 더 생산적이라고 본다. 이 책의 저자 중에서 제4장의 알프 호른보리가 이러한 입장에 가깝다.

보뇌이유는 이상의 다양한 서사들 중에서 최상의 하나의 서사를 선택할 것을 요구하지 않는다. 오히려 단일한 거대 서사보다는 복수의 서사들이 필요하다는 입장이다. "이야기들과 역사들을 분산시키는 것"이야말로 "지구의 생성becoming에 차이를 만든다"고 제언하면서 글을 맺고 있다.

제2장 「인류세의 인간의 운명」 역시 '인류세 개론' 성격의 글이다. 쉽게 쓰여져서 이 책 전체에서 가장 가독성이 높은 글이 아닌가 생각한다. 이 글에서 해밀턴은 인류세가 초래한 문명사적 의미를 여덟 가지 명제로 정리한다. 전체를 관통하는 논지는 지구시스템과학이라는 거대한 지평 위에서 근대성의 기본 전제를 비판하면서 서서히 깨어나고 있는 '가이아'의 위력을 경계해야 한다는 것이다. '가이아'에 중점을 둔다는 점에서는 이자벨 스텡거스(제10장)나 브뤼노 라투르(제11장)와 같은 입장이다.

먼저 제1명제에서는 인류세의 신인간에 대해서 논한다. 인류세 시대에는 인류가 '지질학적 권력geological power'이 되어 지질학의 영역을 침범하기 시작했으며, 이 권력은 인간의 의지will에 의해서 억제할 수도 행사할 수도 있다는 점에서 자연의 힘forces of nature과는 다르다고 역설한다.

제2명제부터 제4명제까지는 인류세의 등장으로 어떻게 근대성의 전제들이 무너지게 되었는지에 대해서 논한다. 제2명제에서는 인간과 자연이라는 근대적 구분이 인류세에는 더 이상 통용될 수 없다고 하면서, "오직 인간만이 행위성이 있다"고 본 근대의 전제를 비판한다. 구체적으로는 18세기~19세기에 유럽에서 등장한 사회과학과 인문학은 자연은 배제한 채 '오로지 사회적인social-only' 영역에만 관심을 기울였다고 지적한다. 이러한 입장에서 제3명제에서는 "이제 인류세의 사회과학자들 역시 지구물리학자가 되어야" 한다고 제언한다. "인간을 배제하는 지구시스템을 모델로 삼는 지구과학자가 홀로세 사고에 갇혀 있다면, 인간시스템을 지구시스템 과정과 고립시켜 분석하는 사회과학자는 근대성의 세계에 갇혀 있다"고 갈파한다. 제4명제에서는 '진보progress'라는 근대성의 철칙을 비판한다. 인류세로의 진입은 "끝없는 진보"라는 근대의 핵심 가정이 더 이상 유지될 수 없음을 시사하고 있고, 기후변화 시대에는 지구의 자원을 '더 많은 성장growth'에 투자하는 대신 불안정한 기후로부터 우리 삶을 보호하는 데 사용될 것이라고 전망한다.

명제 5부터 7까지는 가이아 또는 지구에 관한 이야기이다. 명제 5에서는 "인간은 가이아가 잠자고 있는 동안에만 유토피아를 꿈꿀 수 있다"고 선언한다. 아울러 새로운 시대의 도래를 감지한 선구적인 사상가들, 가령 슬라보예 지젝이나 울리히 벡은 가이아의 의미를 포착하지 못한 채 여전히 근대라는 전통적인 틀에 얽매어 있었다고 비판한다. 지젝은 "자본과 노동이라는 낡은 사회적 범주들로 되돌아갔고," 울리히 벡은 "파국이라는 우울한 이야기에는 귀를 닫은 채," "여전히 지구를 인간 드라마가 전개되는 단순한 배경으로" 이해하였다는 것이다. 마지막으로 근대의 진보주의와는 달리 인류세 시대에는 "우리가 탈출하고 싶은 과거 외에도 피하고 싶은 미래가 있고," "그런 점에서 인류는 양 끝에서 압박을 받고 있으며, 새로운 해방 프로젝트는 근대적인 진보적 범주를 넘어서야 한다"고 제언한다. 제6명제 "지구와 협상하기에는 너무 늦었다"에서는 지구는 협상이나 계약의 대상이 아니라, 오히려 그것의 복수나 보복에 대비해야 한다고 충고한다. 나아가서 이런 관점에서 1990년대 초에 프랑스의 철학자 미셸 세르가 제안한 "자연과 계약을 맺어야 한다"는 발상을 비판한다.[11] 과연 우리는 자연에게 권리를 부여할 권한을 가지고 있는지 의심스럽고, 무엇

---

11 Michel Serres, *Le Contrat Naturel*, Paris: Flammarion, 1992. 영어 번역은 Michel Serres, *The Natural Contract* translated by Elizabeth MacArthur and William Paulson, Ann Arbor: University of Michigan Press, 1995.; 일본어 번역은 ミッシェル・セール, 『自然契約』, 及川馥, 米山親能 訳, 東京: 法政大学出版局, 1994.

보다도 "우리가 은혜롭게 평화협정을 제안하는 지구", "우리의 착취와 방치에 대해 예측가능한 수동적 희생자로 존재하는 지구"는, 지구시스템과학의 교훈에 의하면 우리의 상상 속에만 존재하기 때문이다. 제7명제 "지구는 우리의 사랑에 무관심하다"는 고대 중국의 철학자 노자老子가 『도덕경道德經』 제5장에서 갈파한 "천지불인天地不仁", 즉 "지구는 어질지 않다"는 명제를 떠올리게 한다. 이 명제를 체화하고 실천하는 것이야말로 '윤리'를 넘어서는 '도덕'의 차원이라는 것이 노자의 메시지였다. 비슷하게 제7명제에서 해밀턴은 브뤼노 라투르의 말을 인용하면서 "가이아는 모두를 사랑하고 양육하는 로맥틱한 대지의 어머니"가 아니라 "그리스 신화에 나오는 원래의 이미지처럼 반쯤 미치고 피에 굶주린 '복수의 여신'이다"라고 충고한다. 그리고 이자벨 스텡거스의 책을 인용하면서 "우리는 지구를 존중해야 하지만, 이 때의 존중은 사랑보다는 두려움에 기초한 존중이다"라고 설파한다. 동아시아적으로 말하면 천지天地의 불인不仁한 속성을 깨닫고 그것에 대한 외경의 감정을 지녀야 한다는 것이다.

마지막의 제8명제는 "근대성은 최후까지 싸울 것이다"로 끝맺는다. 여기에서는 얼 엘리스와 같이 지구공학적 방법으로 기후변화 문제를 해결할 수 있다고 믿는 생태근대주의자eco-modernist들을 비판한다. 이들은 지구를 지식과 기술적 힘으로 정복될 수 있는 하나의 '시스템'으로 이해하는데, 그런 점에서 '기술의 낙원'을 꿈꿨던 17세기 영국의 철학자 프란시스 베이컨의 후예라고 할 수 있다(베이컨은 1626년에 쓴 과학소설 『새로운 아틀란티스』에서 자연 정복을 통한 유토피아 건설의 비전을 제시하였다).

해밀턴은 니체의 말을 인용하는 것으로 글을 맺는다: "피할 수 없이, 머뭇거리며, 운명처럼 끔찍한 거대한 과제와 질문이 우리에게 다가오고 있다. 과연 우리는 지구를 어떻게 통치할 것인가?"

제3장 「인류세와 역사들의 수렴」에서 디페시 차크라바르티는 역사학자답게 인류세가 가져다 준 역사들의 수렴에 대해서 논한다. 그에 의하면 '인류세 온난화'는 평소에 분리되어 있던 인간의 역사(또는 산업문명의 역사)와 종species의 역사(또는 생명의 역사) 그리고 지구시스템의 역사가 하나로 수렴되고 합쳐졌음을 보여준다. 그래서 인간은 이제 "의도치 않게 서로 다른 규모와 속도로 작동하는 세 가지 역사들을 경험하게" 되었다. 이러한 경험을 차크라바르티는 2015년에 예일대학교에서 행한 강연 「인류세의 인간의 조건」에서 "인류세에 인간은 깊은 역사에 빠졌다falling into deep history"라고 문학적으로 표현하였다.[12]

그런데 차크라바르티에 의하면 이 세 가지 역사의 동시적 경험은 인류에게 '균열'을 가져다 주었다. 그 이유는 인류세 온난화가 우리에게 "매우 상이하고 양립 불가능한 시간 규모를 동시에 고려해야 한다는 문제를 야기"하기 때문이다. 가령 현재 "우리가 대기 중에 배출하는 과도한 이산화탄소는" 행성의 거대한 시간 규모에서 생각하면 "지구의 탄소 순환에 의해 결국 정화될 것이다. 하지만 현실적으로 이 문제를 다루는 정책전문가나 정치가들은 불과 수년 또는 수십 년 단위로 생각하기 마련이다. 그래서 매우 큰 규모와 작은 규모의 시간 척도를 넘나들면서 동시에 생각해야 하는데, '바로 이 점이 기후변화에 대한 포괄적인 정책의 개발을 어렵게

---

[12] 자세한 내용은 이 강연의 한국어 번역서인 디페시 차크라바르티, 『인류세에 대해 인문학이 답하다』, 조성환·이우진 옮김, 군자출판사, 2024를 참고하기 바란다.

만드는 이유" 중의 하나라는 것이다. 이와 같은 간극이나 구멍을 그는 '균열rift'이라고 부른다.

  이 외에도 차크라바르티는 기후위기를 경제적 불평등의 문제로 환원해서 생각하는 관점에 이의를 제기한다. 기후변화는 기본적으로 인간이 대기에 배출하는 온실가스의 양과 관련된 문제이고, 그래서 본질적으로는 '인구'의 문제라는 것이다. 가령 "중국과 인도에 빈곤에서 벗어나기를 원하는 많은 인구가 없었다면 두 나라는 매년 그렇게 많은 석탄 화력 발전소를 건설하지 않았을 것"이라고 말한다. 그리고 지질학자 피터 하프의 논문을 인용하면서, 지구에 사는 70억의 인구는 현대적 형태의 에너지와 통신 기술이 없으면 생명을 유지하기가 불가능할 것이고, '기술권'은 부자나 가난한 자를 막론하고 많은 사람들이 지구 행성에 살면서 지배적인 종으로 행동할 수 있는 조건이 되었다고 강조한다. 나아가서 '1인당 탄소 배출량 수치'는 기후변화의 정치경제학에서는 유용하지만, 부자와 가난한 사람 모두가 참여하는 그보다 더 큰 종species의 역사를 감춘다는 문제점을 안고 있다고 지적한다. 그래서 "인구는 두 개의 역사, 즉 인류의 산업문명이라는 단기적인 역사와 인류가 진화하는 과정에서 다른 생명체들을 위협하게 된 훨씬 장기적인 '깊은 역사'를 결합하는 범주"라고 해석한다.

  이처럼 차크라바르티는 기후변화를 인간과 종, 그리고 행성의 역사들 사이의 중첩과 충돌 그리고 괴리로 본다는 점에서 인류세에 대한 독특한 시각과 독자적인 관점을 제시한다.

  제4장 「테크노세의 정치생태학」에서는 스웨덴의 생태학자 알프 호른보리가 "인류세 서사가 지배적 담론과 세계관으로 빠르게 자리잡고 있는"

오늘, "사회과학자가 이 서사와 어떻게 관계 맺어야 하는가?"라는 물음을 던진다. 이에 대한 대답으로 '테크노세Technocene'(=기술세)라는 독특한 개념을 제안하면서 인류세 개념의 적절성과 자연과 사회 범주의 관계 등에 대해서 논한다. 먼저 데카르트적 범주에 갇힌 근대인들은 "기술의 물질성에 이끌려 기술을 사회가 아닌 자연에 속하는 것으로 분류했다"고 지적한다. 이어서 이러한 이원론에 대한 대안으로 제시된 '포스트 데카르트적 해결책'은, 필리프 데스콜라와 같이 자연과 사회 범주를 모두 포기하는 것이었다고 설명한다. 이에 대한 저자의 입장은 "자연과 사회가 불가분의 관계로 얽혀 있다는 사실을 인정한다"고 해서 양자에 대한 "분석적 구분을 포기할 이유는 없다"는 것이다. 가령 "화석연료 자본주의에서 열역학과 시장은 서로 얽혀 있지만, 그렇다고 해서 전자가 자연에 속하고 후자가 사회에 속한다는 사실을 부정할 이유는 없다." 이러한 입장은 제9장에서 비르지니 마리스가 인간과 자연의 구분을 유지하면서 양자의 관계를 개선하려는 시도와 맥을 같이 한다.

이어서 호른보리는 인류세 서사에서 자연과학자들에 의해 종종 무시되는 지점들을 지적하면서 인류세 개념의 한계를 논한다. 가령 파울 크뤼천이 '제임스 와트의 증기기관'이 발명된 시점을 인류세의 시작이라고 했을 때, 그 발명의 배경에 식민주의나 노예제가 깊게 관련되어 있다는 점에 대해서는 생각하지 못했다는 것이다. 저자가 보기에는 "산업혁명의 기술적 결실은" 화석연료 기술의 불균등한 분배 위에서 가능했다. 그래서 '인류의 발명사'는 지구화되는 경제 속에서의 '불평등 심화의 역사'라고 할 수 있고, 그런 의미에서 인류세는 "인류 역사에서 아주 최근에 등장한 특정 형태의 사회 조직을 지칭한다"고 주장한다.

이처럼 저자는 한편으로는 인류세 담론의 바탕에 데카르트적 이원론이 깔려 있다고 지적하면서, 다른 한편으로는 그것에 대한 대안으로 제시되고 있는 자연과 사회 범주의 폐기라는 해결책에 대해서도 비판적이다. 그것보다는 자연과학자들에 의해 자칫 소홀해지기 쉬운 사회과학적 측면에 좀 더 주목할 것을 주장하고, 이러한 입장에서 산업혁명에 대한 통상적 이해도 새롭게 할 것을 제안한다.

제5장 「의도적으로 지구를 잃다」는 프랑스의 역사학자 장바티스트 프레쏘의 글이다. 이 글은 생태위기나 인류세 담론에서 종종 전제되고 있는 '인간이 무지했기 때문에 의도치 않게 지구를 파괴했다'는 통념에 도전하는 글이다. 오히려 그와는 정반대로 인류는 산업혁명 당시부터 이미 환경파괴나 기후변화가 일어나고 있다는 징후를 알고 있었음에도 불구하고 간과해 왔다고 주장한다.

구체적으로는 인류세가 시작되던 1778년에 뷔퐁은 "오늘날 지구의 모든 표면이 인간의 힘의 영향을 받고 있다"고 하였고, 19세기 초에 유럽에서 이상기후와 흉작이 잇달아 일어나자 유럽의 지식인들은 기후변화의 인위적 기원의 가능성을 지적하였다. 또한 18세기~19세기까지만 해도 지금과는 달리 '자연 경제' 개념이 살아있었다. 길버트 화이트는 『셀본의 자연사』(1789)에서 "자연 경제에서는 지렁이와 같이 하찮게 보이는 곤충이 우리가 생각하는 것보다 훨씬 큰 영향을 끼친다"고 하였고, 장 바티스트 로비네는 "인간과 같은 거대 동물은 지구라는 가장 큰 동물의 해충이다" (1766)라고 갈파하였다. 19세기 중반의 유진 후자르도 지구를 "살아있고 연약한 유기체"라고 이미지화하면서, 인간의 행위는 "지구 신체"에 상처를 가하는 것과 같다고 하였다. 이 외에도 프레쏘는 인류세 개념을 '역사화'할 것을 주장한다. 그는 인류세 개념의 가장 큰 장점은 '인류, 시간, 역사'를 그 중심에 두는 것이라고 전제한 뒤에, 1800년~1950년 사이에 전 세계 탄소 배출의 95%는 영국과 미국에서 배출되었기 때문에, 역사적으로 말하면 인류세는 '앵글로세'라고 불렀을 수도 있다고 말한다.

이상의 논의를 바탕으로 프레쏘는 인류가 인류세에 '의도적으로' 진입했다고 보아야 하고, 지금의 상황을 2세기에 걸친 의식적인 파괴의 역사의 정점으로 이해하는 연속적인 역사관을 가져야 한다고 주장한다.

제6장 「인류세, 파국주의 그리고 녹색정치론」에서 프랑스의 정치학자 뤽 스말은 '인류세의 끝'에 대해서 사유한다. 과연 인류가 언제까지 지금과 같은 '활발한active 지질학적 힘'으로 남을 수 있을지를 묻는다. 이에 접근하는 방법론으로 '녹색정치 이론'을 활용하여, 인류세를 "지구적 과잉소비와 그에 따른 성장의 한계"로 규정한다. 결론적으로 "현재 지구상에 있는 에너지 자원으로는 인류가 불과 수십 년, 길어야 1세기나 2세기 동안만 활발한 지질학적 힘을 유지할 수 있다"고 주장하면서, '파국론적 인류세' 개념을 발전시킨다. 지구의 자원이 고갈되면 인류가 지구에 행사하는 영향력도 약화되고, 그래서 인류세도 종언을 고한다는 것이다. 저자는 이 시기를 '후기 인류세' 또는 '지구적 에너지 하강기a global energy descent'라고 부른다.

하지만 이러한 결론에 이르는 과정은 단순하지 않다. 저자는 먼저 인류세의 기간과 역사의 수렴을 둘러싼 가능한 물음들을 나열한다. 즉 인류세를 단기적인 지질학적 기간으로 볼 것인가, 아니면 장기적인 지질학적 기간으로 볼 것인가? 지금과 같은 지구사와 인류사의 수렴이 앞으로도 지속될 것인가, 아니면 분리될 것인가? 이어서 지구사 연구에서의 연속론과 파국론의 대립을 가지고 이 물음들을 유형별로 분류한다. 가령 지구공학을 이용해서 지구시스템을 통제하여 좋은 인류세를 만들 수 있다고 믿는 사람들은—저자는 이러한 입장을 '프로메테우스적'이라고 부른다—후자의 물음에 대해서 지구사와 인류사의 수렴 기간은 지속적이라고 답할 것이다. 반면에 파국론적 입장은 지금과 같은 "화석연료의 대량 연소는 수십 년 이상 지속될 수 없고, 지질학적 시간으로 보면 눈 깜짝할 사이에 불과하다," 따라서 "지금과 같은 인류의 지질학적 영향이 오래 지속되기는 물리적으로 불가능할 것"이라고 답할 것이다. 이러한 생각을 저자는 "인류세에 대한 녹색정치 사상"이라고 말한다. 그렇다면 양자가 만나면 어떻게 될까? 그것은 생태학과 파국론의 결합이 될 것이다. 저자는 이것을 "생태파국론" 또는 "파국적인 녹색정치 사상"이라고 부른다.

또한 인류가 지구에서 사용할 수 있는 모든 화석연료를 전부 소비했다면 그 이후는 어떤 상황이 전개될까? 저자는 지금과 같은 민주주의 사회의 유지에 의문을 제기한다. 동시에 탈성장이나 전환 마을과 같은 대중운동을 다음과 같이 평가하면서 글을 마무리한다: "다가오는 에너지 하강에 대한 민주적 대응을 정식화하는 데 기여했으며," "이러한 탈성장 공동체는 후기 인류세의 에너지 하강 기간에 결정적인 역할을 할 수 있다."

제7장 「인류세의 종말론: 깊은 시간의 크로노스에서 인간 시대의 카이로스까지」에서는 인류세가 불러일으킨 종말론적eschatology 상상력과 거기에 담긴 '카이로스적 시간'의 의미에 주목한다. 저자는 영국 출신의 환

경신학자이자 윤리학자인 마이클 노스콧이다. 노스콧은 18세기 지질학자 제임스 허튼James Hutton이 창안한 '깊은 시간deep time' 개념을 소개하는 것으로 이야기를 시작한다. '깊은 시간'이란 40억년 이상 지속된 지구의 지질학적 시간을 말한다. 허튼은 깊은 시간 연대기의 관점에서 현재의 지구를 만든 것은 '신의 창조 행위'가 아니라 '오랜 시간에 걸친 과정process'이라고 주장하였다. 그래서 그의 연대기는 성경의 창조론에 기반을 둔 그리스도교 연대기와 상충된다. 또한 '깊은 시간' 개념은 인간 존재가 너무나 미미하여 지구에 아무런 영향도 끼치지 못한다는 인식을 초래하였다.

여기에서 저자는 '인류세' 개념에 주목한다. 왜냐하면 인류세의 선포는 인간의 영향이 미미한 것이 아니라 지구시스템에 개입하여 지구상의 생명을 변화시키는 지질학적 힘이 되었음을 드러내기 위해서이기 때문이다. 그런 점에서 그것은 '드러낸다unveil'는 어원을 갖고 있는 '묵시록apocalypse'과 상통한다. 다만 그것은 역전된 묵시록이다("인류세의 선포는 역전된 그리스도교 묵시록의 징후를 나타낸다."). 왜냐하면 인류세의 신세계는 '새 하늘 새 땅'보다는 '암울한 핵겨울'에 가깝기 때문이다.

이 지점에서 노스콧은 다시 '시간' 개념으로 돌아온다. 그리스어에는 '시간'을 나타내는 말이 두 개가 있다. 크로노스chronos로서의 시간과 카이로스kairos로서의 시간이다. 크로노스가 낮에서 밤으로, 세대에서 세대로 흘러가는 자연의 시간을 말한다면, 카이로스는 『성경』에 나오는 '심판의 시간'이나 '회개의 시간'과 같이 역사의 고비에서 변화의 필요성을 촉구하는 시간이다. 노스콧에 의하면 인류세의 선포는 카이로스의 순간을 의미하며, 그래서 회개와 구원의 가능성을 담고 있다. 그리고 그 가능성은 문명의 모드를 지속가능하면서 생태적인 방식으로 전환하려는 인류 공동의 노력에서 찾아볼 수 있다.

이처럼 저자는 자칫 비관론이나 숙명론에 빠질 수 있는 인류세 담론에서 묵시록적 시간 개념을 도출해내고, 그것을 통해서 문명 전환과 회개와 구원의 가능성을 찾고자 한다.

제8장 「녹색종말론」에서 프랑스의 환경부장관을 역임한 이브 코세는 사회심리학적 관점에서 사람들이 왜 "임박한 생태적 파국"이라는 현실을 심리적으로 거부하려 하는지에 대해서 고찰한다. 저자는 먼저 오늘날의 생태학적 종말론과 기존의 종말 서사와의 차이를 강조하는 것으로 말문을 연다. 즉 생태적 파국에는 종말 이후에 전개될 "더 나은 세계에 대한 희망의 선포"가 부재하다는 것이다. 그리고 생태적 파국을 초래하는 것은 지구시스템 상에서 일어나고 있는 예측불허하고 통제되지 않는 현상 그 자체보다는, 그것에 대한 인간들의 '부정'의 반응이라고 지적한다. 이어서 그런 '부정의 반응'이 생기게 되는 원인을 '반사적 상호작용 이론'으로 설명한다. '반사적 상호작용'이란 어떤 사람의 행동 양식은 다른 사람과의 상호작용을 통해서 형성된다는 이론으로, "개인들 사이의 상호 인식 시스템"으로 사회를 이해하는 관점이다. 그래서 사람들이 생태발자국을 줄이기 위해서 자신의 습관을 바꾸려 하지 않는 이유는 다른 사람들이 그렇게 해야 비로소 자신도 그렇게 하는 '반사적 상호작용'의 원리 때문이라는 것이다. 결국 생태적 파국이 "불가피한 것처럼 보이는 것은 과학적 지식이 불확실하기 때문이 아니라, 인간의 사회심리학이 올바른 결정을 허용하지 않기 때문"이고, 바로 이러한 부정적 태도야말로 "종말이 가까워지고 있음을 보장해 준다"고 결론짓는다.

제9장에서 프랑스의 환경철학자 비르지니 마리스는 '인류세'보다는 '자연' 개념에 초점을 맞춘다. 그리고 "지난 30년 동안 가혹한 비판을 받아 온" 대문자 '자연Nature' 개념을 구제하기 위해 나선다. '자연' 개념이 비판받아 온 이유는 생태위기와 기후변화가 인간과 자연의 이분법에 의해서 초래되었다는 생각 때문인데, 저자의 입장은 인간에 의한 자연의 지배가 문제이지 인간과 자연의 이분법 자체는 문제가 안 된다는 것이다. 나아가서 오히려 지금이야말로 '자연' 개념이 절실히 요청되는 시점이라고 주장한다. 반면에 '인류세 서사'는 "지구화된 행성으로서의 지구Earth, 하나의 종species으로서의 인간, 그리고 기술과학적" 접근으로 특징지어지는데, 여기에서 "개인은 해결의 행위자가 될 수 있는 도덕적 책임과 능력을 박탈당하고," "대중은 지구 황폐화의 무력한 목격자"로 전락하며, "지구의 미래는 글로벌한 기관과 과학자나 공학자의 손에 달리게 된다."

저자는 인류세 개념에 대한 이와 같은 비판적 입장에서, 자연에 대한 재평가를 시도하기 위해 종래에 "자연과 문화의 이분법을 약화시키기 위해 사용되어 온 두 가지 전략," 즉 '자연의 문화화'와 '문화의 자연화' 담론들을 비판적으로 고찰한다. 이어서 인간과 자연의 분리를 유지한 상태에서 인간에 의한 자연의 지배를 거부하는 방법을 모색한다. 그것은 자연의 세 가지 특성, 즉 외부성, 타자성 그리고 행위성에 주목하는 것이다. 자연의 이 세 가지 특성 때문에 우리에게는 자연이 필요하다는 것이 저자의 주장이다.

제10장은 국내에서도 저명한 벨기에의 과학철학자 이자벨 스텡거스의 글이다. 제9장에서 비르지니 마리스가 '인류세'보다는 '자연' 개념을 옹호

했다면, 스텡거스는 '가이아' 개념을 중시한다. 사실 '가이아' 개념은 인류세 개념이 나오기 훨씬 이전부터 학계의 주목을 받고 있었다. 스텡거스가 소개하고 있듯이, "가이아 가설을 다룬 제1회 채프먼 학술대회"는 1988년에 열렸고, 이 학술대회를 조직한 사람은 스티븐 슈나이더였다. 스텡거스에 의하면 슈나이더는 가이아 가설의 창시자인 제임스 러브록과는 약간 "다른 생각을 가지고 있었다." 당시에 러브록의 관심은 가이아가 "살아있는 유기체"인가 아니면 "항상성을 지닌 공진화 시스템"인가에 있었다. 반면에 슈나이더는 가이아의 파괴적인 능력에 주목하였고, 스텡거스 역시 같은 입장에 있다.

그녀가 이 책의 모태가 된 〈인류세를 사유하기〉 학술대회의 제안을 처음 받았을 때 "좀 더 극적으로 드러내야 할 구분을 희석시키고 있다는 느낌을 받았다"고 고백하는 이유가 여기에 있다. '인류세'의 어원인 'anthropos'는, 도나 해러웨이가 지적했듯이, '위를 쳐다보는 사람들'을 의미하기 때문이다. 그리고 파울 크뤼천과 그의 동료들의 관심은 '인위적인 anthropogenic'에 있었다. 즉 지구의 "평균 기온의 변동이 인간의 활동과 관련되어 있다고 주장하는 것이야말로 인류세 개념이 전하고자 하는 핵심이었다." 반면에 가이아는 '지구'가 주인공이다. 스텡거스는 지구로 논을 돌릴 것을 촉구하고, 가이아가 "되돌릴 수 없을 정도로 전면적으로 깨어나기까지 우리에게 남아있는 시간은 얼마 없다"고 경고한다.

〈인류세를 사유하기〉 학술대회가 열린 이듬해에 가이아를 주제로 한 더 큰 규모의 학술대회가 개최된 것도 이와 무관하지 않다. 2014년 9월 15일부터 19일까지 브라질의 리우에서 열린 〈가이아의 천 개의 이름들The Thousand Names of Gaia: 인류세에서 지구의 시대로from the Anthropocene to the

Age of the Earth〉가 그것이다. 이 학술대회의 부제가 "인류세에서 지구의 시대로"라는 점으로부터 알 수 있듯이, '인류세'가 '인간의 시대'를 나타낸다면 '가이아'는 '지구의 시대'를 상징한다. 그래서 전자에서는 인간에 의해 새로운 시대가 시작되었다는 점이 부각되고 있고, 그런 점에서 여전히 '인간'이 주인공이라면, 후자에서는 그동안 인류가 간과하고 있었던, 그러나 인위적인 기후변화로 인해 서서히 가시화되고 있는 지구의 '불인不仁'한 성격들이 강조되고 있다. 즉 "지구가 연약하면서도 폐쇄적이며, 취약하면서도 냉혹한 존재가 되어," "무심하고 자의적이며 헤아릴 수 없는 [고대로부터의] 신적 존재들을 연상시키는 위협적 권능으로 나타나고" 있고, 이러한 "예측 불가능성과 불가해성, 통제 상실 앞에서" 인류는 "공황 감각"을 느끼고 있으며, 결국 "이 모든 것은 깊은 절망으로 귀결되고 있다"는 것이다.[13]

한편 리우의 가이아 학술대회에는 이 책의 저자인 이자벨 스텡거스를 비롯하여 브뤼노 라투르, 알프 호른보리, 디페시 차크라바르티(토론자), 브로니슬라프 서진스키(토론자)가 참여하고 있어서 이 책과의 연관성을 말해 준다. 이 외에도 국내에서도 저명한 도나 해러웨이, 에두아르두 비베이루스 지 가스뜨루(『식인의 형이상학』의 저자)도 발표자로 등장한다. 이 중에서 라투르는 "'자연은 오직 복종함으로써만 정복된다'는 오래된 명령을 따르려는 시도 속에서 '가이아의 법칙들'을 따른다는 것은 무엇을 의미하는가?"[14]라

---

13 학술대회 홈페이지에 실려 있는 취지 설명 "About the colloquium" 참조. (https://thethousandnamesofgaia.wordpress.com/about/)
14 원제는 "What does it mean to obey "the Laws of Gaia" in trying to keep up with the old imperative: "Natura non nisi parendo vincitur?"이다.

는 주제로, 스텡거스는 "가이아, 사유(와 느낌)의 긴급성"[15]이라는 주제로 각각 발표를 하였다. 두 사람의 관심사가 '가이아'에 있음을 알 수 있다.

이어지는 제11장 「인류세 시대에 적과 친구를 구별하기」에서도 라투르는 가이아의 중요성을 강조한다. 그는 우리의 시선을 "가이아로 다시 돌릴" 것을 주장한다. 그리고 지리학geo-graphy을 가이아리학Gaia-graphy으로 대체하고, '지정학geopolitics' 대신에 '가이아정치학Gaia-politics'을 제안한다(또는 geography나 geopolitics의 'geo'를 'Gaia'로 해석하여 Gaia-graphy나 Gaia-politics로 읽을 것을 제안한다). 또한 영화 〈그래비티Gravity〉를 소개하면서, "인간human에서 지구에 뿌리박은 자Earthbound로의 변신"을 언급한다. 하지만 그렇다고 해서 인류세 개념을 완전히 거부하는 것도 아니다. 한편으로는 인류세 개념의 '함정'을 지적하면서도, 다른 한편으로는 그것의 유용성을 인정한다. 즉 인류세는 "근대화 개념에서 벗어나기 위한 최선의 대안"이고, "현명하게만 사용된다면" 근대적인 "자연의 이분화"를 거부하는 방향으로 나갈 수 있는 장점을 가지고 있다는 것이다. 따라서 인류세가 비록 불안정한 개념이기는 하지만—이 점은 가이아 역시 마찬가지다—그것을 "사용하는 데 따르는 위험은 감수할 가치가 있다"는 입장이다. 마지막으로 다음과 같은 말로 끝맺는다: "과거에는 주관성과 객관성이라는 별개의 영역이었던 모든 요소들을 뒤섞음으로써, 실로 인류세 개념은 엄청난 혼란의 원천이 되고 있다. 하지만 그것은 환영할만한 원천이다." 이것으로부터 라투

---

15 원제는 "Gaia, the Urgency to Think (and Feel)"이다.

르가 가이아 개념에 주목하고는 있지만, 그렇다고 해서 인류세 개념이 지니는 유용성을 부정하는 것은 아님을 알 수 있다.

이 외에도 라투르는 과학과 정치가 대립하는 '과학 대 정치science-versus-politics'가 아닌, 과학과 정치가 함께하는 '과학 과 정치science-with -politics'를 제안한다. 그에 의하면 "근대의 가장 큰 역설은 사실과 가치를 명확하게 구분하는 임무를 과학과 정치의 절대적인 구분에 부여했다는 데에 있다." 하지만 라투르가 보기에 "사실과 가치의 대립은 상식적인 것처럼 보이지만 전혀 상식적이지 않다. 왜냐하면 '사실' 개념에는 여전히 불확실한 내용이 포함되어 있고, '가치' 개념에도 누가 논쟁을 분배해야 할지, 가치의 대상을 어떻게 정렬해야 할지의 문제가 남기 때문이다." 그리고 이러한 대립 구도가 기후변화 문제에 적용되면, 사실과 가치의 불균형을 낳는다고 지적한다. 즉 사실의 측면에 서 있는 기후학자들은, "멀리 떨어져 있고 이해관계가 없는 객관적 사실"이라는 전제로 인해서 "손이 묶인 채 싸워야 하는" 불리함을 안게 된다는 것이다. 그래서 라투르는 우리가 지금 다루고 있는 문제는 "논쟁의 여지가 없는 '사실의 문제matters of fact'가 아니라 논쟁의 여지가 있는 '관심의 문제matters of concern'라고 강조한다.

제12장 「환경주의의 부활은 절실히 필요한가? 인류세의 생태정치」에서 독일 출신의 지속가능성 연구자 인골푸 블루도언은 인류세 시대에 생태정치가 처한 곤경에 대해서 고찰한다. 구체적으로는 종래의 생태정치의 형태를 '객관화 방식의 생태정치'와 '주관화 방식의 생태정치'로 나눈 다음에, 양자가 모두 자연과 사회의 이원론에 의존하고 있음을 보인다.

먼저 객관화 방식의 생태정치의 대표적인 사례로는 1990년대 초에 유행했던 '지속가능한 발전' 개념을 든다. 저자에 의하면 이 개념은 생태정치와 환경정책을 기존의 주관적인 기준에서 해방시켜 '과학적 사실'이라는 객관적인 토대 위에 두고자 하였는데, 결과적으로는 종래의 "사회경제적 질서의 수명만 연장시켰을 뿐이다." 그 이유는 경험적 데이터가 곧장 사회적 행동을 유발하는 것은 아니기 때문이다. 이로부터 알 수 있는 사실은 "환경정치와 환경정책은 관심, 즉 가치에 의해 좌우되며, 사실과 관심의 관계는 매우 복잡하게 얽혀 있다"는 것이다. 이러한 관점은 앞에서 살펴본 라투르와도 상통한다.

이어서 주관화 방식의 생태정치의 대표적인 예로 급진적 생태주의자들을 들면서, 이 경우에는 '자율적 주체'라는 근대주의적 규범을 자연에 투사함으로써 자신들의 주장을 정당화하고자 했다고 분석한다. 즉 이들이 옹호하는 '자연의 본질적 가치'는 매우 주관적인 해방 아젠다에 객관적 정당성을 부여하는 데 도움을 주었는데, 그런 점에서 이들의 정당화 전략은 '객관화된 주체성'에 근거하고 있다는 것이다. 결국 "급진적 생태주의의 비판과 기획은 근대주의적인 주체성 규범이 가지고 있던 정도의 효력밖에 지니지 못하는" 결과를 초래하였다고 평가한다.

이처럼 객관화 방식의 생태정치와 주관화 방식의 생태정치는 모두 주관과 객관, 사실과 가치와 같은 근대적인 이분법에 의존하고 있고, 그런 점에서 "전통적인 이분법이 더 이상 유효하지 않는" 인류세 시대에는 이미 고갈된 생태정치라고 저자는 진단한다.

제13장 「인류세와 그 피해자들」에서 환경정치학자 프랑수와 주멘느는 대부분의 사람들은 행성 변화의 '행위자'라기보다는 '피해자'라고 주장한

다. 기후변화가 소수의 남자와 그보다 적은 여성에 의해 야기되었다고 보기 때문이다. 그리고 이런 이유에서 인류세를 '소수세Oliganthropocene'로 불러야 한다는 엘릭 스빙에다우의 제안에 동의한다. 이어서 본론에서는 기후변화로 인한 피해자들 중에서 환경 붕괴로 인해 어쩔 수 없이 보금자리를 떠나야만 했던 '환경 이주민'에 초점을 맞춘다. 구체적으로는 환경 이주민에 대한 인식의 전환을 촉구한다. 즉 "이주민들을 기후변화의 무능력한 피해자가 아니라 스스로 적응할 수 있는 유능한 행위자로 인식해야 한다"는 것이다. "이주 자체가 강력한 적응 전략일 수 있기" 때문이다. 또한 일반적으로 통용되고 있는 '기후 난민' 개념은 법학자들 사이에서는 법적 근거가 없다는 합의가 이루어졌으며, 대부분의 학자들은 '기후 난민' 대신에 '기후가 유발한 이주민'이라는 용어를 사용하고 있다고 한다. 마지막으로 2013년에 방글라데시의 의류 공장 '라나 플라자'에서 일어난 붕괴 사고로 1,000명이 넘는 노동자가 사망한 재앙을 예로 들면서, 인류세의 문제는 "가장 취약한 상황에 있는 사람들이 지구에서 거주할 수 있는 habitable 환경을 유지하는" 것임을 강조하면서 글을 맺는다.

마지막으로 에필로그 「인류세의 오노마토포르Onomatophore」는 폴란드 출신의 사회학자 브로니슬라프 셔진스키가 집필하였다. 이 글은 딱딱한 논문이 아니라 가상의 미래를 상상하여 쓴 일종의 '인류세 SF'이다. 구체적으로는 "인간의 권리 주장을 심의하고 그 법령 지정designation에 동의하는 미래의 '행성시대위원회'를 묘사하고 있다."(제7장 참조) 이 위원회에서는 인류가 자신들의 종species의 이름을 따서 새로운 시대를 '인류세'라고 명명한 것이 과연 정당한지를 심의한다. 복잡한 심의를 거친 끝에 위원회는 다음과 같이 결론짓는다: "지금 저물고 있는 홀로세는 이제부터 인류세라고 불려야 한다." 하지만 이어서 "그러나 인류는 더 이상 지구의 생성 과정에서 주요 행위자는 아니다. 왜냐하면 그 역할이 기계로 넘어갔기 때문이다. 위원회는 현재 이 사건을 담당할 상급위원회와 연락을 취하고 있다"라는 설명을 덧붙이면서 심의를 마친다.

이상으로 각 장의 내용을 요약해 보았다. 분야도 다양하고 내용도 전문적이어서 하나같이 이해하기가 쉽지 않다. 그만큼 인류세를, 아니 이 시대의 변화를 파악하는 것이 용이하지 않다는 뜻이리라. 이 점은 이 책의 편집자들도 인정하는 바이다. 프롤로그의 마지막 말을 인용하는 것으로 해제를 마무리하고자 한다.

> 인류세의 의미를 어렴풋이 알아차린 사람은 심지어 우리 전문가들 사이에서도 거의 없다. (…) 우리는 모두 거대한 전환이 진행 중이라는 사실은 확신하지만, 그것이 정확히 어떤 형태로 드러날 것인지에 대해서는 단지 추측만 할 수 있을 뿐이다. 우리는 반쯤 눈을 감은 채 길을 찾고 있을지 몰라도, 다가오는 것이 너무나 거대해서 무시할 수 없다는 사실만큼은 모두가 알고 있다.

> 머리말

인류세와 지구적 환경위기
The Anthropocene and the Global Environmental Crisis

클라이브 해밀턴·크리스토프 보뇌이유·프랑수아 주멘느

"인류가 지질학적 힘이 되었다"[1]고 선언하는 인류세는 중요한 과학적 제안이다. 동시에 그것은 사회학, 정치학, 역사학, 법학, 경제학, 철학의 토대인 자연과 사회 세계에 관한 기존의 개념들에 의문을 제기하는 것이

---

1 [역주] "인류가 지질학적 힘이 되었다Humankind has become a geological force"는 명제는 파울 크뤼천과 유진 스토머가 2000년에 '인류세' 개념을 처음으로 제안한 에세이 〈인류세The Anthropocene〉에서 유래한다. 여기에서 이들은 인류세의 의미를 설명하면서 "인류는 수백만 년 동안 '지질학적 힘'이 될 것이다mankind will remain a major geological force for many millennia"라고 선언하였다. 이후에 과학사가 나오미 오레스케스Naomi Oreskes는 2004년에 쓴 논문「기후변화에 관한 과학적 합의 The Scientific Consensus on Climate Change」에서 "(인류세 시대에) 우리는 '지질학적 행위자'가 되었다we have indeed become geological agents"라고 바꿔 말했다. 이어서 역사학자 디페시 차크라바르티가 2009년에 쓴「역사의 기후: 네 가지 테제The Climate of History: Four Thesis」라는 획기적인 논문에서 '지질학적 힘'과 '지질학적 행위자' 개념에 담긴 인문학적 의미를 밝히면서 학계에 널리 사용되게 되었다. '지질학적 힘' 개념과 비슷한 표현으로는 '자연의 힘force of nature'이나 '대지적 힘telluric force' 등이 있다.

다.

 이 책은 인류세의 도래로 촉발된 새로운 급진적 사유를 포착하고, 사회과학과 인문학 분야에 새로운 지질 시대geological epoch, 즉 '인간의 시대'[2]의 심오한 의미를 열어 준다. 아울러 전 세계적으로 인정받는 저명한 학자들과 사유를 자극하는 지식인들의 전문 지식을 바탕으로, '지질학의 역사와 인간의 역사의 수렴'[3]이 근대 사회과학의 기본 개념들에 제기하는 도전과 질문을 탐구한다.

 인류세에 인간이 화산 활동이나 빙하 주기와 같이 지구시스템 기능을 변화시키는 자연의 힘이 되었다고 한다면, 그것은 '인간사人間事 드라마의 비활성적 배경'에 불과한 것으로 자연을 보는 관념의 종언을 의미한다. 동시에 인간의 역사와 행위를 '오로지 사회적으로만'[4] 이해하는 태도의 종

---

2 [역주] '인간의 시대Age of Humans'는 인류세의 원어인 Anthropocene를 풀어쓴 말이다. Humans는 Anthropo에, Age는 cene에 각각 대응된다.
3 [역주] '수렴convergence'은 '한 점으로 모인다'는 뜻이다. 이 책에서는 "그동안 분리해서 생각해왔던 자연의 역사와 인간의 역사가 서로 분리되지 않고 한 덩어리로 얽혀 있다"는 의미로 사용되고 있다.
4 [역주] '오로지 사회적으로만'의 원문은 'social-only'이다. 이 책에서 'social-only'라는 말은 모두 여섯번 나온다(머리말 1회, 프롤로그 2회, 제1장 1회, 제2장 2회). 이 외에도 제10장에는 하이픈 없이 'social only'라는 표현이 한 차례 나온다. 이 중에서 다섯 번은 클라이브 해밀턴이 저자 또는 공저자로 쓴 글에 나온다. 이것으로부터 이 말이 해밀턴이 애용하는 '조어'임을 추측할 수 있다. 그리고 용법은 대부분 understanding(이해)이나 conception(개념) 또는 domain(영역)이나 world(세계)와 같은 명사를 수식하는 형용사로 사용되고 있다. 문맥상의 의미는 "자연을 고려하지 않고 오로지 인간 사회에 한해서만"으로 풀이할 수 있다. 이 번역서에서는 뒤에 오는 명사에 따라서 '오로지 사회적으로만', '오로지 사회적이기만 한' 등으로 번역했다. 참고로 클라이브 해밀턴이 2017년에 쓴 책에도 social-only라는 말이 한 차례 나온다. 우리말 번역서에는 '사회 속에서만'이라고 번역되어 있다(Clive Hamilton, *Defiant Earth:*

언을 의미한다. 이와 같은 근대성의 개념적 기둥들은 이제 불안정해졌다. 지구에서 일어나는 변화의 규모와 속도는 인간의 경험을 넘어서고 있어서 '홀로세적[5] 사유'의 시대 착오성을 드러내기 때문이다. 이 책은 새로운 지질 시대의 과학적 관념을 둘러싸고 어떤 종류의 서사들narratives이 등장하고 있는지, 그리고 그것이 '지속불가능unsustainability의 정치'에 어떤 의미를 지니는지를 고찰한다.

The Fate of Humans in the Anthropocene, Cambridge: Polity, 2017, p.99.; 클라이브 해밀턴, 『인류세: 거대한 전환 앞에 선 인간과 지구 시스템』, 정서진 옮김, 이상북스, 2018, 241쪽.

5 [역주] 홀로세Holocene는 1만여 년 전부터 현재까지의 지질 시대를 지칭한다. 홀로세 중에서 인류가 지구의 지질학적 구조를 바꾼 시기를 '인류세'라는 새로운 지질 시대로 명명해야 한다는 것이 파울 크뤼천과 유진 스토머를 비롯한 인류세 주창자들의 주장이다.

차례

인류세란 무엇인가

역자 서문: 인류세를 해석하는 다양한 입장들 / 조성환 · 허남진 —— 5
머리말: 인류세와 지구적 환경위기
　　　　/ 클라이브 해밀턴 · 크리스토프 보뇌이유 · 프랑수아 주멘느 —— 35

프롤로그 – 인류세를 사유하기
　　　　/ 클라이브 해밀턴 · 크리스토프 보뇌이유 · 프랑수아 주멘느 —————— 43
　　인류세란 무엇인가? • 44
　　우리의 세계관에 대한 근본적으로 새로운 함축들 • 51
　　자연과 문화 • 56　　위기에 직면한 철학 • 61　　인류세 정치학 • 64

제1부 인류세 개념과 그 함축

1장 —— 지질학적 전환 / 크리스토프 보뇌이유 ————————— 73
　　자연주의 서사 • 77　　프랑켄슈타인의 괴물을 수리하기 • 89
　　티핑 포인트와 디스토피아적 붕괴 • 95　　자본세 Capitalocene • 99　　결론 • 103

2장 —— 인류세의 인간의 운명 / 클라이브 해밀턴 ——————— 105
　　명제 1. 자연은 완전히 새로운 성격을 갖는다. • 106
　　명제 2. 인류세 시대에 근대성은 불가능하다. • 109
　　명제 3. 사회과학자는 지구물리학자가 되어야 한다. • 112
　　명제 4. 진보의 철칙은 철회되었다. • 115
　　명제 5. 인간은 가이아가 잠자고 있는 동안에만 유토피아를 꿈꿀 수 있다. • 117
　　명제 6. 지구와 협상하기에는 너무 늦었다. • 120
　　명제 7. 지구는 우리의 사랑에 무관심하다. • 122
　　명제 8. 근대성은 최후까지 싸울 것이다. • 124

3장 —— 인류세와 역사들의 수렴 / 디페시 차크라바르티 ———— 129
    확률과 급격한 불확실성 • 134
    인간으로서의 분할된 삶과 지배종으로서의 집단적 삶 • 140
    인간은 특별한가? 인류세의 도덕적 균열 • 146
    기후와 자본, 지구적인 것과 행성적인 것 • 150

4장 —— 테크노세의 정치생태학 / 알프 호른보리 ———— 155
    서론 • 156   '자연'과 '사회' 범주는 없어도 되는가? • 158
    기술사에 대한 포스트 데카르트적 관점? • 160
    인류세 개념은 적절한가? • 165
    객체object는 어떤 의미에서 행위성을 갖는가? • 168
    테크노세의 정치생태학 • 172   산업주의를 되돌리기 • 174

5장 —— 의도적으로 지구를 잃다 / 장바티스트 프레쏘 ———— 179
    주위circumfusa / 환경environment • 183   근대성의 취약한 기후 • 186
    자연 경제 • 190   물질대사의 균열 • 194   엔트로피 • 196
    고갈 • 198   결론 • 201

제2부 인류세의 파국주의

6장 —— 인류세, 파국주의 그리고 녹색정치론 / 뤽 스말 ———— 205
    인류세―그 시작과 끝 • 211   인류세 종언에 대한 네 가지 가설 • 213
    후기 인류세―파국론 가설 대 연속론 가설 • 215
    연속론과 파국론의 해석들 • 216
    후기 인류세에서의 녹색정치 사상과 파국주의 • 219
    후기 인류세 시나리오에 대한 생태파국론의 비판 • 221
    후기 인류세에서의 파국론적 행동주의와 민주주의에 대한 기여 • 223
    인류세 이후 • 224   감사의 말 • 227

7장 ── 인류세의 종말론 / 마이클 노스콧 ──────────── 229
　　깊은 시간을 다시 인간화하기 rehumanising • 234
　　묵시 apocalypse 로서의 인류세 • 240　　카이로스로서의 인류세 • 247

8장 ── 녹색종말론 / 이브 코세 ────────────────── 253
　　생태학적 종말론의 물질적 증거 • 254
　　타조 정책 • 258　　반사적 상호작용 • 262　　붕괴의 부정 • 265
　　의사결정자들의 심리학 • 267

제3부 정치를 다시 사유하기

9장 ── 홀로세로의 귀환 / 비르지니 마리스 ─────────── 273
　　서론 • 274　　죽음을 둘러싼 정황 • 275
　　기술, 경제, 관료 영역에서 자연의 희석 • 282
　　궁극적인 공격으로서의 '인류세' 서사 • 287
　　왜 우리는 자연을 필요로 하는가? • 289　　최종적인 단상 • 292

10장 ── 가이아의 실재를 받아들이기 / 이자벨 스텡거스 ──── 295

11장 ── 인류세 시대에 적과 친구를 구별하기 / 브뤼노 라투르 ── 323

12장 ── 환경주의의 부활은 절실히 필요한가? / 인골푸 블루도언 ── 349
　　서론 • 350　　객관화 방식의 생태정치 • 353
　　주관화 방식의 생태정치 • 358　　인류세 속으로 • 363　　결론 • 367

13장 ── 인류세와 그 피해자들 / 프랑수아 주멘느 ─────────── 371

    인류세의 정치학 • 372   환경 변화로 이주한 사람들 • 374

    코페르니쿠스적 혁명 • 376   우리는 어떻게 이주민을 줄여야 하는가? • 379

    이주를 탈정치화하기 • 380

    지구를 거주가능한habitable 상태로 유지하기 • 382

에필로그 – 행성시대위원회 결정 CC87966424/49
/ 브로니슬라프 셔진스키 ─────────────── 385

    행성시대Planetary ages • 387   오노마토포레 • 389

    시대들의 궁전The Palace of the Ages • 390

    지구 특유의 행성적 내생시간학planetary endokairology • 392

    인류The Anthropos • 393

역자 후기: 2년 동안의 인류세 여정을 마치며 ── 398

참고문헌 ── 402

집필진 소개 ── 423

찾아보기 ── 426

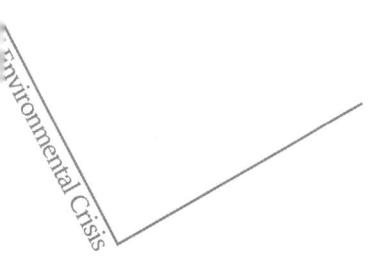

일러두기

* 이 책은 *The Anthropocene and the Global Environmental Crisis: Rethinking Modernity in a New Epoch* edited by Clive Hamilton, François Gemenne, Christophe Bonneuil, London: Routledge, 2015를 번역한 것이다.
* 이 책의 원문 pdf는 다음 사이트에서 다운로드 가능하다.
  https://library.oapen.org/bitstream/id/1483199a-be5f-4a76-912e-6fa9eb4f8a05/9781317589099.pdf
* [역주]는 번역자들이 단 주석이다.
* 본문의 [ ]는 독자의 이해를 위해 번역자들이 삽입한 말이다.
* 원문에 강조를 의미하는 이탤릭체로 되어 있는 부분은 번역서에서는 굵은 글씨로 표시하였다.
* 원문에는 없더라도 가독성을 위해서 큰따옴표나 작은따옴표를 사용한 경우가 있다. 가령 문장 속에 들어 있는 긴 개념어나 구절의 경우에는 편의상 " "이나 ' '으로 묶기도 하였다.
* 원저에는 참고문헌이 각 장의 끝에 있는데 번역서에서는 맨 뒤로 모았고 형식도 통일시켰다.
* 원저에는 「인류세를 사유하기」가 제1장으로, 「행성시대위원회」가 제15장으로 되어 있는데, 번역서에서는 각각 '프롤로그'와 '에필로그'로 수정하였다. 이에 따라 원저의 제2장은 번역서에서는 제1장으로, 원저의 제14장은 번역서에서는 제13장으로와 같이, 각 장의 번호가 달라졌다.

프롤로그
인류세를 사유하기

클라이브 해밀턴 · 크리스토프 보뇌이유 · 프랑수아 주멘느

인류세란 무엇인가?

2000년에 대기화학자이자 노벨상 수상자인 파울 크뤼천이 '인류세' 개념을 처음으로 제안한 이래로, 대다수의 지구과학자들은 인류세가 지질학적 시간 척도[1]에 추가되어야 한다고 주장해 왔다. 공식적인 지질학적 시간 척도는 국제층서위원회[2]가 정하는데, 45억 년의 지구사를 지질학적 중요성과 시간 간격에 따라 누대(累代, eon), 대(代, era), 기(紀, period), 세(世, epoch) 그리고 절(節, age)로 세분한다.[3] 국제층서위원회의 인류세 실무단[4]은 여러 지역에서 다양한 증거를 수집한 후에, 인류세를 홀로세의 다음 시대로 공식적으로 간주할지 여부에 대해서 조언할 예정이다. 홀로세

---

1 [역주] '지질학적 시간 척도Geological Time Scale'는 간단히 'GTS'라고도 하는데, 지구의 암석 기록을 토대로 시간을 표시하는 시스템을 말한다.
2 [역주] '국제층서위원회'는 'International Commission on Stratigraphy'의 번역으로, 약자로는 'ICS'라고 한다.
3 [역주] 지질학계의 공식적인 견해에 따르면 현재 우리는 '현생누**대** 신생**대** 제4**기** 홀로**세** 메갈라야**절**'에 살고 있다.
4 [역주] '인류세 실무단Anthropocene Working Group'은 국제층서위원회의 전문가 그룹으로, 인류세를 공식적인 지질 시대로 등재하는 문제를 연구한다. 약자로는 'AWG'라고 하고, 우리말로는 '인류세 실무단' 이외에도 '인류세 워킹 그룹', '인류세 연구위원회', '인류세 작업 그룹', '인류세 실무 그룹', '인류세 연구 그룹' 등으로 번역된다.

Holocene는 약 12,000년 전 마지막 빙하기 말에 시작되어 10,000년 전에 지구 온도가 안정된 세epoch로, 인간이 지구의 기후를 눈에 띄게 바꾸기 시작하기 전까지 비록 작은 변화는 있었지만 1만여 년 동안 지속되었다. 새로운 세new epoch가 시작되었는지 여부에 대한 공식적인 결정은 2016년 혹은 2017년경에 나올 것으로 예상된다.[5]

인류세의 시점에 대해서는 의견이 분분하다. 파울 크뤼천, 윌 스테픈[6], 존 맥닐[7] 등은 처음으로 인류세의 시작을 18세기 말의 산업혁명 시기로 보았다(Crutzen 2002; Steffen et al.[8] 2011a)[9]. 어떤 사람들은 약 7,000~8,000년 전에 농업의 발달과 함께 시작되었다고 주장하지만(Ruddiman 2003), [과학적] 증거에 따르면 인간이 화석연료를 대량으로 연소하기 전까지만 해도 인간의 영향은 지구시스템을 불안정하게 할 정도는 아니었다. 최근에는 인간이 지구시스템에 끼친 영향이 명백하게 드러난 '대가속Great Acceleration'이 시작된 1945년으로 의견이 모아지고 있다(Zalasiewicz et al. 2014). 1945년

---

5 [역주] 2025년 현재 국제지질학계에서 '인류세' 개념은 공식적으로 도입되지 않았다.
6 [역주] 윌 스테픈(Will Steffen, 1947~2023)은 미국 출신 화학자로, 호주국립대학교 교수 및 동대학 기후변화연구소 소장을 역임했다.
7 [역주] 존 맥닐(John McNeill, 1954~)은 조지타운대학의 역사학과 교수이자 저명한 환경사가이다.
8 [역주] 'et al.'은 '그 외'라는 뜻이다. 이하도 마찬가지.
9 [역주] Will Steffen, Jacques Grinevald, Paul Crutzen and John McNeil, "The Anthropocene: conceptual and historical perspectives," *Philosophical Transactions of the Royal Society A*, Volume 369, Issue 1938, 2011. 이 논문은 한국어로 번역되어 있다: 윌 스테픈 · 자크 그린발 · 파울 크뤼천 · 존 맥닐, 「인류세: 개념적, 역사적 관점」, 김찬종 옮김. 이별빛달빛 엮음, 『인류세와 기후위기의 대가속』, 한울아카데미, 2022, 58~108쪽. 이하 '윌 스테픈 외, 「인류세: 개념적, 역사적 관점」'으로 약칭

은 방사성 핵종¹⁰ 층이 지구 표면에 퍼진 해인데, 방사성 핵종 층은 미래의 지질학자에게는 번쩍이는 빛과 같은 역할을 할 것이다. 일부 지구과학자들은 인간이 유발한¹¹ 지구시스템의 변화가 너무도 크고 지속적이어서, 지구가 이제 새로운 세(epoch, 비교적 작은 층서학적 구분)에 들어가고 있다기보다는, 6,500만 년 전에 백악기 멸종 사건이 발생한 신생대를 잇는 새로운 대era인 '인류대Anthropozoic'에 접어들고 있다고 주장한다(Langmuir and Broecker 2012, 644).

인류세 개념은 대기화학, 기후학, 해양학 및 지질학을 포함한 다양한 분야에서 개발되고 탐구되어 왔다. 최근에는 역사학자와 사회과학자의 학제 간 대화를 통해 더욱 정교해졌다(Hornborg and Crumley 2006; Steffen et al. 2011a). 인류세에 대한 관심이 자연과학 분야를 넘어서 급증하고 있는 이유는, 인류세가 지구의 과정Earth process, 생명, 인간의 활동¹² 및 시간을 총

---

10 [역주] '방사성 핵종radionuclide'은 방사능을 갖고 있는 동위원소를 말한다. 일반적으로는 '방사성동위원소'로 알려져 있다.
11 [역주] '인간이 유발한human-induced'은 학문적 용어로는 'anthropogenic'이라고 한다. 'anthropogenic'은 이 책에서는 '인위적'으로 번역하였다.
12 [역주] 원문은 human enterprise이다. 여기에서 'enterprise'는 'human'과 함께 쓰여 "역사적으로 인류가 문명을 건설하는 과정에서 행한 집단적 노력과 활동의 총체"를 가리킨다. 그래서 'human enterprise'는 '인간의 작업' 또는 '인간의 사업'으로 번역할 수도 있다. human enterprise의 대표적인 예가 '과학'인데(Science is a human enterprise.), 김웅진은 이 때의 human enterprise를 '인간의 작업'으로 번역하였다("본질적으로 인간의 작업(human enterprise)인 과학은 인간성의 창조적·논리적 구현을 지향한다." 김웅진, 「불확정성의 공포, 교조와 과학적 자유」, 『주관성 연구』 19호, 2009년 12월, 5쪽). 이 책에서 'human enterprise'라는 말은 총 4번 나오는데, 이곳 외에도 크리스토프 보뇌이유가 쓴 제1장의 "인류세의 '인류'는 누구인가"에서 Steffen et al., "The Anthropocene: From global change to planetary stewardship"(AMBIO 40,

체적인 틀에서 사유하려는 획기적인 시도이기 때문이다. 우리가 보기에 인류세는 세 가지 개념적 '정의'와 함께 사회과학과 인문학에 새로운 사유를 요청하는 두 가지 강력하고 설득력 있는 '주장'을 함축하고 있다. 구체적으로는 다음과 같다.

인류세의 첫 번째 정의는 **지질학적** 역사에서 새로운 간격interval을 제안한다. 층서학자[13], 즉 암석 지층을 연구하는 지질학자에게는 구체적이면서 작지만 엄격한 증거들을 근거로 지질학적 간격을 정하는, 수 세기에 걸친 오랜 인식론적 문화가 있다(Rudwick 2005). 층서학자들은 두 개의 지질학적 간격을 구분할 경우에 일반적으로 기록의 일관성과 연속성을 위해서 해양 퇴적물 계열oceanic sediment series에 더 많은 가치를 부여한다. 그들은 이러한 계열들 안에서 암석학적, 고생물학적, 그리고 동위원소의 증거로 확인된 주요한 지질학적 전환점을 탐지하려고 한다. 만약에 증거가 충분하면 새로운 간격을 구분하기 위해 국제표준층서구역,[14] 즉 황금못[15]이 표식으로 설치된다. 이러한 층서학적 정의에 따르면, 인류세는 아직까지는 공식적으로 검증되지 않은 잠재적인 세epoch일 뿐이다. 지질학

2011b)을 인용하는 구절에서 나오고 있다.
13 [역주] 층서학자stratigrapher는 층서학을 연구하는 지질학자이다. 층서학stratigraphy은 지질학의 한 분야로, 지층strata의 역사를 연구하는 학문이다. '층위학'이라고도 한다.
14 [역주] '국제표준층서구역Global Boundary Stratotype Section and Point'은 약자로 'GSSP'라고 하고, '전역경계층형 단면 및 점' 또는 '지구 경계 성층형 단면 및 점'이라고도 번역된다. 지구의 지질학적 변화를 알 수 있는 지질학적 기록이 보존되어 있는 곳을 말한다.
15 [역주] 국제층서위원회는 국제표준층서구역에 표시를 남기는데 그 모양이 황금색 못을 박은 것과 같다고 해서 '황금못golden spike'이라고도 한다. 캐나다 토론토 근처에 있는 크로퍼드 호수가 황금못의 대표적인 예이다.

자들이 증거가 확실하다고 동의하려면 시간이 필요하고, 이 확실한 증거는 퇴적물과 암석에서 발견되어야 하기 때문에, 공식적으로 검증되기까지는 몇 년 혹은 몇십 년이 소요될 수 있다.

인류세의 두 번째 정의는 지구시스템과학에서 나오는데, 지구시스템과학이란 "지구에 대한 복합시스템적 관점을 공유하면서 다양한 분야, 가령 기후학, 지구생태학, 지구화학, 대기화학, 해양학, 지질학 등의 전문 지식을 통합하는 영역"이다(Steffen et al. 2005). 지구 모니터링 프로그램을 통해 지구의 다양한 '영역들spheres', 즉 암석권[16], 수권[17], 빙권[18], 생물권[19], 대기권[20]에 관한 데이터가 급증함에 따라, 지구시스템적 접근 방식은 전통적인 지질학보다 지구의 변화에 대해 훨씬 거시적인 관점을 취한다. 이러한 인류세 개념은 학제적인 지구시스템과학의 관점에서 비롯되었는데, 이 관점에서는 지구를 에너지와 물질의 순환에 의해 끊임없이 유동하는 flux 상태에 있으면서, 핵core에서 상층 대기[21]에 이르는 하나의 총체적인 실체total entity라고 본다. 지구시스템과학은 가장 넓은 의미에서 '지질학적'이지만, 그렇다고 해서 암석 지층에서만 증거를 찾지는 않는다. 지구

---

16 [역주] '암석권lithosphere'은 '암권'이라고도 하는데, 암석으로 구성되어 있는 지각의 표층부를 말한다. 지구의 가장 바깥쪽 구각球殼, 즉 지구의 껍데기 층에 해당한다.
17 [역주] '수권hydrosphere'은 해양, 호수, 하천과 같이 물이 있는 곳을 말한다.
18 [역주] '빙권cryosphere'은 빙하나 바다얼음, 동토 등 얼음이나 눈으로 덮인 지역을 말한다. 우주에서 찍은 지구 사진에서 하얗게 빛나는 곳이다.
19 [역주] '생물권biosphere'은 '지구상에서 생물이 살고 있는 영역'을 말한다. '생명권'이라고도 번역한다.
20 [역주] '대기권atmosphere'은 지구를 둘러싸고 있는 공기층으로, 지상에서 약 1,000킬로미터까지이다.
21 [역주] '상층 대기upper atmosphere'는 지구 대기 중에서 가장 높은 영역을 말한다.

시스템과학은 좀 더 넓은 관점에서 하나의 시스템으로서의 지구가, 수천 년 동안 놀라울 정도로 안정적인 상태를 유지해 온 온도와 해수면으로 특징지어지는 홀로세를 뒤로하고, 광범위한 영역에서 영향을 받는 새로운 인류세 상태로 진입하는 전환을 경험하고 있다고 주장한다. 인류세 실무단 의장을 지낸 얀 잘라시에비치[22]가 지적하듯이, 이 정의에서 "인류세는 층서학에서 인간의 영향을 찾을 수 있는지 여부에 관한 것이 아니라 지구시스템의 변화를 반영하는 것이다."(Zalasiewicz 2014) 여기서 주목해야 하는 개념은 '지구시스템'이다. 그가 말하는 의미를 파악하기 위해서는 새로운 사유 방식이 요구되기 때문이다.

이와 같은 접근에서는 층서학적 증거에 더해서 인위적인[23] [지구] 온난화로 인해 예상되는 해수면 상승, 퇴적물의 대규모 이동, 종species의 급속한 멸종 속도, 인공적인 유기 분자[24]의 지구적 분포와 같은 일련의 증거들을 활용하여 새로운 시대의 선언을 지지한다(Zalasiewicz et al. 2012). '행성

---

22 [역주] '얀 잘라시에비치Jan Zalasiewicz'는 '얀 잘라시에비츠'라고도 하는데, 영국 래스터대학교University of Leicester 지리·지질·환경학과 명예교수로, 2009년부터 2020년까지 인류세 실무단 의장을 지냈다. 최근에 그의 저서가 처음으로 번역되었다: 얀 잘라시에비치, 『지질학: 46억 년 지구의 시간을 여행하는 타임머신』, 김정은 옮김, 김영사, 2023. 이 외에도 공저로 줄리아애드니 토머스·마크 윌리엄스·얀 잘라시에비치, 『인류세 책: 행성적 위기의 다면적 시선』, 박범순·김용진 옮김, 이음, 2024가 있다.
23 [역주] '인위적'은 anthropogenic의 번역어이다. "인간 활동으로 발생한"이라는 뜻으로, 인간이 유발한human-induced 지구온난화 같은 현상을 설명할 때 사용된다. 가령 'anthropogenic global warming', 'anthropogenic emissions' 등과 같이 쓴다.
24 [역주] '유기 분자organic molecule'는 에탄올과 같이 탄소를 포함하고 있는 분자를 말한다. 물과 같이 탄소를 포함하지 않는 분자는 '무기 분자inorganic molecule'라고 부른다.

경계'[25]에 관해 잘 알려진 연구도 이러한 접근 방식에 부합한다(Rockström et al. 2009). "이제 지구시스템은 유례없는 상태"로 작동하는 티핑 포인트에 도달했다(Crutzen and Steffen 2003, 253). 여기서 우리는 더 이상 '지구 표면'[26](20세기에 지배적이었던 지리학적 및 생태학적 접근들)에서의 인간의 영향력의 확대에 대해서 말하고 있지 않다. 우리는 지구시스템 전체의 변화에 대해 말하고 있다(Hamilton and Grinevald 2015).

인류세의 세 번째 정의는 인간이 행성[27]에 미치는 영향에 대한 훨씬 더 광범위한 개념들을 기술한다. 예를 들면 경관의 변화, 도시화, 종species의 멸종, 자원 추출, 폐기물 투기, 나아가서는 질소 순환과 같은 자연 과정의 붕괴 등이 그것이다. 이것이 바로 제임스 시비츠키(Syvitski 2012)가 "문명의 누적적 영향"이라고 말한 것이다. 이 용법에서 인류세는 인간과 자연 세계의 관계에서 급격한 변화를 표시하는 문턱을 나타낸다. 그것은 인간이

---

25 [역주] '행성 경계planetary boundaries'는 '지구 위험 한계선' 또는 '지구 한계'라고도 번역되는데, 2009년에 요한 록스트룀Johan Rockström 교수 등에 의해 처음으로 제안된 개념이다. "지구가 지속가능하기 위해서 넘지 말아야 할 아홉 가지 한계선"이라는 뜻으로, 기후변화와 생물다양성 손실, 생물지구화학, 해양산성화, 토지이용률, 담수, 오존 지수, 대기오염, 화학 오염을 말한다. 2023년 9월에 덴마크 코펜하겐대학교와 호주국립대학교 등의 국제연구팀이 발표한 연구에 따르면, 현재 지구는 기후위기와 환경오염으로 인해 아홉 개의 행성 경계 중에서 여섯 개가 무너진 것으로 나타났다. 참고로 국내에 번역된 요한 록스트룀의 저서는 다음과 같다: 요한 록스트룀·오웬 가프니, 『브레이킹 바운더리스: 기후 위기를 극복하기 위한 담대한 과학』, 전병옥 옮김, 사이언스북스, 2022.; 요한 록스트룀·마티아스 클룸, 『지구 한계의 경계에서』, 김홍욱 옮김, 에코리브로, 2017.
26 [역주] '지구 표면'의 원문은 'the face of the Earth'이다.
27 [역주] 여기에서 '행성planet'은 '지구'를 가리킨다. 이하에서도 특별한 언급이 없는 한 '행성'은 모두 '행성으로서의 지구'를 가리킨다.

'자연의 힘'이 되었다는 '불가능한' 사실과 인간의 행위와 지구의 역학Earth dynamics이 하나로 수렴되어 더 이상 상응하지 않는 영역에 속한다고 볼 수 없는 [새로운] 현실로 대표되는, 인간종과 자연 세계의 관계에서의 질적인 변화를 포착한다.

만약에 [엄격한 지질학적 증거에 입각해서 결정해야 하기 때문에] 권한의 폭이 좁은 층서학위원회가 이제 "지구는 새로운 지질 시대에 진입했다"고 선언할 만큼 아직 증거가 충분하지 않다고 결정한다면, 인류세 개념은 두 번째 의미로 계속 사용될 것이고, 세 번째 의미로는 더 광범위하고 느슨하게 사용될 것이다. 첫 번째 정의는 암석 지층의 증거가 필요하지만, 다른 정의는 훨씬 넓은 과학 분야의 데이터와 증거 기준에 근거하고 있다. 첫 번째 정의는 설명적이고 증거에 입각하는 반면에, 다른 정의들은 인과적이고 체계적인 추가 조사가 별도로 요구된다.

우리의 세계관에 대한 근본적으로 새로운 함축들

인류세 테제는 이 책의 제1장에서 크리스토프 보뇌이유가 분석한 다양한 종류의 거대 서사들, 즉 주류인 자연주의 서사naturalist narrative를 비롯하여 포스트 자연 서사post-Nature narrative, 생태 파국주의 서사eco-catastrophist narrative, 생태 마르크스주의 서사eco-Marxist narrative에 구체화되고 내장되어 있다. 그런데 우리가 보기에 인류세 테제는 이러한 다양한 서사들과 위에서 소개한 세 가지 정의를 넘어서, 사회과학과 인문학이 다루어야 할 두 가지 강력하고 설득력 있는 주장을 하고 있다.

첫째, 화산 활동, 지각 구조, 태양 활동의 주기적인 변동 또는 태양 주위를 도는 지구 궤도 운동이 지구의 기능을 변화시키듯이, 인간도 지구의 기능을 변화시키는 대지적 힘[28]이 되었다고 주장한다. 예를 들어 고기후학자들[29]은 인간이 유발한 온실가스 배출량이 향후 50만 년 동안 빙하 주기를 억제하기에 충분하다고 추정한다(Archer 2009). 인간이 지구의 궤도를 장악한 시기를 언제로 잡든, 인류세를 인정한다는 것은 19세기 초부터 대체로 독립적이고 완전히 다른 것으로 여겨졌던 자연사natural history와 인간사human history가, 이 새롭고 지배적이며 의지적인willing 대지적 힘이 추가되면서 (이 책 제3장에서 디페시 차크라바르티가 구체적으로 논하듯이) 이제 하나의 동일한 지구사geo-history로 사유되어야 함을 의미한다(Chakrabarty 2009). 이것은 두 가지의 종언을 의미한다. 하나는 인간사 드라마의 외부적 배경에 불과한 것으로 여겨졌던 자연의 종언이고, 다른 하나는 사회를 오로지 사회적으로만 이해하는 근대적 족쇄의 종언이다. 근대 인문학과 사회과학은 마치 사회가 물질과 에너지 순환보다 상위에 있고 지구의 유한성과 물질대사metabolism에 구속받지 않는 것처럼 묘사해 왔다. 하지만 이제 그것들은 지구로 돌아와야 한다. 경제와 시장, 문화와 사회, 역사와 정치 체제에 대한 이해는 재물질화되어야rematerialised 한다. 그것들은 더 이상 인간들 사이의 협정, 합의, 동의, 갈등으로만 볼 수는 없다. 인류세 시대에는 '사회

---

28 [역주] '대지적 힘'은 'telluric force'의 번역어이다. 'telluric'은 '땅'이나 '지구'를 의미하는 라틴어 'tellus'에서 유래한 형용사로, 지진이나 화산과 같이 '지구와 관련된 현상'을 나타낼 때 사용된다.
29 [역주] 고기후학(古氣候學, Paleoclimatology)은 과거의 지구의 기후를 연구하고, 그것과 현재 및 미래의 지구 기후와의 관계를 탐구하는 분야이다.

적, 문화적, 정치적 질서'가 (지구적global 차원에서 구체적인 물질과 에너지 흐름의 대사 metabolism의) '기술-자연적techno-natural 질서'와 얽혀서 공진화하기co-evolve 때문에 인문학에 새로운 개념과 방법이 필요하다.

인류세 개념 그리고 그것과 관련된 지구시스템과학 연구에서 주장하는 두 번째 주장은, 인류가 향후 수십 년 안에 전례 없는 규모와 속도로 진행되고 있는 지구 환경 변화에 직면하게 될 것이며, 이 속도는 약 250만 년 전에 사람속genus Homo이 출현한 이래로 **호모 사피엔스**가 지구에서 활동하고 있는 20만 년에 비하면 비교할 수 없을 정도로 빠른 속도라는 것이다. 예를 들어 현재 생물다양성 손실의 강도는 약 6,500만 년 전에 공룡을 비롯한 지구상의 식물과 동물 종의 약 4분의 3이 사라진 다섯 번째 대멸종 이래로 그 어떤 것과도 비교할 수 없는 수준이다. 그리고 21세기 말까지 지구의 온도가 4°C 올라가리라는 것은 **거의 확실한**optimistic 시나리오인데, 지난 1,500만 년 동안 지구는 이런 상태에 있지 않았다. 또한 다른 매개변수들, 가령 인간이 유발한 질소 및 인 순환의 교란, 해양 산성화 및 합성 화학 오염 등은, 단독으로 또는 개별적으로 조만간 티핑 포인트에 도달하여 지구와 지구의 생명체의 조건들을 근본적으로 새로운 상태로 몰고 갈 수 있다(Rockström et al. 2009).

따라서 인류세 테제는 단순히 지구적 생태 위기가 아니라, 지구의 새로운 지질학적 생존 체제regime of existence와 새로운 인간의 조건을 예고한다. 모든 인간들이 (그중에서도 특히 이 책의 편집자들과 같이 인류의 지구적 생태 발자국의[30] 절

---

30 [역주] '생태발자국ecological footprint'은 인간이 지구에서 살아가는 데 필요한 자원을 땅의 크기에 견주어 나타낸 것으로, 1996년에 캐나다의 경제학자 마티스 웨커네이

반을 책임져야 하는 가장 부유한 7% 사람들이) 완전히 '녹색green'이 되고, 모든 사회가 당장 내일 '강력한 지속가능성'을 채택한다고 해도, 홀로세와 같은 조건으로 되돌아가기까지는 수 세기 또는 수천 년이 걸릴 수 있다. 한편, 인류세에 산다는 것은 1870년 이래로 인간의 활동으로 인해 이산화탄소로 배출된 5,750억 톤의 탄소에 의해 변화된 대기에서 산다는 것을 의미한다(Le Quéré et al. 2014). 그것은 얼음 없는 행성의 가능성을 비롯하여 갈수록 증가하는 파국적 사건과 새로운 위험으로 특징지어지는 뜨거워진 세상에서 빈약하고 인공화된 생물권에 거주하는 것을 의미한다. 또한 바다가 점점 산성화되고 기후가 통제되지 않으며 새롭고 불평등한 고통의 행렬을 의미한다. 그것은 행성 인구의 지리적 분포가 과도한 스트레스를 받는 세계이다. 그리고 지정학geopolitics이 점점 대립적으로 변하면서 더욱 폭력적인 세계가 될 것이다(Dyer 2008).

인류세의 출현은 자연스럽게 그 너머에 무엇이 있는가에 대한 질문으로도 이어진다. 비록 인류세의 시작이 언제인가에 대해서는 논쟁이 있지만, 그 끝에 관한 문제에 이르면 근본적인 물음이 제기된다: 인류세 이후에는 어떤 종류의 지질학적 세epoch 혹은 대era가 올 것인가? 그것은 인간이 지구시스템 전체를 조종하고 엔지니어링하는 행성의 인류세 상태가 영구적으로 지속되는 세epoch일까? 아니면 인간 활동과 지구시스템이 새로운 균형에 도달하여 인간이 더 이상 변화의 주요 행위자agent가 아닌 시

결과 윌리엄 리스가 제안하였다. 인간이 지구에서 살아가기 위해 필요한 의식주衣食住와 에너지·도로·폐기물 등의 자원을 생산하고 폐기하는 데 드는 비용을 토지 면적으로 환산한 것이다. 민여경, 「눈높이 환경 이야기(22) 생태발자국」, 『(사)환경교육센터』(온라인) 2008.11.14. 참조.

대일까? 아니면 인간이 더 이상 지구 표면에 존재하지 않는 그런 시대일까?

유한하고 붕괴된 지구에서 모든 인간을 위한 존엄한 삶을 재창조하는 것이 우리 시대의 가장 중요한 이슈가 되었다. 우리가 인간의 경험을 넘어서는 대era에 접어들고 있다면, 그것은 다가오는 환경적/지질학적 변화에 대비하기 위한 생물학적 적응이나 문화적 학습 또는 전승이 전무한 시대를 의미한다. 그것은 새로운 인간의 조건을 구성한다. 미래가 불확실하면서 근본적으로 새로운 절age에 처해 있는 인간은 기본적으로 사회시스템, 제도 및 표상의 아상블라주이기 때문에 새로운 사회과학과 인문학 연구보다 더 강력하게 요구되는 것은 없을 것이다.

인류세의 도래는 자연과 문화, 기후와 정치, 자연과학과 사회과학과 인문학 사이의 확립된 경계를 허물어뜨리고 있다. 여기서 핵심은 '사회-생태학적' 하이브리드 객체들에 대한 학제 간 요청보다 더 깊은 곳에 있다. 사회학, 정치학, 역사학, 법학, 경제학, 철학이 200년 동안 의존해 온 '자연 세계' 개념, 즉 자원들이 비활성적으로 상비되어 있는 상태, 인간사 드라마에 반응하지 않는 외부적 배경 등의 개념은 점점 더 옹호하기 어려워지고 있다. 그리고 '가이아'가 부활한 이 시대에는 19세기 이래로 근대성의 기둥들이었던 자율성autonomy, 행위성agency, 자유freedom, 성찰성reflexivity과 같은 오로지 사회적이기만 한 개념들이 흔들리고 있다. 인간, 사회 계약, 자연, 역사, 사회 및 정치에 대한 관념들, 다시 말해 지금까지의 학문들을 구성하는 모든 근본적인 관념들을 다시 사유해야 한다.

자연과 문화

인류세로 드러난 인간의 시간성human temporality과 지구의 시간성Earth temporality 사이의 충돌은 기존의 지식의 경계들에 대한 시험이다. 성서 시대부터 18세기 후반의 위대한 프랑스 박물학자 뷔퐁 백작Comte de Buffon 시대에 이르기까지, 인간사人間史는 대체로 지구사地球史와 상응하는 것으로 이해되었다. 그러나 뷔퐁 이후 몇십 년도 지나지 않아 새로운 산업 질서가 등장하면서 인류세의 길을 열었던 것처럼, 인류의 역사와 지구의 역사 사이에 깊은 간극이 생겼다. 지질학자 찰스 라이엘Charles Lyell은 1830년에 다음과 같이 썼다.

> (다른 행성에서 온 지적 존재가 지구를 바라보면) 생물의 세계이든 무생물의 세계이든 그 어떤 고정되고 일정한 법칙도 인간의 행위성에 의해 전복되지 않았으며, … 새로운 행위자의 힘이 잠시라도 멈추게 되면 곧바로 예전 상태로 되돌아간다는 것을 곧 알아차리게 될 것이다(Lyell 1830, 164).

그러나 불과 1년 후, 하나의 학문 분야로서 역사학을 정립한 사람 중 하나인 쥘 미슐레Jules Michelet는 다음과 같이 서술했다.

> 세계와 함께, 이전에 없었던 세계와 함께 끝날 전쟁이 시작되었다. 자연에 대한 인간, 물질에 대한 정신, 숙명에 대한 자유의 전쟁이다. 역사는 이 끝없는 투쟁의 서사일 뿐이다.

그가 보기에는 '진보적 자유의 승리', 즉 정적인 자연에 대한 인간의 진보가 역사로 기록되었다(Michelet 2013[1834], 25). 그래서 자연과학과 사회과학과 인문학이 모두 제도화되고 전문화되어 산업적 근대성의 문화적 무대를 구축하던 바로 그 순간, 세계는 양분되고 있었다. 한편에는 사회 외부에 존재하면서 느리고 안정적인 법칙의 지배를 받지만 역사속에서 그 어떠한 목적도 없는 [대문자] '자연'이 있었다. 다른 한편에는 자유를 향한 진보를 목적론적으로 지향하는 '사회'가 있었는데, 여기에서 자유freedom는 인류가 그 어떠한 자연적 결정과 한계로부터 벗어나는 것으로 이해되었다. 사회과학은 '사회적인 것', '문화적인 것', '정치적인 것'을 설명할 때 자연적 원인과 제약을 제거함으로써 스스로 과학이라고 주장했다. 한편에는 '인간과는 다른in-human' 자연과학이 있었고, 다른 한편에는 '반자연적인anti-natural' 사회과학과 인문학이 있었는데, 이들은 세계의 각각 다른 차원을 지배했다.

18세기 계몽주의의 **에피스테메**를 전복시켜, 지상의 실재를 시간적으로, 존재론적으로, 인식론적으로, 제도적으로 분리된 두 차원으로 나누는 새로운 분할divide은 산업적 근대성의 양들sheep을 가두는 지적 울타리를 구성했다. 산업 질서와 제국 질서의 엘리트들이 인간과 지구를 인류세로 밀어 넣었을 때, 이 지적 울타리가 그들을 자유롭게 해주었을 것이다. 이제 자연의 죽음으로 인해, 또는 막스 베버의 표현대로 탈주술화로disenchanted인해 모든 것은 계산 가능하게 되었다. 이와 같은 분할은 인류세 시대로의 전환을 위한 잠재적인 문화적 추동력으로서 더욱 주목할 필요가 있다(Bonneuil and Fressoz 2015).

하지만 이제 인류세 개념을 채택함에 따라 우리는 적어도 표면적으로는, 인간사와 지구사가 서로 상응하고 깊게 연결되어 있다는 뷔퐁적 관점으로 돌아가야 한다. 인류세는 우리가 앞으로 역사를 이해하고 서술해야 하는 방식에 심오한 영향을 끼쳤다. 그것은 또한 모종의 역사적 사고방식이 자연과학에 다시 도입되어야 할 수도 있음을 암시한다. 브뤼노 라투르가 제안했듯이, 순수하게 자연적인 '지구시스템' 관점보다는 '지구이야기 geo-stories', 또는 들뢰즈가 말한 '지구되기becoming-Earth'의 측면에서 사유하는 것이 더 유익할 수 있다(Latour 2013a).

이 책 제11장에서 브뤼노 라투르를 비롯한 일부 사회과학자 및 철학자들은 자연과 인간의 시간성과 과정들의 수렴을 언급하면서, 인류세를 자연/문화 이분법의 종말이라며 환영했다. 만약에 지구의 모든 장소와 과정들이 인간의 행위성에 의해 수행된다면, 그것은 곧 자연은 죽었고, 태양 아래 모든 것이 지구-사회의 하이브리드 아상블라주이자 기술-자연의 사이보그라는 것을 의미할까? 포스트모던적이고 구성주의적이면서 네트워크적 사고가 주도하는 사회과학에서 오늘날의 지배적인 관점은 근대성과의 단절일까? 아니면 실체들에서 관계들로 존재론이 전환되는 새로운 자본주의 정신의 징후일까?(Boltanski and Chiapello 2005) 이 새로운 근대성의 정신이, 예전처럼 자연의 외부화(자연/문화의 오래된 경계)를 통해서가 아니라 자연을 기술과 시장으로 내부화, 소화 또는 희석(새로운 '자연문화NatCult' 하이브리드 네트워크)시킴으로써, 자연의 한계와 행성의 경계들을 모호하게 만들고 무시하는 것이 가능할까? 이 책의 제9장에서 비르지니 마리스는 새로운 융합으로 자연의 타자성과 행위성을 포기하려는 시도에 맞서서 자연의 타자성과 행위성을 옹호한다. 실제로 자연의 타자성을 인정하지 않고서는 평화로운 관계란 있을 수 없다. 비슷한 맥락에서 이자벨 스텡거스는

제10장에서, 과학과 정치를 별다른 노력 없이 혼합시키는 인류세의 언어가 지구공학의 길을 열어줄 수 있다고 경고한다.

인류세와 함께 선포된 자연/문화의 존재론적 분할의 종언은 역사가들에게는 비옥하면서도 문제적인 토양이기도 하다. 우선 그것은 깊은 역사 deep history와 지구사 및 환경사가 서로를 비옥하게 하면서, 자연과학자들과의 새로운 학제 간 연구를 제안한다. 나아가서 사회생태학적 물질대사와 사회질서, 정부 및 문화의 변화와 연속성에 대한 이해를 통합시킬 것을 요구한다. 반면에 역사가들은 인류세 담론이 암묵적으로 혹은 명시적으로 가져온 자연과학자와 사회과학자의 역사적 가정들에 대해서 경험적 연구를 통해 의문을 제기할 수도 있다. 그중 하나는 자연을 외부화한 근대인들은 산업적 형태의 발전이 환경학과 지질학에 끼치는 영향을 보지 못했다는 통념이다. 이러한 관점에 입각하여 울리히 벡[31]과 앤서니 기든스[32]에 의해 대중화된 성찰적 근대성reflexive modernity [33] 또는 성찰적 인류세(Steffen et al. 2011a)는 불과 수십 년 전에야 등장했다. 하지만 장 바티스트 프레쏘는 제6장에서 19세기 초에 있었던 환경에 관한 지식과 경고의 문

---

31 [역주] 울리히 벡(Ulrich Beck, 1944~2015)은 독일의 사회학자로, 국내에 소개된 저서로는 『위험사회』와 『지구화란 무엇인가?』 등이 있다.
32 [역주] 앤서니 기든스(Anthony Giddens, 1938~)는 영국의 사회학자로, 국내에 소개된 저서로는 『성찰적 근대화』, 『제3의 길』, 『노동의 미래』, 『기후변화의 정치학』 등이 있다.
33 [역주] '성찰적 근대성'에 대해서는 다음의 책이 참고가 된다: Ulrich Beck, Anthony Giddens, Scott Lash, *Reflexive Modernization: Politics, Tradition and Aesthetics in the Modern Social Order*, Stanford University Press, 1994. 이 책의 번역서는 안소니 기든스 · 울리히 벡 · 스콧 래쉬, 『성찰적 근대화』, 임현진 · 정일준 공역, 한울, 1998.

법을 검토하면서, 아이러니하게도 이와 같은 기존의 진보주의적 지혜에 도전한다.

디페시 차크라바르티는 기존의 역사가들이 역사를 구성하고 서술하는 방식에 대해 인류세가 제기한 심오한 도전을 처음으로 발견한 역사가 중 한 명이다(Chakrabarty 2009). 그는 제3장에서 기존의 자신의 분석을 확장하여, 분할될 수 밖에 없는 인간의 삶의 이야기가 인간종으로서의 집단적 삶의 이야기로 보완되어야 한다고 주장한다. 이러한 관점은 다른 역사가들과 뜨거운 논쟁을 불러 일으켰는데, 그들은 인종, 계급, 성별이라는 범주가 행성의 지질학을 변형시키는 미未분화된[34] 인간종의 역사를 단지 보충하기만하는 별개의 역사에 속한다고 생각하지 않는다. 알프 호른보리는 제4장에서 핵심 국가들이 취한 산업화의 길은 지배/주변 지역에서의 '세계체제'와의 체계적이고 불평등한 생태적 교환이 없었다면 불가능했을 것이라고 주장한다. 지배, 착취, 강탈이 행성에 대한 인간의 폭력의 중심에 있는지 아니면 주변에 있는지를 둘러싼 자본세/인류세 논쟁은 이제 막 시작 단계에 불과하다.

---

34 [역주] '미未분화된'은 undifferentiated의 번역어이다. 이 책 전체에서 undifferentiated는 10차례 등장하는데, 그중 대부분은 제1장에 집중되어 있다. 의미는 '차등을 두지 않고 획일적인'이라는 뜻으로, 주로 '인류'를 수식하는 형용사로 사용된다. undifferentiated가 differentiated(차별화된)의 반대말로 쓰인 경우에는 '무차별적인'으로 번역하였다.

위기에 직면한 철학

인류세 개념은 철학에도 새로운 탐구를 요청한다. 인류세에서 인간사와 자연사의 새로운 상호침투는 종래의 '이성적 동물', 자율성을 추구하는 피조물, 세계를 만드는 특별한 능력을 지닌 존재라는 칸트적 관념을 비롯한 모든 인문주의적 개념을 넘어서는, 인간 존재에 대한 새로운 개념을 요구한다. 클라이브 해밀턴은 제3장에서, 새로운 지질 시대가 전개됨에 따라 자연이 부과한 모든 한계에서 벗어난 진보적인 자기 해방self-liberation이라는 근대의 기획은 갈수록 지속되기 어려워질 것이라고 주장한다. 이제 자유freedom 개념도 홀로세 이후의 불안정한 조건에서 다시 생각되어야 한다.

철학적 이해에서의 거대한 전환은 항상 새로운 존재론, 존재의 본성에 대한 새로운 이해를 토대로 이루어진다. 사실 변하는 것은 단순히 '이해' 만이 아니다. 하이데거주의자들에게는 이해된 것―실재로 있는 것, 존재의 구성―또한 변한다. 인류세에는 실재의 본성이 완전히 탈바꿈할 것이라고 생각할 충분한 근거가 있다. 이러한 심층적인 질문은 이 책의 에필로그에서 브로니슬라프 셔진스키가 섬뜩하게 환기시켰다. 결국 사회과학의 한복판에 뾰족한 암석 망치를 든 지질학자들이 등장함에 따라 주체와 객체 사이의 엄격한 근대적 분할은, 적어도 미래를 어둡게 하는 질문들과 관련되면 압력을 받게 된다. 인간사와 지구사가 충돌할 때 새로운 존재들이 등장한다.

지금 단계에서는 이러한 존재들이 구체적으로 어떤 것일지 명확하게 알 수 없다. 비록 라투르가 2013년 기포드 강연에서 도발적인 시도를 했고(Latour 2013), 페터 슬로터다이크Peter Sloterdijk[35]의 '존재론적 구성 ontological constitution'이 새로운 종류의 지구성globality으로 일부 사람들에게 매력을 끌었지만 말이다. 살아있는 존재와 그렇지 않은 존재를 모두 다루는 슬로터다이크의 존재론적 구성은 인간들이 '외부적인 것의 괴물성'에 맞서야 한다는 것이다(Sloterdijk 2011, 629). 이자벨 스텡거스의 화이트헤드[36] 되살리기는 세계의 과정process을 '철학적'으로 이해한다. 그것은 지구시스템과학으로 인해 지구가 새롭게 재구성되고 있는 것과 대단히 유사하다(Stengers 2011). 이런 종류의 사유가 인류세를 탐구하는 수단으로서는 분석철학의 합리주의적 결과주의보다 훨씬 더 생산적인 것 같다. 가령 종래의 윤리에 대한 인류세의 도전을 생각해 보라. 인간의 영향이 지구의 자연스런 지질학적 경로를 일탈시킬 만큼 강력하다면, 이 사태를 '비윤리적unethical'이라고 기술하는 것은 일종의 범주 오류처럼 보인다. 우리는 인류세 배후에 악이 숨어 있다고 주장하는 것이 아니라 (비록 이런 주장을 할 수도 있지만), 새로운 시대를 '보편적 격언에 따라 행동하지 못한 결과'로 보거나 '인류의 복지를 극대화하는 방법을 잘못 계산한 결과'로 보는 것은 지금 우리 앞에 다가온 사태의 거대함을 하찮게 여기는 것이라고 말하는

---

35 [역주] 페터 슬로터다이크(Peter Sloterdijk, 1947~)는 독일의 철학자이자 문화연구자이다. 국내에 번역된 책으로는 『너는 너의 삶을 바꿔야 한다』, 『냉소적 이성비판(1)』, 『플라톤에서 푸코까지』, 『세계의 밀착』이 있다. 1983년에 나온 『냉소적 이성비판(1)』은 독일에서 12만부 이상이 팔렸다고 한다.
36 [역주] 알프레드 노스 화이트헤드(Alfred North Whitehead, 1861~1947)는 영국의 수학이자 철학자로, 존재의 실상을 불변의 실체substance가 아니라 변하는 과정process으로 이해한 것으로 유명하다. 대표적인 작품으로 『과정과 실재』, 『관념의 모험』, 『과학과 근대 세계』가 있다.

것이다. 그렇다. 믿기 힘들겠지만, 지구 온도조절 장치를 어디에 설정해야 최적인지, 지구를 새로운 세epoch보다는 새로운 지질학적 대era로 설계해야 맞는지를 판단하기 위해서 비용-이익 분석을 분주하게 수행하는 사람들도 있다. 37억 년 동안의 행성의 생명사history of life에서 여섯 번째 대멸종을 초래하고 있는 인간의 행동을 '비윤리적'이라고 기술하는 것만으로는 부족하다. 이러한 압도적인 사건을 단순히 윤리라는 틀로만 이해하려는 시도는 그것을 정상으로 간주하거나, 단지 또 다른 '환경 문제'로 축소하는 결과를 낳는다. 윤리에 관한 이야기는 **깊은 시간**deep time에 속하는 이행transition을, 말 그대로 지구를 뒤흔드는 이행을 평범하게 만든다. 깊은 시간에는 윤리가 존재하지 않는다.

반면에 일종의 결과주의적 윤리를 취하게 되면, 어떤 사람들은 인류세를 애통하고 피해야 할 전개 과정으로 간주하는 반면(비용이 이익을 초과), 어떤 사람들은 정반대로 인류를 위한 기회(잠재적 이익이 비용을 초과)라는 결론을 내리는 데 사용한다. 후자에 있어 새로운 시대는 행성에 대한 무제약적인 기술적 지배력을 행사하라는 초대장이다. 저명한 미 국방부 무기공학자이자 지구공학 옹호자인 로웰 우드Lowell Wood는 "우리가 살고 있는 모든 환경은 우리가 설계했는데 왜 행성은 그렇게 안 되는가?"라고 물었다. 이제 우리는 과학을 이해하는 사람이라면 누구도 병치되리라고 상상하지 못했던 '좋은'과 '인류세'를 합성한 새로운 유형의 '에코 모더니스트eco-modernist'를 보게 되었다(이 주장에 대한 비평은 Hamilton 2013, 제8장 참조). 이 낙천적인 영혼들은 지구과학자들의 우울한 예측은 일축하면서 우리가 '좋은 인류세'를 창조할 수 있다고, 인류가 자신의 창조력을 증명하면서 마침내 자신의 운명을 스스로 결정할 수 있는 멋진 기회라고 주장한다.

이상은 근대성을 떠받치고 있던 기둥들이 무너짐에 따라 기존의 질서를 방어하고 보호하기 위해 동원될 수 있다고 예상되는 전략들이다. 인간 이성에 대한 그들의 믿음, 기술의 힘에 대한 신뢰, 인간적 탐구의 고귀함에 대한 확신, 이러한 것들은 참으로 근대적이다.

인류세 정치학

인류세는 정치 제체를 순전히 인간 내부의intra-human 계약과 투쟁으로만 보곤 했던 정치 이론에 도전장을 던진다. 정치학에서 인류세 개념은 우리에게 정치적 행위성과 민주주의에 대한 깊은 재개념화에 착수할 것을 요구한다. 제12장에서 인골푸 블루도언은 경제와 과학이라는 '객관주의' 정치와 문화와 정체성이라는 '주관주의' 정치가 모두 소진되었다는 논평과 함께 재념화의 과정을 시작한다. 정치 이론은 더 이상 정치 체제의 다양성의 바탕에 있는 물질 및 에너지 대사를 외부화할 수 없다. 칼 마르크스가 물질대사 개념을 통해 잠깐 엿보았듯이, **기술적 장치들**dispositifs (우리의 생각과 행동을 형성하고 통제하는 '말해지지 않은 것unsaids')은 특정한 자연 질서와 사회 질서를 동시에 생산한다. 티머시 미첼은 『탄소 민주주의』[37]에서 20세기의 '탈자연화된de-natured 정치'를 비판하면서, 석탄과 석유의 추출과 사용의 역사 속에서 민주적 형태의 진화 이야기를 예리하게 엮어낸다

---

37 [역주] 국내의 번역서는 다음과 같다: 티머시 미첼, 『탄소민주주의: 화석연료 시대의 정치권력』, 에너지기후정책연구소 옮김, 생각비행, 2017.

(Mitchell 2011). 이제 우리는 민주주의를 이해하기 위해서는, 그리고 그것이 어떻게 진화할 수 있는지를 이해하기 위해서는, 모든 화석연료를 연소시킨 결과에서부터—새로운 종류의 행성에서부터—다시 작업해야 한다.

정치학에서 환경 이슈는 대부분 국제관계와 공공정책이라는 프리즘으로 다루어졌다. 오란 영Oran Young(Young 1994), 로버트 케오헤인Robert Keohane(Haas, Keohane and Levy 1993), 스콧 베럿Scott Barrett(Barrett 2003), 장 프레데릭 모랭Jean-Frédéric Morin(Morin and Orsini 2014) 같은 학자들은 국제환경 협약 및 체제 연구를 위한 이론적 모델을 개발하였고, 피에르 라스쿰Pierre Lascoumes(Lascoumes and Bonnaud 2014)과 폴 사바티에Paul Sabatier(Sabatier 1998)는 환경정책에 대한 견고한 분석을 수행하였다. 그러나 이러한 정치 이론은 여전히 홀로세에 머물러 있으며, 인류세와 그 의미를 인식하는 데 더디기만 하다. 대부분의 통찰들은 브뤼노 라투르, 울리히 벡, 도미니크 부르그Dominique Bourg와 같은 철학자와 사회학자들로부터 나왔다. 2000년대 초반부터 앤드류 돕슨Andrew Dobson과 뤽 스말 같은 학자들이 새로운 체제dispensation에 맞게 이 분야를 쇄신하려고 노력해 왔다.

1970년대 환경운동이 등장했을 때, 정치사회학에서는 환경을 새로운 집단적 행위자들에 의해 구축되고 촉진되는 '공공의 문제'로 인식했다. 반면에 인류세 관념이 시사하는 것은 환경을 단지 자연을 둘러싼 인간들 사이의 투쟁으로만 보는 것은 충분하지 않다는 것이다. 근래에 등장한 녹색 정치 이론에서는 개념적 구성에서 자연을 더 이상 외부화하지 않는 재물질화된rematerialised 정치 이론을 새롭게 고려하고 있다(Dobson et al. 2014). 뤽 스말은 제6장에서 [자원이] 한정된 행성에서 강력한 민주주의의 이상을 재고하면서 생태 파국주의 정치사상을 살펴본다. 생태 파국주의 정치사상의 입장은 단지 성장에 있어서뿐만 아니라 열thermo-산업 문명의 영속성에 있어서도 생물물리학적biophysical 장애들이 존재한다는 증거로서 인류세를 바라보는 것이다. 제7장에서 마이클 노스콧은 성경의 창조-타락 이야기와 오늘날의 인류세 논의에서 파국론catastrophism의 수사학적 역할을 성찰하고, 제8장에서 이브 코셰는 르네 지라르의 모방mimesis 개념과 자신의 정치적 경험을 바탕으로 파국은 피할 수 없다고 주장한다.

인류세의 놀라운 역설 중 하나는 우리가 자연을 통제할 수 있고 변형시킬 수 있는 주된 힘이 된 것처럼 보이지만, 이러한 변화의 영향 하에서 세계를 통치할 준비가 부족해 보이고, 어쩌면 불가능해 보인다는 것이다. 제13장에서 프랑수아 주멘느는 인류세의 가장 취약한 피해자들에게서 우리가 예상할 수 있는 복잡한 반응들을 성찰한다. 실제로 인류세에서 다루는 시간 척도는 인간이 경험적으로 이해할 수 있는 범위를 훨씬 넘어선다. 바로 여기에 민주주의에 대한 진정한 도전이 있다. 우리는 너무나도 자주 환경 정치의 이슈들을 글로벌 거버넌스, 국제관계, 이해 경쟁의 균형 문제들로 규정해 왔다. 이 모두가 미래를 (GDP라는 척도로 편리하게 측정할 수 있는) 무한한 진보의 지평으로 보면서, 유일하게 되돌릴 수 없는 것은 진보 그 자체라고 가정한다. 우리는 지금까지 되돌릴 수 없는 것을 어떻게 통치해야 할지에 대해 생각해 본 적이 없다. 만약에 그것을 되돌릴 수 없다면 인류세는 우리에게 통치government에 대해 다시 생각할 것을 요구할 것이다. 이것은 정치를 지정학geopolitics, 아니 가이아정치학Gaia-politics으로, 드라이젝Dryzek의 용어로 표현하면 '지구의 정치학politics of the Earth'으로 생각해야 함을 의미한다. 지정학geopolitics은 더 이상 대지와 자연의 자원을 둘러싼 권력관계를 이해하는 문제가 아니라, 지구를 정치적 주체로 생각하는 문제이다.[38] 인류세의 정치는 지구시스템과 세계시스템의 충돌에 관한 것이다. 전통적으로 세계시스템은 지구시스템을 정치적으로 그리고 사회적으로 조직하는 것으로 간주하였고, 지구시스템은 세계시스템의 배경으로 기능하였는데, 새로운 지구정치학geopolitics 시대를 알리는 인류세에서는 더 이상 그럴 수 없다.

1970년대 초에 첫 번째 국제회의 개최와 환경장관의 임명으로 '환경'이 정치에 공식적으로 반영되었는데, 이때의 정치는 보전conservation[39]에 관한 것이었다. 정책은 자연보호구역과 국립공원 조성을 위해 노력했고, 멸종위기에 처한 종을 보호하는 법이 통과되었다(그럼에도 불구하고 여섯 번째 대멸종에 접어들었다는 우울한 결과가 뒤따랐다). 초기의 보전주의 시대에는 환경 행정과 관리구조의 필요성을 인식하게 되었다. 자연은 단지 보전될 수 있는 것만이 아니라 관리도 필요로 했다. 하지만 환경 문제의 국제화가 명백해지자 이 또한 충분하지 않았다. 어느 나라도 혼자서 그것들을 다 처리할 수 없기 때문이다. 아무리 '초강대국'이라 할지라도 경계를 넘는 오염, 해양 쓰레기, 기후변화, 오존층 파괴 등은 해결할 수 없었다. 그래서 환경은 국제관계, 글로벌 협력 문제가 되었고, 무역협정에서부터 난민 협정, 냉전의 긴급 사태에 이르는 글로벌 거버넌스의 다른 문제들과 뒤섞이는 것을 피할 수 없었다. 그 결과는 절반의 성공이었다고 할 수 있다.

---

38 [역주] 이런 의미에서의 geopolitics는 '지정학'이 아니라 '지구정치학'으로 번역되어야 할 것이다. 실제로 바로 뒤에 나오는 geopolitics는, 그리고 제13장 서두에서 '지정학'이라고 번역한 geopolitics는 '지구정치학'이라는 의미로 사용되었다.
39 [역주] 이 책에 나오는 conservation은 '보전'으로, preservation은 '보존'으로, protection은 '보호'로 각각 번역하였다.

그런데 이제 인류세는 우리에게 이 모든 것을 다시 생각할 것을 강요한다. 왜인가? 지금 위태로운 것은 집단적으로 동의하고 행동하는 우리의 능력만이 아니기 때문이다. 인간의 경험을 넘어서는 사건들에 대해 결정을 내릴 수 있는 우리의 능력에도 의문이 제기되고 있다. 인간의 경험을 넘어서 사고하고 행동하는 능력을 기르는 것, 이것이 새로운 지질 시대의 첫 번째 요구 사항일 것이다. 기후변화라는 거대 사건에 대해서는 우리가 허우적거린다는 것을 누구나 알 수 있다. (인류세에서 유일하게 중요한 결정인) 집단적 결정에 있어서는 단지 국제 협력, 즉 '글로벌 거버넌스'만이 문제가 되는 것은 아니다. 인류세에서 가장 시급한 문제는 지구의 시간 척도와 인간의 경험이 더 이상 일치하지 않고, 그렇다고 해서 분리될 수도 없는 상황에서 민주주의를 어떻게 편안하게 수행할 것인가이다. 과연 민주주의는 인간의 경험을 넘어서는 여러 세대에 걸친 장기적인 이슈들을 어떻게 설명할 수 있을까? 정치인은 무엇을 해야 할까? 그들은 어떻게 말해야 할까?

민주주의의 기본 원칙 중 하나는 새로 선출된 정부가 이전 정부가 한 일을 취소할 수 있다는 것이다. 좌우를 불문하고 캠페인을 벌이는 정부가 자신들의 정책 전환을 문화적·제도적 기반의 깊숙한 곳에 심으려는 이유도 여기에 있다. 그러나 인류세에서는 이러한 취소가 더 이상 가능하지 않다. 왜냐하면 지구시스템은 생명이 의존하는 환경인데, 그것이 이제 엄청난 가속도로 지금까지와는 다른 궤도를 달리고 있기 때문이다. 그래서 탄소 가격 정책을 되돌리는 것은 문제를 되돌리는 것이 아니라 문제를 가속화하는 것이 될 것이다. 이제 많은 미래 세대들이 새로운 시대로 내던져졌다. 인류세에 들어서면서 우리는 돌이킬 수 없는 것을 어떻게든 관리해야 하는 긴 시대로 접어들었다. 그것은 두 가지 문제에 대한 영구적인 적응 상태로의 진입이다. 하나는 수천 년 단위로 해수면이 상승하는 바다에 대한 적응이고, 다른 하나는 지구의 미래를 알 수 없는 상태에서의 의사 결정 과정에 대한 적응이다.

인류세의 별명이 '인간의 시대Age of Humans'라는 것은 아이러니하다. 왜냐하면 근대성은 인문주의humanism의 시대였을 것이기 때문이다. 이 책은 '인간의 시대'의 도래에 촉발되어 사회과학과 인문학을 다시 생각하는 계기를 제공하기 위해 기획되었다. 새로운 시대의 중요성에 대해 선견지명을 가진 학자들을 한데 모았다. 어떤 이들은 다양한 사회과학적 관점에서 인류세 관념을 비판하는 반면, 다른 이들은 인류세가 사회과학 그 자체에 대한 재검토를 요구한다고 주장한다. 과학혁명과 산업혁명의 도래가 그랬듯이, 인류세의 완전한 의미가 자리 잡고, 불가피하다고 생각하는 사회과학과 인문학의 전환을 이루기까지는 수년, 아니 수십 년이 걸릴 것이다. 우리는 인류세 관념이 지질학적 문제로서가 아니라 인간의 문제로서 저항에 부딪힐 것이며, 저항 받지 않을 경우에는 중첩되고 경쟁하는 다양한 서사와 세계관으로 틀지어질 것이라고 확신한다. 반면에 가장 혁신적이고 선도적인 사상가들이 10년 또는 20년 후에 무슨 말을 할지에 대한 명확한 관념을 얻는 것은 불가능하다. 이 책에 실린 브로니슬라프 서진스키의 신랄한 에필로그는 이 과제를 더욱 복잡하게 만든다.

그래서 우리는 이 책이, 비록 그 주제는 상당히 혼란스러울지 몰라도, 자극적이면서도 요구도 높은 지적 여정의 시작이 되기를 바란다. 이 주제가 어렵게 느껴지는 것은 우리 사회가 그것에 무관심한 것 같다는 사실에서 기인한다. 인류세의 의미를 어렴풋이 알아차린 사람은 심지어 우리 전문가들 사이에서도 거의 없다. 결국 기후과학자들의 경고를 진지하게 받아들이려는 사람을 찾기는 어렵다. 그래서 오늘날 활동하는 사회학자들은 지구과학자들과 같은 처지에 있다. 우리는 모두 거대한 전환이 진행 중이라는 사실은 확신하지만, 그것이 정확히 어떤 형태로 드러날 것인지에 대해서는 단지 추측만 할 수 있을 뿐이다. 우리는 반쯤 눈을 감은 채 길을 찾고 있을지 몰라도, 다가오는 것이 너무나 거대해서 무시할 수 없다는 사실만큼은 모두가 알고 있다.

제 1 부
인류세 개념과 그 함축

The Anthropocene and the Global Environmental Crisis

1장
지질학적 전환

―인류세 서사들

크리스토프 보뇌이유

지구에게 이야기는 중요하다. 실제로 산업적 근대성의 엘리트들이 자신들에게 말해온 이야기는 인류세의 문화적 기원과 조건으로 기능했다. 그 이야기의 주제는, 외부적이고 목적 없는 것으로서의 자연, 자원으로서의 세계, 인간예외주의,[1] 자연의 결정과 한계에서 벗어나고자 하는 것으로서의 진보와 자유, 그리고 준자율적인 제1동력[2]으로서의 기술에 관한 것들이다(Merchant 1980; Descola 2013; Bonneuil and Fressoz 2015). 마찬가지로 오늘날 우리가 우리 자신에게 어떤 인류세 이야기를 하는가가 장차 우리가 거주하게 될 지구사적geohistorical 미래의 모습을 만들 수 있다.

'스토리텔링으로서의 환경사'에 대한 윌리엄 크로넌의 중요한 성찰은 인류세 담론 연구에 많은 통찰을 준다. 그는 1992년에 쓴 저명한 논문「이야기를 위한 장소: 자연, 역사, 그리고 서사」[3]에서, 19세기 중반부터 20세

---

1 [역주] '인간예외주의exceptionalism'는 자연계에서 인간만이 예외적 존재라는 생각을 말한다. 발 플럼우드의 『악어의 눈: 포식자에서 먹이로의 전략』(김지은 옮김, yeondo, 2023)의 제7장 「무미」에 나오는 개념이다.
2 [역주] 원문은 'quasi-autonomous prime mover'이다.
3 [역주] William Cronon, "A place for Stories: Nature, History and Narrative," *The Journal of American History*, 78(4): 1347-1376, Mar. 1992. 참고로 이 논문은 지금까지 2,000번이 넘게 인용되었다.

기 중반에 걸쳐 일어난 드라마 같은 더스트 볼[4] 사건을 비롯하여 대평원의 변화에 대해서 여러 역사가들이 서술한 이야기 방식을 비교했다. 어떤 서사는 진보적이었고, 어떤 서사는 하강적이었다. 전자의 서사에서는 인디언들이 관리하는 대초원을 '정체된 웅덩이' 또는 '사람이 사는 황야'로 평가절하하면서, 밀밭과 철도를 개선된 것으로 보는 경향이 있었다. 후자의 서사에서는 대평원이 탐욕스러운 정착민과 자본가들의 요구를 지탱할 수 없었다고 주장했다. 전자는 저항적이고 비생산적인 자연을 길들이기 위한 정착민들의 노력과 기술을 전면에 부각시켰고, 후자는 더스트 볼을 예로 들어 국가 주도의 건전한 생태계 관리의 필요성을 강조했다.

이와 유사하게 지구와 그 주민의 역사를 쓰는 것은 항상 이야기, 즉 서사를 말하는 것이다. 여기에는 다음과 같은 것들이 들어 있다.

> 이야기의 시작과 끝에 있는 사물의 상태에 특정한 가치를 부여하기
> 타자들은 그림자에 숨겨두면서 특정 행위자와 현상을 강조하는 초점과 '프레임'을 선택하기
> 시간을 순서대로 나열하고, 특정 시기와 전환점 그리고 주요 세력을 정확히 기술하는 반면, 다른 것들은 경시하기
> 이 모든 것이 암시적이고 명시적인 도덕적 교훈을 담으면서, 암시적이거나 명시적인 인과적 요소를 지닌 극작법[5]을 구성하기

---

4 [역주] '더스트 볼Dust Bowl'은 '먼지 구덩이'라는 뜻으로, 20세기 초에 북미 대륙 중앙에서 일어난 재해를 말한다. 당시 기계 농업의 성행으로 인해 축복받은 대평원이 척박한 사막으로 변하여 먼지폭풍이 일어나고 수천 명이 사망하였다.
5 [역주] '극작법dramaturgy'은 희곡이나 연극의 각본을 구성하고 연출하는 방법을 말

국가, 인종, 계급이 오랫동안 수많은 이야기의 대상이었다면 인류세에는, 라투르의 용어를 사용하면(Latour 2013) 다양한 '지구이야기geo-stories'가 대상이 되었다. 인류세 과학은 단순한 이야기 이상이지만, 그 역시 이야기이다. 2000년과 2002년에 파울 크뤼천이 발표한 최초의 인류세 논문에는 '우리we', 즉 '인류humanity'가 어떻게 여기까지 왔는지에 대한 이야기도 들어 있다. 스테픈 등은 인류세의 과학적 특성뿐만 아니라 명시적인 역사적 시각도 제안했다. 자연과학자들의 선구적인 서사에 이어 역사가, 철학자, 사회과학자, 언론인, 정치인, 연구소 및 활동가들이 인류세 이야기를 엮어냈다(Steffen et al. 2011a). 각각의 이야기는 "우리가 어떻게 여기까지 왔는가?"에 대한 이야기를 들려주며, 미래에 대한 서사를, 행위자, 이슈 및 해결책에 대한 서사를 매우 적절하게 포함하고containing (허용하고 allowing와 틀지우고fraiming라는 이중적 의미에서) 있다. 나는 이 장에서 인류세를 둘러싼 네 가지 거대 서사를 검토할 것이다. 그것은 다음과 같다.

(1) 현재 주류인 자연주의 서사 naturalist narrative
(2) 포스트 자연 서사 post-Nature narrative
(3) 생태 파국주의 서사 eco-catastrophist narrative
(4) 생태 마르크스주의 서사 eco-Marxist narrative

한다.

자연주의 서사
―수렵 채집인에서 지구적인 지질학적 힘까지

파울 크뤼천, 윌 스테픈과 같은 선도적인 자연과학자들과 존 맥닐, 디페시 차크라바르티 등의 역사학적 저술의 중심에는 현재의 주류 과학과 미디어 분야에서 인류세 담론을 지배하는 특정한 스토리텔링이 있다(Crutzen 2002; Steffen et al. 2011a, 2011b). 대중적인 책과 잡지에 널리 회자된 그 스토리라인은 다음과 같이 요약할 수 있다.

> 1800년경부터 '우리'라는 인간종은 의도치 않게 지질학적인 규모로 지구 시스템을 변화시켰다. 인류는 세 단계에 걸쳐서 이러한 변화를 일으켰고, 그것은 지구 환경 데이터를 통해 가장 잘 보여줄 수 있다. 그 변화를 일으킨 주된 인과적 힘으로는 인구 증가, 경제 성장, 국제 교류의 확대가 있다. 그러나 코페르니쿠스 혁명이나 다윈 혁명에 비견될 수 있을 정도의 혁명이 최근에 일어났다. 지구시스템 과학자들은 마침내 인류에게 그 위험성을 알려주었다. 그리고 정책 결정자들이 건전한 과학에 근거하여 행동할 때에만, 지구시스템 과학자들이 인류를 지속가능한 미래로 이끌 수 있는 지식을 갖게 된다.

이 서사는 네 가지 핵심적인 상호연관된 주장을 담고 있다.

① '인간종'이 지구를 변화시키는 미未분화된undifferentiated 인과적 힘으로 무대 전면에 등장했다.

② 수세기 동안 무의식적으로 영향을 끼친 근대의 암흑시대를 깨고 지구 모니터링 과학 덕분에 환경 의식이 새로워졌다.

③ 환경 지식과 해결의 생산자로서 시민 사회와 일반인을 지우고, 과학자들이 스스로를 '인류와 지구의 양치기'라고 자화자찬하면서, 행성을 구한답시고 더 많은 과학과 녹색기술을 옹호하였다.

인류세의 '인류'는 누구인가?

인류세의 주류 서사는 간단하다. 수렵 채집인에서 "지구적인 지질학적 힘"으로 진화한 종에 대한 이야기이다(Steffen et al. 2011b, 741). "인간과 환경의 상호작용"은 "수백만 년 전"에, 초기 사람속Homo genus이 불을 다루고 단백질이 풍부한 식단을 가능하게 하는 도구를 습득하면서 "지구상에 존재하는 모든 유인원 중에서 뇌와 신체의 비율이 가장 큰" 시점에서 시작되었다고 한다(Steffen et al. 2011a, 846). 이것이 언어와 문명의 등장을 위한 길을 열었다. 그러나 이야기는 계속되어, 화석연료의 대량 사용으로 대기, 해양, 기후가 지구적 규모로 변화한 18세기 말까지만 해도 "인간의 활동human enterprise"은 지구에 거의 영향이 없었다고 한다. 이 새로운 에너지 자원은 전 세계의 생태계와 생물지구화학적biogeochemical 순환을 변화시키는 인류의 힘을 엄청나게 증가시켰고, 이러한 현상은 1945년 이후의 "대가속Great Acceleration" 이래로 더욱 심해져서 행성의 지질학적 일탈을 촉발하였다. 인류세의 첫 2세기 동안 무의식적인 "대지적 힘"이었던 인류는 이제 "행성의 청지기"라는 좀 더 현명한 시대로 진입해야 한다. 장차 도래할 이 새로운 길을 돕고 밝히기 위해서 이야기는 계속된다.

인류의 오랜 과거인 수렵 채집 시대부터 대가속 시대, 그리고 21세기에 이르는 인간의 활동enterprise의 궤적에 대한 이해는, 자원의 착취에서 지구시스템 청지기로 전환하는 데에 있어서 없어서는 안되는 맥락을 제공한다(Steffen et al. 2011b, 746; Chakrabarty 2009도 참고하기 바란다).

따라서 이 〈거대 서사 (1)〉에서 인류세는 인류가 지질학적 힘이 된 시대 이상을 의미하는 명칭이다(이러한 이름짓기 관례는 지층 명명법에서는 이례적인 일이다. 지금까지의 지질학적 구분은 주요 식물상相과 동물상相을 기준으로 이름을 붙였지 인과적 행위자[=원인 제공자]를 기준으로 명명하지 않았기 때문이다). 인류세는 지구의 역사에서 '인간Man'의 계기일 뿐만 아니라, 인간의 역사를 이해하는 데 있어서는 종species의 계기이기도 하다. 특정한 문화적 가치를 지니고 특정한 사회경제적, 기술적 결정을 내리는 특정 사회집단이 아니라, '종' 또는 '인구'라는 생물학적 범주가 인간의 역사를 이해하는 데 인과적 설명 범주로 격상되었다. 획기적인 인류세 논문에는 'Mankind', 'humankind', 'humans', 'humanity', 'our species' 또는 ('human power', 'human enterprise'에서와 같이) 형용사 'human'이라는 말이 103회 이상 등장하고 있다(Steffen et al. 2011a). 수렵 채집인에서 대지적 힘이 된 인간의 양가적인ambivalent 오디세이, 그리고 '인간종'과 '지구시스템'의 서사적 대결이라는 이러한 역사 프레임은 인문학과 사회과학의 영향력 있는 학자들에게 깊은 인상을 남겼다. 현행하는 지질학적 전환의 전형인 20세기의 선구적이고 걸출한 환경사 연구서인 존 맥닐의

『태양 아래 새로운 것』⁶은 총 420페이지 중에서 겨우 30페이지를 '사상과 정치'에 할애하고 있고,⁷ 대기와 생물권, 그리고 지구시스템의 다른 구성 요소의 변화에 대해서는 자세히 서술하고 있다(McNeill 2000). 마찬가지로 또 한 명의 중요한 역사가인 디페시 차크라바르티는 "우리가 행성의 지배적 종으로 진화해 온 역사"를 서술하면서, 생물학적 '종'(그의 「역사의 기후: 네 가지 테제」에는 이 말이 51회 나온다. Chakrabarty 2009)⁸과 '인구'를 최고 범주로 등극시켰다(Chakrabarty 2014, 132). 지구적인 '우리' 이야기에서 인간은, "우리 인구 수와 화석연료의 연소 그리고 다른 관련 활동 덕분에 지질학적 행위자가 되었다"(Chakrabarty 2009, 209). 이 이야기는 "미未분화된 인류가 균일하게 지구적 환경 변화를 걱정하고 그것에 대해 책임이 있다"고 하는 공식적이면서 자연주의적인 인류세의 거대 서사를 따르고 있다.

(차크라바르티가 근대적인 자연사/인간사의 분리를 소멸시킨다고 했던) 인류세는 다음의 세 가지가 틀렸음을 입증한다. 하나는 인간예외주의이고, 다른 하나는 "자의적인 인간 활동이 다각적으로 매력을 발휘할 수 있는 배경을 형성하는, 자율적 법칙에 종속된 객체들의 영역"(Descola 2013)으로 자연을 틀 지우는 자연-문화 이원론이며, 마지막은 오로지 사회적으로만 존재하는 '사회' 개념

---

6 [역주] 원서는 J.R. McNeill, *Something New Under The Sun: An Environmental History of the Twentieth-Century World*, New York: W. W. Norton & Company, 2000이고, 우리말 번역은 J.R. 맥닐, 『20세기 환경의 역사』, 홍욱희 옮김, 에코리브르, 2008이다.
7 [역주] 『태양 아래 새로운 것』의 맨 마지막 장인 제12장 제목이 '사상과 정치'이다.
8 [역주] 이 논문의 우리말 번역은 조지형·김용우 엮음, 『지구사의 도전: 어떻게 유럽중심주의를 넘어설 것인가』, 서해문집, 2010에 동명의 제목으로 수록되어 있다. 이하, 「역사의 기후: 네 가지 테제」로 인용.

이다. 이것들은 서구의 산업적 근대성이 시작된 이래로 인문학과 사회과학을 지배해 왔고, 인류세의 도래를 가져온 문화적 동력을 대표한다. 하지만 자연주의 서사가 주장하듯이, 인문학이라는 아이를—그것의 세련되고 비판적인 개념적 장치를—산업적 근대라는 목욕물과 함께 버려야 할까?

자연화되고 종 중심적인 〈서사 1〉은 자연에 **대한**about Nature 인간들 사이의 비대칭성과 자연을 **통한**through Nature 인간들 사이의 비대칭성을 모두 모호하게 한다. '자연에 대한 인간들 사이의 비대칭성'이란 환경적으로 좋은 것에 대한 접근과 나쁜 것에 대한 노출에 있어서의 불평등을 말한다. '자연을 통한 인간들 사이의 비대칭성'은 에너지와 물질의 흐름을 조직하는 기술시스템을 말한다. 이 시스템들은 불평등한 사회적, 인종적, 젠더적 그리고 지정학적 관계를 수반하는 특정 유형의 사회 질서와 함께, 특정 유형의 '제2의' 변형된 자연을 공동으로 생산한다. 이러한 요소들은 지구적 생태 위기와 인류세 정치의 엄청난 규모에 비해서 부차적인 것으로 간과되고 있다. 그러나 정치생태학, 환경사, 생태경제학 및 기타 학제적 환경 연구의 주요 연구들은 이러한 사회생태적 비대칭성을 규명하고, 그것이 어떻게 생태적으로 지속불가능하고 사회적으로 불평등한 발전 경로를 생성할 수 있는지를 밝혀냈다(Pomeranz 2000; Peet, Robbins and Watts 2010; Hornborg 2013a). 〈서사 1〉은 이러한 증거를 무시하고 차별화된 환경적 책임과 고통을 무차별적인 '우리, 인간종'에 포함시켜, 마치 지구에 대한 '인간의 영향'이 특정한 사회집단, 조직 및 제도에 의해 (불균등하게) 만들어진 기술적, 문화적, 경제적 선택의 결과가 아니라는 식의 지구이야기geo-story를 하는 이데올로기라고 비판을 받아 왔다.

인류세는 북극곰, 양서류, 새들이 자신들의 서식지에 어떤 종이 파괴적인 영향을 미치고 있는지를 알고 싶을 때에는 유용한 개념과 서사일 수 있지만, 유감스럽게도 그들은 인간의 행동을 면밀히 검토하고 그것에 맞설 능력이 없다. 반면에 인간의 왕국 안에서 기후변화에 대한 종적 사고 species-thinking는 신화화와 정치적 마비를 조장한다(Malm and Hornborg 2014, 6).

실제로 현재의 기후 붕괴를 초래한 인과관계를 진지하게 분석해 보면, 온실가스 배출 곡선은 모종의 사회 질서의 역사적인 형성과 분리될 수 없다. 이 사회 질서는 소수의 인간, 소수의 국가 및 소수의 기업이 온실가스의 대부분을 배출하는 권력의 비대칭성을 수반한다. 이것은 특정 유형의 정치 체제(미첼의 '탄소 민주주의' 개념 참조, Mitchell 2011)를 갖춘 사회 질서로, 여기에서 가장 큰 영향을 받는 사람들은 지구를 인류세로 이동시킨 경제적 및 기술적 의사 결정 과정에서 전혀 목소리를 내지 못한 사람들이다. 〈서사 1〉은 현재의 지질학적 이동을, 블랙박스에 담긴 미*未*분화된 종의 '활동'[9]이 가져온 의도하지 않은 효과, 또는 인간이 원래 수십만 년 전부터 불을 지배한 결과로 설명한다. 심지어는 인류세의 자연화가[10] 극한까지 도달하여, "행성 자체가 화석화되는 경향"의 결과라고, 즉 지구에서 가장 최근

---

9 [역주] 원문은 "the 'enterprises' of a black-boxed undifferentiated species"이다.
10 [역주] '인류세의 자연화the naturalisation of the Anthropocene'는 인류세를 사회적·역사적 행위의 결과가 아닌 자연적·지질학적 필연성의 일부로 간주하는 해석을 말한다.

에 일어난 "침전되고 화석화된 바이오매스[11]를 활용하는 경향에서 비롯된 "연소 명령"의 결과라고도 설명한다(Clark 2012, 269).

분명 북극곰을 위한 것까지는 아니더라도, 적어도 '인간종'이라는 블랙박스보다는 과학적으로 좀 더 설명력이 있고 (정치적으로 더욱 도움이 되는) 사회생태학적 역학을 찾는 사람들을 위해서는 좀 더 현명하고 더욱 섬세한 인류세 연구 커리큘럼이 권장되어야 한다. 이러한 커리큘럼에서는 인류세를 촉발하였고 지금도 촉발하고 있는 '인류anthropos'는 단순히 생물학적 행위자가 아니라 복잡한 신념 체계, 사회기술적 궤적, 정치경제적 역학의 산물이다.

새로운 지구적 환경 의식?

"우리는 우리의 활동이 지구시스템에 어떤 영향을 미치고 있는지 아는 최초의 세대이다"(Steffen et al. 2011b, 749). 그래서 표준적인 서사는 이렇게 진행된다: 우리 조상들은 지구 환경에 어떤 영향을 끼칠지 모르는 상태에서 산업혁명, 화석연료 시대, 제국 시대, 원자력 시대를 열어 왔다. 심지어는 제2차 세계대전 이후 수십 년이 되도록 여전히 "대두되고 있는 지구 환경 문제는 대부분 무시되었다"(Steffen et al. 2011a, 850). "인간이 지구적 규모로 환경에 미치는 영향에 대한 최근의 고조된 인식"은 인류세의 세 번째

---

11 [역주] '바이오맨스biomass'는 '생명량'으로 번역되는데, 동물, 식물, 미생물 등 모든 생명체의 총질량을 말한다. 이 중에서 동물의 총질량을 '동물량zoomass', 식물의 총질량을 '식물량phytomass'이라고 한다.

단계의 본질적인 특성이다(Steffen et al. 2011a, 856). 제임스 러브록이 말한 것처럼, "환경을 변화시킴으로써 우리는 **자신도 모르게** 가이아와의 전쟁을 선포했다."[12] (Lovelock 2006, 13, 강조는 인용자). 〈거대 서사 1〉은 선언한다: "지구여, 우리를 용서하소서. 한때 우리는 당신을 무시했지만 이제 우리는 알고 있습니다." 울리히 벡이나 앤서니 기든스와 같은 사회이론가들도 어둠에서 빛으로, 단순한 근대성에서 이차적이고 성찰적인 근대성으로 나아가는 진보주의 이야기에 동의했다.

그러나 최근의 역사적 증거는 과거의 사회들이 모르고 있었거나 성찰적이지 않았던 것도 아니고, 그들의 활동 또한 지구적 환경 영향에 끼치는 위험성에 대한 논쟁에서 결코 자유롭지 못했음을 말해준다. [그 증거는 다음과 같다.] 첫째, 제2차 세계대전 직후에 생물권에 대한 합리적 관리가 베스트셀러에서 주목을 받았다. 이것은 동시에 지정학적인 그리고 냉전의 주요 이슈이기도 했다(Robertson 2012; Bonneuil and Mahrane 2014). 둘째, 제국의 시대는 환경에 대한 지식과 경고에 있어서 백지상태가 아니었다. 지구 전체를 통제하고자 했던, 그리고 이것을 자신들의 '문명화 사명'이라고 생각했던 서구 엘리트들은 토착민과 식민지 농민 공동체가 환경을 비효율적이고 파괴적으로 사용하는 것을 비판했다(Bonneuil 1997; Drayton 2000; Anker 2001). 서구 과학은 세계 자원의 한층 집약적이고 더욱 지속가능한 사용을 약속했다. 1921년에 피에르 클레르제는 『세계의 식량 착취』[13]에서 "과잉

---

12 [역주] 원저는 James Lovelock, *The Revenge of Gaia*, London: Allen Lane, 2006, p.13. 우리말 번역은 제임스 러브록, 『가이아의 복수: 가이아 이론의 창시자가 경고하는 인류 최악의 위기와 그 처방전』, 이한음 옮김, 세종서적, 2008, 33쪽.

13 Pierre Clerget, *Géographie Économique: L'exploitation Rationnelle du Globe*, Paris:

착취over-exploitation라는 결과에 직면하자 '문명인'은 자신들의 남용을 깨닫고 '합리적' 착취rational exploitation를 한다."고 주장했다(Bonneuil 1997, 77). 백인이 "지구에 대한 합리적 착취"를 정당화한 것은 소위 뛰어난 환경적 성찰성과 자연에 대한 과학적 지배력을 토대로 한 것이었다. 이 친환경적이고 '지속가능한' 제국주의는 일부 서양 과학자들뿐만 아니라 종종 식민지 주변의 농촌공동체에 의해 이의가 제기되기도 했다(Guha 1989a). 1913년에 파리 자연사박물관 관장은 "우리만을 위해 지구를 독점하고 우리 자신의 이익을 위해 다음 세대에 해를 끼치면서까지 파괴할 권리가 있는가?"라고 물었다(Perrier 1913, 210).

셋째, 지구환경에 대한 지식, 성찰, 논쟁은 산업주의 초기부터 존재했다. 18세기 후반에는 (삼림 벌채와 같은) 인간 행위로 인한 지구적 기후변화 이론이 정립되었다. 1778년에 뷔퐁Buffon은 "지구 표면 전체에는[14] 인간의 힘의 흔적이 있음"을 확인했다. 이는 그에게 좋은 소식이었다. 왜냐하면 인간은 지혜로운 지구 관리를 통해 "자신이 살고 있는 기후의 영향을 조정하고 온도를 적절하게 조절할 것"이기 때문이다(Bonneuil and Fressoz 2015, 18에서 재인용). 반면에 어떤 과학자들은 서유럽과 미국 식민지의 급속한 삼림 벌채와 환경파괴의 정황으로부터 인간의 통제를 덜 받고 인간에게 유리하지 않은 지구적 기후변화를 예측했다. 이들의 연구는 1780년부터 1840년까지 널리 논의되었고 정부의 계획과 의회의 논쟁을 촉발시켰다(Locher

---

O. Doin et fils, 1912.
14 [역주] '지구 표면 전체'의 원문은 'the entire face of the Earth' 이다.

and Fressoz 2012).[15] 초기 사회주의 사상가인 샤를 푸리에Charles Fourier는 1821년에, 만약에 산업자본주의가 무제한으로 확장되면 지구 전체와 그것의 기후를 바꿀 것이라고 주장하였다. 이것은 푸리에만의 주장이 아니었다(Bonneuil and Fressoz 2015, 227-9). 인류세의 여명은 인간의 활동, 인류의 건강, 좋은 정부, 그리고 환경 사이의 복잡한 연결고리에 대한 강력한 성찰과 지식을 특징으로 한다(Fressoz, 이 책 제5장).

요약하면, 수십 년 전까지만 해도 지역적 환경 영향에 대한 지식만 있었지 지구적 환경 변화에 대한 체계적인 지식은 없었다는 표준적인 서사에 대해서는 진지한 역사적 고증이 이루어지지 않았다. 만약에 우리가 인류세로의 이동을 더이상 무의식적인 과정으로 보지 않는다면, 이제 우리에게 주어진 과제는 지구적 환경 지식이 어떻게 초기의 무지에서 지금의 인식으로 발전했는지를 이해하는 것이 아니라, 지구적 차원에서의 풍부한 환경적 성찰에도 **불구하고** 우리가 어떻게 인류세로 진입하게 되었는지를 이해하는 일이 될 것이다. 과학 분야에서 '무지학(無知學, agnotology)'에 대한 연구가 점점 많아지고 있는 점에 공감한다면, 인류세 4백 년의 역사는 두려움과 반대를 다스리고 전환시키면서, 초기의 환경적 신중함으로부터 인류세적 행위성을 해방시켜준 정치적, 기술과학적 전략의 역사로 이해할 수 있다(Bonneuil and Fressoz 2015). 확실히 하나의 시스템으로서의 지

---

15 [역주] Fabien Locher and Jean-Baptiste Fressoz, "Modernity's Frail Climate: A Climate History of Environmental Reflexivity," *Critical Inquiry* Vol.38, No.3, Spring 2012, pp. 579-598. 우리말 번역은 파비앙 로셰・장바티스트 프레쏘,「기후의 역사에 대한 성찰적 근대성」, 송성희 옮김, 이별빛달빛 엮음,『인류세와 기후위기의 대가속』, 한울아카데미, 2012, 110~146쪽.

구에 대한 과학적 지식은 발전했다. 그러나 〈거대 서사 1〉은 산업화 여명기의 환경에 대한 지식과 강렬한 사회생태적 투쟁을 말소시키면서 우리의 과거와 현재의 상황을 탈정치화한다.

과학적 양치기와 녹색 지구기술geo-technologies 이야기

과거의 환경적 맹목성을 과학이 서서히 벗겨내고 있다는 〈인류세 서사 1〉의 관점은 강력한 정치적 함의를 지니고 있다. 이제 과학은 인류세를 만든 문화적·정치적·경제적 연쇄의 일부는 아니었지만, 장차 인류를 인도하고 행성을 구원할 데우스 엑스 마키나[16]로 등장하고 있다. 크뤼천은 다음과 같이 말한다.

> 인류세 시대에 과학자와 엔지니어들은 사회를 환경적으로 지속가능하게 관리하도록 안내해야 하는 힘겨운 과제를 안고 있다. 이를 위해서는 모든 규모에서 적절한 인간 행위가 요청되는데, 거기에는 기후를 '최적화하기' 위해서 국제적으로 승인된 대규모의 지구공학적 기획이 포함될 수 있다(Crutzen 2002, 23).

이 서사에서는 사회를 무지하고 수동적이며 '인지적 부조화'에 갇혀 있는 것으로 묘사한다. 주요 과학 출판물들은 지금까지의 그 어떤 사회-환

---

16 [역주] '데우스 엑스 마키나deus ex machina'는 문학 작품에서 결말을 짓거나 갈등을 풀기 위해 뜬금없는 사건을 일으키는 플롯 장치를 말한다.

경적 노력, 가령 알버타에서 아마존에 이르는 추출 반대 캠페인과 같은 노력에 대한 언급을 회피하며, 전환 마을이나 탈성장 또는 부엔 비비르[17] 운동과 같은 하향식 이니셔티브에 대해서도 언급하지 않는다. 마치 환경에 대한 인식과 이니셔티브 및 해결책은 시민 사회에서 활발하기보다는 과학 영역에만 존재한다는 것처럼 말이다. 이상의 이야기에서 해결책은 분명하다. 과학자들이 앞장서서 새로운 녹색친화적인 기술을 개발해야 한다는 것이다.

> 인류세에서 발생하는 문제의 본질을 고려할 때 정치적 지도자들, 정책 결정자들 및 관리자들이 효과적인 지구적 해결책을 찾기 위해 고군분투하고 있다는 것은 전혀 놀라운 일이 아니다. 그러나 몇 가지 혁신적인 접근 방식이 있다. 능동적인 적응 관리 … 조기 경보시스템 … 복잡한 시스템 역학 모델링 … 지구공학(황 입자sulphur particles).[18] (Steffen et al. 2011a, 856-9)[19]

정리해 보면 〈서사 1〉은 환경적 무관심에서 환경적 의식으로 이동하는 인간, 자연의 힘과 동등한 인간, 자연을 수리하는 인간이라는 근대성의 거대 서사를 재현하는 경향이 있다.

---

17 [역주] '브엔 비비르Buen Vivir'는 스페인어로 '좋은 삶'이라는 뜻으로, 이 말에는 자연의 권리를 옹호한다는 의미도 담겨 있다.
18 [역주] "지표 부근에서 황입자를 활용한 냉각 방식"을 말한다. "의도적으로 대기 중의 황산입자 농도를 높여서 지구를 냉각시킴으로써 온실가스로 인한 온난화의 인위적 기온 상승을 일부 상쇄하는" 방법이다. 윌 스테픈 외, 「인류세: 개념적, 역사적 관점」, 87쪽.
19 [역주] 윌 스테픈 외, 「인류세: 개념적, 역사적 관점」, 85~87쪽.

프랑켄슈타인의 괴물을 수리하기
— 포스트 자연post-nature의 거대 서사

〈거대 서사 2〉는 포스트모더니즘과 생태 구성주의 철학자, 자연과학자, 그리고 산업을 옹호하는 테크노 유토피아적 싱크탱크로 이루어진 불균질한 네트워크에 의해 장려되는데, 인류세를 '자연의 종언'의 도래로 예고한다. 더 열렬한 옹호자들은 '좋은 인류세'에서 '자연이 없는 세계'를 약속한다.

근대성은 자연의 결정론으로부터 사회를 해방시키겠다고 약속했지만, 인류세는 지구의 거대한 자연적 순환에 인간의 운명이 맡겨졌고, 지난 2세기 동안 분리된 것으로 여겨졌던 단기적인 인간사와 장기적인 지구사의 시간성이 교차되었음을 선언한다. 인류세적 독법은 '자연'과 '사회'를 계속해서 분리할 수 없다고 주장한다. (반反 사회적) 자연과학과 (반反 자연적) 사회과학 및 인문학이라는 '두 문화' 사이의 큰 격차로 인해 현대의 지식 체계와 고등 교육의 전체 구조가 흔들리고 있다.

〈서사 2〉는〈거대 서사 1〉의 프로메테우스적[20] 비유는 물론이고, 환경적 인식 혹은 성찰성이 매우 최근의 일이라는 믿음도 공유하고 있고, 심지어는 그것을 더욱 급진화하여 마치 과거의 근대인들은 그들이 자연과

---

20 [역주] 주지하다시피 '프로메테우스'는 인간에게 불을 가져다주어 문명의 발전에 기여한 신화적 인물이다. 그래서 여기에서 '프로메테우스적Promethean'은 인간이 과학기술을 이용하여 자연을 통제하고 지배할 수 있다는 신념을 상징하는 말로 쓰였다. 참고로 이 책에서 '프로메테우스적'이라는 표현은, 파생어인 '프로메테우스주의자들the Prometheans'을 포함하여 총 7번 나온다.

상호작용하면서 얽혀 있는 상황을 제대로 이해하지 못한 것으로 간주한다. 그러나 〈서사 2〉는 인류세를 근대성의 대부분의 경계들을 횡단하는 피드백 고리loop, 연결, 네트워크, 혼종성의 이야기로 본다는 점에서 〈거대 서사 1〉과는 다르다. 새로운 시대는 근대 과학의 구성 요소였던 '가치와 사실의 분리의 종언'으로 찬양된다. 그것은 사회적으로 강력한 '모드 2' 과학에[21] 대한 확실성의 종언과 함께 위험, 불확실성 및 논쟁의 증가를 의미한다. 라투르는 심지어 우리가 결코 근대적이지 않았으며, 형성 중인 과학[22]은 항상 자연과 사회의 새로운 하이브리드적 배열을 협상하는 것임을 깨닫게 해주었다(Latour 2004a). 위험과 환경적 영향에 비성찰적non-reflexive이었던 우리의 근대성은, 울리히 벡과 앤서니 기든스가 언급한 바와 같이, 자연과의 수많은 얽힘을 인정함으로써 비로소 '성찰적reflexive'이 된다. 〈서사 1〉에서와 같이 우리의 지식은 진보하고 있으므로, 이 이야기는 진보와 계몽이라는 거대 서사의 또 다른 아바타에 불과하다(Fressoz 2007a).

좀 더 깊은 차원에서 인류세는 자연 그 자체의 종언으로 환영받고 있

---

21 [역주] '모드2 과학'은 과학사회학의 용어로, 새로운 형태의 지식 생산 양식을 나타낸다. 기초 연구를 중시하는 전통적인 '모드1 과학'과는 달리, '모드2 과학'에서는 서로 연결된 복잡한 사회적 문제를 해결하기 위해서 여러 분야의 과학들이 동원되어 연구가 수행된다.
22 [역주] '형성 중인 과학science in action'은 라투르 책의 제목이다. 우리말 번역서 제목은 『젊은 과학의 전선』이다. 라투르는 이 책에서 'science in action'과 'science in the making'을 섞어서 쓰고 있다. 이 개념의 의미에 대해서는 이 책의 역자와의 인터뷰를 참고하였다: 〈【명저 가까이】과학의 최전방 현장을 통해 '만들어진 과학'을 부수다〉, 한국연구재단 웹진, 2016년 12월호.
(https://webzine.nrf.re.kr/newsletter_1612/?chapter=2)

다. 이것은 라투르의 철학적으로 정교한 버전에서는 원자에서 우주에 이르는 균질적이고 역사가 없는history-less '자연 1'의 종말을 의미한다. 덜 정교한 관점에서는 인간이 항상 자연을 형성해 왔기 때문에 '야생'이라는 것은 존재하지 않는다고 주장한다. '야생'에 대한 비판은 예전에는 토착민 권리 운동가들과 탈식민지 및 탈근대 사회과학자들로부터 제기되었다(Guha 1989b; Cronon 1996; Descola 2013). 지금은 영향력 있는 자연과학자들과 산업 대표자들도 주장하고 있다. 자연보전협회Nature Conservancy의 수석 과학자인 피터 카레이바Peter Kareiva와 그의 공동 저자들은 다음과 같이 말한다.

> 자연적 시스템의 물리적, 화학적 작동의 반대 개념으로서의 자연은 항상 인간의 목적을 위해 형성되고 설계된 인간의 구성물이었다는 사실을 이해하기 위해서 포스트 모더니스트가 될 필요는 없다(Marvier et al. 2012).

외부적인 자연 또는 원시적 자연은 존재하지 않고, 항상 문화적이고 기술적인 구성물이라는 생각이 주류가 되자, 자연은 다음과 같은 진영의 투쟁 깃발이 되었다.

> 생태 근대주의eco-modernism 혹은 생태 실용주의eco-pragmatism라고 불리는 새로운 환경운동은 우리의 환경적 미래에 대한 긍정적인 비전을 제공하고, 자연에 대한 낭만주의적 관념을 비과학적이고 반동적이라고 거부하며, 인류의 생태 발자국을 줄이기 위해 원자력이나 유전자 변형 생물과 같이 지금까지 금기시되었던 첨단 기술을 수용한다(Shellenberger and

Nordhaus 2014).

초기 환경주의에서는 인간과 별개로 존재하는 원시적 자연을 낭만적으로 이상화하고, 지구를 구제하는 해결책은 바로 자연이라고 하면서 기술을 비합리적인 것으로 거부하였다. 그런데 지금의 '자연의 종언' 테제는 초기 환경주의를 비난하면서 다양한 구성주의적 창조constructivist-demiurgic 기획의 주된 서술이 되었다. 그 기획에는 인간 종을 재설계하려는 트랜스휴머니즘 기획, 기술생산력을 자본주의와 신자유주의적 제약으로부터 해방시키려는 (마르크스주의적) 가속주의 기획, 그리고 특히 미국 캘리포니아에 위치한 환경 연구센터인 혁신연구소Breakthrough Institute에서 수행하는 지구 전체에 대해 기술적 청지기 역할을 하려는 생태 실용주의자들의 지구 구성주의적geo-constrcutivist 기획이 있다.

〈서사 2〉에서 생태 실용주의자들은 인류세와 관련된 생태학적 붕괴에 이의를 제기하지 않는다. 그렇다고 해서 그것을 자연을 통제하려는 근대적 기획의 실패로 보지도 않는다. 몇몇 생태 실용주의자들은 인간이 수천 년 전에 농업의 발달과 함께 행성을 장악했다고 주장하는 '초기 인류세 테제'를 옹호하면서, 생산 및 소비의 산업적 방식과 관련된 급격한 전환을 소홀히 한다. 생태 실용주의적 입장의 지리학자인 얼 엘리스Erle Ellis는 다음과 같이 주장한다.

> 인간의 거대하고 지속적인 영향력에 대한 인정은 생태학과 보전conservation에 대한 전면적인 재검토로 이어지고 있다. 이제 인간을 보는 시각은 원시적인 자연의 파괴자에서 생물권의 지속적이고 영구적인 관리

자로 이동하고 있다(Ellis 2013, 32).

그래서 생태 실용주의자들은 인류세의 의미를 지구에 대한 더 많은 겸손과 주의를 요구하는 것이라고 생각하지 않는다. 오히려 그들은 베이컨적인 기획을 급진화하여 지구를 더 많이 인공화하고자 한다. 마크 라이너스는 『신神의 종種』[23]에서 "자연은 더 이상 지구를 운영하지 않는다. 우리가 운영한다. 여기서 일어나는 일은 우리의 선택이다."라고 말했다(Lynas 2011, 8). 〈거대 서사 2〉에 따르면, 자연은 죽었고 모든 것은 인간이 만들어낸다. 행성을 '새로운 아틀란티스'[24]로 설계하려는 풍요로운 꿈에는 [행성의] 타자성alterity도 없고 한계도 없다(Hamilton 2013). 얼 엘리스가 "우리는 인류세에서 우리가 창조한 행성을 자랑스럽게 여길 것이다"(Hamilton 2013, 204에서 재인용)라고 주장했듯이, 이 서사에서 '우리'(주류 서사에서와 같이 미분화된 '안트로포스anthropos')는 하이브리드된 기술-자연의 조종사들이다.

근대화 프로젝트를 비판하고 인류세를 근대성에 대한 반박으로 보는 브뤼노 라투르는, 혁신연구소Breakthrough Institute의 생태 실용주의자들과 함께, 우리에게 "우리의 괴물들을 사랑하라"고 촉구한다. 그는 메리 셸리

---

23 [역주] 원저는 Mark Lynas, *The God Species: Saving the Planet in the Age of Humans*, National Geographic, 2011이다. 마크 라이너스는 세계적인 환경 저널리스트이자 사회운동가이다. 국내에 번역된 저서로는 『최종 경고: 6도의 멸종』, 『과학의 씨앗』이 있다.

24 [역주] '새로운 아틀란티스New Atlantis'는 영국의 철학자 프랜시스 베이컨이 1626년에 쓴 유토피아 소설의 제목이다. 이 단편소설의 우리말 번역은 두 종류가 있다: 『새로운 아틀란티스』, 김종갑 옮김, 에코리브로, 2002; 『베이컨의 새로운 아틀란티스』, 서유진 옮김, 드레북스, 2024.

의 『프랑켄슈타인』을 기술적 오만에 대한 경고 이야기가 아니라 기술의 부작용 앞에서의 비이성적 두려움에 대한 경고 이야기로 읽는다. 프랑켄슈타인 박사는 괴물을 만들어서 실패한 것이 아니라, 괴물을 수리하거나 개선하지 않고 공포에 질려 도망쳤기 때문에 실패했다는 것이다. "자연을 지배하려는 것이 죄악이 아니라 그 지배가 집착이 아닌 해방을 의미한다고 믿는 것이 죄악"이라고 라투르는 말한다(Latour 2011, 24).

이와 같은 독법은 쉘렌버거와 노드하우스가 '허무주의적 생태신학 nihilistic ecotheology'이라고 일축했던 "기술로 자연을 지배한다"는 이데올로기에서 벗어나거나(Shellenberger and Nordhaus 2011, 13), 라투르가 "법적, 인식론적 괴물"이라고 묘사했던 예방 원칙에 호소하기보다는(Latour 2011, 23), 기술-논리적 위험techno-logical risks을 인간의 조건의 필요한 부분으로 인정한다.

> 각각의 새로운 구원 행위는 의도하지 않은 또 다른 결과를 초래할 것이며, 이는 다시 또 다른 구원 행위를 요구할 것이다. 우리가 "지구를 구원한다"고 하는 것은 실은 인간이 지구에 거주하는 한 끊임없이 지구를 창조하고 재창조할 것을 요구하는 것이다(Shellenberger and Nordhaus 2011, 9-10).

그래서 〈포스트 자연 서사〉는 역설적이다. 외부적인 것으로서의 자연은 끝났다end of nature고 주장하면서 서구 근대성의 중심적인 우주론을 포기하고 있기 때문이다. 그것은 근대적인 자유 개념, 즉 자연과 자연의 한계로부터의 도피로서의 자유 개념에 대한 도전이다. 이러한 관점에서 브뤼노 라투르, 도나 해러웨이, 뱅시안 데스프레Vinciane Despret, 페터 슬로터다이크, 이자벨 스텡거스 등은 구속되지 않은 자유를 넘어서 자유를 재고하는 법, 우리가 보살피고 있고 보살피게 마련인 비非인간 존재에게 정치적 지위를 부여하는 법을 정교화하는 중요한 철학적 길을 열어주었다.

그러나 시장과 기술의 해체와 재구성이 가능한 유연한 하이브리드로 자연을 개조하고, 과거 사회에서 볼 수 없었던 자연의 본질을 '우리'가 더 잘 이해한다고 주장한다는 점에서, 〈포스트 자연〉 서사는 근대성을 강화하고 가속화한다. 그것은 실체론적인 존재론이 아닌 혼성적, 관계적, 연결적 존재론을 기반으로 한 새로운 근대성의 정신을 구성한다(Bonneuil 2015).

티핑 포인트와 디스토피아적 붕괴
—生態 파국주의eco-catastrophist 서사

세 번째 거대 서사는 '생태 파국주의'라고 부를 수 있다. 지구를 묘사하는 신화적 인물은 가이아Gaia라기보다는 메디아Medea이다. 메디아는 남편 제이슨에게 배신당하자 자기 아이들을 죽이기까지 하였다. 이 신화는 인류가 자신이 배반한 지구에 의해 삼켜진다고 하는, 산업 문명의 붕괴에 대한 비유를 제공한다. 〈거대 서사 3〉에서 인류세로의 이행이란 지속 불가능한 관행, 자원의 고갈, '행성 경계planetary boundaries'의 침범, 그리고 복잡성의 증가가 새로운 취약성을 초래하여 티핑 포인트와 행성의 상태 전환으로의 길을 열어주는 것에 관한 기나긴 이야기이다(Barnosky et al. 2012; Diamond 2005; Tainter 1988).

생태 파국주의 서사에서 인류세는 무한한 성장과 진보라는 근대성의 기획이 행성의 유한성이라는 벽에 부딪힌 시대로 간주된다. 1972년의 『성장의 한계Limits to Growth』 보고서[25]와 같은 초기의 생태 파국주의적 경고는 자원의 고갈과 지구 저장량stocks의 한계에 초점을 맞춘다. 그러나 IPCC[26]의 최악의 시나리오에서 볼 수 있듯이, 2300년이 되면 행성을 12℃ 이상 뜨겁게 할 수 있을 만큼의 화석자원이 지구에는 저장되어 있다. 그래서 지구시스템 과학과 인류세 연구에서는 지구 흐름flow의 한계, 즉 인간이 가속화한 탄소, 물, 인, 질소 등의 순환을 완화하는 지구의 생물지구화학적biogeochemical 과정의 한계에 초점을 맞춘 새로운 논의를 추가했다.

여기에는 생태학 및 지구시스템과학으로부터 한차원 더 역동적인 시스템적 사고로의 관점 이동이 반영되어 있다. 생태 파국주의 서사에서는,

---

25 [역주] 1972년에 로마클럽의 위임 하에 MIT의 젊은 과학자들이 '인류 위기에 관한 프로젝트' 보고서를 발표했는데, 그 결과가 『성장의 한계』다. 이 보고서에서 저자들은 인구 급증, 급속한 공업화, 식량 부족, 환경오염, 자원 고갈 등의 문제로 당시(1972년)와 같은 추세가 계속된다면 세계의 경제 성장은 100년 이내에 멈출 것이고, 따라서 이러한 파국을 피하기 위해서는 지속가능한 성장으로 전환해야 한다고 경고하였다. 출간되자마자 많은 논란과 커다란 반향을 일으켰고, 30여 개 언어로 번역되었으며 3천만 부 이상이 팔렸다. 한국에서도 6개월 뒤에 김승환에 의해 번역되었다(삼성문화문고 15). 1992년에는 같은 저자들에 의해서 20주년 기념판이 "한계를 넘어서(Beyond the Limit)"라는 제목으로 출간되었고, 국내에는 『지구의 위기: 파멸이냐, 존속가능한 미래냐?』라는 제목으로 번역되었다(한국경제신문사, 1992). 2004년에는 30주년 기념판이 나왔고, 국내에도 2012년과 2021년에 번역서가 출간되었다. 이상의 내용은 강찬수, 〈로마클럽 '성장의 한계' 발간 50주년 … 그들의 예언은 맞았나〉,《중앙일보》, 2022년 3월 5일 참조(https://www.joongang.co.kr/article/25053139).

26 [역주] IPCC는 'Intergovernmental Panel on Climate Change'의 약자로 '기후변화에 관한 정부 간 협의체'로 번역된다.

캐나다의 생태학자 홀링C. S. Holling의 '생태계의 주기적 발전(성장, 붕괴, 재조직화)에 대한 연구'를 계기로 발전된 이러한 새로운 접근들을 이용한다. 복원력resilience은 어떤 시스템이 주요 특징과 기능을 상실하지 않고 그러한 과정들을 견뎌내는 능력이다. 복원력 연합Resilience Alliance과 같은 주류 기관에서 명시한 이 시스템적 관점은 퍼머컬처,[27] 전환 마을, 탈성장 운동과 같은 사회생태 운동에도 적용되고 있다. 과학자, 정책 결정자 또는 활동가 등 누가 말하든지 간에, 이 담론의 특징은 시간과 역사에 대한 비선형적이고 비진보주의적인 개념화라는 점이다. 〈거대 서사 1〉과 〈거대 서사 2〉가 진보주의적인 역사성 체제에 기반하고 있다면, 〈생태 파국주의 서사〉는 우리가 더 나은 세계, 즉 더 나은 삶, 더 나은 지식, 자연에 대한 더 나은 지배를 향해 나아가는 것이 아니라 한계, 티핑 포인트, 붕괴, 폭력, 전쟁을 향해 나아간다고 서술한다. 이러한 관점에서는 자유주의자에서 마르크스주의자에 이르는 모든 종류의 진보적 이데올로기들이 약속한 밝은 미래와는 정반대로(이 책의 2장 해밀턴의 글 참조), 정치 담론이 대중들에게 붕괴를 말하는 것을 피해서는 안 된다(Hamilton 2010). 〈거대 서사 3〉에서는

---

27 [역주] '퍼머컬처permaculture'는 '영원한, 영구적인'이란 뜻의 'permanent'와 농업을 뜻하는 'agriculture'의 합성어이다. 이 개념은 생물학자 빌 몰리슨Bill Mollison과 데이비드 홈그렌David Holmgren이 쓴 *Permaculture One: A Perennial Agricultural System for Human Settlements*(1990)에서 처음 사용되었다. 이 책에서 저자들은 퍼머컬처를 "자연에서 발견되는 반복적 형태와 관계를 모방하여 지역에서 필요한 음식, 섬유, 에너지를 충족시킬 수 있도록 설계한 경관"으로 정의했다. 즉 자연의 원리에 따라 생활 환경을 구성하고, 그 속에서 자급·자립하는 삶을 추구하는 것을 말한다. 이상, 「무엇이든 물어보세요! Q. 퍼머컬처가 무엇인가요?」, 《한국농정》 2023년 8월 10일자 참조.

산업적인 생활방식의 붕괴 가능성을 인정하고 성장의 한계를 수용하는 것은 좀 더 참여적인 정치와 새로운 탈성장의 회복력 사회를 위한 기회가 된다. 그 사회는 수준도 낮고 다소 단순한 물질적, 에너지적 기반 위에 서 있지만, 더욱 즐겁고 의미있고 평등한 공동체가 된다(Semal, 이 책의 6장). 〈서사 1〉이나 〈서사 2〉와 달리 〈서사 3〉에서는 이러한 전환을 민주적으로 계획할 수 있는 적절한 정치적 차원으로서, (지구적 차원이 아닌) 공동체가 삶을 함께 만들어 가는 지역적 차원에 주목하는 경향이 있다(Hopkins 2008).

〈생태 파국주의 서사〉는 인류세의 상태 전환에 관한 앞의 두 서사의 과학적 지식을 이용하고, 그것과 비슷한 방식으로 과학의 권위를 활용하여 그들의 경고를 뒷받침하면서, 행성을 구할 수 있는 좀 더 친환경적인 신기술에 대한 믿음에서 출발한다. 이 서사는 생활, 소비, 생산의 지배적인 방식을 지금 당장 근본적으로 바꾸어야 한다고 주장하면서, 기존의 사회 경제적 시스템의 틀 안에서 행성을 구하겠다는 기술적 해결책에 대한 믿음을 거부한다. 그리고 루이스 멈포드,[28] 이반 일리치,[29] E.F. 슈마허[30]의 민주적 기술에 대한 제안에 따라서, 유전자 전환 작물, 나노기술, 지구공

---

28 [역주] 루이스 멈포드(Lewis Mumford, 1895~1990)는 미국의 사회학자, 도시학자, 건축사가, 철학자, 문명비평가, 사회운동가이다. 국내에 번역된 책으로는 『기술과 문명』, 『예술과 기술』, 『기계의 신화』, 『인간의 전환』, 『역사 속의 도시』 등이 있다.
29 [역주] 이반 일리치(Ivan Illich, 1926~2002)는 오스트리아의 철학자로, 국내에 번역된 책으로는 『그림자 노동』, 『학교없는 사회』, 『전문가들의 사회』, 『젠더』, 『행복은 자전거를 타고 온다』, 『깨달음의 혁명』 등이 있다.
30 [역주] E.F. 슈마허(Ernst Friedrich Schumacher, 1911~1977)는 독일 출신의 영국의 경제학자로, 국내에 번역된 책으로는 『작은 것이 아름답다』, 『자발적 가난』, 『내가 믿는 세상』, 『당혹한 이들을 위한 안내서』, 『굿 워크』가 있다.

학과 같은 고기술적high-tech 해결책보다는, 퍼머 컬처, 경제적 재지역화re-localisation, 지역 사회 소유의 재생에너지와 같이 저기술low-tech이지만 고지능적인 해결책을 제창한다. 생태 파국주의의 인류세 서사에서는 과학과 기술만으로 "행성을 구할" 수 없다. 환경적 반성과 사회적 혁신은 오히려 역동적인 시민 사회에서 일어날 것이다(Hopkins 2008).

자본세Capitalocene
—생태 마르크스주의 서사

네 번째 거대 서사는 '생태 마르크스주의'로 부를 수 있다. 마르크스가 자본주의의 첫 번째 모순, 즉 노동력을 재생산하지 못하는 능력에 대한 이론을 구상했다면, 〈생태 마르크스주의 서사〉는 자본주의의 두 번째 모순, 즉 자연을 유지하지 못하는 능력의 결과로 인류세를 간주한다. 따라서 인류세는 지구시스템 내에서 자본주의 '세계체제'의 지속불가능한 물질대사 이야기이다(Foster et al. 2010). '세계체제' 개념은 경제의 국제화와 거기에서의 불균형과 분업을 설명하기 위해 1970년대에 이매뉴얼 월러스틴[31]에 의해 고안되었다(Wallerstein 2004). 여기에서는 종species보다는 **자본**capital이 동인으로 간주된다. 실제로 자본 가치는 1700년 이후 약 134배

---

31 [역주] 이매뉴얼 월러스틴(Immanuel Wallerstein, 1930~2019)은 미국의 사회학자로, '세계체제론'의 창시자로 널리 알려져 있다. 국내에 소개된 번역서로는 『근대세계체제』, 『세계체제와 아프리카』, 『문명 변환의 정치』, 『변화하는 세계체제: 탈아메리카와 문화이동』, 『유토피시틱스』, 『역사적 자본주의/자본주의 문명』 등이 있다.

증가한 반면, 인간의 인구는 약 10배 늘어났다(Bonneuil and Fressoz 2015). 〈거대 서사 4〉에 따르면, 미未분화된 인구와 경제 성장 대신에 제국주의적 지배 메커니즘과 함께 자본주의 확장 논리와 연관된 강탈dispossession과 상품화 과정이 지질학적 전환의 본질적 원인이 된다. 어떤 사람들은 이 새로운 시대를 '자본세'라고 부르는 것을 선호하고, 이 시대는 유럽 자본주의 확장과 함께 16세기에 시작했다고 본다(Moore 2015).

산업자본주의의 대두가 국가와 사회집단의 빈부 격차와 상관관계가 있다는 사실은 잘 알려져 있다. 1820년에는 전 세계에서 가장 가난한 20%의 인구가 전 세계 소득의 4.7%를 차지했지만, 1992년에는 겨우 2.2%에 불과했다. 같은 기간에 상위 10%의 소득 점유율은 43%에서 53%로 급증했다(Bourguignon and Morrisson 2002). 그러나 이러한 '지구적 경제 격차의 역사'와 '대지적 힘으로서의 인간 종의 역사' 사이에는 어떤 인과적 연결고리가 있을까? 〈서사 1〉이나 〈서사 2〉 또는 〈서사 3〉을 주장하는 대부분의 자연과학자와 사회과학자들은 일반적으로 최종적이고 미未분화된 '인간의 영향'에만 초점을 맞추면서, 역사의 두 번째 실타래를 암묵적으로 '블랙박스화'하는 경향이 있다. 그중에서 디페시 차크라바르티의 주장은 지구시스템의 생태학적 붕괴로부터 사회사를 명확하게 분리할 수 있다는 장점이 있다.

아이러니하게도 가난한 사람들 덕분에, 다시 말하면 개발이 불균등하고 불공평한 덕분에, 우리가 지금 배출하는 것보다 훨씬 더 많은 온실가스를 대기로 배출하지 않고 있다. 따라서 논리적으로 볼 때 기후 위기는 본질적으로 경제적 불평등의 결과가 아니다. 그것은 우리가 대기에 배출하는 온실가스의 양에 관한 문제이며, 그 자체로는 인간의 드라마와는 무관하다. 기후변화를 전적으로 현대 사회의 소득 불평등의 역사적 기원 및 형성과 연결 짓는 사람들은 역사적 불평등에 대한 타당한 의문을 제기하고 있다. 그러나 기후변화 문제를 자본주의 문제로 축소하는 것은 … 그보다 훨씬 더 큰 규모에서 과거와 미래에 대한 비전을 가지고 연구하는 기후과학자들이 종종 전면에 내세우는 인간의 행위성에 대한 질문, 즉 자본주의보다 훨씬 오랫 동안 하나의 종 또는 지질학적 힘으로 존재하고 있는 우리의 행위성에 대한 질문을 듣지 못하게 할 뿐이다. 기후변화를 주로 '자본주의 생산 방식에 문제가 생겼다'는 징후로 본다면, … 이러한 분석 전략은 결국 인간의 역사가 그보다 더 큰 행성의 역사와, 그리고 그 행성의 역사 안에서의 우리의 지위와 얽혀 있다는 사실을 보지 못하게 한다 (Chakrabarty 2014, 123-4).

지구-인류의 드라마는 인간 내부의 드라마intra-human drama와 분리되어 있고 무관심한 것일까? 역설적으로 이 [차이에] '무관심한' 관점이 인류세가 부정한 '자연'과 '사회' 사이의 근대적 분리를 정확히 재현한다. 〈생태 마르크스주의 서사〉에서는 세계체제의 핵심 국가들이 걸어온 기술적, 경제적 및 사회적 궤적이, 그들이 지배하는 지역과의 불평등한 교역에서 혜택을 받지 않았다면 일어날 수 없었음을 강조한다. 경제사학자 케네스 포메란츠[32]의 획기적인 연구는 수백만 헥타르의 미국 '유령 토

---

32 [역주] 케네스 포메란츠(Kenneth Pomeranz, 1958~)는 시카고대학 역사학과 교수로, 국내에 번역된 저서로는 『대분기 The Great Divergence』와 『설탕, 커피 그리고 폭력』이 있다.

지'[33]를 통제한 것이 영국의 경제 도약에 주된 역할을 하였음을 보여주었다(Pomeranz 2000). 1830년에 영국은 노예들이 생산한 면화를 수입했는데, 그 덕분에 동일한 양의 양털 섬유를 생산하기 위해 영국에서 사용되었어야 할 930만 헥타르의 목초지와 건초를 절약할 수 있었다. 1850년에는 세계시장에서 1,000파운드[34]의 면직 제조 제품을 1,000파운드의 원면 raw cotton 과 교환함으로써 영국은 신체화된 노동력 embodied labour 측면에서 46% 이상의 수입을, 토지 면적 측면에서 약 60배의 수입을 각각 얻었다(Hornborg 2013a, 85-91). 이와 같은 불평등하게 신체화된 토지 embodied land 교환 개념을 확장시켜서, 어떤 연구자들은 서양 산업 국가들의 생태적 부채, '불평등한 생태적 교환'을 서류로 입증하여, 지난 2~3세기 동안 세계체제의 핵심 국가들이 주변 국가들로부터 수입한 것보다 더 많은 신체화된 토지, 고품질 에너지 및 물질을 수입하였고, 그들에게 더 많은 환경 부하, 폐기물 및 엔트로피를 수출했다는 사실을 보여주었다(Fischer-Kowalski et al. 2014; Tukker et al. 2014; Moore 2015). 이들 연구는 세계체제 관점(인간과 인간 사이의 지구적인 불균등 관계에 대한 이해)과 지구시스템 관점(인류세 시대의 물질 및 에너지의 지구적 흐름을 추적하고 양화하기)을 결합하면서, 자연과학과 사회과학 간의 생산적인 학제 간 연구에 있어서 종 species 범주보다는 세계체제 범주가 더 생산적일 수 있다는 제안을 한다.

---

33 [역주] '유령 토지'는 'ghost acres'의 번역어로, 우리 책의 원문에는 'ghost hectares'로 잘못되어 있다. 케네스 포메란츠의 『대분기』에 나오는 개념으로, 산업혁명 시기에 해외에서 생산된 자원을 이용하여 자국의 경제를 성장시킨 현상을 설명할 때 사용된다. '유령 토지'라는 번역어는 『대분기』의 우리말 번역서에 따랐다.

34 [역주] 1파운드는 약 453그램에 해당한다. 따라서 1,000파운드는 약 453킬로이다.

결론

여기서 중요한 것은 우리의 지구역사적geohistorical 전환을 설명할 수 있는 하나의 최상의 서사를 선택하는 것이 아니다(인류세 서사에는 이외에도 생태 페미니스트 관점을 비롯하여 다양한 서발턴subaltern 서사나 비서구적 서사들이 추가될 수 있다). 각각의 서사는 가치 있는 방식으로 다른 측면들을 밝혀주기도 하고, 각각의 한계도 있다. 우리에게는 아무도 없는 곳에서, 우주에서 또는 특정 종species에서 나온 단일한 거대 서사가 아니라, 많은 목소리와 많은 장소에서 나온 복수의 서사들이 필요하다. 인류세(종)의 주체로 미리 예정되기보다는, 다양한 서사들을 성찰적인 그리고 비교하는 방식으로 테이블 위에 올려놓는 것이 우리의 새로운 지구역사 시대geohistorical epoch를 생각하는 데 도움이 된다. 나아가서 인류세 담론의 블랙박스를 열고, 그것들을 재정치화할 수 있다.

이야기들과 역사들을 분산시키는 것은 우리가 지난 250년의 지구사 드라마에서, 이자벨 스텡거스가 말했듯이 "우리가 누구로부터 물려받고 싶은지"를 성찰하는 데 도움이 된다. 과학자와 학자로서 우리는 자연과 지구에 대한 어떤 상상을 강조하고 있는가? 우리는 '안트로포스anthropos'에 대해 어떤 주체화를 장려하고 있는가? 안트로포스는 기술-과학적 엘리트에 의해 계몽되어야 하고 감독받아야 하는 수동적이고 무지한 주체일까? 아니면 반성적인 마음과 창의적인 손, 그리고 사회-환경적 투쟁과 이니셔티브를 통해 인류세에서 존엄한 삶을 살기 위한 '해결책' 제시에 관심있는 행동적인 지구 서민Earth commoners일까? 우리는 인류세에 관한 다양한 이야기에다 과학, 기술, 시장의 어떤 역할을 넣어야 할까? 우리가 말하는 다양한 인류세 서사는 수행적이어서 모종의 집단행동을 차단하거나 촉진시킨다. 그래서 지구의 생성becoming에 차이를 만든다.

2장
인류세의 인간의 운명

클라이브 해밀턴

이 장에서는 인류세에 관한 여덟 가지 수사학적 명제들을 제시한 후에, 그것이 우리가 인간의 미래를 생각하는 방식에 어떤 의미를 줄 수 있는지에 대해 생각해 본다.

명제 1. 자연은 완전히 새로운 성격을 갖는다.

지금까지의 모든 사례를 보면, 지질학적 시간 척도가 한 구간에서 다른 구간으로 이행할 수 있었던 것은, 자연의 거대한 힘이 특별한 방식으로 결합되긴 했지만 그 과정이 언제나 무의식적이었고 아무런 의도도 없었기 때문이었다. 하지만 인류세에서는 "인간이 지구환경에 새긴 각인이 너무나도 크고 활발해서 지구시스템 기능에 미치는 영향이 자연의 거대한 힘과 맞먹을 정도이다."(Steffen et al. 2011) 이 새로운 '자연의 힘'은 풍화 작용, 화산 활동, 소행성 충돌, 섭입(攝入, subduction)[1] 및 태양 흐름과 같은 지

---

1 [역주] '섭입'은 두 개의 지각판이 서로 충돌하여 한 판이 다른 판 아래로 들어가는 현상을 말한다. 가령 해양판과 대륙판이 충돌할 경우에 상대적으로 무거운 해양판이 가벼운 대륙판 밑으로 밀려 들어간다.

질학적 힘과 근본적으로 구별되는데, 거기에는 의지volition라는 요소가 들어 있다. 즉 의지will를 표현한다.

　인위적 영향, 가령 대기 중 이산화탄소 증가, 전 지구적으로 일어나는 외래종의 침입[2], 질소 순환의 교란 등은 단지 발생하는 것이 아니라, 의도적이든 아니든 인간의 마음이 선택한 **결정**의 결과이다. 우리가 잘 알고 있듯이 자연은 어떠한 결정도 내리지 않는다.

　인류세 시대에 인간이 지질학의 영역을 침범했다면, 우리는 지질학에서 작용하는 힘force, 가령 물리적 충격, 화학적 반응, 온도 변화, 열전도율은 무의식적으로involuntarily 행동하는 힘이라는 점을 다시 상기해야 한다. 물질을 변환시키는 능력뿐만 아니라 결정을 내리는 능력도 고려해야 하기 때문에, 인류는 **지질학적 권력**geological power으로 더 잘 묘사될 수 있다. '**의지**가 주입된 힘'으로서의 권력 개념은 실러Schiller가 뒤집은 통찰이다. 실러는 "힘은 탈인격화된 의지이다(Force is depersonalized will)"라고 하였다. 자연의 힘과 달리, 그것은 억제할 수도 행사할 수도 있는 힘이다. 여기에서 내가 "지구의 지질학적 진화에 인간의 의지가 주입되기 시작했다"고 주장한다고 해서 테야르 드 샤르댕의 '정신권Noösphere' 같은 것을 가정하는 것은 아니다. 나는 자연의 힘 '뒤에는' 아무것도 없지만(그것들은 단지 힘일 뿐이다), 인간의 행위와 의지 '뒤에는' 지구의 역사에서 그것과 더 이상 분리될 수 없는 무언가가 있다는 것을 말하고자 한다. 설령 "생각thought이 어떻게 물질적 과정을 변화시킬 수 있는가?"라는 수수께끼가 아직 풀리지 않

2　[역주] 원문은 'cross-global species invasion'이다.

았다 하더라도(Vernadsky 2005) 이것은 사실이다.

따라서 45억 년의 지구 역사상 처음으로 우리는 물리적 힘과 혼합된 비물리적 힘 또는 권력을 갖게 되었다. 그리고 이 새로운 힘은 행성의 지질학적 진화를 설명하는 데 사용되는 지구역학 시스템과 불완전한 상태로 통합될 수 있다. 다른 힘들은 원칙적으로 (양자 역학에도 불구하고) 양화 가능하고 예측 가능하다. 예를 들어 다음 빙하기는 50,000년 후에 도래할 것으로 예상된다. 하지만 이 새로운 힘의 경우에는 인간의 활동이 예측가능한 범위에서만 포함될 수 있고, 이는 지구시스템에 새로운 수준의 예측 불가능성을 부여한다.(IPCC 시나리오의 온난화 전망이 크게 달라지는 주된 이유는 이 새로운 힘이 어떻게 행위할 지에 대한 불확실성 때문이다.) 그럼에도 불구하고 인간이 행성에 존재하는 한, 미래의 모든 세(世, epoch), 기(紀, period), 대(代, era) 등이 물리적 힘과 이 새로운 권력의 하이브리드가 되리라는 것은 분명한 것 같다. 이는 현대의 기술적 인간을 기존의 자연적인 힘에 **추가되는** 새로운 힘으로 보기보다는, 어떤 의미에서는 자연적인 힘에 **스며들고**, 좋든 나쁘든 그 작용을 방해하는 독특한 권력으로 보아야 함을 시사한다.

인류세가 지질학적 시간 척도에 있어서 근본적으로 새로운 형태의 분기점이라는 추론은 다른 방식으로도 도출될 수 있다. 국제층서학위원회가 지질연대에 인류세를 추가한다면, 층서학적 지표에 기초하여 그것이 지질연대의 세 또는 기 중에서 어느 것에 속하는지 결정해야 할 것이다. 왈리 브로커Wally Broecker는 심지어 '인류대Anthropozoic era'가 될 수도 있음을 암시한다(Langmuir and Broecker 2012, 645). 하지만 얀 잘라시에비치와 그의 동료들(Zalasiewicz J et al. 2010)은 하나의 세epoch로, 즉 절age보다는 길지만 기period보다는 짧은 단위로 간주하는 것이 보수적이지만 적절한 결정이 될 것이라고 말한다. 그러나 그들은 사회가 계속해서 기후 붕괴의 징후에 즉각 반응하지 않는다면 인류세를 세世에서 기紀로 격상시켜야 할 수도 있다고 덧붙인다.

달리 말하면, 우리는 이용 가능한 데이터를 수집하고 평가하는 것에 의해서뿐만 아니라 **아직 발생하지 않은** 지구시스템에 대한 인간의 영향에 의해서도 그 명칭이 달라지는 지질학적 사건episode 속으로 진입하고 있다. 앞으로 2~3년 안에 국제층서학위원회가 내리는 인류세에 대한 판결은 이미 존재하는 새로운 증거의 **발견**이 아니라 미래에 나타날 새로운 증거의 **생성**에 의해 무효가 될 수 있다. 그것은 지질학적 시간 척도에 관한 이전의 모든 결정에서는 불가능했던 일이다.

명제 2. 인류세 시대에 근대성은 불가능하다.

2012년 미국의 저명한 기후과학자 케빈 트렌버스Kevin Trenberth는 다음과 같은 강렬한 성명을 발표했다.

> 가장 빈번하게 반복되는 질문인 "어떤 사건이 일어났을 때 그것은 과연 기후변화로 인해 발생하는가"에 대한 대답은 "그것은 우문愚問이다"는 것이다. 모든 기상 현상은 기후변화의 영향을 받는다. 왜냐하면 환경이 이전보다 더 따뜻하고 습해져서 발생하는 것이기 때문이다(Trenberth 2012).

기후 과학은 이제 세계를 '자연Nature'이라는 상자와 '인간Human'이라는 상자로 나누는 근대적 구분이 더 이상 유지될 수 없다고 말하고 있다. 기후 체계에서는 자연적인 것과 인간적인 것이 단순히 더해지는 것이 아니라 뒤섞여 있으며, 양자의 영향 관계도 깔끔하게 구분될 수 없다. 더욱이 이것은 지구시스템 전체에 해당되는데, 기후를 교란시키는 것은 필연적으로 지구시스템의 모든 구성 요소를 교란시키는 것을 의미하기 때문이다.

간단히 말해 이제 **모든 것**이 작동 상태에 있다. 모든 공간의 공기와 물 그리고 모든 지역의 땅에 인간의 흔적이 묻어 있다. 인간이 행성을 얼마나 완전히 점령했는지는 다음과 같은 놀라운 사실로 설명된다. 지구 표면에 있는 모든 척추동물의 무게를 측정할 수 있다고 상상해 보자. 이들은 세 부류로 나눌 수 있다: 코끼리, 낙타, 북극곰에서 토끼, 캥거루, 늑대에 이르는 모든 동물을 포함하는 **야생 동물**. 소, 양, 돼지, 고양이, 개를 포함하는 **가축 동물**, 그리고 **인간**. 만약에 우리가 이것들의 무게를 모두 측정하고 수백만 톤 단위로 측정된 질량을 계산한다면, 세 부류의 비율은 각각 얼마나 될까?

캐나다 과학자 바츨라프 스밀[3]이 계산해 보았다(Smil 2011). 그 결과 건조 중량으로[4] 측정했을 때, 인간은 동물 전체 질량의 30%를 차지하고, 가축

---

3 [역주] 바츨라프 스밀(Vaclav Smil, 1943~)은 환경과학자이자 경제사학자로, 캐나다 매니토바대학교 환경지리학과 명예교수이다. 2013년에 캐나다 훈장을 받았고, 2015년에 OPEC 연구상을 수상하였다. 국내에 번역된 책으로는 『세상은 실제로 어떻게 돌아가는가』, 『숫자는 어떻게 진실을 말하는가』, 『대전환』, 『인벤션』이 있다.
4 [역주] '건조 중량dry weight'은 자동차에서 연료, 냉각수, 오일 등을 제외한 차량의 기계적인 부분의 무게를 뜻한다. 여기서는 동물들의 몸무게에서 '수분을 제거한 무게'라는 의미로 쓰였다.

은 67%를 차지하는 것으로 나타났다. 지구 표면의 모든 야생 동물은 3%도 채 되지 않았다. 스밀의 말을 빌리면, "야생 척추동물의 동물량zoomass은 이제 가축의 생물량biomass에 비하면 사라지고 있는 수준이다." 그래서 '자연Nature'이라고 적힌 상자를 들여다보면, 야생 동물 다큐멘터리가 만들어 낸 이미지와는 달리, 영양(羚羊, wildebeest)이 우글거리는 끝없이 펼쳐지는 평원의 야생 동물 같은 것은 거의 찾아볼 수 없을 것이다.

18세기와 19세기 유럽에서 등장한 사회과학과 인문학의 특징은 과학에 대한 열망보다는 '오로지 사회적인' 영역에만 관심을 기울였다는 점이다. 사회학, 심리학, 정치학, 경제학, 역사 및 철학은 인간 삶의 거대하고 일상적인 사건들이 맹목적이고 목적 없는 자연을 배경으로 일어난다는 가정에 기초한다. 오직 인간만이 행위성이 있다고 본 것이다. 분석할 가치가 있는 모든 것은 '사회적인 것'이라는 봉인된 세계에서 발생하며, 환경이 고려되는 곳에서조차(가령 환경사, 사회학, 정치학 등) '환경'의 의미는 움벨트Umwelt, 즉 우리를 둘러싸고 있고 때로는 우리의 계획을 방해하지만 항상 분리되어 있는 '저기에 있는' 자연 세계였다.

그러나 (환경을) 단순히 '고려' 대상으로만 보는 것은 새로운 시대의 본질을 놓치는 것이다. 우리는 더 이상 '자연Nature'이라고 표시된 큰 원 안에 '사회Society'가 들어 있는 다이어그램을 그릴 수 없다. 2000년에 인류세를 선언한 핵심은, 우리는 자연 세계의 전체 기능 안에 인간이 내재해 있는 시대에 살고 있다는 것이다. 이 사실이 내면화되기 전까지는 사회과학자와 인문학자들은 과학에 부합하는 방식으로 기후변화의 정치학, 사회학, 철학을 이해하지 못할 것이다.

이렇게 우리의 미래가 지구의 지질학적 진화와 얽히게 되면, 근대주의적 믿음과는 반대로 인간이 자신의 역사를 만든다는 주장은 더 이상 유지될 수 없다. 왜냐하면 우리가 만드는 역사의 무대 자체가 이미 역동적이고 변덕스러운 힘의 극장으로 바뀌었기 때문이다. 그래서 그 극장 위의 배우들 역시 새롭게 조명되어야 한다. 인류세의 하이브리드 지구에서 인간을 이성적 동물, 신이 선택한 피조물, 또는 단지 하나의 종으로 특징짓는 것이 더 이상 타당하지 않다면 우리는 과연 어떤 종류의 존재일까? 우리에게 기후 붕괴가 닥친 상황에서 인간이 이성적 동물이라는 생각에 대한 적절한 대응은 "크게 한번 웃고 마는 것"이라고 하면 될 것 같다.

같은 맥락에서 인간을 본능, 충동, 이기적 유전자를 가진 동물로 보는 생물학적 설명은 인류세 시대에는 더욱 더 옹호될 수 없다. 왜냐하면 인간이 다른 동물과 같지 **않다**는 바로 그 이유 때문에 새로운 시대가 도래했기 때문이다. 인간은 항상 일탈적인anomaly 존재였고, 자연적이면서 동시에 자연적이지 않은 존재였다. 인류세는 자연의 일탈이 자연 자체를 재구성하고 있다는 점에서 의미심장한 순간이다.

명제 3. 사회과학자는 지구물리학자가 되어야 한다.

2012년에 열린 미국 지구물리학회 학술대회에서 지구물리학자 브래드 워너Brad Werner는 「지구는 개판이 되었는가? Is Earth f**cked?」라는 직설적인 제목의 논문을 발표했다(Werner 2012). 저자는 캘리포니아대학교 샌디에이고 캠퍼스의 복잡계연구소 소장인데, 많은 사람들이 커피 브레이크 타임마다 계속해서 물어봤던 질문을 공식 회의에서 제기했다. 지구의 미래에 대한 그의 접근 방식은 사회과학자들에게는 불안한 함의를 띠고 있다. 그는 '글로벌 인간-환경 결합 시스템global coupled human-environmental system' 으로 알려진 동적 모델을 구축하고 있다(Werner 2012). 이 모델에는 지구시스템의 요소를 포착하는 일반적인 방정식 이외에도, 그가 '지배적인 글로벌 문화'라고 부르는 모듈에 나타난 인간의 활동이 포함되어 있다. 이 모델은 끊임없이 성장하려는 탐욕과 영원히 확장하려는 정치 제도에 의해 추동되는 자원 사용과 쓰레기 생산이 지구적으로 통합된 시스템을 본질적으로 기술한다.

지구에게 있어—우리에게 있어—본질적인 문제는 시장 및 그것과 연결된 정치 체제의 짧은 시간 척도와 [그와 같은] 인간 활동을 지구시스템이 수용하는 데 필요한 긴 시간 척도 사이에 불일치가 존재한다는 사실이다. 기후 위기가 닥친 원인은 시장이 제대로 작동하지 않아서가 아니라 글로벌 에너지와 물자 순환을 가속화시키는 데 너무 잘 작동하고 있기 때문이다. 기술 발전과 금융, 운송, 통신의 지구화는 행성시스템을 구성하는 인간의 의지라는 바퀴에 윤활유를 칠해서 시장을 가속화시켰다. 다르게 말하면 시장의 신진대사 속도는 지구시스템의 속도보다 훨씬 빠르지만, 인류세에서는 그것들이 더 이상 독립적으로 작동하지 않는다.

워너가 보기에 지배적 문화에 내장된 모든 해결책들, 가령 비용-편익 분석, 지구적 협정, 탄소 가격, 이해관계 집단의 정치 구조와 같이 시스템 호환적인 아이디어는 행성시스템을 구성하는 인간적 요소를 더디게 할 수 없다. '시위, 봉쇄, 사보타주'와 같이 지배적인 문화를 파괴하는 급진적 행동주의만이 지구가 "개판이f**ked 되지" 않을 가능성을 열어준다.

디페시 차크라바르티는 인류세를 인간의 역사와 지질학의 역사가 수

럼되는 시대로 특징지었다(Chakrabarty 2009 및 이 책 제3장). 그리고 지구과학자 브래드 워너는 **인간**의 과정과 **지구시스템**의 과정을 통합시켜 인간의 역사와 지질학의 역사가 맞닥뜨리는 행성 모델을 제공하고 있다. 그래서 만약에 인간을 배제하는 지구시스템을 모델로 삼는 지구과학자가 있다면 그는 여전히 홀로세 사고에 갇혀 있는 셈이다. 마찬가지로 '인간시스템'을 지구시스템 과정과 고립시켜 분석하는 사회과학자는 근대성의 세계에 갇혀 있는 셈인데, 그 세계는 더 이상 과학적 이해와 일치하지 않는 인식론적 단절의 세계이다.

회복불가능한 기후 붕괴를 초래한 정치적, 사회적 실패를 해결하려고 사회과학자들이 씨름하는 사이에 워너는 다음과 같이 썼다.

> 그것은 실제로 지구물리학의 문제다. 사회과학자들이나 인문학자들에게만 맡길 수 있는 일이 아니다.

새로운 지질 시대가 도래하기 전까지만 해도 이러한 언설은 터무니없었을 것이다. 그러나 이제 인류세의 사회과학자들 역시 지구물리학자가 되는 것 외에는 다른 길이 없다.

칼 마르크스는 자본주의 체제 내의 역사적 모순이 너무 첨예해져서 혁명에 대한 압력이 끓어오른다는 유명한 주장을 했다. 그는 자신의 혁명 이론이 '과학적'이라고 주장했다. 하지만 그가 제시한 사회 변혁 메커니즘은 '오로지 사회적이기만 한' 어질러진 세계에서는 결코 예측 가능한 경로대로 진행될 수 없었다. 이제 우리에게는 과학적이라고 강력하게 주장되는 혁명적 변화 이론이 있다. 그것은 지배적인 문화를 전복하기 위해

시위, 봉쇄 및 사보타주를 선동하는 지구물리학적 역학 모델로, 사회적 붕괴에 대한 나오미 클라인[5]의 요청을 지구물리학과 연결시킨 모델이다 (Klein 2014).

명제 4. 진보의 철칙은 철회되었다.

10,000년에 걸친 홀로세의 기후 안정성이 문명을 가능하게 했다면, 홀로세의 종말은 무엇을 의미할까? 인류가 고기후 기록에서는 거의 찾아볼 수 없는 온난화 비율을 나타내는 기후 변동성 시대에 진입한다는 것은 무엇을 의미하는가? 당장 생각할 수 있는 함의는 '끝없는 진보'라는 근대 세계의 핵심 가정이 더 이상 유지될 수 없는 것처럼 보인다는 것이다. 우리는 이 가정이 얼마나 뿌리 깊은지를 망각하는 경향이 있다. 그것은 불사의 장엄한 서사이자, 공공의, 기업의 그리고 사적인 생활에서 일상적인 의사 결정을 내리는 스토리 라인이다.

---

5 [역주] 나오미 클라인(Naomi Klein, 1970~)은 캐나다 출신의 저널리스트이자 작가로, 국내에도 많은 저작이 번역되어 있다. 최근에 나온 것부터 소개하면, 『미래가 우리 손을 떠나기 전에: 나오미 클라인과 함께하는 기후 행동』(리베카 스테포프와 공저, 이순희 옮김, 열린책들, 2022), 『미래가 불타고 있다: 기후재앙 대 그린뉴딜』(이순희 옮김, 열린책들, 2021), 『자본주의는 어떻게 재난을 먹고 괴물이 되는가』(김소희 옮김, 모비딕북스, 2021), 『이것이 모든 것을 바꾼다: 자본주의 대 기후』(이순희 옮김, 열린책들, 2016), 『슈퍼 브랜드의 불편한 진실: 세상을 지배하는 브랜드 뒤편에는 무엇이 존재하는가?』(이은진 옮김, 살림Biz, 2010), 『쇼크 독트린: 자본주의 재앙의 도래』(김소희 옮김, 살림Biz, 2008) 등이 있다.

종종 유토피아적인 정치 운동은 기독교식 구원의 약속이 구체화된 형태라는 점이 지적되어 왔다. 한스 요나스가 관찰했듯이, 유토피아인들 사이에서 진보라는 **이상**이 하나의 **법칙**, 즉 역사의 법칙으로 굳어지기까지는 오랜 시간이 걸리지 않았다(Jonas 1984, 163). 진보의 법칙을 이해하는 사람들은 미래를 알 수 있었다. 그래서 정치적인 행위자가 된다는 것은 필연적인 것을 더 빨리 달성하려고 노력한다는 것을 의미했다.

이상ideal이 **법칙**law이 되었을 때 사회 변혁의 옹호자들, 즉 민주주의자, 마르크스주의자, 모든 종류의 해방주의자들은 역사가 그들의 편이라고 믿을 수 있었다. 이것이 바로 역사의 편에 선 '진보적'이라는 말의 의미였고, 산업 확장에 반대했던 급진주의자들은 변두리로 내던져져 오늘날까지도 거기에서 허우적거리고 있다. 헤겔 같은 철학자들은 진보의 철칙 논리에 변증법적 동력을 제공했지만, 결국에는 국내총생산GDP의 무자비한 증가가 모든 사람이 확인할 수 있는 증거가 되었다.

그러나 법칙에 결함이 발견되면, 즉 그 법칙이 지나간 시대에만 참이었다는 것이 증명되면, 진보라는 이상은 어떻게 될까? 그 법칙이 살아남으려면 진보의 시대가 지나갔다는 사실을 부정하고, 인류세는 과학자들만이 걱정할 일인양 가장하는 대가를 치러야만 한다. 비록 유토피아의 탄생은 대혼란의 시기에 촉발되기는 하지만, 모든 것은 궁극적인 안정을, 따라서 갈등의 부재를 전제로 한다. 그러나 인류세 시대에 안정성이란 없을 것이다. 특히 예상되는 급격한 변화(티핑 포인트, 피드백 효과, 극단적인 사건 등)가 현실화된다면 더욱 그러하다. 우리는 더 많은 성장에 자원을 투자하는 대신 기후로부터 도시, 해안, 인프라, 주택 및 식량 공급과 같이 우리 삶의 토대를 보호하기 위해서 그것을 쏟아부을 것이다. 가장 중대한 임무는 과거의 이익을 보호하고 기후 불안정의 영향을 관리하여 갈등으로 흐르지 않도록 하는 것이다. 앞으로 펼쳐질 시대가 새로운 해방 프로젝트, 즉 홀로세 이후의 프로젝트를 촉발할 수 있을지는 두고 볼 일이다.

명제 5. 인간은 가이아가 잠자고 있는 동안에만 유토피아를 꿈꿀 수 있다.

모든 유토피아로 가는 길에는 언제나 확고한 권력 구조와 완고한 '인간 본성'이 걸림돌이 되어 왔다. 유토피아주의의 승리는 역사적 단절을 통해서, 때로는 폭력 행위를 통해서 성취되는데, 그로 인해 낡은 구조가 전복되고 '새로운 인간'이 형성된다. 그러나 지금 우리가 직면하고 있는 단절은 우리가 만든 것도 아니고 의식적으로 초래한 것도 아니다. 그것은 우리를 덜 자유롭고 덜 강력하게 하고, 새 예루살렘을 건설할 수 없게 하기 때문에 환영할 일이 아니라 저항할 일이다. 근대인들은 인간의 운명이 자신이 믿는 대로 결정될 것이라고 확신하였다. 그들은 자연을 변형하는 인간의 능력을 믿었다. 그러나 인류세에서는 지구가 동원되었고mobilised, 지구는 인간에 굴복하기는 커녕 우리의 운명을 쥐고 있다.

선구적인 사상가들은 이제 막 시작되고 있는 새로운 시대의 의미나 기후 과학의 충격적인 진실과 씨름하기 시작했다. 『종말의 시대에 살아가기Living in the End Times』에서 슬라보에 지젝은 좌파를 향해 본질적인 질문을 제기한다. 인류세로의 전환과 함께 "자본의 사회사와 (그보다 훨씬 더 큰) 지구에서의 삶의 조건의 지질학적 변화 사이의 연관성을 우리는 어떻게 생각해야 할까?"(Žižek, 2010, 331). 지젝은 "이제 물질성이 (지적 노동에 대한) 복수심으로 다가오고 있다"고 선언한다(Žižek 2010, 330). 이것은 사실이다. 그러나 그는 곧바로 자본과 노동이라는 낡은 사회적 범주들로 되돌아간다. 그가 생각하기에 기반은 바뀌지 않았고, 문제를 '해결하기' 위해서 사회 및 경제 시스템을 재구축하는 과제가 남아 있으며, 지구는 틀림없이 그 프로그램을 순종적으로 따를 것이다. 그에게 있어 계몽주의가 낳은 첫번째 자식인 인간의 행위성은 줄어들지 않았다. "보편적 문제의 해결은 먼저 자본주의적 생산양식의 특수한 교착 상태를 해결해야 비로소 가능하다"(Žižek 2010). 물론 사회주의적 생산양식도 자본주의와 마찬가지로 가이아를 경멸해 온 것으로 드러났다(Josephson et al. 2013; Shapiro 2001).

반면에 울리히 벡은 자본주의적 근대화의 의도치 않은 역동성이 "그것을 떠받치고 있는 토대를 위협한다"(Beck 2010, 255)는 사실을 인식했다는 점에서 지젝보다 훨씬 더 나아간 것처럼 보인다. 기후변화는 사회학에서 사회적 힘을 자연적 힘과 분리하는 것이 불가능함을 보여주며, 자연과 사회의 결합, 혼란, 혼합의 지속적 확장과 심화를 강요한다. 어느 정도는 그렇다. 그러나 벡 역시 기후변화가 오래된 범주들에 포함되어야 한다고 주장함으로써 곧장 친숙한 범주로 되돌아간다(Beck 2010, 257; Hamilton 2012). 그는 수 세기에 걸친 삶의 조건의 불안정성을 진보적 꿈을 달성할 수 있는 절호의 기회로 재구성하려 한다. 그는 파국이라는 "우울한" 이야기에 귀를 닫고 "선의의 녹색 영혼"이 가진 "부정성negativity"을 피하라고 말한다. "세계 대중"(그 자체가 유토피아적 환상이다)이 우리 모두가 이 안에 함께 있다는 사실을 깨닫게 되면, "역사적으로 새로운 것, 즉 사람들이 자신을 절멸의 위기에 처한 세계의 일부로 여기는 세계시민적 비전이 출현할 수 있다."는 것이다. 그는 '강제된 계몽'과 '세계시민적 리얼리즘'의 황금시대가 도래하기를 간절히 염원한다. 그에게 행운이 있기를 바랄 뿐이다.

벡은 근대인의 극치이다Beck is the ultimate modern. 인간의 성찰성, 합리성이 있는 그대로 [객관적] 세계에 반응할 수 있는 우리의 자율적 능력을 보장해 준다고 암묵적으로 믿는다는 점에서 그렇다. 그러나 성찰적 근대화가 실패했다는 것이 기후 위기의 본질적 교훈이 아닐까? 기후변화에 대한 인간의 반응 중에서 가장 놀라운 것은 반성도 하지 **않고**, 아무 일도 일어나지 않는다는 듯이 맹목적으로 나가겠다는 결심이다.

기후변화에 응답하려면 "세계 위험 사회에서 위험 관리자와 위험 피해자 간의 새로운 계약"이 필요하다고 벡은 말한다. 그런데 이 새로운 계약이란 인류세라는 새로운 화신으로 탄생한 지구는 막상 배제한 채, 오래된 사회 계약의 조건들을 용어만 약간 수정한 것에 불과하다. 벡에게 생태학은 (우리가 '우울한 녹색의 부정성negativity'을 초월하는 한) 빈곤, 불평등 및 부식성corrosive 민족주의를 해결하는 자극제가 되지만, 오래된 지구는 여전히 인간 드라마가 펼쳐지는 단순한 배경으로 남아 있다.

이것이 지금 우리의 현주소이다. 근대성은 사회과학을 지구로부터 뿌리째 뽑아놓았다. 사회과학들은 수경水耕 재배 분야가 되어, 사회적인 것이라는 물속에 둥둥 떠다니면서, 인간이 서로에게 하는 일을 통해서만 공급되는, 다시 말하면 오직 문화를 통해서만 제공되는 영양분을 찾기 위해 뿌리를 내린다. 그러나 수경 재배의 단점은, 토양이 완충 역할을 하지 않으면 시스템에 문제가 생길 경우에 식물이 빨리 죽는다는 것이다. 인류세 시대는 시스템에 뭔가 문제가 발생하고 있는데, 그것이 무엇인지 알아내기 위해서 우리 시대의 가장 저명한 사회과학자들은 (이 책에서 주목할 만한 몇 사람을 제외하고) 단지 수경 재배 교과서를 참조하는 법만 알고 있고, 거기에서 (물속에 있는 미량 영양소 혼합물을 바꿀 수 있는) 오래된 답을 찾는다.

지젝과 벡을 비롯한 근대인들은, 발터 벤야민의 '역사의 천사Angel of History'[6]에서처럼, 미래를 향해 날아가지만 등을 돌려 뒤를 보고, 고통과 억압의 끔찍한 과거에서 도망치지만 눈앞에 있는 붕괴는 보지 못한다. 그들에게 현실은 뒤에 남겨진 것이고, 미래는 자율적인 주체가 창조하는 것에 불과하다. 미래에 직면하기 위해 방향을 바꾼 진보주의자는 거의 없다. 왜냐하면 방향을 바꾼 진보는 더 이상 진보가 될 수 없기 때문이다. 인류세에는 우리가 탈출하려는 과거 이외에도 피하고 싶은 미래가 있다. 우리는 양 끝에서 압박을 받고 있고, 새로운 해방 프로젝트는 과거의 진보적 범주를 초월해야 한다.

명제 6. 지구와 협상하기에는 너무 늦었다.

오래된 사회 계약에 따르면, 개인은 규칙을 준수하는 데 동의하고 국가는 질서를 제공하며 자유를 보호하는 데 동의한다. 미셸 세르는 이제 우리가 두 번째 계약, 즉 자연과의 계약을 협상해야 한다고 하였다(Serres 1995). 그는 우리가 자연 상태에서 멀어졌을 때 행성의 기생충이 되었다고

---

6 [역주] '역사의 천사'는 벤야민의 논문 「역사철학테제Theses on the Philosophy of History」에 나오는 개념으로, 파울 클레Paul Klee의 그림 〈새로운 천사Angelus Novus〉(1920)에서 영감을 받았다. 진보하는 시간에 맞서서 등을 지고 날개를 펼치며 뒤를 돌아보는 천사의 모습에서 벤야민은 진보 이데올로기의 파국을 읽어 냈다.

지적했는데, 최근에야 비로소 우리는 자신의 숙주를 독살하고 있다는 사실을 깨달았다. 공생symbiotic 관계에 있는 우리를 다시 상상하는 것이야말로 인간과 지구가 모두 생존할 수 있는 유일한 수단이다. 이 자연 계약의 조건에서는, 인류는 지배를 거부하고 '관심, 상호성, 사색 및 존중'을 경배한다. 이 계약에서는 자연권을 부여하고 배상을 진행할 것이다.

세르가 글을 쓸 당시는 1992년이었고, 그때는 나도 그의 생각에 동의했을 것이므로 너무 가혹하게 말하고 싶지는 않다. 그러나 이제 우리는 어떤 헌법 하에서 인류가 자연에 대한 권리를 부여할 권한을 갖고 있는지 질문해야 한다. 우리는 지구에 무엇을 갚을 수 있는가? 자연은 우리의 생태적 부채를 기록하고 있는가? 우리는 인류의 탐욕에 희생된 존재들이 애처롭게 자비를 구하며 애절하게 외치는 소리를 듣고 있는가? 우리가 자연에 계약상의 권리를 부여한다면 자연이 감사하게 생각한다고 기대할 수 있을까? 희생자 신분을 부여하는 것은 단순히 다른 형태로 지배를 계속하는 것이 아닌가?

200년 동안 사람들은 평등과 정의, 사회 계약의 진보적 해석을 위해 투쟁했다. 이제 두 번째 계약(인류와 자연 사이의 호혜와 정의의 협정)을 촉구함으로써 18세기적 사회 개념들, 즉 법률, 규정, 의무, 위반, 벌칙, 권리, 책임 등의 사회적 세계들을 이것에 대해 전혀 모르는 인류세의 지구에 투사한다. 하지만 우리가 자연의 '힘, 유대, 상호작용'이라는 언어를 이해하기 때문에 협상에 이를 수 있다는 세르의 생각은 얇게 은폐된 새로운 인류 중심적 anthropic 권력 쟁탈이 아닐까?

세르가 글을 쓴 지 20년이 지난 지금, 우리가 은혜롭게 평화 협정을 제안하는 지구, 우리의 착취와 방치에 대해 예측가능한 수동적 희생자로서의 지구는 우리의 상상 속에만 존재했다는 사실을 지구시스템과학이 가르쳐주었다. 우리 가운데 계몽된 사람들은 조화, 지속 가능성, 협력을 갈망하지만, 이러한 열망은 이제 '깨어난 거인'과 '고약한 짐승', '반격'하고 '복수'를 벼르는 가이아, '성난 여름'과 '죽음의 나선형'의 세계라는 이미지를 사용하여 지구를 생생하게 묘사하는 지구과학자들과 충돌한다. 우리는 "지구와의 계약을 협상하겠다"는 의지를 표명할 입장이 아니다. 배상을 말하기보다는 보복에 대비해야 하지 않을까?

명제 7. 지구는 우리의 사랑에 무관심하다.

인류세의 도래는 환경주의에 광범위한 영향을 미친다. 의심할 여지가 없어 보이는 주장을 인용해 보겠다.

> 근대 환경주의의 핵심에는 인류에 의한 더 큰 손상으로부터 행성을 구해야 한다는 생각이 있다(Lind 2011).

이러한 진술의 기저에는 다음과 같은 생각이 깔려 있다. 인간은 강간과 약탈을 저지르고, 자연은 수동적이고 연약하며 언제나 우리의 희생자이다. 그러나 우리는 행성이 지난 10,000년 동안의 예외적인 기후안정 시대에서 벗어나서, 즉 인간의 방해로 휴면 상태에서 깨어나자마자, 인간의 생명을 위협하는 통제 불능의 궤도에 진입하였음을 알 수 있다. 우리는 더 이상 지구를 우리의 탐욕이나 방치로 인해 침묵 속에서 고통받는 대상, 또는 자원 공급이나 폐기물 처리를 위한 순종적인 저장소로 보아서는 안 된다. 이러한 새로운 이해는 고기후학자인 왈리 브로커에 의해 가장 생생하게 표현되었다.

> 고기후 기록은 지구의 기후시스템이 스스로 안정화되기는커녕, 조금만 찔러도 과하게 반응하는 '성질 고약한 짐승' 같다고 외치고 있다(Broecker 1995, 213).

우리가 잠자는 짐승을 성급하게 찔러서 깨웠다면 일단 그것을 멈추는 것이 현명한 길이다. 프로메테우스주의자들은 지구공학으로 그 짐승을 마취시키기를 바라지만, 우리는 그것을 다시 잠들게 할 수 없다(Hamilton 2013). 적어도 천 년 동안은 홀로세의 평화로운 상태로 돌아갈 수 없다. 하지만 계속해서 그것을 자극하는 것은 너무나 어리석은 일이다.

따라서 환경주의의 임무는 더 이상 행성을 구하는 일이 될 수 없다. 왜냐하면 우리가 구하려 했던 홀로세의 행성은 더 이상 구제하거나 보호할 수 없는 다른 것이 되었기 때문이다. 이제 우리의 임무는 우리보다 훨씬 강력하고, 우리가 그것의 '심리 상태psychology'를 거의 이해하지 못하는 존재를 더 이상 화나게 하지 않는 것이다. 그렇다. 지구는 여전히 우리의 존중을 요구하지만, 그것은 사랑보다는 두려움에 기초한 존중이다(Stengers 2009).[7] 브뤼노 라투르가 우리에게 상기시킨 것처럼 가이아를 '모

---

7 [역주] 이 책의 영어 번역본은 Isabelle Stengers, *In Catastrophic Times: Resisting the Coming Barbarism* translated by Andrew Goffey, Open Humanities Press, 2015이다.

두를 사랑하고 양육하는 로맨틱한 대지의 어머니'로 간주하는 것이 아니라, 그리스 신화에 나오는 원래의 이미지처럼 반쯤 미치고 피에 굶주린 '복수의 여신'으로 이해하는 것이 현명하다(Latour 2011).

명제 8. 근대성은 최후까지 싸울 것이다.

근대의 여명기에 프란시스 베이컨은 과학을 이용해 '자연을 지배하는 인간의 제국'을 건설하겠다는 비전을 가지고 있었다. 인간은 기술을 사용하여 자연 과정natural processes을 서두르곤 하는데, 이는 피조물인 인간을 돋보이게 하는, 신이 부여한 변형의 힘이라고 하였다. 베이컨과 같은 사람들은 자연을 재건함으로써 성경적 타락과 그에 따른 세상의 비참함으로부터 인류를 구원할 수 있다고 믿었다. 기술과 과학은 그가 '제2의 창조'라고 명명한 것을 이끌어 낼 것이다.

놀랍게도 베이컨은 그의 사후에 출판된 자연사에 관한 책 『실바 실바룸 Sylva Sylvarum』(1627)에서 역사상 처음으로 수경 재배에 대해서 썼다. 그러나 더 지속적인 영향을 미친 책은 같은 해에 출판된 그의 우화 『새로운 아틀란티스』다.[8] 이 책에서 자연철학을 배운 현자들 위원회는 최초의 창조를 모방하여 새로운 에덴을 만드는 일을 감독한다. 베이컨은 의회를 "솔

---

8 [역주] 『새로운 아틀란티스New Atlantis』의 번역서로서는 다음이 있다. 『새로운 아틀란티스』, 김종갑 옮김, 에코리브르, 2002; 『베이컨의 새로운 아틀란티스』, 서유진 옮김, 드레북스, 2024.

로몬의 집Salomon's House" 또는 "6일 작업 대학College of the Six Days Works"이라고 불렀다. 대학은 자연을 변형시키는 노하우를 간직하는 역할을 한다. 베이컨의 마술사는 이렇게 말한다.

> 이 대학의 설립 목적은 사물의 원인과 비밀스러운 움직임에 대한 지식을 알고자 하는 것이다. 그리고 인간 제국의 범위를 확장하여 가능한 모든 일을 수행하는 것이다.

『새로운 아틀란티스』는 자연 정복을 통해 완벽한 인간 사회를 건설하겠다는 최초의 비전 중 하나로, 일종의 '**기술의 낙원**technicae paradisum'이다. 이 유토피아의 산파 역할을 하는 이는 과학자들인데, 근대 과학의 역사를 통틀어 많은 선도적 실천가들이 그 역할을 맡는 데 만족해 왔다. 프레드릭 올브리튼 존슨은 베이컨의 아이디어가, 초기 영국 농업의 향상에서부터 19세기 미국 서부 정복에 활력을 불어넣은 '명백한 운명'[9]의 이데올로기에 이르기까지, 다양한 방식으로 개발되고 적용되는 과정들을 추적했다(Albritton Jonsson 2014). 제2의 창조에 대한 비전은 전후 20세기 미국에서 세속적 정점에 달했는데, 아마도 군산학軍産學 복합체의 핵심에 있는 미증유의 핵분열에 힘입어 활성화되었을 것이다. 미국 정신에 깊숙이 뿌리박힌 이러한 관념은 지구공학에 대한 믿음이 왜 유럽보다 미국에서 더

---

9 [역주] '명백한 운명manifest destiny'은 1845년에 뉴욕의 저명한 저널리스트 존 오설리번John O'Sullivan이 쓴 개념으로, 신이 미국인에게 영토 팽창의 사명을 부여했다는 뜻이다.

강하게 나타나는지를 설명하는 데 도움이 된다. 그리고 바로 이것이 오늘날 미국의 일부 복음주의 기독교인들이 녹아내리는 남극으로 향하는 크루즈선에 탑승하여, 산뜻하게 드러난 대륙이 새로운 에덴동산으로 부활할 것이라는 기대에 사로잡혀 씨앗을 뿌리다가 적발된 이유일 것이다.

더 심각한 일은 인류세를 한탄하고 두려워하기보다는 경축해야 할 사건으로 재구성함으로써, 제2의 창조 관념이 현대적으로 부활하는 사태를 우리가 목격하고 있다는 점이다. 새로운 유형의 '에코 모더니스트'는 이 새로운 시대를 인간의 오만이 낳은 피해에 대한 최종적 증거가 아니라, 우리가 변형하고 통제할 수 있는 능력의 징표라며 환영한다(Hamilton 2013a). 그들은 그것을 인류의 근시안, 어리석음, 냉담함의 증거가 아니라 인간이 자신의 잠재력을 최대한 발휘할 수 있는 기회로 본다. 그래서 미국의 생태학자 얼 엘리스는 그가 '좋은 인류세'라고 부르는 것을 옹호한다(Ellis 2011a). 그에 따르면 인구의 지속적인 증가와 경제적 발전을 제한하는 행성 경계는 없다. 우리는 변형의 달인이기 때문에 '인간 시스템'은 더 뜨거워진 세상에 적응하고 거기에서 번영할 수 있다.

이 새로운 관점에서 보면 우리는 인류세에 진입해서 자연적 한계를 넘어서는 것을 두려워해서는 안 된다. 인류의 장대한 새 시대를 가로막는 유일한 장벽은 자기 회의에 빠지는 것이다. 엘리스는 "인류세를 위기로 보아서는 안 되고, 인간이 지배할 수 있는 기회가 무르익은 새로운 지질학적 시대의 시작"으로 보아야 한다고 말한다(Ellis 2011a). 베이컨 이후 4세기가 지난 지금, 엘리스와 같은 생태 낙관주의자들eco-Pollyannas이 보기에 우리는 근대 과학과 지구시스템 공학 기술을 통해 마침내 새로운 아틀란티스를 건설할 준비가 되어 있다. 엘리스는 "우리는 인류세 시대에 우리가 창조한 행성을 자랑스러워할 것"(Ellis 2011b)이라고 확신한다. 기술에 대한 낭만적 비평가들과 그들이 인용하는 우울한 과학자들만이 비전의 실현을 가로막고 있다(Hamilton 2014). 인류세의 밝은 면을 보려는 에코모더니즘의 결단은 몬티 파이튼Monty Python의 영화〈브라이언의 생애〉의 마지막 부분에서 브라이언이 죄수들과 함께 십자가에 매달려 부르는 노래를 연상시킨다.[10]

베이컨이 자연을 일단 그 비밀이 밝혀지면 조작될 수 있는 수동적 대상으로 이해하고, 인간의 창조력이 아무런 제약 없이 행사될 수 있다고 보았던 것처럼, 오늘날의 에코모더니스트들은 지구를 지식과 기술적 힘으로 정복될 수 있는 하나의 '시스템'으로 이해한다. 마크 리나스는 『신의 종 The God Species』에서 6일 작업 대학의 예언을 완성한다.

자연은 더 이상 지구를 운영하지 않는다.
우리가 한다. 여기서 일어나는 일은 우리의 선택이다(Lynas 2011, cover).

그래서 전선이 형성되었다. 한쪽에는 가이아를 강제로 복종시키려는 사람들이 있다. 다른 한쪽에는 그렇게 하려는 시도가 궁극적으로 어리석

---

10 [역주]〈브라이언의 생애Life of Brian〉는 1979년에 나온 영화로, 예수 그리스도의 이웃집에 태어난 브라이언의 일생을 예수 그리스도에 빗대면서 종교와 정치를 풍자한 걸작이다. 영화의 맨 마지막에 다 죽게 된 브라이언이 좌절하자, 그의 뒤에 매달린 죄수(에릭 아이들)가 브라이언에게 힘내라고 위로해 주면서 언제나 인생의 밝은 면을 보자는 내용의 노래〈Always look on the bright side of life〉를 다 같이 부르면서 영화는 끝이 난다.

다고 믿는 사람들이 있다. 130년 전에 니체는 우리의 딜레마를 예견했다.

> 피할 수 없이, 머뭇거리며, 운명처럼 끔찍한, 거대한 과제와 질문이 다가오고 있다. 우리는 지구 전체를 어떻게 통치할 것인가?[11](Nietzsche 1968, 501).

물론 인류세의 우리는 지구 전체가 누군가에 의해 다스려지는 것을 쉽게 허락하는 존재가 아니라는 사실을 깨닫기 시작했지만 말이다.

---

11 [역주] 이 구절은 1901년에 출판된 니체의 『권력에의 의지』 제4권 「규율과 훈육」 제1장 「위계질서」 중에서 〈지구의 주인들〉 957에 나온다. 최근에 나온 한국어 번역서의 번역은 다음과 같다; "운명처럼 불가피하게 주저하고 두려워하면서 커다란 과제와 의문이 다가온다. 지구 전체를 어떻게 관리해야 하는가?" 이진우 옮김, 『권력에의 의지』, 휴머니스트, 2023, 782쪽.

3장
인류세와 역사들의 수렴*

디페시 차크라바르티

* 이 장은 나의 논문 "Climate and Capital: On Conjoined Histories"(*Critical Inquiry* 41, Autumn 2014)를 축약한 것이다. 편집의 일관성을 위해 이 논문에 나오는 '지구온난화'라는 표현은 종종 '인류세 온난화'로 대체했다.
[역주] "Climate and Capital: On Conjoined Histories"는 「결합된 역사들」이라는 제목으로 한글로 번역되어 있다. 디페시 차크라바르티, 『행성시대 역사의 기후』, 이신철 옮김, 에코리브르, 2023, 83~113쪽.

인류세 온난화는 '지구시스템의 역사', (그 중에서도 특히 인간의 진화를 포함한) '생명의 역사', 그리고 (대부분은 자본주의와 관련된) 최근의 '산업 문명의 역사'라는 세 가지 역사의 충돌 또는 상호작용을 가시화한다. 인간사의 관점에서 볼 때 이것들은 일반적으로 서로 다르고 별개의 속도로 작동한다고 가정되었다. 그래서 실제로 실용적인 측면에서는 서로 분리된 과정들로 취급되어 왔다. 하지만 이제 인간은 의도치 않게 서로 다른 규모와 속도로 작동하는 이 세 가지 역사들을 경험하고 있다. 우리가 기후 위기에 대해 말하는 언어 자체가 인간적인human 시간 규모와, 인간과는 다른in-human 또는 비인간적인non-human 시간 규모의 문제로 가득차 있다.

재생 불가능한 에너지 자원과 '재생 가능 에너지'와 같이 일상적으로 우리가 하고 있는 가장 보편적인 구별을 생각해 보자. 우리는 화석연료가 재생 불가능하다고 생각하지만, BP[1]의 고문이자 전前 런던 지질학회 회장인 지질학자 브라이언 로벨Bryan Lovell이 지적했듯이, 화석연료는 (그의 용어로) '비인간적non-human' 규모에서 생각한다면 실제로는 재생 가능하다.

지금으로부터 2억 년 후에 특정 목적을 위해 풍부한 석유를 필요로 하는

---

1   [역주] BP는 'British Petroleum'의 약자로 영국의 석유 및 가스 회사이다.

생명체가 있다면 우리 시대 이후로 충분한 양의 (석유가 새롭게) 형성되었다는 사실을 발견하게 될 것이다(Lovell 2010, 75).

고기후학자들은 인위적 지구온난화의 중요성을 설명할 때 매우 긴 역사를 말한다. 우선 증거의 문제가 있다. 80만 년 이상 된 고대古代 공기의 빙하코어[2] 샘플은 지금의 온난화가 인위적인 것임을 밝히는 데 결정적인 역할을 했다(Solomon et al. 2009, 446 Box 6.2). 이 외에도 화석이나 지질학적 자료에 기록된 고기후에 관한 자료들이 있다. 브라이언 로벨Bryan Lovell은 기후 위기에 대한 석유 산업의 반응(언제나 또는 한결같이 부정적이지만은 않다)을 다룬 명료한 책에서, 온실가스 배출이 인류의 미래에 심각한 도전임을 입증한 장본인들은 산업 내부에 있는 지질학자들이었다고 밝히고 있다(Lovell 2010). 이들은 퇴적암에 묻혀 있는 깊은 기후의 역사를 독해하여, "약 5,500만 년 전에 일어난 급격한 온난화 사건"의 영향을 확인할 수 있었다. 학계에서 이 사건은 후기 팔레오세-에오세 최고온기(PETM)[3]로 알려져 있다.

인류세 온난화를 설명하는 지질학적 역사의 시간 궤적이 얼마나 먼 미래까지 투영될 수 있는지는 데이비드 아처의 『기나긴 해빙기: 인간이 향

---

2 [역주] 원어는 'ice core'이고, '빙하 코어'나 '얼음 코어' 또는 '아이스 코어' 등으로 번역된다. 원통형 드릴기를 사용하여 대륙에 쌓인 빙하를 채취해서 얻은 원통형 빙하 샘플을 말한다. 이 빙하 코어에서 공기를 추출하여 과거에 대기 중에 분포된 이상환탄소 농도를 복원할 수 있다.
3 [역주] '팔레오세-에오세 최고온기(Palaeocene-Eocene Thermal Maximum, or PETM)'는 '펠레오세에오세 극열기'라고도 번역되는데, 지금으로부터 약 5,600만 년 전인 팔레오세 후반에서 에오세 초반 사이에 지구 온도가 5℃ 정도 상승하여 지구온난화가 지속된 시기를 가리킨다.

후 10만 년의 기후를 어떻게 변화시키고 있는가』의 부제로부터 금방 알 수 있다.[4] 그는 이 책에서 "인류는 빙하기의 주기를 일으키는 [지구 공전의] 궤도 변동에 필적할 만한 기후변화의 힘이 되고 있다."고 쓰고 있다.

화석연료에서 배출된 이산화탄소의 긴 수명은 화석연료를 에너지원으로 사용하는 것이 얼마나 덧없고 어리석은지를 느끼게 해준다. 1억년 된 화석연료 매장량은 몇 세기 만에 사라질 수 있고, 수십만 년 동안 기후에 영향을 미칠 수 있다. 대기 중 화석연료 이산화탄소의 수명은 수 백년이며, 게다가 그 중의 약 25%는 사실상 영구적으로 지속된다(Archer 2009, 11).[5]

우리가 대기 중에 배출하는 과도한 이산화탄소는 지구의 탄소 순환에 의해서 결국 정화되겠지만, 그것은 인간의 시간과는 달리in-humanly 오랜 시간에 걸쳐 작동한다. 따라서 인류세 온난화는 우리가 매우 상이하고 양립 불가능한 시간 규모를 고려해야 한다는 문제를 야기한다. 정책 전문가는 수년 또는 수십 년을 단위로 생각하는 반면, 민주주의 국가의 정치인은 주로 선거 주기를 기준으로 생각한다. 인위적 기후변화가 무엇이고 그 영향이 얼마나 오래 지속될 수 있는지를 알려면, 인간사에 영향을 미치는 일반적인 시간 척도를 무시하는 [거대한] 규모를 비롯해서, 매우 큰 규모

---

4 [역주] 원저는 David Archer, *The Long Thaw: How Humans are Changing the Next 100,000 Years of Earth's Climate*, Princeton University Press, 2009이고, 우리말 번역은 데이비드 아처, 『얼음에 남은 지문: 과거로부터 온 미래 기후의 증거』, 좌용주·이용준 옮김, 성림원북스, 2022이다.

5 [역주] 우리말 번역서로는 『얼음에 남은 지문』, 22쪽에 해당된다.

와 작은 규모의 차원에서 동시에 생각해야 한다. 바로 이 점이 기후변화에 대한 포괄적인 정책의 개발을 어렵게 만드는 또 다른 이유다. 아처는 여기에서 행성의 탄소 순환이 진행되는 백만 년이라는 시간 규모가 "인간적 시간 규모에서의 기후변화에 대한 정치적 고려와는 무관하다."는 점을 인정하면서 문제의 핵심을 찌른다. 그럼에도 불구하고 그는 계속해서 "궁극적으로 지구온난화라는 기후 현상은 이러한 느린 과정이 작용하는 데 필요한 시간만큼 지속될 것이기 때문에" 여전히 인위적 기후변화에 대한 이해와 무관하지 않다고 주장한다(Archer 2009, 21).

따라서 기후 문제를 다룬 기존의 문헌에서는 인지와 행동 사이에 상당한 간극이 발생한다. 그것은 우리가 기후 문제에 대해 과학적으로 알고 있는 '내용what'(예를 들면 비인간적인non-human 또는 인간과는 다른in-human 규모의 광대함)과 우리가 그것을 인간의 수단을 사용해서 마음대로 처리하려고 할 때 그것을 생각하는 '방식how' 사이의 간극이다. 후자는 우리에게 익숙한 시간 규모에서 당면한 문제를 해결하기 위해 개발되었다. 나는 우리의 사고 풍경에 있는 이와 같은 간극이나 구멍을 '균열rifts'이라고 부르고자 한다. 그것들은 연속적인 것처럼 보이는 표면 위의 단층선과 유사하기 때문이다. 우리는 기후변화에 대해 생각하거나 말할 때 계속해서 이 선들을 가로지르거나 건너뛰어야 한다. 이 균열들은 우리가 서로 다른 규모로 동시에 생각하도록 하기 때문에 우리의 사고에 어느 정도 모순을 일으킨다.

나는 여기서 세 가지 균열에 대해 논하고자 한다.

1) 현대 경제에서 우리의 일상을 지배하는 다양한 확률 체제regimes of probability는 이제 (기후의) 급격한 불확실성에 대한 우리의 지식으로 보완되

어야 한다.

2) 필연적으로 분할될 수밖에 없는 인간 삶의 이야기는 행성의 지배적인 종으로서의 우리의 집단적 생명의 이야기로 보완되어야 한다.

3) 어쩔 수 없는 우리의 인간중심적 사고와 씨름하면서 인간을 최우선시하지 않는 '행성'을 지향하는 성향으로 그것을 보완해야 한다.

우리는 아직 이런 딜레마를 극복하지 못해서 어느 한쪽에 확실히 정착하지 못했다. 그래서 이것들은 아직 '균열'로 남아 있다.

이하에서는 이러한 균열들을 자세히 고찰하면서, 자본(또는 시장)에 대한 분석도 필요하지만 인류세를 이해하는 데 충분한 도구가 되지 못한다는 점을 밝히고자 한다. 이어서 기후 위기가 글로벌적인 것the global과 행성적인 것the planetary 사이의 긴급하면서도 중요한 구별을 가시화한다는 제안을 하면서 글을 마무리하고자 한다. 이 구별은 지구온난화가 인간에게 던지는 물음들을 이해하기 위해서는 좀 더 탐구할 필요가 있다.

확률과 급격한 불확실성

현대 사회는 확률적 사고 체계에 의해 지배된다. 보험을 목적으로 하는 생명 평가에서부터 화폐 및 주식 시장의 작동에 이르기까지 우리는 위험을 계산하고, 그것에 확률값을 할당하여 사회를 관리한다. 찰스 피어슨 Charles Pearson에 의하면, "경제학은 결과의 확률이 알려진 '위험'과 확률이 알려지지 않거나 확률을 알 수 없는 '불확실성'을 종종 구별한다"(Pearson

2011, 25 n6). 이것은 분명 학문으로서의 경제학이 오늘날 사회 관리의 주요 기술로 등장한 이유 중의 하나이다. 결과적으로 기후 정의 문헌과 기후 정책 문헌(기후 정책 분야는 특히 경제학자 또는 경제학자처럼 생각하는 법학자가 지배하고 있다)에서 행성의 기후를 역사적으로 연구하는 고古기후학자나 지구물리학자의 말에 중점을 두지 않는 경향을 보이는 것은 이해할 만하다. 이들은 그것보다는 확률과 비율 관계들의 예측 가능하고 정적인 집합을 제시하는 '지구온난화의 물리학'과 같은 것에 더 많은 관심을 기울인다. 가령 대기의 온실가스 비율이 X만큼 증가하면 지구의 평균 표면 온도는 Y만큼 증가한다는 것 등이 그것이다.

이와 같은 사고방식은 온난화하는 대기에 대해 모종의 안정성이나 예측 가능성―그것이 아무리 확률적이라 하더라도―을 가정하고 있지만, 티핑 포인트가 가져올 더 큰 위험에 좀 더 초점을 맞추는 고古기후학자들은 종종 그러한 것들을 가정하지 않는다. 그 이유는 정책 사상가들이 기후변화의 위험을 걱정하지 않아서도 아니고, 온실가스와 행성의 평균 표면 온도 상승 사이의 관계가 근본적으로 비선형적이라는 사실을 몰라서도 아니다. 분명히 그들은 알고 있다. 그러나 그들의 방법론은 (그 불확실성을 지금까지 인식되고 평가되어 온 위험으로 변환시켜서) 기후변화를 널리 알려진 변수로 유지하거나 괄호에 넣으면서, 인간이 함께 노력하고 때로는 서로 싸우면서 스스로 창출할 수 있는 옵션을 개발하고 있는 것처럼 보인다. 달리 말하면 그들이 정책 처방을 내릴 수 있는 한, 세계 기후시스템은 와일드카드로 사용될 만한 비장의 능력은 없다. 그것은 인간의 독창성과 정치적 동원으로 관리될 수 있는 비교적 예측 가능한 형태로 존재한다(Weitzman 2009, 26).

반면에 대중을 설득하기 위해 쓴 기후 과학자들의 수사법은 종종 놀랄 만큼 활력이 있다. 인위적 기후변화의 위험을 설명할 때 그들은 종종 기후시스템을 살아 있는 생명체로 묘사하는 언어에 기댄다. 제임스 러브록은 지구상의 생명을 단일한 생명체에 비유한다. 아처는 '지구의 탄소 순환'을 '살아 있다alive'라고 설명한다(Archer 2010, 1). 기후를 변덕스러운 동물로 묘사하는 이미지는 월러스 브로커Wallace (Wally) Broecker의 언어에도 나타난다. 그는 로버트 쿤지그Robert Kunzig와 함께 자신의 연구를 다음과 같이 설명하였다.

> 때때로 … 자연은 기후 야수beast에게 신속하게 발차기를 날리기로 결정했다. 그리고 그 야수의 반응은, 흔히 야수들이 그렇듯이, 격렬하면서도 예측을 빗나갔다(Kunzig and Broecker 2008, 100).

이 문체의 활력은 기후 과학자들이 경제학자나 정책 입안자보다 덜 '과학적'이기 때문에 생기는 것이 아니다. 생기론적 은유는 지구 기후에 관한 두 가지 포인트를 전달하고 강조하려는 기후 과학자들의 불안에서 비롯된다. 하나는 지구 기후의 많은 불확실성은 기존의 인간 지식으로 완전히 통제될 수 없으며, 따라서 그것의 정확한 '티핑 포인트'에 내재하는 예측 불가능성이 있다는 것이다. 아처는 다음과 같이 말한다.

> 다가오는 세기의 기후변화에 대한 IPCC의 예측은 일반적으로 기온이 완만하게 상승할 것이라는 것이다. … 그러나 지금까지 실제 기후는 급격하게 변화하는 경향을 보였다. … 기후 모델들은 … 대부분의 경우 과거의

기후 기록에 나타난 이랬다저랬다 하는 돌변을 제대로 시뮬레이션하지 못한다(Archer 2009, 95).

사실 이 '기후 야수'의 느낌이야말로 경제학의 영향을 받은 문헌이나 좌파의 정치적 헌신에서 착상을 얻은 텍스트에는 결여되어 있는 것이다. 기후 불확실성이 항상 측정 가능한 위험과 같은 것은 아니다. 폴 에드워드는 "지구가 얼마나 따뜻해질지에 대해 우리가 지금 알고 있는 것보다 더 많은 것을 알 필요가 있을까? 더 많은 것을 알 수 있을까?"라고 수사학적으로 묻는다. 그는 "이제 금세기 중반이 되면 이산화탄소 농도가 거의 550ppm(두 배가 되는 지점)에 달할 것이며", 행성의 "이산화탄소는 두 배를 넘을 것이 확실시된다."고 말한다. 그리고 기후 과학자들은 "아마도 우리가 이미 갖고 있는 것보다 더 정확한 추정치를 결코 얻을 수 없을 것"이라는 사변적 추측에 참여하고 있다고 덧붙인다(Edwards 2010, 438-9).

에드워드는 "기후과학자들은 역사학자들"이라고 말한다. 역사학자들처럼 "모든 세대의 기후과학자들은 동일한 데이터와 동일한 사건을 다시 검토하고, 기록 보관소를 파헤쳐 새로운 증거를 찾아내고 일부는 이전의 해석을 수정한다."는 것이다. 또한 "인류 역사와 마찬가지로 우리는 지구 기후의 과거에 대해 하나의 단일하고 흔들림 없는 서사narrative를 얻을 수 없고," "그 대신 여러 버전들의 대기atmosphere를 얻는데 … 이것들은 수렴하지만 결코 동일하지는 않다."고 하였다(Edwards 2010, 431). 더욱이 "오늘날의 모든 분석은 우리가 역사적 시간에서 경험한 기후에 기초하고 있다." 마지막으로 에드워드는 과학자 마일즈 앨런Myles Allen과 데이비드 프레임David Frame의 말을 인용한다.

일단 세계가 4℃ 더워지면 우리가 오늘날 관측할 수 있는 것과는 조건들이 너무나 달라질 것이기 때문에(마지막 빙하기와는 더욱 다르지만), 온난화가 언제 멈출지 애당초 말하기 어렵다.

내가 말하는 첫 번째 균열은 기후의 티핑 포인트, 즉 지구온난화가 인간에게 파국이 될 수 있는 수준을 넘어선 지점에 대한 문제를 중심으로 형성된다. 그런 가능성이 존재한다는 것은 의심의 여지가 없다. 고기후학자들은 행성이 지질학적 과거 시기에(팔레오세-에오세 최고온기PETM 사건의 경우처럼) 그와 같은 온난화를 겪었다는 사실을 알고 있다. 그러나 그 지점에 얼마나 빨리 도달할지는 예측할 수 없다. 그것은 위험 관리 전략의 필수 부분인 일반적인 비용-편익 분석에 적합하지 않은 불확실성으로 남아 있다. 피어슨이 설명하듯이, "BC(편익-비용 분석)는 파국 정책을 수립하는 데 적합하지 않다." 그는 인정한다.

> "다른 것과 구분되는 지구온난화의 불확실성만의 독특한 특징은 비선형성, 임계점 및 잠재적 티핑 포인트, 비가역성, 그리고 장기적인 시간 지평 time horizon의 존재이고, 이것들이 기술, 경제 구조, 선호도 및 100년 후의 다른 변수들에 대한 전망을 점점 불투명하게 만든다"(Pearson 2011, 31, 26).
> "따라서 '불확실성, 임계점, 티핑 포인트'에 담긴 함축은 우리가 예방적 접근 방식을 취해야 한다," 즉 "되돌릴 수 없는 변화로 이어지는 조치를 피해야 한다"(Pearson 2011, 30).

그러나 선스타인Sunstein의 설명에 따르면, 예방적 원칙에는 비용 편익 분석과 어느 정도의 확률 추정도 포함된다. 그래도 우리는 향후 수십 년 동안 또는 2100년까지 티핑 포인트에 도달할 확률을 알지 못한다. 왜냐하면 티핑 포인트는 지구적인 온도 상승과 예측할 수 없는 다중 증폭 피드백 루프들의 함수이기 때문이다. 이런 상황에서 한센이 정책 사상가들에게 권하는 하나의 원칙은 석탄 연료 사용에 관심을 가지라는 것이다. 그는 다음과 같이 썼다.

> 따라서 기후 문제를 해결하려면 석탄의 배출량을 단계적으로 줄여 나가야 한다. 이상 끝(Hansen 2009, 176).

완전히 예방적 원칙은 아니지만 위험에 관한 논의에서 최소극대화 원칙maximin principle으로 알려진 이 원칙은 "최악의 경우에 최선의 결과를 내는 정책을 선택하라."는 것이다(Sunstein 2002, 129).

그럼에도 불구하고 전 세계의 정부와 기업이 이 원칙을 받아들일 수 없을 것으로 보인다. 왜냐하면 중국과 인도가 여전히 상당 부분 (에너지 공급의 약 70%) 의존하고 있는 석탄이 없다면 어떻게 전 세계 빈곤층의 대다수가 향후 수십 년 안에 빈곤에서 벗어나서 기후변화의 영향에 적응할 태세를 갖추겠는가? 아니면 전 세계가 기후변화의 티핑 포인트를 피하기 위해 안간힘을 써서 세계 경제 자체를 전복시킨 후에 이루 말할 수 없는 인류의 불행을 자초해야 할까? 따라서 '해harm'를 피하는 것 자체가 더 큰 해를 끼칠 수 있다. 특히 앞으로 수십 년 안에 티핑 포인트에 도달할 확률을 알지 못하기 때문에 더욱 그렇다. 이것이 예방적 원칙 또는 최소극대화 원칙을 적용할 때 생기는 딜레마이다.

이 균열의 중심에는 규모scale의 문제가 있다. 고기후학자들은 기후의 티핑 포인트와 종species의 멸종을 행성의 역사라고 하는 좀 더 확장된 캔버스 위에서 완벽하게 반복될 수 있는 현상으로 보고 있다. 모델링이 가능한지 여부에 상관없이 말이다. 그러나 우리의 위험 관리 전략은 비용과 확률에 대한 좀 더 인간적인 계산에서 비롯된다. 이 계산은 그럴듯한 인간의 시간 기준으로 이루어진다. 인류세 온난화는 우리로 하여금 이렇게 서로 다른 시간 규모를 넘나들면서 동시에 생각할 것을 촉구한다.

인간으로서의 분할된 삶과 지배종으로서의 집단적 삶

인간이 유발한 기후변화는 크고 다양한 정의justice의 문제를 일으킨다. 세대 간 정의, 작은 섬나라와 오염시키는 국가(과거 및 미래 모두) 간 정의, 선진국 및 산업화된 국가(역사적으로 대부분의 배출에 책임이 있는 국가)와 새로 산업화하고 있는 후발 국가 간 정의 등등. 따라서 피터 뉴웰Peter Newell과 매튜 패터슨Matthew Paterson은 '인간이 유발한 기후변화'라는 표현에서 '인간'이라는 단어를 사용하는 것에 불만을 표현한다(이것은 이 책의 저자의 한 사람인 알프 호르보그가 인류세anthropocene에서 '미분화된' 인류undifferentiated anthropos라는 개념에 불편함을 느끼는 것과 같은 맥락이다). 그들은 다음과 같이 말한다.

기후변화를 모든 인류의 공통의 위협으로 묘사하는 데 사용되는 안락한 언어의 이면에 기후변화에 불균형적으로 기여하는 특정 사람과 국가가 있고, 그 영향을 정면으로 받는 다른 사람과 국가가 있다는 사실은 명백하다

(Newell and Paterson 2010).

존 벨라미 포스터John Bellamy Foster, 브렛 클라크Brett Clark, 리차드 요크Richard York는 그들의 사려 깊은 저서 『생태적 균열The Ecological Rift』에서 다음과 같이 썼다.

> (기후 위기는) 근본적으로 사회적 균열의 산물이다. 즉 인간에 의한 인간의 지배이다. 그 원동력은 계급, 불평등, 끝없는 구매에 기초한 사회이다 (Foster et al. 2010, 27).

정의justice 문제가 제기되는 데에는 그럴 만한 이유가 있다. 소수의 국가(지난 10년 동안 중국과 인도를 포함한 약 12~14개국)와 일부 인류(약 5분의 1)만이 지금까지 대부분의 온실가스를 배출한 데 대한 역사적 책임이 있기 때문이다. 이것은 사실이다. 그러나 미래를 염려하는 세대 간 윤리 문제는 일단 제쳐두고, 인위적 기후변화가 본질적으로 또는 논리적으로 과거 또는 축적된 인간 내부의 불의injustice의 문제가 아니라는 점을 깨닫지 못한다면, 이 위기에서 '행위자actor로서의 인간'과 '행위자actor로서의 행성' 자체를 구별할 수 없을 것이다. 같은 수의 사람들로 구성되고 화석연료에서 나오는 값싼 에너지의 이용을 기반으로 하는 좀 더 '균등하게 풍요롭고 정의로운 세상'이라는 반사실적 실재를 상상해 보라. 그런 세상은 적어도 소득과 부의 분배 측면에서는 더욱 평등하고 공정하겠지만 기후 위기는 훨씬 심했을 것이다! 이런 상황에서는 집단적 탄소 발자국은 더욱 커졌을 것이 분명하다. 왜냐하면 [지금은] 전 세계의 가난한 사람들의 소비가 많지 않고,

그래서 온실가스 생산에 거의 기여하지 않고 있기 때문이다. 결과적으로 기후변화 위기는 훨씬 더 빨리, 훨씬 더 과감한 방식으로 우리에게 닥쳤을 것이다.

역설적이게도 우리가 지금 배출하는 것보다 더 많은 양의 온실가스를 생물권에 배출하지 않는 이유는 가난한 사람들 덕분이다. 즉 발전이 고르지 않고 불공평하다는 사실 때문이다. 따라서 논리적으로 말하면, 기후위기는 **본질적으로** 경제적 불평등의 결과가 아니다. 그것은 실제로 우리가 대기에 배출하는 온실가스 양의 문제이다. 기후변화를 전적으로 현대 세계의 소득 불평등의 역사적 기원과 형성으로만 연결시키는 사람들은 역사적 불평등에 대해서는 타당한 문제를 제기한다. 하지만 기후변화 문제를 (현대 유럽의 팽창과 제국의 역사에 편입된) 자본주의 문제로 환원하는 것은 우리가 마주하고 있는 현실의 본질을 보지 못하게 눈가림할 뿐이다. 그 현실은 두 개의 과정, 즉 상대적으로 단기적인 '인간사의 과정'과 그보다 훨씬 장기적인 '지구시스템의 역사와 행성의 생명의 역사에 속하는 과정'이 하나로 합쳐져서 정의되기 때문이다.

아가르왈Agarwal과 나라인Narain은 다음과 같은 주장을 하였다.

> 만약 세계가 "지구적 정의, 형평성, 지속가능성과 같은 고상한 이상을 열망한다면," 바다와 같은 자연 탄소 흡수원은 지구공유재에 속하므로 국가 간 1인당 균등 접근의 원칙을 적용해서 분배하는 것이 가장 좋다(Narain and Agarwa 1991, 5, 9).

이 주장은 암시적으로 매우 중요한 문제, 즉 인정되면서 동시에 거부되는 인구 문제를 제기한다. 기후변화를 논할 때 인구는 종종 방 안에 있는 코끼리와 같다. 인구 '문제'는 확실히 부분적으로는 현대 의학, 공중 보건 조치, 전염병 퇴치, 인공 비료 사용 등에 기인하지만, 그렇다고 해서 직접적으로 서구의 약탈적이고 자본주의적인 논리 탓으로만 돌릴 수는 없다. 중국이나 인도 모두 인구가 폭발하는 동안 무자비한 자본주의를 추구하지 않았기 때문이다. 인도가 인구 조절이나 경제 발전에 지금보다 성공적이었다면, 1인당 (탄소) 배출량의 수치는 더 높았을 것이다.(인도의 부유층이 서구의 소비 양식과 기준을 흉내 내고 싶어 한다는 사실은 누가 봐도 명백하다.) 실제로 환경 및 산림 담당 장관인 자이람 라메쉬 Jairam Ramesh는 2009년의 의회 연설에서 "1인당 per capita은 역사의 우연의 산물이다. 우연히 우리가 인구를 통제하지 못해서 생긴 일이다."라고 말했다(Ramesh 2012, 238).

인구는 기후 위기가 어떻게 진행되느냐에 있어서 여전히 매우 중요한 요소이다. 왜냐하면 만약에 중국과 인도에 합법적으로 '빈곤에서 벗어나기'를 원할 정도의 많은 인구가 없었다면 양국 정부는 매년 그렇게 많은 석탄 화력 발전소를 건설하지 않았을 것이기 때문이다. 인도 정부는 현재의 환경 위기에 대해 간디의 말을 즐겨 인용한다.

> 지구 prithvi[6]는 모든 사람의 필요 need를 충족시킬 만큼 충분하지만 모든 사람의 탐욕 greed을 충족시킬 만큼 충분하지는 않다.

---

6 [역주] prithvi(프리뜨비)는 산스크리트어로 생명의 근원으로서의 '지구' 또는 '대지'를 말한다.

그러나 화석연료 중 최악의 범죄자인 석탄의 지속적인 사용을 옹호하는 논변에서는 '탐욕'과 '필요'를 구분하기 어렵다. 인도와 중국은 석탄을 원하고 호주와 다른 나라들은 그것을 수출하고 싶어 한다. 석탄은 여전히 가장 저렴한 화석연료다. 전 세계 에너지의 약 30%를 차지하는데, 그 비중이 점점 늘고 있다. 미국, 호주 및 기타 국가의 석탄 기업들은 가난한 사람들의 필요를 언급하면서, 석탄 사용을 옹호하는 인도와 중국을 상대로 엄청난 수출 기회를 엿보고 있다.

인구가 문제가 되는 또 하나의 이유는 기후 위기가 전개되는 방식에서, 특히 종species의 멸종과 관련해서, 인류의 전체 규모와 분포가 중요하기 때문이다. 인간은 꽤 오랫동안 다른 종들에게 압력을 가해 왔는데, 이 사실은 굳이 자세히 설명할 필요도 없다. 실제로 코뿔소, 코끼리, 원숭이, 큰 고양이와 같은 야생 동물과 인간 사이의 전쟁은 인도의 많은 도시와 마을에서 매일 볼 수 있다. 우리가 다양한 해양 생물을 포식하여 멸종에 이르게 한 사실도 대체로 인정되고 있다. 해양 산성화는 많은 종들의 생명을 위협한다(Hansen 2009). 그리고 많은 사람들이 지적했듯이, 20세기 인구의 기하급수적인 증가 자체도 인공 비료, 살충제 및 관개용 펌프의 사용에 의한 화석연료와 관련이 깊다는 사실은 분명하다(Smil 2013, 11-12).

이 외에도 우리가 지구온난화에 따른 종의 생존 문제에 접근할 때, 인류 진화의 역사와 인류의 전체 인구수가 중요해지는 또 다른 이유가 있다. 지구온난화로 위협받는 종들이 살아남기 위해 노력하는 한 가지 방법은 자신의 생존에 좀 더 유리한 지역으로 이주하는 것이다. 이것이 그들이 과거에 행성의 기후 조건의 변화에서 살아남은 방법이다. 하지만 지금은 행성에 너무 많은 사람들이 있고 너무 널리 퍼져 있어서, 우리가 그들의 방해가 되고 있다. 커트 스테이저Curt Stager는 다음과 같이 명확하게 설명한다.

> 인류세 온난화가 불특정한 최고점을 향해 상승함에 따라, 오랜 고통을 겪고 있는 우리의 이웃 생물들은 빙하기와 간빙기의 길고 극적인 역사에서 한 번도 경험하지 못한 상황에 직면하게 된다. 우리가 그들을 가로막고 있기 때문에 그들은 움직일 수 없다(Stager 2011, 66).

이 문제점은 더 큰 역설을 낳는데, 인간 집단의 전 세계적인 확산과 산업 문명 시대의 성장으로 인해 이제 인류의 기후 난민이 더 안전하고 살기 좋은 지역으로 이주하기가 어려워지고 있다(Denny and Matisoo-Smith 2011). 다른 인간들이 그들의 길을 가로막고 있다. 버턴 릭터는 이 문제점을 다음과 같이 설명한다.

> 이제 인구가 너무 많아 한꺼번에 이동할 수 없으므로 우리가 초래하는 피해를 줄이기 위해 최선을 다해야 한다(Richter 2010, 2).

따라서 인구의 역사는 두 가지 역사에 동시에 속한다. 하나는 (현대 의학, 기술, 화석연료는 물론 비료, 살충제, 관개와 같은) 인구 증가를 가능하게 한 산업 생활이라는 매우 단기적인 역사다. 다른 하나는 우리 종의 훨씬 장기적인 진화의 역사, 즉 깊은 역사deep history이다. 이것은 우리가 행성의 지배적인 종으로 진화하는 과정에서 지구 전체에 퍼져 있으면서 다른 많은 생명체를 위협하게 된 역사다. 가난한 사람들도 부자와 마찬가지로 인류 진화라는 공통의 역사에 참여한다. 듀크 대학의 지질학자 피터 하프는 최근에 쓴 논문에서 다음과 같이 설득력 있게 주장하였다: 현대적 형태의 에너지와 통신 기술이 우리 모두의 삶 전체에 어떤 식으로든 중대한 영향을 미치지 않고서는 지구에 사는 70억 명, 곧 90억 명이 될 인구의 생명을 유지하는 것은 불가능할 것이다. 그래서 그는 이러한 연결 네트워크가 없다면 전 인류의 인구는 약 천만 명으로 붕괴할 것이라고 주장한다. 그가 보기에 '기술권technosphere'은 부자와 가난한 사람을 막론하고 많은 사람들이 이 행성에 살면서 지배적인 종으로 행동할 수 있는 가능성의 조건이 되었다(Haff 2013).

1인당 배출량 수치는 기후변화의 정치경제학에서 필요로 하는, 그리고 문제를 바로잡는 논쟁점을 만드는 데는 유용하지만, 부자와 가난한 사람 모두가 참여하는 그보다 더 큰 종species의 역사를 감춘다는 문제점을 안고 있다. 인구는 두 역사를 결합하는 범주임이 분명하다.

인간은 특별한가? 인류세의 도덕적 균열

인류세 온난화는 평소에 분리되어 있던 인류의 기록된 역사와 깊은 역사, 종의 역사와 지구시스템의 역사의 문법적 질서가 갑자기 하나로 합쳐졌음을 보여주고, 행성의 탄소 순환이나 생명의 상호작용 같은 현상을 통해 깊게 연결되어 있음을 드러낸다. 그렇다고 해서 이에 대한 지식이 우리가 열정과 복수심을 가지고 추구하는, 우리를 통합하면서 동시에 분할하는unite and divide 너무나 인간적인 야망과 다툼을 막아줄 것이라는 뜻은 아니다.

인류세에 관한 매혹적인 논문에서 윌 스테픈, 파울 크뤼천, 존 맥닐John McNeill은—아마도 폴라니Polanyi를 참고해서—1945년부터 현재까지의 '대가속' 시대라고 부르는 시기에 우리의 관심을 집중시킨다. 이 시기에는 인구, 실질 GDP, 외국인 직접 투자, 강 하역, 물 사용, 비료 소비, 도시 인구, 종이 소비, 운송 차량, 전화, 국제 관광, 맥도날드 레스토랑(역시!)의 지구적 수치가 하나같이 기하급수적으로 증가하기 시작했다(Steffen et al. 2007).

그들은 1945년이 "인류세는 언제 시작되었는가?"라는 질문에 대한 유력한 대답이 될 수 있다고 제안한다. 인류세라는 용어가 오늘날 우리가 집단적으로 직면한 모든 기후 문제를 상징할지 모르지만, 인간사를 연구하는 역사학자로서 나는 소위 '대가속기Great Acceleration'가 유럽 제국주의 세력에 의해 지배되었던 많은 나라들의 대탈식민화great decolonisation 시기이며, 이후 수십 년에 걸쳐 댐 건설과 같은 근대화로 나아갔고, 지난 20년 동안의 지구화를 통해 어느 정도 소비의 민주화로 나아갔던 시기이기도 하다는 사실에 주목하지 않을 수 없다. 또한 이 시기에는 서양에서 여성을 '해방'한다고 내세웠던 냉장고, 세탁기와 같은 내구소비재[7]의 생산과 소비도 포함된다는 사실을 간과할 수 없다. 뿐만 아니라 오늘날 가장 평범하고 가난한 인도 시민이 자신의 스마트폰이나 싸구려 '짝퉁fake'을 가지고 있다는 자부심도 잊을 수 없다. 인류세로의 돌입은, 적어도 소비의 영역에서는 오랫동안 갈망해 왔던 지구적 차원의 사회 정의social justice 이

---

7 [역주] '내구소비재consumer durables'는 자동차나 텔레비전과 같이 한 번 사면 비교적 오래 쓰는 물품을 말한다.

야기이기도 했다. 그러나 인간들 사이의 정의에는 대가가 따른다. 점점 늘어나는 소비로 인해 인간은 생물권을 거의 독점하다시피 하였다. 이는 유럽인들이 다른 민족의 땅을 강제로 또는 다른 방식으로 점령했을 때 자신들에게 던지곤 했던 물음과 놀라울 정도로 유사한 물음을 제기한다.

우리는 어떤 권리로, 또는 무슨 근거로 행성의 생물권을 인간의 필요에 따라 거의 독점적으로 점유할 권리를 스스로에게 부여하는가?

물론 인간이 특별하다는 생각은 역사가 오래되었다. 그래서 우리는 여기에서 인간중심주의에 대해 복수형으로 말해야 할 것이다. 예를 들어 인간이 최초의 도시 문명 중심지를 건설하고 초월적 신 관념을 창안한 이후에 등장한 종교에서부터 현대 사회과학에 이르기까지, 인간을 세계의 나머지 부분, 즉 자연과 마주하는 위치에 두는 오랜 사고 전통이 있다. 이와 같은 후대의 종교들은 종종 인간을 동물의 일부로 보았던 훨씬 더 오래된 수렵 채집 사람들의 종교(나는 여기서 호주 원주민과 그들의 이야기를 떠올린다)와 강한 대조를 이루는 것 같다.

고대 종교에서는 인간이 반드시 특별한 존재였던 것은 아니다. 그들은 다른 동물들과 같은 방식으로 먹고 먹혔다. 그들은 생명의 일부였다. 토테미즘에 대한 뒤르켐의 입장을 떠올려 보자. 뒤르켐은 토테미즘적 신념 체계 안에서 '인간의 자리place of man'를 정하면서, 토테미즘은 이중적으로 간주되는 인간, 즉 그가 인간의 '이중 본성double nature'이라고 불렀던 것을 가리킨다는 점을 분명히 했다.

> 두 가지 존재가 한 사람 안에 공존한다. 인간과 동물.
>
> 우리는 토테미즘을 일종의 동물숭배로 간주하지 않도록 주의해야 한다. … 그것들의[=인간과 그들의 토템의] 관계는 동일한 수준에 있고 동등한 가치를 지닌 두 사물things 사이의 관계이다(Durkheim 1982[1915], 134, 139).

초월적인 신 관념 자체가 인간을 창조주 및 그분의 창조물인 세상과 특별한 관계에 놓이게 한다.

따라서 기후변화에 관한 텍스트는 환경 윤리에 관심이 있는 철학자와 학자들에게 오랫동안 영향력을 행사해 온 '인간중심주의anthropocentrism'와 이른바 '비非인간중심주의non-anthropocentrism'에 관한 오래된 논쟁을 재구성한다: 우리는 비인간을 그 자체로 가치 있게 여기는 것인가, 아니면 그것이 우리에게 유익하기 때문에 가치 있게 여기는 것인가?(Buell 2001, 224-42). 그러나 중국학자 펑 한Feng Han이 다른 맥락에서 지적한 것처럼, "인간의 가치는 항상 인간의 (또는 인간중심적) 관점에서 나올 것"이기 때문에 비非인간중심주의는 실로 하나의 키메라일[8] 수 있다(Feng Han 2008). 1980년대에 생태적 사고를 가진 철학자들은 인간중심주의의 '약한' 버전과 '강한' 버전을 구별했다. 강한 인간중심주의는 순전히 인간의 선호에 따라 자연을 무반성적이고 본능적으로 사용하거나 착취하는 입장과 관련 있다. 약한 인간중심주의는 비인간이 왜 인간의 번영에 중요한지에 대한 답을 합리적 성찰을 통해 얻어낸 입장으로 간주되었다(Norton 1984, 131-48).

---

8 [역주] '키메라'는 그리스 신화에 나오는 상상 속의 존재로, 사자의 머리, 염소의 몸, 뱀의 꼬리를 가진 괴수이다. 여기에서는 공상적이고 비현실적이라는 의미로 쓰였다.

그러나 인류세 온난화에 관한 러브록Lovelock의 연구는 소위 균열의 반대편에서 근본적으로 다른 입장을 제시한다. 그는 자신의 입장을 그의 책 『사라지는 가이아의 얼굴The Vanishing Face of Gaia』의 모토와도 같은 "인류의 복지가 최우선이라는 조건 없이 지구의 건강을 고려하자."는 간결한 명제에 담아낸다(Lovelock 2009, 35-6). 그는 강조한다.

나는 지구의 건강을 최우선으로 생각한다. 왜냐하면 우리의 생존은 건강한 행성에 전적으로 의존하기 때문이다.

인간의 숙명과도 같은 인간중심주의를 고려할 때 인간이 "지구를 최우선으로" 생각한다는 것, 또는 아처가 말한 세상이 "특별히 우리를 위해 창조된 것"은 아니라는 명제의 함의를 숙고한다는 것은 어떤 의미인가? 이하에서는 이 점에 대해서 생각해 보자.

기후와 자본, 지구적인 것과 행성적인 것

슬라보예 지젝은 그의 책 『종말의 시대에 살아가기Living in the End Times』에서 나의 논문 「역사의 기후: 네 가지 테제」(Chakrabarty 2009)에 대해 흥미로운 비평을 했다. 그는 "자본주의와 사회주의 사이의 선택과는 상대적으로 무관한 하나의 종으로서의 우리의 존재에는 '자연적 한도natural parameter'가 있고, 따라서 우리는 종으로서의 깊은 역사와 그보다 훨씬 짧은 자본의 역사를 함께 생각할 필요가 있다."[9]는 나의 논점에 응답하면서 다음과 같이 말했다.

> 물론 우리 환경의 자연적 한도는 '자본주의나 사회주의와 무관하게', 즉 경제 발전이나 정치 체제 등과는 별개로 우리 모두에게 잠재적인 위협을 가할 수 있다. 그럼에도 불구하고 지구적 자본주의의 역동성에 의해 인류의 안정성이 위협받는다는 사실은 차크라바르티가 허용한 것보다 더 강한 함의를 가지고 있다. 어떤 면에서 우리는 전체Whole가 부분Part에 포함되어 있고, 전체(지구상의 생명체)의 운명이 이전에는 그것의 부분에 속했던 것(지구상의 한 종species의 사회경제적 생산 양식) 안에서 일어나는 일에 달려 있다는 사실을 인정해야 한다(Žižek 2010, 333).

이러한 전제를 바탕으로 그는 다음과 같은 결론을 내린다.

> (우리는 또한) 다음과 같은 역설을 받아들여야 한다. … 핵심 투쟁은 특수한 투쟁이다. 즉 자본주의적 생산양식의 특수한 교착 상태를 먼저 해결해야만 (인류 종의 생존이라는) 보편적인 문제를 해결할 수 있다. 생태적 위기의 열쇠는 생태학 자체에 있지 않다(Žižek 2010, 333-4).

값싼 화석연료 에너지의 대규모 가용성에 의존하는 자본주의 또는 산

---

9 [역주] 이 내용은 "The Climate of History: Four Theses," p.218과 「역사의 기후: 네 가지 테제」, 308쪽에 나온다.

업 문명이 기후 위기의 직접적인 작용인이라는 사실은 의심할 여지가 없다. 그러나 지젝은 자본주의를 운전수의 좌석에 두었다: 이제 '전체'를 결정하는 것은 '부분'이다. 반면에 내 입장은 다르다: "특정한 인간 제도의 역사와 논리가 지구시스템 및 (우리를 포함한 여러 종species의 삶을 강조하는) 진화의 역사라는 훨씬 더 큰 과정에 휘말렸다"고 말하는 것은 "인류 역사가 이런 대규모 과정의 운전자이다"라고 말하는 것과는 명백히 다른 것이다.

후자의 과정은 우리가 논의한 균열들, 즉 자본주의의 균열들보다 훨씬 더 큰 공간과 시간의 규모에서 계속된다. 스테이저와 아처가 지적했듯이, 오늘날 우리가 배출하는 '과도한' 이산화탄소의 양이 아무리 많다고 하더라도, 지구시스템의 장기적인 과정, 예를 들어 수백만 년 동안 진행되는 탄소 순환 과정은 인간이 있든 없든 상관없이 언젠가는 그것을 '정화'할 가능성이 높다(Solomon et al. 2009, 20; Stager 2011, Ch.2). 이것이 바로 장기적인 지구시스템 과정을 지구온난화 드라마의 공동 행위자co-actor로 간주하는 것이 좀 더 일관적으로 보이는 이유이다. 이 점은 인류세 온난화 문제가 부의 축적, 소득 불평등, 지구화로 인해 제기된 문제들과는 달라서, 자본의 논리를 연구하기 위해 사용된 일반적인 틀로는 예측할 수 없었다는 사실로부터도 알 수 있다. 정치경제학적 조사 및 분석 방법에는 일반적으로 80만년 된 빙하 코어 샘플을 채취하거나 행성 표면의 평균 기온 변화를 위성으로 관측하는 작업은 수반되지 않는다. 기후변화는 기후과학자들이 정의하고 구성하는 문제로, 그들의 연구 방법, 분석 전략 및 기술 세트는 정치경제학도의 그것과는 다르다.

일단 우리가 지구와 생명의 좀 더 깊은 역사에 속한 과정들을 인정하게 되면, 현재의 위기에서 (인간적 규모와 비인간적 규모 모두에서 자신들의 역할을 수행하는)

공동 행위자들co-actors의 역할은 가야트리 스피박의 통찰을 부각시킨다. 그 통찰은 다음과 같다.

> 행성은 타자성의 종species이며, [지구화globalization의 지구globe와는] 다른 시스템에 속한다; 그럼에도 불구하고 우리는 그곳에 살고 있다(Spivak 2012, 338).[10]

스피박은 여기서 뭔가 본질적인 것을 포착했다. 그녀의 이런 공식화는 기후변화 과학을 형성하고 뒷받침하는 일종의 '행성학planetary studies'이 인간에게 어떤 의미를 지니는지를 사유하는 방향으로 한 걸음 더 나아간 것이다.

이 과학은 행성적인 것에 대해 대두되는 개념과 지구적인global 것에 관한 기존의 아이디어 사이에 명확한 쐐기를 박는다. 지구 대기 온난화의 현재 단계가 실제로 인위적이라 하더라도 그것은 단지 우연에 불과하다. 인간은 지구온난화 과학 자체에 있어서는 수행할 수 있는 본질적인 역할이 없다. 과학은 이 행성에만 국한되지도 않는다. 그것은 '행성 과학planetary science'이라고 불리는 것의 일부이다. 그것은 지구에 뿌리박은 상상력Earth-bound imagination에 속하지 않는다. 현재의 온난화는 인간이 있든 없든 상관없이 이 행성이나 다른 행성에서 상이한 결과와 함께 모두 일어나는 '행성온난화planetary warming'의 한 사례이다. 현재의 지구온난화는

---

10 [역주] 우리말 번역서로는 가야트리 스피박, 『지구화 시대의 미학교육』, 태혜숙 옮김, 북코리아, 2017, 514쪽에 나온다.

인간의 행위로 인해 발생했을 뿐이다. 반면에 지구화globalization 텍스트에서의 '지구적인global' 것은 인간이 직접적이고 필연적으로 서사의 중심에 없으면 생각될 수 없다.

따라서 기후변화의 과학적 문제는 '비교 행성학comparative planetary studies'이라고 할 수 있는 분야에서 생겨나고, 어느 정도 행성 간 연구와 사고를 필요로 한다. 여기에서 작동하는 상상력은 인간 중심적이지 않다. 그것은 인간만의 이야기인 '지구적인global 것'과 인간을 우연적인 것으로 생각하는 '행성적인 것' 사이에서 우리의 의식의 괴리가 커지고 있음을 말해준다. 인류세는 행성의 타자성을 인식하는 예상치 못한 충격에서 깨어나는 것이다. 다시 스피박을 인용하면, 행성은 "다른 시스템에 속하는 타자성의 종이다." 하지만 "그럼에도 불구하고" 그녀의 말대로 "우리는 거기에 살고 있다." 기후변화에 대한 포괄적인 정치가 존재한다면 이런 관점에서 시작되어야 한다. 인간은 부유하든 가난하든 모두 행성의 삶에 뒤늦게 나타나서 소유하는 주인이 아니라 지나가는 손님의 입장에서 살고 있다. 이러한 인식이야말로 인위적인 기후변화가 가져온 불공정한 영향에 관한 문제를 둘러싼 너무나도 인간적이면서 정당한 정의를 추구할 때에 취해야 할 핵심적인 관점이 되어야 한다.

4장
테크노세의 정치생태학

―세계체제에서 생태적 불평등의
교환을 발견하기

알프 호른보리

서론

현재 전개되고 있는 인류세 담론은 지구시스템 자연과학과 내가 '포스트 데카르트적 사회과학'이라고 부르는 것의 융합을 보여준다. 두 분야 모두 자연과 사회에 대한 계몽주의적 구분이 낡았다고 주장한다. 이제 우리는 인류가 지질학적 힘으로 인식됨에 따라 자연과학과 사회과학의 관계뿐만 아니라 역사, 근대성 그리고 인간이라는 개념 자체를 다시 사유하지 않으면 안 된다. 실제로 기후변화를 비롯한 생태시스템의 다양한 인위적 변형으로부터 알 수 있듯이, 자연과 인간 사회가 점점 더 분리할 수 없을 정도로 서로 침투해 있다는 사실은 논쟁의 여지가 없다.

수십 년 동안 이러한 상황이 자명하다고 믿어져 왔지만, 현재 그것들에 부여되고 있는 철학적 중요성의 강도와 성격에 나는 놀라고 있다. 자연과 사회의 융합에 담긴 이론적 함의와 인간과 환경의 관계에 대한 학제적 접근의 필요는 이미 1990년대에 사회과학의 의제로 부각되었다.[1] 환경인류학, 정치생태학, 개발학development studies, 과학기술학STS과 같은 분야에서

---

1   예를 들면 다음과 같다: Narain and Agarwal 1991; Haraway 1991; Croll and Parkin 1992; Latour 1993; Descola and Pálsson 1996; Peet and Watts 1996; Escobar 1999.

는 이미 20여 년 전부터 자연과 사회의 구분을 해체하려 하고 있었다.[2] 이제 사회과학자들은 이러한 변화의 철학적 함의를 둘러싸고 갈수록 모호해지는 논쟁에 휘말리기보다는 그 변화가 제기하는 사회적, 특히 정치적 문제에 대해서 가능한 한 명확하게 설명하려고 노력할 필요가 있다.

이 장에서 다루고자 하는 물음은 다음과 같다.

> 인류세 개념은 인간-환경의 관계, 역사, 근대성에 대한 우리의 이해를 어떻게 변화시켜야 하는가?
>
> 포스트 데카르트적 관점들이 기후변화를 파악하는 데 도움이 된다면 그것으로 어떻게 기술과 발전의 역사를 동시에 조명할 수 있을까?
>
> 그것은 자연과 사회 범주의 완전한 해체를 의미하는가, 아니면 단순히 재개념화를 의미하는가?
>
> 인류세 개념은 지금 시대에 적합한 명칭인가?

---

2 특히 정치생태학 분야에서는 두 가지 접근 방식, 즉 인류학과 인문지리학에서 지배적인 '구조주의적 접근 방식'과 생물물리학적 자연에 대한 '객관주의적 접근 방식'을 화해시키기 위해 오랫동안 노력해 왔다(Escobar 1999). 또한 정치생태학보다 훨씬 더 긴 시간적 관점을 채택한 환경사학자들은 인간과 환경의 혁신적인 융합에 대한 우리의 인식의 출발을 8세기 후반까지 소급한다(Fabien Locher and Jean-Baptiste Fressoz, "Modernity's Frail Climate: A Climate History of Environmental Reflexivity," *Critical Inquiry* Vol.38, No.3, Spring 2012, pp. 579-598. [역주] 파비앙 로셰・장바티스트 프레쏘, 「기후의 역사에 대한 성찰적 근대성」, 송성희 옮김. 이별빛달빛 엮음, 『인류세와 기후위기의 대가속』, 한울아카데미, 2022, 110~146쪽). 인간은 수천 년 동안 자연의 순환에 간섭해 왔지만(Redman 1999 참조), '산업혁명' 이후의 간섭의 규모는 생물권을 결정적으로 변형시키고 있다.

인류가 시작한 행성적 변화에서 인류가 생존할 수 있는 전망은 무엇인가?

'자연'과 '사회' 범주는 없어도 되는가?

먼저 자연과 사회의 물리적 혼합이 이러한 분석적 구분의 포기를 정당화하지 않는다는 점을 강조하는 것으로 이야기를 시작하고 싶다. 오히려 인간 존재의 조건을 변형시키는 사회적 권력관계의 효력에 대한 인식이 증가함에 따라 사회 및 문화 이론에 대해 좀 더 깊은 연구를 해야 한다. 내가 생각하기에 사회적 힘이 생물권에 미치는 영향을 갈수록 인정하면서, 기후학이나 지질학과 같은 자연과학이 지배하는 서사narrative의 관점에서 상황을 설명해야 한다는 주장은 매우 역설적이고 혼란스럽다.

마치 자본주의의 확장이 전적으로 사물의 '본성nature'에 대한 혁신적 발견에만 토대를 두었던 것처럼, 그리고 교환의 사회적 조직은 그것과는 아무런 관련이 없었던 것처럼, 과학의 뚜렷한 역할은 기술적 진보를 '자연적natural'이라고 표현해야 하는 것처럼 보인다. 데카르트적 범주에 갇힌 우리는 기술의 물질성에 이끌려 기술을 사회가 아닌 자연에 속하는 것으로 분류한다. 이러한 곤경에 대한 포스트 데카르트적 해결책은 '자연'과 '사회'라는 범주를 모두 포기하는 것이다. 가령 필리프 데스콜라는 점점 더 인위적이 되고 있는 생물권에서 "자연은 어디에서 끝나고 문화는 어디에서 시작되는가?"라고 수사학적으로 묻는다(Descola 2013, 82). 그러나 자연과 사회가 우리의 신체들, 풍경들, 기술들 등 우리 주위에 불가분의 관계로 얽혀 있다는 사실을 인정한다고 해서, 인간의 사회조직에서 비롯된 측면이나 요소와, 인간 이전의 우주에 내재된 원리와 규칙에서 비롯된 측면이나 요소에 대한 분석적 구분을 포기할 이유는 없다. 가령 화석연료 자본주의의 미래는 분명히 석유의 시장 가격과 열역학 제2법칙[3]의 관계에 달려 있지만, 세계시장의 논리와 열역학 법칙 사이의 분석적 구분을 없앤다면 우리가 얻을 수 있는 것은 아무것도 없을 것이다.

우리가 열역학 법칙을 어떻게 표현하든, 그것은 인간 사회가 생겨나기 수십억 년 전부터 계속해서 작동해 왔다. 열역학 법칙은 명백히 인간 존재의 '자연적' 측면으로, 우리가 하는 모든 일에 스며들어 있지만 인간 활동에 의해 조금도 변하지 않았고 앞으로도 변할 수 없다. 이와는 대조적으로 시장과 같은 인간의 사회조직 양식은 정치적 결정이나 역사의 변천에 따라 근본적으로 변할 수 있는 일시적 구조물이다. 화석연료 자본주의에서 열역학과 시장은 서로 얽혀 있지만, 그렇다고 해서 전자가 자연에 속하고 후자가 사회에 속한다는 사실을 부정할 이유는 없다.

유사한 방식으로, 자연과 사회에서 파생된 요인들의 상호작용을 추적하는 것은 **원칙적으로** 가능하다. 예를 들어 만약에 인간의 사회적 과정에 의해 이산화탄소가 추가적으로 발생하지 않았다면, 오늘날 대기 중의 이산화탄소 농도가 얼마였을지 추정할 수 있을 것이다. 인간 사회는 행성의 탄소 순환을 변화시켰지만 탄소 원자 자체는 변화하지 않았다. 현재 유행

---

3 열역학 제2법칙에 따르면 고립된 시스템에서는 엔트로피(무질서)가 필연적으로 증가한다. 지구는 고립된 시스템이 아니기 때문에 인간이 화석연료의 유한한 매장량에 의존하기 시작하기 전까지는 엔트로피가 생물권에서 아무런 문제가 되지 않았다.

하는 제안처럼 자연과 사회를 구분하는 범주가 진부하다면, 이 구분은 오직 경계가 있고 뚜렷이 구분되는 현실의 영역으로서의 자연과 사회라는 이미지에만 적용될 수 있다. 데카르트에게는 불공평할 수 있다는 위험을 무릅쓰면서, 나는 이러한 구분을 '데카르트적 이원론'의 사례라고 말하는 관례에 따르고자 한다. 이처럼 경계가 나누어지고 다른 것과 구분되는 영역들이 존재하지 않는다는 것은 자명한 것처럼 보인다.(오늘날 누가 여기에 이의를 제기하겠는가?) 자연 현상과 사회 현상이 실제로 어떻게 상호작용하는지를 입증하기 전에 그것들 각각의 논리를 개별적으로 파악하는 것은 여전히 정당하다. 학제 간interdisciplinary 연구라는 도전은 학제 내intra-disciplinary 전문성을 버리는 것이 아니라, 사회생태학적 과정을 이해하기 위해서는 여러 종류의 전문 지식이 필요할 수 있다는 사실을 인정하는 것이다. 이러한 접근은 생태경제학이나 정치생태학과 같은 학제 간 연구가 꿈꾸는 실현하기 어려우면서도 중요한 야망이다. 가령 물리학 분야와 경제학 분야 모두 헌신적인 학자들이 필요하지만, 어느 한 분야만 따로 떼어내어 화석연료 자본주의에 대한 충분한 설명을 기대하는 것은 오류일 수 있다.

기술사에 대한 포스트 데카르트적 관점?

생물권의 인위적 변형 문제에 접근하는 데 있어서 데카르트적 이원론을 포기한 덕분에, 우리에게는 인간의 경제와 기술을 생물물리학적 자원, 문화적 인식, 지구적 권력 구조가 결합된 하이브리드적 현상으로 재고할 이유가 생겼다. 행위자 네트워크 이론(ANT)에서 주장하듯이, 이러한 통찰은 개인이 특정 인공물들과 상호작용하는 미시적 차원에서 추구되어야 하는 것은 물론이고 '인공물들의 지구적 아상블라주'(나는 이것을 '테크노매스 technomass'[4]라고 부른다. Hornborg 2001)가 극도로 불공평한 세계체제의 본질 그 자체인 거시적 차원에서도 추구되어야 한다.[5] 기술의 사회적 차원이 가장 흥미로운 것은 후자의 지구적인global 의미에서이다. 이를 전 시스템의 총체로 바라봄으로써 우리는 지구적 권력관계가 어떻게 기술에 위임되고 기술로 뒷받침되는지를 파악할 수 있다. 인류세의 환경위기를 지구적 관점에서 다루고 있는 지금, 우리를 여기까지 오게 한 사회기술 네트워크를 이런 식으로 보지 않을 이유가 있을까?

종래의 역사학은 '산업혁명'을 영국인의 독창적 산물이자 전 세계로 확산될 수밖에 없는 공헌으로 묘사하였다. 그러나 18세기 후반에 영국에서 진행된 화석연료로의 전환 과정을 면밀히 살펴보면, 인위적 기후변화의 역사적 기원이 처음부터 매우 불공평한 지구적global 과정을 기반으로 하고 있음을 알 수 있다. 당시에 증기 기관 기술에 투자한 이유는 인구가 크게 감소한 신대륙, 아프리카계 미국인 노예제도, 공장과 광산에서의 영국의 노동력 착취, 그리고 값싼 면직물에 대한 지구적 수요 등이 기회를 제공했기 때문이다(Hornborg 2011, 2013b). 그래서 인류세 서사에 등장하는 안트로포

---

4 [역주] 테크노매스는 '바이오매스bio-mass'와 대비되는 개념으로, 기계와 기술 기반의 인공적 물질들의 총량을 말한다. 바이오매스가 '생물량'으로 번역되므로 테크노매스는 '기술량'으로 번역될 수 있다.
5 세계체제 분석의 패러다임에 대한 예시는 Wallerstein(1974-1989)과 Frank and Gills(1993)를 참조하기 바란다. 세계체제 분석과 지구적 환경변화를 통합하려는 시도를 편집한 책으로는 Goldfrank, Goodman, Szasz(1999), Hornborg, Crumley(2006), Hornborg, McNeill, Martinez-Alier(2007)를 참조하기 바란다.

스anthropos를 인간종으로 간주하는 것은 매우 오해의 소지가 있다(Malm and Hornborg 2014). 집단으로서의 '인류humanity'는 역사의 행위자가 된 적이 없으며, 산업혁명의 기술적 결실은 전 세계의 여러 부문에서 매우 불균등하게 분배되어 있다. 현대 화석연료 기술의 이러한 불균등한 분배는 사실 그것이[6] 존재할 수 있는 조건이기도 하다. 화석연료 기술이 인류에게 약속한 것은 처음부터 환상이었다. '첨단 기술의 근대성'이라는 풍요로움은 보편화될 수 없다. 왜냐하면 그것은 엄청나게 비싼 가격과 임금 격차에 정확하게 맞춰져 있는 전 지구적인 노동 분화에 입각하고 있기 때문이다. 우리가 기술 혁신이라고 알고 있었던 것은 실은 불평등한 교환의 지표이다.

'현대 기술'이 의미하는 바가 무엇인지 적절하게 설명하기 위해서 표현을 바꿔서 말해 보자. 내 말의 요점은 산업혁명은 우리가 평소에 생각하는 것과는 다르다는 것이다. 오히려 그 이상이다. 기술 혁신의 조건들이 18세기 후반에 급격하게 변화했다. 우리는 보통 공학과 화석연료의 채택이 결정적인 요인이었다고 생각하지만, 세계 시장에서의 노동과 자원의 상대적 가격을 유럽에서의 '기술적 진보'의 **필수 조건**으로 만든 지구적인 사회적 과정social process이 없었다면 이 모든 것은 불가능했을 것이다. 만일 노예들에게 영국의 표준임금을 지급하고 인구가 감소한 미국의 경작지가 영국 표준의 토지 임대료를 받았더라면 과연 산업혁명이 일어났을지 확신할 수 없다. 그 역사적 시점까지는 '기술'이 지역적 독창성을 기반으로 하고 있었고, 그런 것으로 이해되었다. 그 시점을 넘어서 지금에 이

---

6 [역주] '그것'은 '현대 화석연료 기술'을 가리킨다.

르기까지 200년이 되도록 기술을 단지 독창성에만 기반하는 것으로 보는 이해가 지속되어 왔지만 매우 불충분하였다. 독창성은 현대 기술 '진보'의 필요조건이지만 **충분조건**은 아니다. 전 지구적 가격 관계는 자원의 비대칭적 흐름을 조직함으로써 기술의 존재 자체에 결정적인 역할을 하지만, 정작 우리가 기술을 정의할 때에는 체계적으로 배제되고 있다. 산업혁명의 근간이 식민지 목화 농장의 저렴한 노동력과 토지였던 것처럼(Hornborg 2011, 5장 참조), 석유 및 기타 자원의 가격 관리는 첨단 기술 사회에서 여전히 빼놓을 수 없다. 우리가 '인류의 발명사'라고 생각했던 것은 사실 갈수록 지구화되는 경제 속에서의 '불평등 심화의 역사'이기도 하다. 파울 크뤼천이 '제임스 와트가 (1784년에) 디자인한 증기 기관'을 언급했을 때(Crutzen 2002, 23)[7], 그와 그의 독자들은 이 '발명'이 식민주의나 노예제와 얼마나 연관되어 있는지 성찰해 보지 않았을 것이다. 우리는 통상 그 '발명'을 독창적이지만 우연한 기술적 돌파구라고 여겨왔기 때문이다.

나는 우리의 기술 숭배를 인식하는 데 겪는 어려움의 근저에는 데카르트적 이원론이 있다고 확신한다. 계몽주의 사상의 집요한 환상은 물질적 형태와 그것을 생성하는 관계 사이에 경계를 그을 수 있고, 오직 그 관계만이 논쟁되고 협상되며 변형될 수 있다는 것이다. 나는 이러한 구분, 즉

---

7 [역주] 파울 크뤼천은 2002년에 『네이처Nature』에 쓴 〈인류의 지질학Geology of Mankind〉이라는 짧은 글에서 다음과 같이 말했다: "인류세는 18세기 후반에 시작되었다고 말할 수 있다. 이 시기는 마침 제임스 와트가 1784년에 증기 기관을 설계한 때와 일치한다." 참고로 〈인류의 지질학Geology of Mankind〉은 지금까지 8,600회 인용되었고, 다음 사이트에서 열람이 가능하다: https://www.nature.com/articles/415023a

사물들의 물상화reification야말로 '자연적' 측면과 '사회적' 측면의 구분보다 더 큰 문제라고 생각한다. 그것은 자본주의 물신숭배의 본질이다. 일반적으로 '근대인'은 손으로 만질 수 있는 객체object가, 그 객체에 구현된 보이지 않는 관계들의 네트워크와 별개로 주어졌다고 생각한다. 이러한 구분은 인간을 비인간 자연뿐만 아니라 노동력의 산물로부터도 소외시킨다. 왜냐하면 둘다 관계들의 드러남으로 인식되기보다는 자율적인 객체들의 범주로 인식되기 때문이다. 그러나 유기체를 그들의 환경과 독립적이라고 상상하는 것 못지않게 기계를 지구적 가격 관계 및 자원의 흐름과 독립적이라고 상상하는 것 또한 오해의 소지가 있다는 사실을 깨닫기 위해서 비이성적이 될 필요는 없다. 디젤 없는 트랙터는 굶어 죽은 유기체처럼 활기가 없다.

궁극적으로 화석연료에 의존하는 기술 분포의 밀집도는 대체로 구매력의 밀집도와 일치한다. 이 기술들은 자본의 축적, 특권적 자원 소비, 그리고 노동과 환경의 하중을 대체하는 지표이다. 200여 년이나 지난 지금도 우리는 여전히 '기술의 진보'가 기술 이외의 영역에서는 정치적이거나 도덕적 함의를 필요로 하지 않고, 지속가능성을 둘러싼 지역적 문제들을 해결해 줄 수 있는 독창성의 도깨비방망이로만 상상하는 경향이 있다. 전 세계의 대학들은 공학부와 경제학부의 학문적 분업을 공고히 함으로써 이러한 환상을 재생산하고 있다. 그러나 지구화된 기술시스템은 본질적으로 세계체제에서 구현된 노동과 토지의 불평등한 교환을 나타낸다(Hornborg 2011). 대영제국의 허브에서 산업혁명과 함께 등장한 현대 경제학의 세계관은 산업화의 기반이 되는 생물물리학적 자원의 비대칭적 교환을 체계적으로 모호하게 만든다. 교환가치와 물리학 사이의 이러한 괴리는 공학 못지않게 근대 기술의 조건이다.

인류세 개념은 적절한가?

야간 조명의 위성사진에서 볼 수 있는 테크노매스technomass의 불균등한 축적은 하나의 단순한 알고리즘에 의해 진행된다. 즉, 오늘 더 많은 화석연료와 자원들이 소모되면 소모될수록 내일 더 많이 소모될 수 있다는 것이다. 인류세로의 진입에 대한 이러한 설명은 호모 사피엔스라는 종의 생물학적 속성을 가리키는 것이 아니라 인류 역사에서 아주 최근에 등장한 특정 형태의 사회 조직을 지칭한다. 그것은 인류의 일부가 나머지 전부를 지배하기 위한 전략이다. 이러한 형태의 사회 조직은 우리 종의 이익이 아니라 사회적 범주의 이익에 의해서 계속해서 추진되고 있다(Malm and Hornborg 2014). 2008년 기준으로 1850년 이후에 배출된 이산화탄소 배출량의 70% 이상은 전 세계 인구의 20% 미만에 책임이 있다(Roberts and Parks 2007). 오늘날 평범한 미국인 한 명이 배출하는 이산화탄소량은 아프리카와 아시아의 일부 국가들의 일반 시민 500명이 배출하는 양과 비슷하다. 따라서 배출량 증가의 원인을 파악하는 것은 사회과학의 과제일 수밖에 없다.

물론 지배적인 인류세 서사는 종의 변화가 인간의 활동에서 비롯되었다는 점은 인정하지만, 그 활동을 인간 종의 타고난 특성이 발현된 것이라고 인식한다. 다시 말하면 이 서사는, 인간 종의 사회적, 정치적 동인을 변화할 수 있는 요인으로 검토하기보다는 자연스럽고 피할 수 없는 생물학적 특징으로 표현하는 경향이 있다. 그러나 세계관, 재산 관계, 권력 구조 등은 사회적 현상이다. 이것들을 이해하기 위해서는 자연과학자가 제공할 수 없는 분석적 도구가 요구되기 때문에 자연과학의 지평을 넘어서야 한다.

그렇다고 해서 인류에게 자본주의를 발전시킬 수 있는 고유한 능력이 있다는 사실을 부정하는 것은 아니다. 인류는 수십만 년에 걸친 수렵과 채집 과정에서 생존에 매우 유용한 추상적인 표현과 언어를 구사할 수 있는 기호학적 능력을 발달시켰고, 그 능력은 마침내 범용화폐와 지구 경제를 창출하고 결국에는 산업혁명을 가능하게 하였다. 18세기의 세계체제적 사건은 궁극적으로 인간의 추상적 표현 능력에 바탕을 둔, 점점 늘어나는 상호연결성(과 불평등)의 지구사적 산물이었다. 가장 큰 문제는 이러한 능력이 우리의 생존을 위해 지구 경제를 새롭게 디자인하는 데 도움이 될 수 있을지 여부이다. 인류세 서사의 종 중심주의에 대한 도전은 자연과학자들에 의해 종종 무시되는 두 가지 중요한 점을 지적하는 것이다.

첫째, 산업화의 인센티브, 혜택 및 부작용은 인간종 안에서의 사회적 범주들 사이에 매우 불균등하게 분포되어 있다.

둘째, 우리가 자본주의라고 알고 있는 사회조직의 제도와 형태에는 생물학적으로 불가피한 것이 없다.

디페시 차크라바르티는 이제 우리는 우리 종의 역사를 자본의 역사와 통합시켜야 한다고 정확하게 관찰하고 있지만, 구체적으로 그것을 어떻게 진행할지에 대해서는 그 어떤 실현가능한 제안도 제시하지 않는다

(Chkrabarty 2009). 그는 추상적 표현(가령 언어 및 기호 체계)에 대한 우리의 생물학적 능력이 어떻게 돈이라는 개념의 필수 조건이 되었는지, 그리고 그 돈이 어떻게 다시 인류세를 알린 산업혁명의 필수 조건이 되었는지에 대해서는 완전히 침묵하고 있다. 그러나 바로 이러한 사건들의 연쇄를 통해서 자연사와 인류사 연구는 각각의 고유한 개념과 방법들을 유지한 상태에서 통합될 수 있다. 근대 기술은 점점 더 지구화되는 역사의 생물물리학적 차원과 사회문화적 차원을 모두 내포하고 있기 때문에 자연사와 인류사의 중심축이다. 그래서 '인류세' 개념이 암시하듯이 기후변화가 호모 사피엔스 출현의 불가피한 결과를 의미한다기보다는 18세기 후반에 시작된 지질학적 시대를 **테크노세**Technocene[8]라고 명명하는 것이 옳다고 생각한다.

사회과학자들이 종종 지구시스템과학이라는 룰에 의해 정의된 경기장에서 후퇴하고 있는 것처럼 보이는 것은 우려스럽다. 의도했든 의도하지 않았든 이것은 '자연적'인 것과 '사회적'인 것의 구분이 진부하다는 주장

---

8 '인류세' 개념의 대안으로 '경제세'(Norgaard 2013)와 '자본세'(Malm and Hornborg 2014)가 있다. '자본세'는 2009년에 스웨덴의 룬드Lund에서 열린 세미나에서 안드레아스 말름Andreas Malm이 최초로 사용한 용어이다. 이 용어는 생물권의 변형을 일으킨 '자본주의'의 역할을 강조하지만, 산업혁명 이전에 수천 년 동안 다양한 형태의 자본축적이, 비록 규모는 작지만, 생태계 파괴를 일으켰다는 반론이 제기될 수 있다 (Redman 1999와 Frank and Gills 1993을 참고할 것).
[역주] 안드레아스 말름은 스웨덴 룬드대학교 인문지리학과 인간생태학 교수로, 국내에 소개된 책으로는 『코로나, 기후, 오래된 비상사태』, 『화석 자본: 증기력의 발흥과 지구온난화의 기원』이 있고, 논문으로는 안드레아스 말름·알프 호른보리 지음, 김명진 옮김, 「인류의 지질학? 인류세 서사 비판」, 『인류세와 기후위기의 대가속』, 이별빛달빛 엮음, 김용우·김찬종·정홍상 외 옮김, 한울아카데미, 2022, 148~166쪽이 있다.

이 널리 퍼진 결과이다(Latour 1993). 수 세기에 걸친 사회과학에 대한 이 음산한 판결은 지각과 의도를 가진 인간의 행위성과 암석, 인공물, 그 외의 무생물들의 행위성 사이에 차이가 없다는 이른바 '행위자 네트워크 이론Actor Network Theory'에 대한 확신에 의한 것이다. 행위자 네트워크 이론의 기본 전제는 라투르(Latour 2013)와 그의 추종자들이 인류세에 접근할 때에도 토대를 제공하고 있다. 하지만 이 주장을 좀 더 자세히 살펴보자. 인간과 그들의 인공물이 매우 다양한 종류의 '행위소actant'라는 것을 보일 수 있다면, 사회과학에 대한 우리의 신념을 유지하는 데 도움이 될 수 있을 것이기 때문이다.

객체object는 어떤 의미에서 행위성을 갖는가?

브뤼노 라투르는 영장류학자 셜리 스트럼Shirley Strum과 공동으로 집필한 논문에서 개코원숭이의 사회성과 인간의 사회성의 주된 차이를 다음과 같이 지적하였다. 즉 인간관계는 언어나 상징 그리고 그보다 더 중요한 물질적 객체와 같이, 육체를 넘어서 부분적으로 독립적이고 고정된 준거점에 기반할 수 있다(Strum and Latour 1987). 이러한 외부성의 고정성은 개코원숭이의 끊임없는 마키아벨리즘적 조작[9]과 비교하면 사회생활을 단순화한다고 그들은 말한다. 만약에 실제로 (기술을 비롯한) 인공물들이 갈수록

---

9 [역주] '마키아벨리적 조작'은 정치적인 권모술수를 말한다.

복잡해지는 인간의 사회적 관계의 실지적 기반substance이라면, 라투르가 하이브리드 네트워크, 즉 '집합체collecives' 안에서의 인공물의 '행위성'에 집착하는 것은 이해할 수 있다. 그러나 그것은 여러 가지 물음을 낳는다. 가장 핵심적인 물음은 "물질성, 사회성, 상상력 사이의 관계는 무엇인가?"이다.

인공물이 인간 사회의 구성에 어떻게 활용되는지를 탐구하는 것은 인간 **종**species의 고유한 현상을 다루는 것이지만, 그것을 통해서 우리가 **근대성**이라고 알고 있는 사회적 조건의 특수성을 조명할 수도 있다. 전근대의 정치 경제와 근대의 정치 경제의 구분은 각각의 문맥에서 인간 인식이 수행하는 역할의 차이에 있다. 산업화 이전 사회에서의 정치 경제는 인간의 노동력을 사회적으로 조직하는 것이었고, 사람들은 권력을 가진 이들의 이익을 위해서 스스로 노력하도록 **설득되어야** 했다. 그러나 지역적으로locally 보면 현대 기술의 작동은 인간의 지각과는 독립된 **것처럼 보인다.** 그래서 서로 다른 인간 사회에서 인공물의 역할을 고려할 때 다음과 같은 핵심적인 물음이 생긴다.

> 물질적 객체들이 사회-생태적 관계의 시스템에서 행위자로 동원된다면, 한편으로는 인간의 지각이라는 매개 **없이** 작동하는 그것들의 능력과, 다른 한편으로는 그러한 **매개**에 의해 작동하는 그것들의 능력 사이에는 어떤 차이가 있는가? 다시 말하면 기술과 마술을 어떻게 구분할 수 있을까?

나는 기술이 우리만의 마술이라고 주장하려고 한다. 그리고 '마술'을 인간의 지각에 의해 매개되지만 인간의 의식과는 독립적으로 표현되는 사회적 설득의 범주라고 정의한다. 이런 의미에서 나는 '근대성'이 '전근대적' 존재론과의 결정적인 단절이 아니라는 라투르의 주장에 동의한다 (Latour 1993). 계몽주의가 전근대의 마술과 '미신'을 탈신비화한 것은 유효하고 객관적인 지식의 최종적인 정화가 아니라 **일시적이고**provisional 정치적으로 **자리매김된**positioned 지식의 정화였다. 경제 성장과 '기술의 진보'의 본질에 대한 계몽주의의 이해는 지난 3세기 이상 세계체제의 거점을 확장시키는 데 성공적인 도구가 되어 왔지만, 현재 지구사회가 직면한 다중 위기는 이러한 세계관의 파탄이 임박했음을 보여준다. 반면에 나는 자본주의적 근대성의 환상조차도 합리적 분석을 통해 폭로될 수 있다고 믿고 있고, 이런 의미에서 계몽주의에 대한 믿음을 계속 유지하고 있을 것이다. 우리는 근대 기술을 탄생시킨 것과 동일한 이성으로 그 기술이 특정한 종류의 마술임을 보일 수 있다.

'사물'에 행위성을 부여할 때 인간 지각의 역할은 어떻게 다루어야 할까? 열쇠와 동전 모두에게 행위성이 부여되었지만 그 종류는 다르다는 데 동의해 보자. 이 작은 금속 조각은 물리적으로 문을 열거나 사회적 설득을 통해 자원에 접근하는 데 결정적인 역할을 할 수 있다. 이 금속 물체들은, 그것이 열쇠이든 동전이든, 모양에 따라서 그것이 기술로서 작동할지 아니면 마술을 써서 작동할지를 수 세기 동안 결정해 왔다.[10] 동전과 열쇠는 어떻게 사회적 권력관계가 물질적 인공물에 다양한 방식으로 위임되

---

10 동전이 행위성을 가지려면 동전에 가치가 있다고 믿어야 한다. 슬롯머신의 발명으로 심지어는 동전에도 마르크스가 '화폐 물신주의'라고 불렀던 '마술[적 기능]'과 함께 기술적 기능을 부여할 수 있게 되었다. 동전으로 콜라를 사거나 공중화장실에 들어갈 때 우리는 마법의 물건이 기술로 전환될 수 있다는 사실에 대해 생각해 볼 수 있다.

는지를 보여준다. 동전과 열쇠는 이러한 위임이 인간의 지각에 의존할 수도 있고, 지각과 독립적으로 이루어질 수도 있음을 보여준다. 따라서 그것들은 오래 전에 존 메이너드 케인즈John Maynard Keynes가 제시했던 '유기적organic' 명제와 '원자적atomic' 명제 사이의 구분을 대단히 구체적으로 보여준다. 케인즈에 의하면 전자에서의 진리는 '행위자의 신념'에 의존하는 반면, 후자에서의 진리는 그러한 신념과는 무관하다(Marglin 1990, 15). 지금까지의 나의 주장을 종합하면 다음과 같다.

인공물에는 거기에 행위성이 위임되는 방식에 따라 세 가지 기본 범주가 있다.

첫째, 인간의 지각이나 외환 환율과 같은 매개를 거치지 않고 작동하는 지구화되지 않은 지역적 기술local technology이다. 열쇠가 그러한 예이다.

둘째, 인간의 지각을 통해 작동하는 '지역적 마술local magic'로, 동전이 그러한 예이다.

셋째, '지구화된 기술globalsed technology'로, 지역적으로는 인간의 지각을 매개하지 않고 작동하지만 지구적으로는 인간의 전략과 의도에 따라 달라지는 환율에 의존한다. 이것은 '지구적 마술global magic'이라고도 할 수 있는데, 화석연료나 전기로 구동되는 기계가 그런 예이다. 지구화된 기술은 특정한 방식으로 다른 사람에게 권력을 행사하는 데, 그 권력이 인간의 지각에 의해 매개되는 정도를 은폐한다는 점에서 '마술'이다.

테크노세의 정치생태학

정치생태학 담론은 1970년대 초에 당시에 '제3세계'로 알려진 지역의 생태학적 딜레마를 지구적인 정치 경제와 연관시키려는 인문과학들의 야망에서 등장했다. 이 담론은 지난 수십 년 동안 두 가지 주요 계보를 파악할 수 있다. 하나는 객관적인 자연과 (자원에 대한 서로의 주장을 놓고 경쟁하는) 일련의 행위자들을 인정하는 연구이고, 다른 하나는 포스트구조주의 이론에서 영감을 받아 자연의 이미지와 행위자의 정체성 및 주장을 해체하는 연구이다(Escobar 1999). 후자의 구성주의적 접근 방식은 자신들의 상대주의에 의해 무력화되었고, 예상대로 자본주의적 추출주의extractivism에 대한 실질적인 도전을 거의 제기하지 못하였다. 구성주의를 철학적 불투명성 속으로 한층 깊게 파고들어간 브뤼노 라투르의 '정치생태학'(Latour, 2004)은 정치적 비판을 더욱 급진적으로 무력화시킨다고 비판받았다.[11] 한편으로는 개별 행위자에 관한 미시사회적 사례 연구를 탐구하는 구성주의 진영의 과학기술 연구가 강조되었지만, 다른 한편으로는 '자본주의', 심지어는 '사회'와 같이 좀 더 포괄적인 사회경제적 권력 구조에 대한 반박도 진행되었다(Söderberg and Netzén 2010, 100-2).

그러나 앞에서도 서술했듯이 우리는 다음과 같이 주장해야 한다. 즉, 상호작용하는 인간의 조직화된 아상블라주로서의 사회만이 의미를 협상

---

11 예를 들면 Wilding 2010; Söderberg and Netzén 2010; Hornborg 2014. 주체와 객체, 문화와 자연 사이의 구분을 해체하려는 라투르의 노력은 1797~1806년에 셸링과 같은 독일의 초기 낭만주의자들의 노력과 중복되는 것처럼 보인다. 이들 역시 동일한 철학적 이의를 제기하였다(Wilding 2010).

하고 불평등한 교환관계를 생성하며 사람들이 서로에 대해 권력을 행사할 수 있게 만든다. 물론 이러한 모든 사회적 관계들은 비인간 구성요소들을 자신의 네트워크에 영입시킴으로써 안정화되고, 비인간 구성요소들의 특징에 의해 상당 부분 모양이 갖추어지지만, 그것들을 재생산하는 원동력과 결속력은 상호작용하는 인간 주체의 인센티브, 의도 그리고 행위성에 달려 있다는 점에서 환원불가능할 정도로 사회적이다.

물론 이 모든 것이 사회적 권력에 물질적 요소가 부재하다는 의미는 결코 아니다. 오히려 그 반대로 사회적 권력은 물질적 요소를 가지고 있다. 사회과학자로서 우리의 과제는 이러한 물질적 차원의 권력이 지배적인 담론과 세계관에서 어떻게 체계적으로 모호해지는지를 보여주는 것이다. 예를 들어 노동에너지와 기타 생물물리학적 자원의 불평등한 지구적 교환이 주류 경제학에서 어떻게 은폐되는지, 그리고 이러한 불평등한 교환이 '기술의 진보'에 대한 우리의 집착에 어떻게 전제되고 있는지, 그래서 결국 '기술의 진보'가 어떻게 지구적 차원에서 노동과 환경의 부담을 구매력이 낮은 사회적 범주에 전가시키는지displacement에 대한 물신화된 설명이 되는지를 보여준다.

인류세 서사는 우리의 지배적 담론과 세계관으로 빠르게 자리 잡고 있다. 문제는 사회과학자인 우리가 이 서사와 어떻게 관계 맺느냐이다. 우리는 여전히 지구화된 기술 안에서의 물질적인 것과 사회적인 것의 얽힘에 대해서는 침묵하고 있지만, 인류세 서사가 우리로 하여금 자연과 사회, 즉 물질적인 것과 의사소통적인 것 사이의 끊임없는 얽힘을 인식하게 해주는 한에서, 우리는 이 비전이 변화하는 생물권과 대기권 연구에만 국한되지 않기를 바랄 뿐이다. 비록 우리가 지구화된 기술 속에서 물질적인 것과 사회적인 것의 얽힘을 여전히 못 보고 있지만 말이다. 산업혁명에 대한 포스트 데카르트적 이해는 정치생태학 담론을 근본적으로 재구성할 것이다. 우리는 생태적 지속가능성 문제에 대한 첨단 기술의 해결책을 꿈꾸기보다는,[12] (노동 및 환경 부담) 문제들을 노동과 환경파괴 비용이 덜 드는 지역에 전가하기displacement 위한 사회적 전략으로 대부분의 현대 기술을 인식해야 할 것이다. 기술 유토피아주의와는 달리, 기술에 대한 이러한 급진적인 재개념화는 세계체제에서 노동력과 천연자원의 비대칭적 이전을 조율하는 범용화폐의 역할을 비판적으로 보도록 해야 한다.

산업주의를 되돌리기
―지구화 억제를 위해 화폐를 다시 디자인하기

이상의 분석, 즉 자본주의의 역할과 호모 사피엔스의 종적 특성의 역할에 대한 분석을 고려한다면, 지속가능한 미래에 대한 어떤 비전을 지지할 수 있을까? 먼저 인간생물학과 산업자본주의 사이에는 필연적인 연관성이 없다는 사실을 확인해 두자.[13] 인간의 추상적 표현 능력은 자본주의의 필수 조건이지만, 이는 범용화폐라는 특정한 사회문화적 제도를 통해

---

12 (지역의) 이산화탄소 배출을 줄이기 위한 전략이라고 옹호되어 온 수많은 고비용의 자원 집약적인 기술들, 따라서 본질적으로 특권적인 기술들 중에는 원자력, 태양광에너지, 탄소 포집 및 저장이 있다.
13 인위적인 환경 변화를 논하는 이런 맥락에서는 '산업자본주의'와 소련이나 중국과 같은 '비자본주의 사회의 산업주의'를 구분할 이유가 없다고 생각한다.

서만 가능했다.[14] 미국 농장, 아프리카 노예, 면섬유, 영국 노동자, 석탄, 면직물 등 산업혁명의 모든 구성요소가 동일한 단위로 측정할 수 있으면서 동시에 서로 교환할 수 있는 상품으로 전환된 것은 범용화폐의 지구적 유통을 통해서 가능했다. 산업화를 가능하게 한 인간의 모든 시간과 자연의 모든 공간의 일반화된 상품화는 인간의 표현 능력의 냉혹한 결과가 **아니다**. 지구화와 산업화를 낳은 경제적 전략이 기후변화라는 위험한 전망의 근본적인 원인이라면, 이론적으로 경제적 합리성의 조건들을 수정함으로써 이러한 위험을 피할 수 있어야 한다. 원칙적으로 특수한 목적의 통화를 사용하여 특정한 교환 영역으로 제품의 상호 교환성을 제한하는 통화 시스템을 구축하는 것이 가능해야 한다. 이는 특정 종류의 교환이 금지되어야 한다는 말이 아니라, 개별 행위자가 선택할 수 있는 옵션을 통해 화석연료의 소비와 환경파괴의 관행들을 실질적으로 감소시키는 거래를 장려해야 한다는 뜻이다.

이 제안을 좀 더 구체화하기 위해서, 한 국가가 자국민에게 식량을 공급하는 데 필요한 장거리 운송을 줄이기를 진지하게 원한다고 상상해 보자.[15] 이 국가는 매월 일정 금액을 국민에게 면세 기본소득으로 지급하되, **구매 지점에서 일정한 거리 내에서 생산된 상품과 서비스를 구매하는 데**

---

14 범용화폐의 출현을 촉진한 문화적, 역사적 조건은 경제사, 경제인류학, 사회학, 철학에서 끊임없이 논의되어 왔다. 여기에서는 범용화폐가 채택되기 위해서는, 추상적 표현을 하는 '인간의 일반적인 능력'과 지역의 사회적 관계와 상징체계로부터 분리된 경제적 교환을 장려하는 '특정한 사회문화적 환경'이 모두 필요했다는 점을 언급하는 것으로 충분할 것이다.
15 한 국가가 매우 성공적인 모범을 보일 수 있다면 다른 국가들도 그 뒤를 따를 것으로 기대할 수 있다.

만 사용할 수 있는 특별 화폐를 발행함으로써 이 목표를 달성할 수 있다.[16] 특별 화폐는 기존 화폐를 대체하는 것이 아니라 단지 그것을 보완하는 대안을 제공한다는 의미에서 '보완 화폐'의 역할을 할 것이다. 새로운 화폐는 지역화된 교환 회로 내에서 유통되는 경향을 보일 것이고, 기존의 경제를 따라서 비공식적 부문의 성장을 촉진할 것이다. 각 시민 또는 가정에 제공되는 금액은 생존을 위한 기본 요건에 해당할 것이다. 사람들이 추가 소비를 위해 기존의 범용화폐를 계속해서 벌고자 하는 정도는 개인의 선택에 달려 있을 것이다. 대부분의 사람들은 공식 부문과 비공식 부문에서 일하는 시간을 나누기로 결정할 가능성이 높다. 확실한 것은 사람들이 적어도 식료품, 수리, 목공과 같은 기본적인 필수품을 조달하기 위해 새로운 통화를 **사용하는** 경향이 있을 것이라는 점이다. 왜냐하면 이렇게 하면 다른 종류의 지출을 위해 기존의 기본소득을 더 많이 남겨둘 것이기 때문이다. 지역 농부와 기업가들은 두 가지 이유에서 새로운 통화로 (세금이 부여되지 않은) 대금을 수령하라고 권장받을 것이다. 그들은 그중 일부를 지역 노동, 서비스 및 상품에 대한 비용을 지불하는 데 사용할 수 있을 것이다. 그리고 그들에게는 그중 일부를 당국의 도움을 받아 유리한 환율을 적용해서 일반 화폐로 전환할 수 있는 옵션이 제공될 것이다.[17] 이 시스템은 일단 작동되기만 하면 기후변화의 주요 원인 중 하나인 장거리 운

---

16 이 후자의 요건은 화폐의 논리를 변화시킬 수 있다는 전망에서 매우 중요하지만, 지금까지 보완적이고 지역적인 통화(예: LETS)를 사용한 실험에서는 일반적으로 결여되어 있었다.
17 이러한 세율은 기업가의 요구와 당국의 세수 손실 사이에서 하나의 타협점으로 설정될 수 있다.

송에 대한 수요를 근본적으로 감소시킬 것이 분명하다(Hornborg 2013c). 나아가서 장기적으로는 에너지 사용, 온실가스 배출 및 폐기물을 감소시키는 동시에 지역 협력, 생물다양성 및 회복력을 강화하는 등 더욱 지속 가능해질 뿐만 아니라, 교통 인프라, 환경보호, 의료서비스 및 사회 보장에 대한 공공비용도 절감할 수 있다.

그렇다면 어떻게 국가나 정치적 권위로 하여금 그러한 시장 논리를 급진적으로 변화시키게 할 수 있을까?[18] 분명한 점은 이에 대한 답이, '자유' 시장 무역과 기술 기반 시설의 〈축적〉이 글로벌 사회에서 '인간의 시간'과 '자연의 공간'의 객관적으로 비대칭적인 〈교환〉과 동등하다는 사실을 보이거나, 이러한 경제 성장의 상관물들이 재앙적인 기후변화를 초래하고 있다는 사실을 밝히는 데 있지 않다는 점이다. 주류 경제학의 어휘/우주론은 분명히 지금까지 그래 왔던 것처럼 그와 같은 도덕적이고 정치적인 비판에 저항할 것이다. 그러한 어휘/우주론이 붕괴되려면 통상적인 비즈니스 자체가 위협을 받아야 한다. 그와 같은 그럴듯한 위협에는 적어도 두 가지를 생각할 수 있는데, 양자는 서로 연계되어 있을 것이다. 하나는 지구적 금융시스템의 확실한 붕괴, 궁극적으로 에너지나 기타 자원의 공급 감소로 인한 비용 상승에 따른 붕괴이고, 다른 하나는 '행성 경계' 개념에 의해 환기되는 것과 같은 지구적 생태 위기이다. 이 두 가지 시나리오 중 하나 또는 모두가 더 이상 무시할 수 없게 되면, 현재로서는 실현 가능성이 희박해 보이는 개혁안, 가령 지금 내가 주장하는 개혁안이 새로운

---

18 시장 논리에 대한 변혁적인 함의는 시장 교환이라는 개념 자체에 있다기보다는 시장 교환의 규모 차이에 있다는 점에 주목하기 바란다.

관점에서 고려될 수 있을 것이다.

오늘날 생물권을 위협하고 있는 인간의 기호 체계를 의식적으로 재설계하는 작업은 사회와 자연이 서로 얽혀있는 정확한 방식을 인정하고, 그 지식에 따라 책임감 있게 행동하는 것이다. 이 작업은 우리가 '자연Nature'을 우리의 행동과 괴리된, 그러면서 동시에 우리의 후손을 위험에 빠트린다고 위협하는 모종의 '지구적 추상체global abstraction'로 인식하도록 하는 것을 멈추고, 지역적이면서local 지각을 지닌 비인간 환경과의 관계를 모든 곳에서 회복할 수 있도록 도와줄 것이다.

5장
의도적으로 지구를 잃다

―1800년 무렵의 여섯 가지 환경 문법

장바티스트 프레쏘

인류세 주창자들은 새로운 지질학적 시대의 이름을 창안했을 뿐만 아니라 지난 250년을 이해하는 매우 특별한 역사를 제시했다. 1800년 이래로, 그리고 좀 더 강렬하게는 1945년 이후에, 미未분화된 전체로 간주된 인류는 화석연료의 기하급수적인 사용으로 야기된 인구 증가와 경제 발전으로 인해 지구시스템을 의도치 않게 변화시켰다. 다행히 지구적 재앙이 일어나기 직전인 20세기 말에, 소수의 지구시스템 과학자들이 우리로 하여금 그 위험에 눈을 뜨게 해 주었다. 그들 덕분에 "우리는 우리의 활동이 지구시스템에 어떤 영향을 미치는지를 아는 첫 세대가 되었고, 그래서 행성과의 관계를 바꾸는 힘과 책임을 지닌 첫 세대"가 되었다(Steffen et al. 2011b, 749).

인류세 개념은 사회과학자들 사이에서 광범위하게 그리고 비판적으로 수용되어, 우리가 살고 있는 세계의 환경 재앙의 기원에 대해 진지하게 역사적으로 성찰하게 해주었다. 실제로 '지구적 변화'나 '환경 위기'와 비교할 때, 인류세 개념의 가장 큰 장점은 인류, 시간, 역사를 그 중심에 둔다는 점이다.

'인류세를 역사화하기'는 다양한 지적 기획을 의미할 수 있다. 가장 분명하고 정치적으로 시급한 것은 다소 모호한 '인류anthropos'를 인류세의 진정한 추동력인 국가와 기업, 제도와 상상, 기술과 이념으로 대체하여 새로운 시대에 적합한 역사를 쓰는 것이다. 오늘날 지구적 이슈에 직면했을 때 역사적 추론의 특수성과 설명적 서사의 구성은 정량적인 관점으로 대체되는 경향이 있다. 인류세 테제의 중심에 있는 지구적 통계는 이산화탄소로 통합된 지구적 인류의 이미지를 창출하여 책임의 불균형을 말소한다. 실제로 탄소 배출 데이터를 간략히 살펴보면, 1980년까지 인류세의 인류anthropos는 영어적 악센트가 매우 강하다는 사실을 알 수 있다. 1800년부터 1950년까지의 누적 기준으로 보면, [전 세계] 탄소 배출량의 65%는 영국과 미국에서 배출되었다. 역사적으로 말하면 인류세는 '앵글로세Anglocene'라고 불렸을 수도 있다.

지구적 통계도 인과적 질서에서는 부차적이다. 그것은 단지 위기의 진정한 원인인 역사적 과정의 최종 결과만을 측정하고 반영할 뿐이다. 인류세의 도래를 맞이하여 많은 고전적 학문들이 중요한 역할을 하는 것처럼, 역사도 우리의 새로운 지질학적 시대를 위해 잘 준비되어 있다. 산업혁명, 자본축적, 세계체제, 공식적 혹은 비공식적 제국주의, 전쟁과 군사, 불평등한 교환, 포드주의Fordism, 소비, 에너지 전환, 과학 및 환원주의, 무지학agnotology과 같이 무질서하고 불완전한 상태에 있는 우리는 이러한 주제들을 인류세의 양적 역사와 연결시켜야 한다.

역사에 대한 두 번째 미묘한 도전은, 사람들이 합의한 '인류anthropos' 개념을 역사에 근거를 두는 '서사'로 대체하는 것을 넘어서, 인간이 자기도 모르게 자신의 환경을 변화시켰다는 서사를 반박하는 것이다. 이 점에서 인류세에 대한 공식적인 이야기는 사실 1980년대에 사회학자들이 위험과 포스트모더니즘에 대해서 시도했던 설명을 재현한다. 30년 전의 '우리'는 이미 환경위기의 위협과 개발의 막다른 골목을 이해하는 첫 세대였다. 30

년 전에는 마치 오늘날의 인류세처럼, '위험 사회'와 '성찰적 근대성'이 문명사에서 중대한 전환점으로 간주되었다(Beck 1986; Giddens 1991). 인류세는 맹목적인 깜깜한 과거와 빛으로 향하는 현재를 구분하기 때문에 1980년대의 '성찰적 근대성'과 같은 효과를 낼 수 있다. 지질학적 숭고함이 역사적으로 웅장한 것을 대체하지만, 결국은 우리의 성찰성의 진보에 기초한, 그것과 유사한 시간의 화살을 만들어 낸다. 인류세는 진보 담론의 마지막 환생 중의 하나일 수 있고, 진보 담론을 지질학적 행위자로서의 인류가 성찰적이게 되는 목적론으로 재정식화한다. 갑작스러운 생태적 각성에 초점을 맞춘 모든 예언적 서사의 문제점은 과거 사회들의 성찰성을 말소함으로써 오랜 환경 파괴의 역사를 탈정치화하는 경향이 있다는 것이다. 그리고 역으로 우리 자신의 성찰성에 집중함으로써 우리의 생태적 관심을 자연화하는 경향이 있다.

이 장에서는 이 문제에 대한 해독제로서 인류세 여명기에 존재했던 '환경 문법들'의 유형을 소개한다. 이 문법들은 자연사를 비롯하여 화학과 열역학에 이르기까지 특정 학문들과 깊게 연관되어 있지만, 그보다 더 중요한 것은 자연에 대한 행동 규칙을 제공한다는 점이다. 이 문법들은 순수와 불순, 자연과 인공, 안전과 위험, 지속가능성과 지속불가능성을 구분하고, 역사적 과정을 비판하며 특정 삶의 양식을 증발시킨다.

나는 다음의 여섯 가지, 즉 주위circumfusa/환경environment, 기후, 자연 경제, 인간과 자연의 물질대사, 열역학, 고갈을 구분한다. 이 목록은 확정적인 것이 아니고, 다른 식의 분류도 가능하다. 분류의 목적은 역사적이기보다는 인류세의 계시에 약간의 겸손함을 불어넣기 위한 것이다. 초기 인류세 사회를 '녹색'으로 특징짓는 것은 근대주의적 전망이겠지만, 역으로 현재의 환경문제와 이론적 범주들(생태계, 생물다양성, 지구온난화, 생화학적 순환 등)을 '환경적으로 인식하는' 유일한 방식이라고 판단하는 것은 오만일 수 있다. 지질학적 시대의 명칭이나 지질학적으로 성찰적인 행위자의 출현이 인간과 자연의 관계사에 혁명을 일으킬 가능성은 없다. 환경 파괴 역사에서는 그 가능성은 더더욱 희박하다.

주위circumfusa / 환경environment

언뜻 보면 공공 영역에서 '환경'이라는 말이 사용된 역사는 최근에 일어난 '환경적 인식'이라는 주제를 입증하는 것처럼 보인다. '환경'은 1970년대에 들어서 미국 환경보호청, OECD 각국의 환경부, UN환경계획(1972) 등이 창설되면서 제도화되었기 때문이다. 하지만 두 가지 점을 짚고 넘어가야 한다. 첫째, 이러한 새로운 기관과 부서는 훨씬 더 오랜 역사를 가진 법률 및 규정(가령 대기오염방지법)을 시행하는 업무를 담당한다(Thorsheim 2006; Massard Guilbaud 2010; Le Roux 2011). 둘째, '환경'이라는 말의 계보는 그것이 말하는 성찰의 형태가 실제로는 훨씬 더 오래되었음을 보여준다.

1850년대에 '환경environment'은 '주변surroundings' 혹은 '외부exterior'의 동의어로 사용되었다. 환경이 생명체와 인간에 영향을 미친다고 해도(예를 들어 토마스 칼라일이 언급한 것처럼. Carlyler 1837), 이 말은 아직 자연의 취약성을 강조하기 위해서는 사용되지 않았다. 1860년대 미국의 위대한 환경운동가 조지

마시의 『인간과 자연』에서는[1] 이 말을 사용하지 않았다. 최초의 파국적 기술철학서인 유진 후자르의 『과학에 의한 세계의 종말』(1855)에서도[2] 이 용어는 사용되지 않았다. '환경'이라는 과학적 용어를 처음 사용한 인물은 허버트 스펜서이다. 그는 『심리학의 원리Principles of Psychology』(1855)와 『생물학의 원리Principles of Biology』(1864)에서 '환경'을 유기체의 '주변 상황', 즉 유기체에 영향을 미치고 그것을 변형시키는 모든 물리적 영향이라고 설명한다.[3] 사실 스펜서는 라마르크와 그의 '영향을 미치는 상황들circonstances influentes' 개념에서 영감을 받아, 18세기 위생의 기본 개념인 서쿰푸사 circumfusa(라틴어로 '둘러싸고 있는 것들')를 계승하면서 거기에 새로운 생명을 불어넣었다. 의사들은 이 범주에다 (신新히포크라테스 의학의 병인학etiology의 핵심인) 공기, 물, 장소와 건강에 전반적인 영향을 미치는 모든 다양한 요소들을 포함시켰다(Fressoz 2009). 이러한 주위-환경circumfusa-environment의 계보를 기억하는 것은 중요하다. 왜냐하면 두 개의 '환경' 개념 사이의 흔한 대립, 즉 손이 닿지 않는 외부를 의미하는 오래된 '환경'과, 유연하고 취약하며 따라서 지극히 정치적인 1970년대의 '환경' 사이의 일반적인 구분을 반박하기 때문이다. 사실, 18세기에 이미 서쿰푸사는 위험에 처해 있었고 위험한 것으로 이해되었다. 겉보기에는 무해해 보이는 변화조차도 끔찍한

---

1 [역주] 원제는 George Perkins Marsh, *Man and Nature: Or, Physical Geography as Modified by Human Action*, New York: C. Scribner, 1864이고, 우리말 번역은 조미 마시, 『인간과 자연』, 홍금수 옮김, 한길사, 2008이다.
2 [역주] 원저는 Eugène Huzar, *La Fin du Monde par la Science*이고, 영어 번역 *The End of the World by Sciences*는 LibrarianShipwreck 사이트에서 열람이 가능하다.
3 이 점에 대해서는 폴 워드Paul Warde에게 빚지고 있다.

결과를 초래할 수 있었기 때문이다. 예를 들어 고대 로마인의 퇴화에 대한 아베 두보스Abbé Dubos의 설명에 따르면, 하수도 시스템cloaca maxima[4]의 파괴와 라티움Latium 평원의 명반明礬(황산알루미늄) 광산의 증가로 인해 로마의 의학적 체질이 바뀌었다(Dubos 1714). 18세기의 의학적, 철학적 사유에 따르면, 인간 사회는 그들이 거주하고 있으면서 창조 활동에 도움을 주는 대기권과의 관련 속에서 진화한다. 인간의 행동이 주위(서쿰푸사)에 반향을 일으키면, 그 대가로 인간의 체질을 변화시킨다(Fressoz 2012). 이러한 위생 감각을 고려할 때 도시 작업장에서 배출되는 연기, 냄새, 증기는 매우 위협적일 수 있다. 18세기는 물론이고 19세기 한참까지만 해도 인구가 많고 산업이 발달한 도시는 일반적으로 늪지나 감옥 또는 선박과 같이 건강에 해로운 장소로 여겨졌다.

그래서 우리는 18세기 도시 관련 기관들이 환경에 대해 어떤 관심을 갖고 있었는지를 알 수 있다. 경찰은 도시의 대기를 관리하는 업무를 담당했고, 주위(서쿰푸사)를 살피는 것은 그들의 일상 업무 중 하나였다. 파리경찰청장이었던 니콜라스 델라마레Nicolas Delamare의 유명한 논문 「경찰론De la Police」(1699-1704)에서는 경찰의 도시 통치를 정당화하기 위해 히포크라테스의 공기, 물, 장소를 언급했다. 주위(서쿰푸사)의 위협과 시민의 건강 보호는 거리와 건물, 음식 공급과 품질, 물, 공기, 작업장 등 도시 생활 전반에 대한 경찰 권한의 확장을 정당화했다.

---

4 [역주] 'cloaca maxima(클로아카 막시마)'는 '가장 큰 하수구'라는 뜻의 라틴어로, 영어로는 'great drain'으로 번역된다. 고대 로마 시대의 하수구로 세계에서 가장 오래되었다고 알려져 있다.

명심해야 할 사실은 산업화가 인지적 공백 상태에서 일어난 것이 아니라, 건강한 환경의 중요성과 공해의 위험성을 강조하는 의학 이론이 지배적이었음에도 불구하고 일어났다는 점이다. 프랑스에서 산업화는 1800년경에 심오한 이론적, 정치적 전환을 가져왔다. 먼저, 1810년에 정부는 이웃 주민의 불만으로부터 산업가들을 보호하는 법령을 통과시켰다. 공장은 엄격한 허가 절차를 거쳐야 했지만, 그 대신 단순한 경찰 명령으로 철거되거나 이전될 수 없었다. 공장이 철거되기를 기대하기 어려웠던 이웃 주민들은 그들이 입은 환경오염 피해에 대한 재정적 보상을 받았다.

환경에 대한 이러한 재정적 규제는 두 번째 중요한 전환을 가져왔다. 소수의 화학자와 의사들이(프랑스에서는 최초의 위생학자들이 공장의 허가를 담당했다) 사망과 장수의 원인을 통계적으로 연구하여 제조업의 존재를 정당화했다. 그들은 환경적 요인보다 사회적 요인의 중요성을 강조했다. 사회적 위생으로 인해 신新히포크라스테스적 환경 의학이 거부되면서 위생전문가와 행정부가 산업공해에 대한 의학적 논쟁을 무시할 수 있게 되었다.

근대성의 취약한 기후

'주위(서쿰푸사)' 개념과 깊은 관련이 있는 '기후' 관념은 초기 인류세 사회를 이해하는 데에도 핵심적이다. 원래는 순수한 지형적 개념(두 개의 위도 사이의 구역)으로 정의되었던 기후climate는 18세기에 이르러 현대적 의미(특정 장소의 평균 기온과 강수량)를 획득한다. 기상학자들은 습도, 바람, 기온의 지역적 다양성을 도표화하여, 지역성이 기후에 미치는 영향을 이해하고 시간에 따른 기후변화를 발견했다. 대서양을 가로질러 동일한 위도에서 기후가 매우 다른 현상을 관찰하고 비교함으로써, 문명과 삼림 벌채가 전국의 기상을 변화시킨다는 생각이 강화되었다. 기후가 인간과 정치의 구성을 결정하는 능력을 가지고 있는 만큼, 사람들의 건강과 사회적 조직을 결정하는 것은 더 이상 지구상의 위치뿐만 아니라, 긍정적이든 부정적이든 사회가 영향을 미칠 수 있는 숲과 습지, 매연과 도시 형태와 같은 일상적인 것들까지 관계된다는 것이다. 그래서 18세기에 이르러 기후는 인간의 행위가 환경에 미치는 영향과 환경이 인간의 행위에 미치는 영향을 성찰하는 데 중요한 인식론적 범주가 되었다(Fressoz and Locher 2012).

가령 뷔퐁의 '자연의 시대들'을 예로 들어 보자(Buffon 1778). 뷔퐁이 서술한 세계사의 일곱 번째 시대이자 마지막 시대는 '인간의 시대'라는 적절한 이름이 붙여졌다. 이 시대는 인류가 지구적 힘으로 등장하는 것이 특징이다. 인류세가 시작될 때 뷔퐁은 "오늘날 지구의 모든 표면에는 인간의 힘의 흔적이 남아 있다"라고 설명했다(Buffon 1778, 244). 그리고 이러한 영향은 기후에까지 미치고 있다. 왜냐하면 환경을 이리저리 손보는 과정에서 인류는 "기후로부터 받는 영향을 조절하여 자신에게 가장 적합한 온도를 설정"할 수 있기 때문이다. 뷔퐁은 자연에 대한 인류의 영향을 대체로 긍정적인 것으로 보았다. 그는 유럽의 '문명화된 자연'의 비옥함을 남미의 야만적이고 적대적이며 방치된 자연과 대비시켰다.

기후와 사회의 공동생산co-production이라는 당시의 일반적 견해는 자연의 개선과 기후 통제에 대한 낙관적이고 조물주적인 꿈만을 낳은 것은 아니었다. 19세기 초에 많은 작가들은 인위적인 기후 파국에 대한 끔찍한 비전을 발전시켰다. 특히 삼림 벌채 문제는 뷔퐁의 낙관주의를 기후 불안으로 전환시켰다. 기상학자와 농학자들은 혹독한 겨울, 가뭄, 폭풍, 과도한 강우와 같은 모든 종류의 기상 이변의 책임을 삼림 벌채로 돌리기 위해 식물생리학을 참조한다. 나무와 숲은 대기와의 지속적인 관계를 통해 기후를 조절한다. 가령, 습한 곳을 건조시키고 건조한 곳을 적셔주며 폭풍, 침식, 홍수를 방지한다. 식민지와 서유럽에서 17세기와 18세기에 걸쳐 진행된 대규모 삼림 벌채는(Grove 1995)—가령 프랑스의 삼림 면적은 1550년의 1,800만 헥타르에서 1789년의 900만 헥타르로 감소한 것으로 추정된다(Pomeranz 2000, 308)—토양과 대기를 연결하는 물 순환의 균형을 유지하는 자연적이고 섭리적인 질서를 파괴하는 것으로 인식되었다.

기후변화에 대한 우려는 유럽 과학계에 널리 퍼져 있었다. 가령 1815년 4월 인도네시아의 탐보라Tambora 화산이 폭발한 후에 유럽은 이상 기후와 흉작을 연이어 경험했다. 이에 프랑스, 스위스, 영국의 지식인 사회는 기후변화의 인위적 기원의 가능성을 지적하면서 기후변화에 관한 연구를 발전시켰다. 특히 프랑스에서는 기후변화 논쟁이 격렬했는데, 그 이유는 왕정복고 정부가 기후변화의 원인은 혁명 시기에 이루어진 귀족의 숲 판매와 새로운 부르주아 계급의 근시안적인 산림 착취 탓이라고 비난했기 때문이다. 1821년에 내무부 장관은 기후변화와 삼림 벌채에 대한 국가 조사를 명령했다. 영국에서는 인클로저를 기후변화와 연관지어 논했다. 유명한 원예가 존 윌리엄스Jhon Williams에 따르면, 인클로저의 증가와 동물 사료용 목초지로 인해 영국의 기후는 과거보다 더 춥고 습해졌다(Williams 1806).

몇 가지 주목할 점들이 더 있다. 첫째, 19세기 1분기의 중요 이슈는 지역적인local 이상 현상이 아니라 지구적인global 기후라는 것이다. 런던 왕립학회의 조셉 뱅크스Joseph Banks 총무와 같은 주목할만한 평론가들이 보기에 삼림 벌채는 열대 바다와 극지방의 빙하를 연결하는 지구적인 물 순환을 변화시키고 있다.

둘째, 문명 자체에 의문을 제기하면서 기후변화를 돌이킬 수 없는 현상으로 간주했다. 인구의 증가와 제조업의 확장에 따른 삼림 벌채로 인해 기후가 변하고 가뭄이 생기자 삼림 재생의 가능성은 약화된다. 이렇게 문명은 삼림 벌채와 기후변화의 악순환에 갇혀 있다. 1820년대의 산림학자들은 중동의 고대 문명이 삼림 벌채로 인한 기후 영향으로 붕괴되었다는 이론을 발전시켰다. 판화 〈바빌론의 폐허〉에서 1820년대의 저명한 산림 보전 옹호자인 프랑수아 앙투안 르흐François-Antoine Rauch는 사막 한가운데 가로놓여 있는 바빌론의 폐허를 묘사하고 있다.[5] 여기에는 삼림 벌채를 멈추지 않으면 파리의 미래가 이렇게 될 수 있다는 프랑스 정부에 대한 경고가 담겨 있다.

셋째, 19세기 초의 정치와 과학에서 기후변화는 주변적인 주제가 아니었다. 목재가 여전히 주요 에너지원이기 때문에 토지 이용에 있어 산림(따라서 목재와 공장)과 경작지(따라서 식량과 인구) 사이에서 무엇을 선택할지를 결정하는데 근본적인 영향을 미친다. 기후변화는 1791년, 1821년, 1836년에 프랑스 국회에서 논의되었다. 인위적인 기후변화는 지역문학협회에서 파리 과학아카데미, 런던 왕립학회에 이르기까지 다양한 과학기관에서 연구되었다(Fressoz and Locher 2012).

---

5 『유럽 연대기Annales Européennes』4호., 1824, p.17.

1850년 이후 몇 가지 과정들을 통해 이러한 기후 불안이 점진적으로 완화되었다. 첫째, 주요 에너지원이 목재에서 석탄으로 바뀜에 따라, 서유럽 경제에서 산림이 차지하는 비중은 훨씬 줄어들고, 산림 보전은 덜 중요한 이슈가 되었다. 둘째, 19세기 후반에 지질학자들과 천문학자들이 점차 빙하기 이론을 수용하면서 인류는 이제 인간의 행위가 어떠한 영향도 미치지 않는, 주로 천문학적 현상에 의해 촉발된, 거대한 지질학적 시간의 순환 속에 갇혀 있는 것처럼 보이게 되었다. 셋째, 사회 형태와 문화를 결정하는 요인으로서 기후의 중요성이 많이 상실되었다. 19세기 말에 이르러 사회학과 경제학은 기존의 기후결정론과 거리를 두고, 그것들을 자신들만의 인과 체계로 대체하려고 신중을 기했다(Fressoz and Locher 2012).

자연 경제

과학적 생태학을 연구하는 역사가들은 '자연 경제' 개념이 현대의 생태계 개념의 기원임을 밝혀냈다. 그들은 또한 이 개념이 18세기와 19세기 자연사에서도 중심적인 위치를 차지하고 있었음을 입증했다(Worster 1977; Drouin 1997). 린네Linnaeus에서 소로Thoreau에 이르기까지 자연주의자들은 모든 존재를 정합적인 전체로 엮어내는, 신이 설계한 체계적 관계에 경탄했다. 자연사의 목표 중 하나는 상호의존성의 네트워크를 발견하고, '교향곡과 같은 자연의 정확성'을 증명하는 데 있다. 자연신학에 따르면, 모든 존재는 자연의 질서를 유지하는 데 필요한 정확한 기능을 수행한다. 길버

트 화이트는 『셀본의 자연사』(1789)에서 다음과 같이 설명했다.[6]

> 자연 경제에서는 가장 하찮은 곤충이 … 우리가 알고 있는 것보다 훨씬 더 많은 영향을 끼친다. … 지렁이는 비록 외관상으로는 자연의 사슬에서 작고 하찮은 연결고리처럼 보이지만, 만약에 그것이 없어진다면 애석한 공백이 생길 것이다(White 1789, 216).

의존과 호혜의 사슬이 교차하는 빈틈없이 완전히 연결된 이 세상에서 재난은 항상 다가오고 있다. 자연의 무한한 복잡성 앞에 두려움과 겸허함을 느끼게 된다. 로비네Jean-Baptiste Robinet는 다음과 같이 말했다.

> 우리(인간)를 비롯한 거대 동물들은 우리가 지구라고 부르는 가장 큰 동물에게는 해충이다(Robinet 1766).

또한 자연 경제 개념은 지구에 대한 유기체적 시각을 새롭게 하는 결과를 가져왔다. 캐롤린 머천트Carolyn Merchant는 고대, 르네상스, 그리고 과학혁명에 이르기까지 우리의 행성은 혈관과 체액, 떨림과 질병이 있는 살아있는 몸으로 간주되었다고 주장했다. 그래서 지구는 존경받아야 할 어머니였다. 하지만 과학혁명과 자본주의 출현은 유기체적 우주론의 불가

---

6 [역주] 원저는 Gilbert White, *The Natural History and Antiquities of Selborne*이고, 간단히 줄여서 *The Natural History of Selborne*이라고도 한다. 우리말 번역서는 길버트 화이트, 『셀본의 자연사와 유물들』, 박정희 옮김, 아카넷, 2022이다.

피한 쇠퇴로 이어졌다. 자연은 설명되고 지배되고 이용되어야 하는 방대한 메커니즘으로 변했다(Merchant 1980). 그럼에도 불구하고 살아있는 행성이라는 비전은 과학혁명 이후에도 오랫동안 지속되었다. 궁정철학자인 펠릭스 노가렛Felix Nogaret은 1795년에 지구를 동물로 묘사하는 대중적 에세이를 발표했다(Nogaret 1795). 저명한 지질학자 유진 파트린Eugène Patrin과 필립 베르트랑Philippe Bertrand은 이러한 직접적인 비유를 비판했지만, 그럼에도 불구하고 유기체적 설명의 도입을 지지했다. 지구에는 '유기체적 기능'이 있다고 간주함으로써 '지구의 모든 현상의 친밀한 연관성'을 파악하는 데 도움이 되었다. 지구를 비롯한 우주의 행성들은 식물이나 동물과는 구별되는 제3의 유기체를 형성했다(Patrin 1806, 315). 1821년에 사회주의 사상가 샤를 푸리에Charles Fourier는 자연과의 관계를 바탕으로 개인주의를 비판하기 위해 유기체적 우주론을 수용했다. 기후변화, 급류, 하천의 퇴적, 침식 및 삼림 벌채는 개인주의적인 사회들이 지구와의 관계를 조절하지 못해서 초래된 행성적 질병의 증거였다. 푸리에에게 영감을 받은 프랑스의 파국주의 철학자 유진 후자르도 '살아 있고 연약한 유기체'라는 지구 이미지를 구축했다. 인간의 행위는 지구 신체Earth-as-body에 가한 상처와 같았다(Fressoz 2007a).

    다윈의 진화론이 등장하고 자연 세계를 구조화하는 신성한 질서가 비판받으면서 자연 경제는 전면적으로 재구성되었다. 그럼에도 불구하고 다윈주의는 진화와 공진화의 법칙 그리고 인구가 기하급수적으로 증가한다는 멜서스 법칙과 결합하여, 가능한 모든 자원들이 상이한 모든 종들에 의해 이용되는 '모두가 거주하는 자연'이라는 이미지를 만들어 냈다. 『종의 기원』의 예비 원고에서 다윈은 자연을 "1만 개의 날카로운 쐐기로 뒤덮인 표면"에 비유했다. "그 쐐기 중 어떤 것은 모양이 같고 어떤 것은 모양이 다른데, 모양이 다른 것은 종들 사이의 차이를 나타낸다. 모두 밀집되어 있고, 끊임없는 충격에 의해 박히고 있으며, … (그 충격은) 종종 먼 곳에 있는 쐐기들까지 여러 방향으로 전달된다."라고 하였다(Staufer 1987, 208 에서 재인용).

1867년에 에른스트 헤켈Ernst Haeckel이 제안한 '생태학Öekologie'이라는 용어는 '미지의 땅terra incognita'을 가리키는 것이 아니라 자연사의 오래된 전통을 다시 명명하고 재구성한 것이다. 생태학이라는 용어를 통해서 헤켈은 두 가지 목표를 달성하고자 하였다. 첫째, 다윈이 증명한 것처럼 생명체가 삶을 위해 투쟁할 뿐만 아니라 공생symbiosis과 상호부조로 번영하는 보금자리home, 즉 오이코스oikos를 구성한다는 것이다. 둘째, 그의 목표는 두 가지 탐구 분야, 즉 생명체 사이의 상호 작용에 대한 연구(다윈의 자연선택 이론)와 물리적 조건(기후, 토양 등)이 생명체에 미치는 영향에 관한 오랜 연구를 하나의 분야로 통합하는 것이다. '생태학'이라는 용어가 느리게 확산된 것은(1893년 국제식물학회에서 비로소 생태학의 현대적 표기가 등장한다), 자연의 시스템적 측면을 이해하는 데 있어 본래 환원주의적 성격을 지닌 자연과학이 특별히 어려움을 겪었기 때문이 아니라, 19세기 후반까지 매우 생생하게 남아 있던 '자연 경제' 개념 때문이었다(Worster 1977, 191-195).

다시 한번 강조하지만, 환경에 대한 성찰의 역사는 인류세의 계시로 절정에 달한 인식의 상승의 역사가 아니다. '자연 경제'라는 주제는 18세기의 사회 환경적 투쟁에서 정기적으로 등장했다. 예를 들어 1770년에 노르망디 어부들은 다시마(소다 생산에 사용되는 다시마의 재ash는 유리를 제조할 때 높은 가치를 지닌다)를 채취하는 유리제조업자들에게 불만을 제기하면서, 어린 물고기의 생존과 해양 세계의 자연 경제에 있어서 다시마의 역할을 구체적으로 언급했다. 그들은 과학아카데미에 보낸 문서에서, 다시마가 물고기알을 보존하고 수정 가능성을 높이며 파도와 포식자들로부터 어린 물고기를 보호해 주기 때문에 물고기가 다시마에 산란한다고 설명했다(Fressoz 2012). 하지만 1950년대에는 이러한 생태적 연결성이 어업 관리에서 '잊혀졌다'. 국제조약에서 시행된 지속가능한 최대 생산량 원칙은 어류 개체군을 수확되어야 할 작물로 상정하고 있다. 과다 어획은 되돌릴 수 있는 현상으로 이해된다. 어획량이 감소하면 어획 압력을 줄여서 어획 자원을 신속하게 회복시킨다는 것이다. 이런 식으로 종 간의 시스템적 상호작용과 해양 환경의 역할은 무시되었고, 그 결과 고갈 문제는 주변화되었다(Finley 2011).

물질대사의 균열

인간 사회와 자연 간의 물질교환은 환경적 성찰의 네 번째 문법을 구성한다. 18세기 후반에 농업에 대한 화학적 비전이 등장했다. 수확할 때마다 토양에서 미네랄이 제거되기 때문에, 토양 비옥도는 배설물을 밭으로 되돌려보내는 정도에 따라 달라졌다. 아서 영Arthur Young은 『농촌경제 Rural Economy』(1770)에서 목초지와 경작지 사이의 적절한 균형과 식물과 동물 사이의 유기적 영양분을 이동시키는 최고의 방법에 대해 고민했다. 그는 "비율들 중에서 하나만 깨져도 사슬 전체가 영향받을 것"이라고 지적했다(Warde 2011, 166에서 재인용). 리비히Liebig, 뒤마Dumas 그리고 부생고Boussingault 등을 중심으로 화학적 농업 이론이 발전하면서 문제가 더욱 복잡해졌다. 리비히의 '최소의 법칙'은 토양의 미래에 대한 비관적 시각에 불을 붙였고, 이후의 토양의 비옥도는 다양한 화학적 원소(질소, 인산, 칼륨, 석회, 고토, 유황, 철 등)의 미묘한 균형에 의해 결정되었다.

19세기에 도시와 농촌 사이의 물질대사의 균열에 대한 강한 우려가 표출되었다. 도시화, 즉 사람, 동물, 배설물의 집중으로 (비옥한 땅에 없어서는 안 되는) 광물이 땅으로 되돌아가는 길이 차단되었기 때문이다. 리비히에서 마르크스, 농학자, 위생학자, 화학자에 이르는 위대한 유물론 사상가들은 토양 고갈과 도시 오염에 대해 경고했다. 리비히는 도시화의 진행과 유기물 재활용의 실패가 유럽 사회의 거침없는 붕괴로 이어질 것이라고 보았다. 그는 농업의 물질대사에 대한 분석을 통해서 근대 농업과 자본주의의 지구화를 신랄하게 비판하였다. 그는 "영국은 모든 나라들의 비옥함의 조건들을 박탈하고 있다. … 마치 흡혈귀처럼 유럽의 가슴에, 심지어는 세계의 가슴에 매달려 생명의 피를 빨아먹고 있다"(Brock 1997, 178에서 인용)고 하면서, 구아노[7]와 광물 비료의 주요 수입국인 영국이 다른 나라의 비료를 약탈하고 있다고 비난했다.

19세기 중반의 많은 사회주의 사상가들은 리비히의 연구와 물질대사 균열의 모든 이슈를 발견했다. 1843년에 초기 사회주의 작가인 피에르 르루Pierre Leroux('사회주의' 개념의 창시자로 유명한 인물)는 리비히의 주장을 활용하여, '서큘러스Circulus'라는 사회적 유토피아를 이론화했다. 이 유토피아에

---

7 [역주] '구아노guano'는 스페인어로, 강우량이 적은 지역에서 새들의 배설물(가령 새똥)이 퇴적, 응고되어 천연의 유기물로 된 것을 말한다. 페루의 건조한 해안지방이 구아노 산지로 유명하다. 이상의 내용은 김기범, 〈페루는 어떻게 '새똥 산업'의 강자가 되었나〉, 《경향신문》, 2019.09.03. 참조.

서는 사회가 항상성 속에 살면서 토지와 양분의 순환을 유지함과 동시에 생산 과정에서 물질적 손실을 최소화하기 위해서 전념한다. 마르크스도 『자본론』 제3권에서, 대규모 농장이 사회와 자연 사이의 물질적 순환을 단절시키는 등 자본주의 농업이 환경에 끼친 영향을 비판했다. 마르크스에 따르면, 생산 방식이 무엇이든 간에 자연으로부터 해방될 수 있는 가능성은 없고, 인간 사회는 역사적으로 결정된 물질대사 체제에 계속해서 의존해 왔으며, 자본주의 물질대사의 특성은 지속불가능성에 있다(Foster 2000).

따라서 배설물의 운명은 19세기 논쟁의 핵심이었다. 황폐한 토양이 기근, 빈곤, 혁명을 조장했기 때문에 배설물은 사회적 문제와 연결되었다. 그것은 도시환경의 건전성, 나아가서는 퇴폐성의 문제와도 연관되었다. 그리고 영국과 미국이 페루의 구아노 독점을 놓고 경쟁함에 따라 지정학적 문제와도 관련되었다. 심지어는 문명의 운명으로도 이어진다. 리비히에 따르면 로마는 배설물을 제대로 관리하지 못했기 때문에 몰락했다.

엔트로피

화학과 함께 열역학(에너지의 속성과 변형에 대한 연구)은 인간 사회와 자연 사이의 관계를 연구하는 또 다른 개념적 도구를 제공했다. 처음부터 에너지 개념은 경제 및 사회 문제를 설명하는 데 사용되었다(Wise 1990). 19세기 후반이 되면, 식물이 가로챈 또는 석탄에서 추출된 에너지 흐름에 대한 정량적 관점을 구축하거나, 그것의 순환을 경제학에서 추적하는 일이 이미

가능해졌다. 이러한 분석을 최초로 수행한 인물 중 하나가 우크라이나 사회주의자 세르게이 포돌린스키Sergei Podolinsky이다. 그는 목초지를 밀 재배와 비교하면서, 농업의 에너지 효율은 동물 또는 인간의 노동력 투입 비율에 따라 증가하는 반면에 석탄을 사용하는 기계를 사용할수록 감소한다는 사실을 입증했다(Martinez-Alier 1987).

 19세기와 20세기에 접어들면서 많은 학자들이 에너지 연구를 바탕으로 경제학 및 경제 자체의 개혁을 제안했다. 에두아르드 자허Eduard Sacher의 『사회역학의 기초Foundations of Mechanics of Society』(1881), 패트릭 게디스Patrick Geddes의 『경제학자 존 러스킨John Ruskin Economist』(1884), 루돌프 클라우지우스Rudolf Clausius의 『인류의 이익을 위한 자연의 에너지 비축과 그 가치에 관하여On the Energy Stocks and Their Valuation in Nature for the Benefit of Humankind』(1885), 프레드릭 소디Frederick Soddy의 『데카르트 경제학Cartesian Economics』(1921) 등이 그것이다. 이 책의 저자들은 단지 사물의 경제적 가치만을 고려하는 정치경제학에 대해 매우 비판적인 시각을 공유하고 있었다. (순전히 경제적 부에만 초점을 맞춘) '이재적理財的' 정치경제학은 경제의 진정한 문제, 즉 인간 사회의 물질적 공급과 에너지 공급을 모호하게 하였다는 것이다. 그들은 또한 재정적 부의 증가라는 현상과 걷잡을 수 없는 에너지의 소멸이라는 현실 사이의 괴리를 지적했다. 패트릭 게디스는 경제학에서는 오로지 증기 기관에서 생성된 에너지만 고려하고, 소멸되어 영원히 사라지는 나머지 90%는 무시한다고 지적했다. 옥스퍼드대학 교수이자 노벨 화학상 수상자인 프레드릭 소디는 『데카르트 경제학』에서 이자율은 우발적인 인간의 관습일 뿐이지, 자본이 따라야 하는 엔트로피 원리에 언제까지나 위배될 수는 없다고 설명했다. 그에 따르면, 산업에 대한 투자는 부의 증대와는 거리가 멀고, 화석자원의 고갈을 가속화시켰다(Martinez-Alier 1987).

고갈

화석 에너지의 재생 불가능성에 대한 깊은 우려에도 불구하고, 목재를 기반으로 하는 유기 경제organic economy에서 석탄을 연료로 하는 광물 경제mineral economy로의 역사적 전환이 일어났다. 1784년에 (목재에서 석탄으로의 전환을 장려한) 프레데릭 2세Frederic II는 베를린의 석탄 공급 가능 기간에 대한 보고서를 작성하라고 명령했다(Sieferle 2001, 185). 1819년 프랑스 산업화의 주요 인물인 장 앙투안 샤프탈Jean-Antoine Chaptal은 국가 석탄 매장량이 가스등에 낭비하기에는 너무나 제한적이라고 추정했다. 그는 철강 생산과 국가 안보를 위해 석탄을 보존하는 것이 현명하다고 판단했다(Fressoz 2007b). 1820년대 영국에서는 석탄 수출에 관한 의회 논쟁과 더불어 일부 광산의 고갈로 인해 국가 매장량에 대한 최초의 평가가 촉발되었다. 영국 하원은 1822년과 1829년에 이 문제에 대한 위원회를 설립했다. 1866년에 간행된 스탠리 제번스Stanley Jevons의 유명한 논문「석탄 문제The Coal Question」는 장기간 지속되어 온 논쟁의 일부로 읽어야 한다.

그러나 이 보고서가 발표되자 두 가지 변곡점이 발생했다. 첫째, 고갈에 대한 논의가 매장량 측정을 중심으로 하는 지질학적 문제에서 미래 소비량 추정에 관한 경제적 문제로 이동되었다. 제번스가 그랬던 것처럼 기하급수적 성장을 가정해야 할까, 아니면 단순히 산술적 성장을 가정해야 할까? 둘째, 이 시기는 천연자원의 고갈에 대한 일반적인 불안감으로 특징지어진다. 물질대사의 균열에 대한 우려는 앞에서 이미 언급했다. 1898년에 영국의 과학진흥협회 회장 윌리엄 크룩스William Crookes는 질사염과 구아노의 고갈, 그리고 재생불가능한 자원에 의존하게 된 농업의 지구적 위기의 위험을 경고했다(Smil 2001, 58). 동시에 미국의 환경 보전주의자들은 개척지frontier의 종언이라는 맥락에서 삼림 벌채와 자원 낭비에 반대하는 성전crusade을 시작했다(Hays 1999). 지질학자들도 구리, 아연, 주석의 부족을 경고했는데, 이는 전기화의 시작에서 비롯된 경고였다.

19세기 말에 등장한 새로운 물질 체제의 지속불가능성에 대한 분명한 경고와 예리한 미래 의식에도 불구하고, 유기 경제에서 광물 경제로의 전환, 물질대사의 붕괴, 재생불가능한 에너지원에 대한 의존이 발생했다.

이와 같은 우려할만한 사실은 정치행위자들의 시간 지평이 지독하게 단축된 것으로 잘 설명된다. 1860년에 영국의 하원에서 프랑스와 자유무역 조약에 반대했던 벤자민 디즈레일리Benjamin Disraeli는, 영국의 석탄 매장량은 고작 3-4세기 정도의 국내 소비량에 불과하므로, 영국이 장기적으로 전 세계적인 헤게모니를 유지하기 위해서는 석탄에 높은 수출관세를 부과하는 것이 불가피하다고 주장했다. 3세기 안에 석탄이 부족할 수 있다는 사실은 현재로서는 경제적으로 해로운 조치를 정당화하는 것처럼 보였다. 반대로 당시 재무장관이자 자유무역 지지자였던 윌리엄 글래드스톤William Gladstone은 영국의 석탄 매장량이 1,000년 이상 지속될 수 있다고 추정하는 지질학적 연구를 언급했다. 고전적 문헌에 깊이 젖어 있고 제국의 운영에 종사했던 당시 영국의 정치인들은 천년 후의 미래를 내다볼 수 있었다!

석탄에 비해 석유 매장량에 대한 최초의 논쟁은 극적으로 짧아진 시간의 지평으로 특징지어졌다. 미국에서는 국가 매장량의 고갈이 임박했다는 경고에도 불구하고, 자동차 개발과 제1차 세계대전에 따른 소비 붐이 일어났다. 1918년에 나온 스미스소니언 연구소Smithsonian Institution의 보고서에서는, 지질학자들이 미국에서 새로운 주요 유전을 발견할 가능성이 거의 없다고 설명했다. 제1차 세계대전 중 미국 연료관리국 국장은 석유 부족으로 인해 미국의 군사력 감소를 예측했다. 1921년에 미국 지질조사국은 경제적으로 추출 가능한 석유의 지속 가능 기간을 최대 20년으로 추정했다(Dennis 1985).

19세기 후반의 '성장의 한계' 논쟁과 엔트로피적 사고가 동시에 주변화되는 현상은 어떻게 설명할 수 있을까? 한편으로 광물자원의 고갈에 대한 관심은 지질학적 조사의 지구화에 의해 회피되었다. 예를 들어 1913년에 토론토에서 개최된 국제지질학 회의에서는 전 세계 석탄 매장량을 역사상 처음으로 정량화했다. '예상 매장량'에 대한 다소 모호한 정의와 경제적으로 회수 가능한 석탄의 깊이를 4,000피트로(이전의 2,200피트 대신) 확장하면서 자원이 엄청나게 과장되었다(현재 추정치보다 6배 증가!)(Madureira 2012).

더욱 심각한 것은 지식 세계가 점차 생산의 물질적 조건에 대한 관심을 상실했다는 것이다. 사회적 엘리트 형성의 지배적인 방식이 된 경제학이 대표적인 예이다. 한계주의 패러다임에 따라 경제학자들의 관심의 초점은 생산 요소(노동, 자본, 토지)에 대한 연구에서 개인의 효용을 극대화하려는 소비자와 생산자의 주관적 상태로 옮겨갔다. 1870년부터 1970년까지 천연자원에 대한 연구는 '자원경제학'이라는 학문의 하위 분야에 국한되었다. 1931년에 해럴드 호텔링Harold Hotelling은 이 분야의 기초 논문에서 시간이 지남에 따라 수익을 극대화하려는 광산 소유자의 상황을 분석했다. 이 문제는 더 이상 (제번스가 다룬 문제였던) 국가 경제의 세속적 진화 문제가 아니라, 좀 더 겸손하게 미시경제 수준에서 고갈된 자원의 최적 추출 경로를 결정하는 것이었다. 광산은 다른 생산시스템과 분리된 추상적 실체이자 단순한 가치 저장물로서, 주식 포트폴리오와 동일한 유형의 경제적 계산을 따르는 것으로 간주된다.

동시에 1930년대 과잉생산의 위기 상황에서, 경제 성장은 물질적 측면에서가 아니라 특정 지역에서의 화폐 교환의 강화로 개념화되었다. 1930년의 금본위제 포기(즉, 지폐가 금을 대표한다는 생각의 종식)와 국민계정 시스템에 의한 국내총생산 개념의 발명은 경제사상의 탈물질화를 완성시켰다. 제2차 세계대전 이후에 경제학은 경제를 자연적 연결고리로부터 단절된 폐쇄적 시스템, 즉 생산과 소비 사이의 순환적 가치 흐름으로 파악하였다.

결론

인류세와 우리가 처한 혼란에 대해 역사적으로 사유할 때, 우리는 환경 파괴가 자연을 '무'로 간주해서 일어난 것이 아니라, 오히려 정반대로 그것이 초래할 결과를 알고 있었음에도 불구하고 진행되었다는 사실을 명심해야 한다. 18세기 후반에 신히포크라테스적 환경 의학이 공기에 초점을 두었음에도 불구하고, 산업화에 의한 오염으로 인해 대기가 흐려졌다. 19세기 초에는 기후변화에 대한 두려움에도 불구하고 삼림 벌채가 지속되었다. 19세기 후반에는 천연자원의 한계에 대한 인식과 자연 경제 관념에도 불구하고 천연자원의 사용이 더욱 심화되었다.

인류세의 역사는 '환경 의식'의 출현이 아니라 오히려 그 반대의 역사이다. 역사적 문제는 근대성이 자연과의 관계에서 어떻게 '억제되지 않게disinhibited' 되었는지를 이해하는 것이다. 이 근대의 탈억제(Fressoz 2012)는 서구 정신의 어떤 근본적 균열(그리스도교, 자연에 대한 인간의 지배, 자연과 문화의 분리, 과학혁명의 기계론적 존재론 등)의 결과가 아니라, 인류세 시기에 등장한 많은 전략적 장치에 의해 생성되었으며, 그중 다수는 여전히 작동하고 있다(Bonneuil and Fressoz 2013). 우리는 인류세에 의도적으로 진입했다는 충격적인 사실을 받아들여야 하며, 현재의 상황을 환경 인식의 문턱으로서가 아니라 2세기에 걸친 의식적인 파괴의 역사의 정점으로서, 과거와 연속성을 가지고 사유해야 한다.

제2부
인류세의 파국주의

The Anthropocene and the Global Environmental Crisis

The Anthropocene and the Global Environmental Crisis

6장
인류세, 파국주의 그리고 녹색정치론

뤽 스말

인류세 개념은 파울 크뤼천과 유진 스토머에 의해 창안되고 서술된 이래로(Crutzen and Stoermer 2000) 사회과학과 환경 연구 분야에서 그 영향력이 점점 커지고 있다. 인간의 영향으로 특징지어지는 새로운 지질학적 시대의 존재가 수많은 생물물리학적 지표들에 의해서 어떻게 입증되고 있는지 그 이유를 설명하는 여러 논문과 책들이 출판되면서, 인류세 개념은 지구에서의 생명 과정이 근본적으로 새로운 방향으로 나아갔다는 폭넓은 생각을 포착하는 데 점점 더 많이 사용되고 있다. 그런 의미에서 인류세 개념은, 기후변화와 지구적 변화의 현실을 둘러싼 끊임없는 반과학적anti-science 논란에도 불구하고, 지구시스템에 어떤 근본적인 변화가 일어났으며, 실제로 "태양 아래 새로운 무언가"가 있다는 사실을 표현하는 데 중요한 교훈을 제공할 수 있다(McNeill 2000).

하지만 그 교육적 영향력에도 불구하고 오늘날 이 개념은 초기 단계에 있고, 따라서 문제가 있는 이질적인 방식으로 전유되고 있다. 한 가지 이유는 아마도 모든 지질학자와 지층학자들이 인류세의 도래를 인정하는 것은 아니기 때문일 것이다. 공식적으로 2015년 과학적 기준에 따르면 우리는 여전히 홀로세에 살고 있다. 하지만 이것이 반드시 그 자체로 문제가 되는 것은 아니다. 왜냐하면 새로운 시대에 대한 공식적인 인정은 향후 2~3년 내에, 지질학적 시간 척도에서는 당장 내일 이루어질 수도 있기 때문이다. 하지만 이러한 공식적인 인정이 이루어지지 않는 한 개념적 안정성도 확보되지 않고, 따라서 개념에 대한 수많은 해석이 공존하게 된다. 이 용어를 사용하면 모든 이해관계자가 똑같은 이야기를 하고 있다는 인상을 주지만, 인류세에 대한 매우 모순된 함축이 사회적 담론에서 등장할 때에 문제는 더욱 분명해진다.

이 장에서는 이 새로운 시대를 가리키는 인류세의 의미가 실제로 무엇인지 정의하기보다는, 인류세의 잠재적 지속 기간과 종언에 관한 구체적인 물음에 대해 논하고자 한다. 크뤼천과 스토머는 이 문제를 다음과 같이 간략히 다루었다: "인류는 앞으로 수천 년 동안, 혹은 수백 년 동안 주된 지질학적 힘으로 남을 것이다."(Crutzen and Stoermer 2000, 18) 여기서 주요 문제는 인류가 오늘날과 같이 활발한active 지질학적 힘을 오랫동안 유지할 것인지, 아니면 수십 년 동안 집중적으로 화석연료를 연소한 후에 단순히 관성적인intertial 지질학적 힘으로 남을 것인지에 관한 정치적 문제를 검토하는 것이다. 이러한 정치적 문제는 녹색정치 이론의 렌즈를 통해 연구될 수 있다. 녹색정치 이론은 현대 정치 지형에서 환경 정치의 특수성을 연구하고, 왜 그리고 어떻게 지구적 생태 위기가 민주주의 기획에 대한 우리의 분석을 새롭게 하는 데 기여할 수 있는지, 또는 기여해야 하는지를 설명하고자 하는 정치학 분야이다(Dobson et al. 2014).

돕슨에 따르면, 녹색정치 사상의 특징은 열산업문명thermo-industrial civilisation의 영원한 지속을 가로막는 생물물리학적 장애물로서 '성장의 한계'가 존재한다는 확신을 갖는다는 데에 있다(Dobson 2007). 21세기 초부터 이러한 주장은 탈성장 및 전환 도시 운동과 같은 녹색 운동green mobilisation에 의해 정치화된 피크 오일과 '피크 올peak all'[1] 가설에 의해 새롭게 조명되어 왔다(Semal 2012). 피크 오일은 오늘날 이미 연료 빈곤을 악화시키는 데 일조하고 있는 에너지 가격의 상승 추세로 시작했다가 결국에는 효과적으로 사용할 수 있는 에너지의 감소로 이어지는 하나의 과정으로 이해되어야 한다. 재래형 석유 자원이 고갈됨에 따라 비재래형 석유 및 가스 자원의 증가와 함께 그 감소는 일시적으로 대체된다. 그러나 에너지 자원의 이러한 변화는 이미 가격의 상승 추세와 그에 따른 경제 침체에 영향을 주고 있다(Murray and King 2012). 장기적으로 보면, 비재래형 화석연료 자원이 고갈될 때 이를 대체할 수 있는 자원이 없을 수도 있다. 또한 에너지 가격의 상승 추세는, 비재래형 화석연료가 점점 더 많은 금속을 추출해야 하는 것처럼, 점점 더 많은 에너지를 필요로 하는 금속과 같은 자원의 가격 상승 추세를 낳게 되고, 이는 피크 오일에서 피크 올로 이어질 것이다(Bihouix 2014). 이 가설에 따르면 피크 오일에서 피크 올로 가는 길은 성장의 한계가 **현실화**되는 과정으로 볼 수 있다.

  녹색정치 이론의 관점에서 보면 성장의 한계라는 중요한 관념은, 자원 고갈로 인해 우리가 더 이상 지질학적 힘이 되지 못할 수 있기 때문에, 현재의 활발한 지질학적 행위자가 도달할 수 있는 가능한 경계선이 어디까지인지 상상할 수 있도록 우리를 안내해 주어야 한다. 이는 지질학적 규모에서는 매우 짧은 시간인 수십 년 내에 일어날 수도 있고, 2백 년 안에

---

1 [역주] '피크 오일peak oil'은 석유 생산이 최고에 이르는 시점을 말한다. '피크 올peak all'은 자원의 고갈이나 환경적 한계로 인해 인류가 모든 자원의 정점을 경험하고 하락 국면에 접어드는 시점을 말한다.

일어나는 것은 확실하다. 값싼 화석 에너지는 초기 인류세의 연료였으며, 인류에게 열산업문명의 부상을 가능하게 한 전례 없는 힘을 제공했다. 반면에 값비싼 에너지는 이미 후기 인류세의 연료가 되고 있고, 그것의 고갈은 인류가 앞으로 수십 년 이상 활발한 지질학적 힘을 유지할 수 있는 기술적 능력이 있는지 여부를 묻고 있다.

이 장에서는 간략한 장면 설정을 한 뒤에, 지금의 '대가속화' 단계가 왜 **후기 인류세**late Anthropocene라고 부를 수 있는 새로운 마지막 단계로 우리를 이끌고 있는지에 대해 설명할 것이다. 그리고 현재 후기 인류세에 대한 다양한 개념이 공존하고 있으며, 크게 **연속론자**continuist의 개념들과 **파국론자**catastrophist의 개념들로 나눌 수 있다고 주장할 것이다. 연속론자의 개념들은 기술공학과 같은 '테크노 픽스techno-fix'를 기반으로 하는 프로메테우스적 성격을 띠는 반면에, 파국론자의 개념들은 인류가 오랫동안 활발한 지질학적 힘으로 남을 수 있는 기술적 능력이 없고 의식적 존재가 될 수 있는 도덕적 소질도 없다고 주장한다. 인류세에 대한 파국론적 관점은 인류세의 최종 단계를 **지구적 에너지 하강**global energy descent 시기로 전망한다. 이 시기는 한 세기를 넘지 못하며, 그 이후의 인류는 거의 관성적이고 잠재적으로 거대했던 결과들, 즉 일시적이면서 파국적인meteoric[2]

---

2 [역주] 이 장에는 'meteoric'이라는 말이 총 여덟 번 나오는데, 대부분 '운석의 충돌과 같이 일시적이지만 그 영향이 엄청난 사건'을 형용하는 말로 사용되고 있다. 그래서 'transient'(덧없는)와 'catastrophic'(파국적)의 중의적 의미를 지니고 있다. 번역은 '일시적이면서 파국적인'으로 하였고, 'meteoric'과 유사한 말로 사용된 'meteoritic'도 마찬가지로 번역하였다. 한편 천문학 용어인 'meteoric crater'의 경우에는 '운석 분화구'로 번역하였다.

에너지 풍요의 결과들과 함께 수천 년을 살아야 할 것이다. 이것은 **민주주의에 대한 전례없는 도전**이 될 것이다. 왜냐하면 근대의 민주주의 사회는 집합적이고 영속적인 진보와 해방 이야기에 암묵적으로 의존하고 있는데, 그것은 지구적으로 환경이 악화되는 상황에서 값싼 에너지의 종말과 함께 한계에 부딪힐 수 있기 때문이다. 우리가 이 문제를 논하고자 한다면, 탈성장 또는 전환 마을과 같은 현재의 파국론적 운동catastrophist mobilisations이 유용한 통찰을 제공할 수 있을 것이다. 왜냐하면 이 운동들이 후기 인류세의 에너지 하강 시기에 성장 이후의 바람직한 조건을 둘러싼 민주적 논쟁의 틀을 짜는 두 가지 야심찬 시도를 제공하기 때문이다.

이 장은 인류세, 즉 지구적인 과잉 소비와 그에 따른 성장의 한계의 현실화를 특징으로 하는 시대를 녹색정치 이론으로 분석하려는 시도이다. 그리고 현재 지구상에 있는 에너지 자원으로는 인류가 불과 수십 년 동안, 길어야 1세기나 2세기 동안만 활발한 지질학적 힘을 유지할 수 있다고 주장함으로써 합리적인 '파국론적 인류세' 개념을 발전시키는 것을 목적으로 한다. 에너지 자원의 유한성은 피크 오일과 피크 올 가설에 의해 강조된다. 이에 따르면 모든 화석 자원의 고갈로 인해 먼저 지구적 차원에서 성장이 둔화될 것이며, 이후에는 일종의 지구적 탈성장으로 대체될 것이다. 저렴한 에너지의 종언과 성장의 종언은 인류세의 즉각적인 종언을 의미하지는 않지만, 우리의 지질학적 행위성의 대폭적인 감소의 시작을 의미할 수 있다. 물론 그렇다고 해서 저렴한 에너지의 종언이 수많은 문제의 해결책이 될 것이라는 말은 아니다. 모든 화석연료 자원이 고갈되기 이전에 이미 지구온난화가 통제 불능 상태가 될 것이기 때문이다. 이 장은 녹색정치 이론의 관점, 즉 '유한한 세계, 유한한 자원, 성장의 한계'라는 관점에서 인류세의 잠재적 변화를 분석해 보자는 제안이다.

인류세—그 시작과 끝

장면 설정

'인류세'의 엄밀한 정의에 대해서는 아직 합의된 바가 없지만, 인류가 지질학적 힘에 필적할 정도로 지구의 운행에 영향을 끼치고 있고, 인간사와 지구사가 전례 없이 융합되어 있는 시대라는 점에 대해서는 대체로 동의하고 있다(Chakrabarty 2009). 우리는 '인류humankind'라는 말을 따옴표에 넣어서 사용해야 할지 모른다. 안드레아스 말름과 알프 호른보리가 효과적으로 논하고 있듯이, '인류humankind'라는 말은 종 안에서의intra-species 엄청난 불평등을 은폐하는 경향이 있고(Malm and Hornborg 2014), 이러한 불평등은 우리가 시작한 지구적이고 지질학적인 전환의 사회적 기원을 설명하는 데 중요한 역할을 하기 때문이다(이 책의 4장 참조). 하지만 여기에서는 인류세 개념의 또 다른 모호한 측면, 즉 새로운 시대의 잠재적 길이 potential length에 대한 질문에 초점을 맞추고자 한다. 이것은 인류세가 무엇인지, 그리고 이 시대가 우리 사회에 미칠 물질적, 정치적 결과가 무엇인지 설명하려는 모든 사람들에게 결정적인 질문이 될 것이다.

인류세의 시작에 관해서는 이미 여러 이론들이 제시되었다(Crutzen and Steffen 2003). 그런데 농업의 출현과 함께 '초기' 인류세가 시작되었다는 주장들은 도움이 되지 않는다. 왜냐하면 그렇게 되면 인류세는 사실상 홀로세의 다른 이름이 되기 때문이다. 파울 크뤼천은 인류세의 시작을 1784년으로 제안했다(Crutzen 2002). 이 해에 제임스 와트가 증기 기관을 발명하고 화석 에너지 사용의 대규모 확장 가능성을 열었기 때문이다. 그러나 1784년은 단지 상징적인 해일 뿐이다. 왜냐하면 산업화된 국가가 존재하기 수십 년 전이고, 지구화된 사회가 화석연료 기반의 기술을 대규모로 확장할 수 있었던 것은 그 이후의 일이기 때문이다(Gras 2007). 그 후에 스테픈 등은 인류세의 첫 번째 단계('산업 시대', 대략 1800~1945년)와 '대가속'(1945~)으로 지칭되는 새로운 현상인 두 번째 단계를 구분하는 것이 좀 더 적절한 것 같다고 주장했다(Steffen et al. 2007). '대가속' 시대의 특징은 이전에는 훨씬 국지적이었던 새로운 현상이 갑자기 지구적으로 퍼지고 가속화되었다는 데에 있다. 이러한 구분은 인류세에 의해 초래된 지질학적 전환의 매력적인 **돌발성**을 강조하지만, 동시에 몇 가지 난처한 질문을 던진다. 이 '대가속'은 얼마나 지속될까? [이 책이 쓰인] 2015년 이후에는 어떤 일이 일어날까? 두 번째 단계의 연장이나 인류세를 넘어선 **다른 어떤 것**으로의 전환이 있을까?

    이러한 질문들은 인류세의 물질적 결과를 이해하는 데 매우 중요함에도 불구하고 지금까지 거의 제기되지 않았다. 스테픈 등에 따르면, '대가속'은 이미 임계점에 달한 것으로 보이고, 따라서 조만간 인류세의 세 번째 단계로 진입할 수 있다. 이들은 인류세의 세 번째 단계를 '지구시스템의 청지기?'라고 부를 것을 제안하는데, 이 모호한 명칭의 불확실성을 강조하기 위해 물음표를 붙였다. 또한 이 세 번째 단계에 대해 실용적이면서 철학적인 세 가지 폭넓은 접근을 구분한다.

1) 잠재적으로 지구적 붕괴로 이어지는 '현상 유지' 시나리오

2) 좀 더 지속가능한 사회로 이어지는 '완화' 시나리오

3) 지구적 규모의 지구시스템 과정을 의도적으로 조작하려는 위험한 시도로 이어지는 '지구공학' 시나리오.

하지만 이들은 인류세의 종언이나 인류세의 세 번째 단계의 대략적인 시기를 제시하는 위험을 감수하지는 않는다(Steffen et al. 2007, 618-20).

인류세 종언에 대한 네 가지 가설

'지구사와 인류사의 수렴'과 같은 거대한 주제에 대한 탐구를 제안하는 것은 쉽지 않다. 하지만 이 세 번째 단계가 어떤 모습일지, 얼마나 오래 지속될지, 앞으로는 어떤 일이 일어날지에 대해 생각하는 일이라면 위험을 감수할 가치가 있다. 이 질문들에 대해 정해진 답은 없지만, 현재 논의되고 있는 인류세에 대한 다양한 서사들을 바탕으로 몇 가지 가설들로 분류될 수 있다. 이러한 서사들을 분류하고, 그것들을 가설로 전환하기 위해서는 두 가지 시급한 질문이 제기되어야 한다. 인류세는 단기적인 지질학적 기간인가, 아니면 장기적인 지질학적 기간인가? 그리고 지금의 지구사와 인류사의 수렴은 지속될 것인가, 아니면 다시 분리될 것인가?

〈표 7.1〉 인류세, 그 잠재적 기간 및 가능한 종언에 대한 네 가지 가설

	단기 인류세(수십 년 또는 수 세기)	장기 인류세(오랜 세기 또는 수천 년)
인간사와 지구사의 확정적인 definitive 또는 지속적인 수렴	H1: 인류세는 '인류'가 맹목적인 지질학적 힘이 된 현재의 짧은 지질학적 시대이다. 이 시대는 '인류'가 풍부하고 청정한 에너지의 발견과 기후 공학 기술의 습득을 통해, 지속적이고 의식적인 지질학적 힘이 되는 (아직 명명되지 않은) 또 다른 시대로 이어질 것이다.	H2: 인류세는 '인류'가 맹목적인 지질학적 힘이 되면서 시작된 현재의 장기적인 지질학적 시대이다. 이 시대는 '인류'가 풍부하고 청정한 에너지의 발견과 기후 공학 기술의 습득을 통해, 조만간 (비록 의식적인 존재라고 하더라도) 지질학적 힘으로 남는 법을 배우게 되면서 수 세기 동안 계속될 것이다.
인간사와 지구사의 짧고 일시적인 수렴	H4: 인류세는 전례 없는 대규모의 짧은 화석연료 연소('인류'가 일시적으로 지질학적 힘과 경쟁하는 현재의 수십 년 동안)를 특징으로 하는 현재의 짧은 지질학적 시대이다. 이 시대는 조만간 매우 불안정한 기후와 심히 악화된 환경(지질학적 힘에 맞설 수 있는 과거의 일시적 인간 능력의 관성적 결과) 속에서 수 세기 동안의 자원 부족을 특징으로 하는 또 다른 지질학적 시대(아직 명명되지 않았음)로 이어질 것이다.	H3: 인류세는 유례없는 대규모의 짧은 화석연료 연소('인류'가 일시적으로 지질학적 힘과 경쟁하는 현재의 수십 년)에 의해 시작된 현재의 장기적인 지질학적 시대이다. 이 시대는 장차 매우 불안정한 기후와 심히 악화된 환경(지질학적 힘에 맞설 수 있는 과거의 일시적 인간 능력의 관성적 결과) 속에서 수 세기 동안 자원 부족이 지속될 것이다.

내가 제안하고자 하는 첫 번째 질문은 주로 정교한 명명naming에 관한 문제로 보이는 반면에, 두 번째 질문은 우리의 미래에 대한 연속론적 관념과 파국론적 관념 사이의 실로 결정적인 구분에 관한 것이다. 물론 우리는 지금과 같은 인간 활동의 관성적 영향이 수천 년 동안 지속될 것이라는 사실은 이미 알고 있다. 따라서 여기서 중요한 것은 '인류'가 단지 '관성적인inertial 지질학적 힘'이 아니라 오랫동안 '활발한active 지질학적 힘'으로 남을 수 있는 능력이 있는지를 아는 것이다. 인류가 장기적으로 활발한 지질학적 힘으로 남는다면 그것은 아마도 인간사와 지구사의 실제적이고 결정적이며 지속적인 수렴의 신호일 것이다. 만약 그것이 활발한

상태로 남지 않는다면, 수렴convergence은 비교적 짧고 일시적인 것이 되고 새로운 분기divergence 과정이 뒤따를 것이다. 인류세의 기간과 수렴의 기간, 이 두 가지 문제를 교차시켜 다음과 같이 네 가지 기본 가설을 발전시킬 수 있다.

후기 인류세―파국론 가설 대 연속론 가설

파국주의에 대한 합리적이고 과학적인 접근

지구사 연구에서는 지질학적 변형과 생물학적 진화의 변화 속도에 대한 끊임없는 논쟁이 있어 왔다. 가장 중요한 논의 중 하나는 지구와 생명체의 변형은 오직 간헐적이고 파국적인 사건으로만 설명될 수 있다고 주장하는 파국론자들과, 그러한 변형은 매우 장기적인 지질학적 시간 척도에서 파국 없이 매우 천천히 일어난다고 주장하는 연속론자들 또는 점진론자들 사이의 오랜 대립이다. 파국론자들은 일반적으로 종교적 신념이 과학적 연구에 영향을 미쳤다는 비난을 받았다. 실제로 거대한 재난이 지구의 생명체를 형성했다는 가설에서는 성경에 나오는 대홍수와 불과 수천 년 전의 신에 의한 지구 창조를 자주 언급했다. 다윈이 진화론을 정식화하고 출판한 1859년 이후에는 파국론은 오랫동안 부정되었다.

그러나 최근 수십 년 동안 일부 과학자들은 어떤 경우에는 파국론적 사건이 지구의 변형에 결정적인 역할을 했다는 사실을 입증했다. 가장 강력한 주장은 멕시코 해안 근처에서 운석 분화구meteoric crater가 발견되면서 소행성의 갑작스런 파국적 충돌이 중생대에서 신생대로의 전환을 알리는 사건인 6,500만 년 전의 지구의 다섯 번째 대멸종, 즉 공룡을 비롯한 수많은 생명체의 종말을 가져왔을 수 있다는 믿음으로 이어졌다(Alvarez 1997). 이 가설이 맞다면 그것은 지구 역사의 복잡성을 함축하며, (연속론으로 잘 설명되는) 지구의 느린 변형이 파국론으로 더 잘 설명되는 거대한 붕괴에 의해 때때로 중단될 수 있음을 의미한다. 이것은 연속론에 대한 파국론의 승리가 아니라, 연속론이 지구 역사의 갑작스럽고 거대한 전환을 설명하지 못할 때에 **어떤** 파국론이 과학적으로 부활한 것이다.

오늘날 인류세의 난입은 우리가 파국론, 연속론 그리고 현재의 지구 변형 속도를 생각하는 방식에 깊은 의문을 제기한다. '인류'가 정말로 불과 수십 년 만에 지질학적 힘이 되었다면, 지금 우리 행성에서 일어나고 있는 일을 설명할 수 있는 힘을 연속론이 가지고 있을까? 아니면 우리가 지금 파국론으로 더 잘 설명할 수 있는 드문 시대에 살고 있다고 결론을 내리는 것이 더 적절하고 합리적일까? 〈표 7.1〉에서 확인한 네 가지 가설은 인류세에 대한 매우 모순적인 해석을 제시하는데, 그중 일부는 기묘한 방식으로 연속론을 유지하는 반면(H1과 H2), 다른 가설들은 명백히 파국론적이다(H3과 H4).

연속론과 파국론의 해석들

클라이브 해밀턴은 『지구의 주인Earthmasters』의 마지막 장에서 왜 일부 과학자와 정치인들에게 인류세의 난입이 좋은 소식으로 여겨지고 있는지를 설명한다(Hamilton 2013). 이들은 지난 수십 년 동안 인류가 유례없는 지구적 혼란을 초래했고 맹목적인 지질학적 힘으로 행위해 왔다는 사실을 인정하면서도, 지금의 상황이 '인류'가 지구시스템을 통제하고 '좋은 인류세'의 조건을 조성할 수 있는 기회라고 믿는다. 이는 우리의 기술적 독창성이 잠재적인 지구적 혼란으로부터 우리를 구할 뿐만 아니라, 대규모 기후 공학 기술의 효율적 이용과 풍부하고 저렴한 새로운 에너지 자원의 발견 덕분에 '인류의 성장과 발전의 역사를 오랫동안 연장할 수 있다'는 확신을 바탕으로 새로운 지질 시대를 프로메테우스적으로 해석한 것이 분명하다.

〈표 7.1〉의 가설 H1과 H2는 이러한 프로메테우스 개념을 명확하게 나타낸다. 수십 년 동안 맹목적인 지질학적 힘이었던 '인류'는 이제 잠재적으로 영원히, 지속적이고 **의식적인**conscious 지질학적 힘이 될 수 있는 기회와 기술력을 갖게 되었다. H1과 H2의 구분은 주로 명칭의 문제이다. H1은 인류세가 짧은 지질학적 시대가 될 것이고, 그 이후에는 아직 명명되지 않은 또 다른 시대가 도래할 것이며, 그 새로운 시대는 지구시스템에 대한 인간의 통제로 특징지어질 것이라고 강조한다. H2의 경우에는 다가오는 의식적인 지구 지배의 시대는 동일한 인류세의 심화 단계로 간주되어야 한다고 제안한다. H1과 H2는 같은 생각을 공유한다. 그것은 '인류'가 단순히 현재 탄소 배출로 인한 관성 때문이 아니라 **활발하고 의식적으로**, 오랜 세월 동안 지질학적 힘으로 남을 것이라는 생각이다. 두 가설 모두 동일한 연속론적 이야기를 언급한다. 거기에서는 인류세를 인류의 진보, 성장, 발전이라는 길고 연속적인 역사를 지나가고 있는 또 하나의 단계이자, 인류가 자연을 기술적으로 지배하는 또 다른 단계에 불과한 것

으로 간주한다.

반면에 H3과 H4는 지금과 같은 '인류'의 지질학적 영향이 오래 지속되기는 물리적으로 불가능할 것이라는 파국론적 가설로 보인다. 실제로 이러한 인류의 지질학적 난입은 일시적이면서 파국적인meteoric 것으로 간주될 수 있다. 6,500만 년 전 소행성과 지구의 충돌은 매우 짧은 사건이었지만, 그것의 관성 효과intertial effects는 거대하고 지속적이어서 대량 멸종과 지구시스템의 극적인 방향 전환을 가져왔다. 마찬가지로 오늘날 화석연료의 대량 연소는 그것의 유한성 때문에 수십 년 이상 지속될 수 없고, 이것은 지질학적 시간으로 보면 눈 깜짝할 사이에 불과하다. 하지만 지구시스템에 미치는 영향은 수천 년 동안 지속될 것이다. 비록 생물다양성의 여섯 번째 대멸종을 비롯하여 훨씬 더 많은 것들이 위험에 처해 있지만, 대기 중으로 탄소가 방출될 때 예상되는 주요 결과는 기후온난화이다(Barnosky et al. 2011).

H3과 H4의 차이는 주로 명칭을 둘러싼 미묘한 문제이다. H3은 인류세가 수십 년에 걸친 대규모 화석연료 연소에 의해 시작된 시대이며, 수천 년 동안 관성적인 지구적 변화가 뒤따를 가능성이 있으므로 여전히 '인류세'로 명명되어야 한다는 입장이다. 반면에 H4는 다가오는 **후속 시대**age of consequence는 인류anthropos가 더 이상 활발한 지질학적 힘이 아니기 때문에 **다른** 이름으로 부를 것을 제안한다. 그럼에도 불구하고 H3과 H4는 화석 자원의 유한성뿐만 아니라 복잡한 지구시스템을 완전히 이해할 수 없는 인간의 무능력과 같은 태생적 한계 때문에, **'인류'가 오랫동안 활발한 지질학적 힘으로 남지 않을 것**이라는 근본적인 가정을 공유한다. 이 두 가설은 명백히 반프로메테우스적 가설이다. 왜냐하면 이들은 기술적 해결

책에 대한 근본적인 회의론에 의존하면서, 지난 수십 년 동안의 산업 성장이 역사적으로 예외적인 사건으로, 즉 화석연료의 손쉬운 접근성 덕분에 가능해진 지구 역사상 일회적인 사건으로 판명될 것이라고 주장하기 때문이다. 다시 말해 H3과 H4는 인류세에 대한 **녹색정치**적 개념들이다.

후기 인류세에서의 녹색정치 사상과 파국주의
―성장의 한계, 파국주의 그리고 인류세

앤드류 돕슨에 따르면, 성장에 한계가 있다는 확신은 1970년대에 독자적인 녹색 노선의 정치사상이 대두되었을 때 중요한 관념이었다(Andrew Dobson 2007). 그는 이 근본적인 생각은 '다른 이데올로기들이 그것을 삼킨다면 매우 심각한 소화불량을 일으킬 수 있기' 때문에, 그리고 이러한 독창적인 관념은 우리 사회의 미래를 구상하는 방식을 근본적으로 바꿀 수 있기 때문에, 생태주의는 고유한 이데올로기로 간주되어야 한다고 주장한다(Dobson et al. 2014). '성장의 한계'라는 생각은 기술에 대한 전형적인 녹색 비판에 근거한다. 지구적 생태 위기에 대한 **그 어떤** 결정적인 기술적 해결책도 있을 수 없다. 기술적 해결techno-fix은 잘못된 희망과 환상을 불러일으키며, 지구적인 환경파괴에 대한 좀 더 겸손한 사회적 대응을 추구하는 데 방해가 되기 때문에 위험하다. 돕슨은 생태주의의 또 다른 두 가지 특징을 강조한다. 하나는 생태 중심적인 도덕적 가치관으로, 현대 정치 이데올로기에서는 보기 드문 비인간적 존재나 실체에 대해서 내재적 가치를 부여하는 경향이다. 다른 하나는 생물지역적bioregional인[3] '좋은 사회' 개념으로, 지구화에 대한 자원 제한적resource-limited이면서 민주적인 관점의 비판에 뿌리를 두고 있다.

1970년대와 1980년대 초에 성장의 한계에 대한 기대가 녹색정치 사상의 특징이었다면, 녹색정치 사상이 점진적으로 주류가 되면서 이런 기대는 두드러지지 않게 되었다(Dobson 2009). 실제로 '지속가능한 개발'의 등장과 제도화 과정으로 많은 녹색 정당, 운동 및 조직이 '녹색 성장'과 같은 덜 급진적인 선택을 옹호하게 되었다. 그러나 인류세의 도래는 이 새로운 시대가 성장의 한계의 (단순한 기대가 아닌) **현실화**의 시작으로 해석될 수 있기 때문에 이러한 주류의 흐름에 도전한다. 그것은 또한 지구적 재앙에 대한 무의미한 집착이라는 의미에서가 아니라, 지구화된 사회가 앞으로 겪게 될 파국적이고 지질학적인 전환에 명확히 뿌리를 둔 야심찬 정치사상으로서, 좀 더 **파국적인** 녹색정치 사상을 고려하도록 촉구할 수도 있다.

파국주의 개념이 불편한 이유는 그것이 종종, 파멸을 불러일으키는 병적인 매력까지는 아니더라도, 재난에 대한 비이성적 공포와 연관되기 때문이다. 그러나 과학적 관점에서 보면, 이 개념은 드물게 발생하는 특정한 상황에서 매우 설득력 있게 사용될 수 있다. 그리고 위험에 처해 있는 규모의 거대함을 고려하면, 지구적 생태 위기가 그와 같은 드문 상황 중의 하나라고 설득력 있게 주장할 수 있다. 최근의 인류세 도래는 우리

---

3 [역주] '생물지역주의bioregionalism'는 정치, 문화, 경제의 시스템이 생물권bioregion을 중심으로 조직될 때 좀 더 지속가능하고 정의로울 수 있다는 생각이다. 김원희, 〈생물학적 지역주의와 지속가능성의 미래〉, 《청색경제뉴스》, 2024.02.13. 참조.

가 이러한 직관을 더욱 밀고 나갈 수 있도록, 그리고 이 새로운 지질 시대가 사회, 에너지, 그리고 기후 간의 상호작용에 대한 합리적인 파국론적 분석 틀을 만드는데 어떻게 기여하는지 알 수 있도록 안내해 줄 것이다 (Grinevald 2007; Steffen et al. 2011a).

후기 인류세 시나리오에 대한 생태파국론의 비판

이제 〈표 7.1〉의 네 가지 가설로 돌아가면 생태학자와 파국론자의 관점에서 가장 적합한 가설을 선택할 수 있다. 첫째, 생태주의가 "성장에는 한계가 있다"고 가정한다면 H1과 H2는 환상으로 간주될 것이다. 물론 향후 수십 년 동안 기후공학적 실험, 심지어는 대규모 실험이 있을 수 있지만, 그것으로 인류가 지구시스템을 결정적으로 **지배**할 수는 없을 것이다. 지구시스템의 복잡성과 뜻밖의 영향의 불가피성을 고려하면, 기후공학자들은 먼저 자신들을 '전지하고 전능하며 영원히 자비로운 신' 같은 존재로 만들어야 할 것이다(Hamilton 2013). 또한 오늘날과 같은 지질학적 힘을 유지하려면 '인류'는 일시적으로 우리에게 전례 없는 거대한 힘을 주었지만 급격하게 고갈되고 있는 화석연료를 대체할 새롭고 풍부한 에너지 자원을 찾아야 할 것이다. 생태주의 관점에서 볼 때, 이러한 프로메테우스적 환상은 성장의 한계라는 비극적인 현실 때문에 결코 실현될 수 없다. 머지않아 이러한 한계가 현실화되어 활발한 지질학적 힘으로서의 인류의 기능이 필연적으로 중단되고, 단기간의 에너지 소비가 낳은 거대한 관성으로 특징지어지는 완전히 고갈된 자원과 기후 혼돈의 세계에서 살게 될 것이다.

이것이 고전적인 생태-종말론eco-apocalypse의 비전이다.

이와는 대조적으로, H3과 H4는 성장에 한계가 있다는 생태주의의 신념에 훨씬 부합하는 것 같다. 인류는 일시적으로 활발한 지질학적 힘이 되었지만, 모든 기술적 독창성에도 불구하고 오래 지속되지는 않을 것이다. 현재의 대규모 화석연료 연소는 지질학적 시간 단위에서는 **한 순간의 막간**fleeting interlude에 불과하다. 비록 잠재적으로 엄청난 결과의 연쇄를 초래할 수 있는 기간이지만, 결국에는 막간일 뿐이다. 이 점을 고려하면 H4가 H3보다 적절해 보인다. 왜냐하면 H4가 지금 우리가 거주하고 있는 사회-자연적 과정의 **일시적이면서 파국적인**meteoric인 특성은 물론이고 우리가 사용하고 있는 지질학적 힘의 **사회-자연적 역사**socio-natural history의 독특성과 덧없음을 더 잘 포착하고 있기 때문이다. H4에서 인류세는 전례 없는 대규모의 일시적인 화석연료 연소 시대로 특징지어지는 짧은 지질 시대이면서, 지구시스템에 대한 영향력을 놓고 인류가 지질학적 힘과 경쟁하는 **수십 년 동안의** 기간이다. 이 시대 이후에는 **아직 명명되지 않은 또 다른 시대**가 도래하겠지만, 그 시대는 매우 불안정한 기후와 심히 훼손된 환경 속에서 수 세기에 걸친 자원 부족에 시달리게 될 것으로 예상된다.

이런 식으로 정리하면, H4의 인류세 개념은 한편으로는 성장의 한계라는 관념과 일치한다는 점에서 녹색적이지만, 다른 한편으로는 우리가 처한 주요한 지질학적 변화를 인정한다는 점에서 파국론적이다. 더 정확히 말하면, 이러한 관점에서의 인류세는 우리가 알고 있던 모든 것과 근본적으로 다른 무언가로 우리를 이끄는 예측하기 어려운 파국적인 과정이다.

이하에서는 이 과정의 가능한 단계에 대해서 상술함으로써 생태파국론 개념에 한 걸음 더 다가가고자 한다.

후기 인류세에서의 파국론적 행동주의와 민주주의에 대한 기여
─인류세의 세 번째 단계: 에너지 소멸의 도래(2015년 현재부터~?)

21세기 초부터 녹색 정치사상 안에서 성장의 한계에 대한 관심이 강하게 되살아나고 있다. 이는 탈성장 운동(초기에는 프랑스)과 전환 도시 운동(초기에는 영국)과 같은 일부 제도권 밖의 녹색 운동이 피크 오일과 피크 올이라는 주제를 정치화했기 때문이다(Semal 2012; Sinaï 2013). 이러한 운동에 따르면, 피크 오일과 피크 올은 모두 오랫동안 예상되었던 성장의 한계가 현실화되기 시작한 파국적 과정으로 간주되어야 한다. 수십 년 동안의 경제적 성장과 에너지 증가 이후, 이 과정은 이제 우리를 위험한 '에너지 하강' 국면으로 데려가고 있다. 이 하강은 우리가 어떤 식으로든 적응하지 않으면 안 되는 탈석유와 탈성장의 세계로 이어질 것이다. 그런 의미에서 이 운동들은 녹색의 **파국론적** 운동catastrophist mobilisations으로 간주될 수 있다. 그 이유는 [석유 생산의] 정점peaks에 의해 촉발되는 경제적, 지질학적 전환에 관한 정치이론을 발전시키고 있기 때문이다.

그러한 운동들이 다가오는 에너지 하강 국면을 상상하는 방식은 인류세를 일시적이면서 파국적인meteoric 과정으로 보는 파국론적 인류세 개념과 일치한다. 이러한 개념에서는 '대가속'(2단계)은 이제 임계점에 달하고 있다. 가속화 과정에는 항상 더 저렴한 에너지가 필요하기 때문에 피크 오일과 피크 올은 그 임계점들의 일부가 될 수 있다. 2단계가 끝나감에 따라 수십 년 동안 지속될 수 있는 지구적인 에너지 하강 국면이 뒤따를 것이며, 이 시기는 인류의 저렴한 에너지에 대한 접근성이 점점 더 낮아지는 '인류세의 3단계'로 간주될 수 있다. 이 3단계는 마지막 단계일 수 있기 때문에 '후기 인류세'로 부를 수 있다. 막대한 양의 저렴한 에너지에 접근하지 못하면 인류는 지질학적 힘에 맞설 수 있는 능력을 상실할 수도 있다. 에너지 하강이 끝날 무렵에는 다른 무언가가 인류세의 뒤를 이을 것이다. 그리고 이 '다른 무엇'은 홀로세나 인류세와는 근본적으로 다를 것이다. 왜냐하면 이와 같은 거대하고 돌이킬 수 없는 현상이 한번 일어나면 되돌릴 수 없기 때문이다.

인류세 이후
—사막대Eremozoic, **구원세**Soterocene **또는 종말**Apocalypse**?**

후기 인류세 기간 동안 인류가 지구에서 쓸 수 있는 모든 화석연료를 전부 연소한다면 그 결과는 스테픈 등이 묘사한 '현상 유지' 시나리오와 동일할 것이다(Steffen 2007, 619). 이는 잠재적인 문명 붕괴, 지속적인 기후 혼돈 및 여섯 번째 대멸종과 관련이 있다. 이러한 지구시스템의 급격한 변화가 지나가면 미래의 지층학자들은 단순히 새로운 세epoch나 심지어는 새로운 기period가 아니라, 지질학적 시간 척도에서 새로운 대era를 분류할 수도 있다. 6,500만 년 전의 일시적이고 파국적인 행성 충돌a meteoric catastrophe과 다섯 번째 대멸종으로 시작된 신생대와 마찬가지로, 여섯 번째 대멸종을 초래하는 또 하나의 일시적이고 파국적인 행성 충돌과 같은 파국another meteoric catastrophe이 도래할 것이다. 이러한 시나리오를 상상하며 에드워드 윌슨은 '에레모조익Eremozoic'이라는 말을 창안했는데, 말 그대로 '사막의 시대'를 의미한다(Edward Wilson 2006). 뜨거운 지구 시대는 인류가 한때 자연의 힘에 도전했던 매우 짧은 시기의 관성의 결과일 것이다.

그러나 에너지 하강기에는 일종의 '자기 제한 원칙self-limitation principle'에 따라 사용가능한 모든 화석연료 자원의 추출을 막기 위해서 상당한 완화 노력을 기울일 수 있다. 그리고 이러한 자기 제한 원칙이 준수되는 한 현재의 파국적 과정이 느려지고 그 결과가 연기될 수 있다. 이러한 시나리오에서 인류세의 끝은 이미 심하게 악화된 환경에서 집단적 예방을 특징으로 하는 또 다른 지질 시대로 넘어갈 수 있고, 해밀턴이 발굴한 그리스 여신 소테리아Soteria를 참고하여 예방의 시대, 즉 '소테로세Soterocene(구원세)' 라고 부를 수 있다(Hamilton 2013). 기period나 절age이 아닌 세epoch가 될 것이지만, 그것이 얼마나 오래 지속될지는 아무도 알 수 없다.

사막대와 구원세는 우리가 이미 성장의 한계의 현실화에 직면하기 시작했기 때문에, 인류가 오랫동안 활발한 지질학적 힘으로 남을 것이라는 생태파국론과 동일한 가정을 공유한다. 인류는 수천 년 동안 **관성적인** 지질학적 힘으로 남을 것이므로, 지구시스템은 인류세라고 불리는 일시적이면서 파국적인meteoritic 과정의 결과로 영원히 표시될 것이다. 미래 세대에게 있어서는 구원세Soterocene 시나리오는 비교적 행복한 시나리오일 수 있다. 또는 인류세 이후 세계의 가혹하고 물질적인 제약을 고려하면 가능한 가장 행복한 시나리오일 수 있다. 반면에 사막대Eremozoic 시나리오는 생태종말론 소설에 훨씬 근접해 보이며, 사막 시대를 앞당기는 데 있어 핵의 위협과 그것의 역할을 고려하면 더 나빠질 수도 있다.

현대의 파국론적 운동은 피크 오일이나 피크 올의 물질적 결과에 초점을 맞추기 때문에, 성장 이후의 사회에 대한 집단적 성찰에 적극적으로 기여한다(Jackson 2009). 성장 이후의 시대를 둘러싼 논쟁의 주요 물음 중 하나는 현대 민주주의 사회가 저렴한 에너지와 물질적 풍요를 기반으로 하는 영속적인 진보와 발전이라는 암묵적 약속 없이도 생존할 능력이 있는지 여부이다. 역사적으로 화석연료의 사용은 '자유freedom' 개념을 비롯한 현대 민주주의 사회를 형성해 왔다(Mitchell 2011). 차크라바르티의 말을 빌리면, "근대의 자유라는 저택은 끊임없이 확장되고 있는 화석연료 사용의 기반 위에 서 있다."(Chakrabarty 2009, 208).[4] 그래서 화석 자원의 고갈은 민주주의 이론과 실천에 강한 영향을 끼칠 가능성이 높다(Villalba 2010). 이는 후기 인류세의 에너지 하강기뿐만 아니라 그 이후에 전개될 세계에서도, 민주주의 사회의 자기 유지 능력에 의문을 제기하게 만든다.

그럼에도 불구하고 탈성장 및 전환 마을과 같은 파국론적 대중 운동은 다가오는 에너지 하강에 대한 민주적 대응을 정식화하는 데 기여해왔다. 다소 반反직관적인 방식으로, 이들은 화석 자원의 유한성과 성장 이후의 미래를 예측해야 할 필요성을 인정함으로써 매우 역동적인 지역 차원의 숙의 과정deliberation process을 고취시킬 수 있다. 파국론적 인류세 개념에서 볼 때, 이러한 '탈성장' 공동체는 후기 인류세의 에너지 하강 기간에 결정적인 역할을 할 수 있다. 그들은 민주주의 사회가 일시적이면서 파국적인meteoric 과정에서 벗어나서 사막대Eremozoic가 아닌 구원세Soterocene와 같은 시대로 나아갈 수 있는 가능한 최선의 방법을 고안하려고 노력함으로써 진화해 나가지 않으면 안 된다고 하는 '좁은 선택지'를 강조한다. 현재의 인류세 논쟁에서 이들이 기여한 바는, 인류가 오랫동안 활발한 지질

---

4   [역주] 디페시 차크라바르티, 「역사의 기후: 네 가지 테제」, 『지구사의 도전』, 465쪽.

학적 힘으로 남을 수는 없지만 아주 짧은 시기에 생긴 결과가 수천 년 동안 지구시스템에서 전개되기 때문에 인류세 이후의 시간을 계획해야 한다는 사실을 강조한 점에 있을 것이다.

감사의 말

이 주제에 대해 토론해 주신 마틸레 스즈바Mathilde Szuba와 파리 모멘텀 연구소Momentum Institute 연구원들에게 감사의 말씀을 드린다. 의견과 제안을 주신 편집자 여러분께도 감사드린다.

7장
인류세의 종말론

―깊은 시간의 크로노스에서
인간 시대의 카이로스까지

마이클 노스콧

스코틀랜드의 지질학자 제임스 허튼[1]은 '깊은deep 시간', 즉 지질학적 시간 개념을 창안했다. 그는 스코틀랜드의 토양 침식과 암석 지층에 관한 오랜 관찰을 바탕으로 자신의 이론을 발전시켰으며, 토양 침식이 바다의 압력과 결합되어 새로운 암석층을 생성하고, 이런 암석층이 지질학적 시간이 지남에 따라 지하의 열에 의해 지구 표면으로 밀려 올라온다는 주장을 처음으로 한 과학자였다. 그의 이론은 1785년에 에든버러 왕립학회에서 처음 발표되었다. 그는 스코틀랜드에서 30년 동안 농부이자 광물학자로 일했으며, 침식된 토양이 바다의 압력에 의해 퇴적암으로 변하거나, 지구 내부에 있는 고온의 핵에서 마그마가 분출됨으로써 암석들이 주로 형성되었다는 결론에 도달했다(Repcheck 2003). 이 과정은 지금도 진행되고 있다고 볼 수 있으므로, 허튼은 그 점진적인 효과가 현재 지구에서 볼 수 있는 암석의 배열을 재생산하기까지 수백만 년이 걸렸음에 틀림없다고 판단했다. 그는 동시대의 과학자들과 이전의 선배들이 시간의 시작을 성경에 나오는 창조와 그 후에 이어지는 세대에 대한 기록을 통해서 세대

---

1 [역주] 제임스 허튼(James Hutton, 1726~1797)은 '현대 지질학의 아버지'로 불리는 지질학자로, 평생을 암석 연구에 바쳤다. 대표 저서로 『지구 이론The Theory of Earth』이 있다.

간으로intergenerational 추정하는 관행에 반대하면서, 오직 광대하게 깊은 시간의 역사가 있었기에 현재 상태가 가능했고, 현재 상태의 "시작의 흔적이나 끝의 전망은 찾을 수 없다"고 주장했다(Hutton 1788). 이처럼 현재의 지구를 만든 것은 신성한 창조자가 아니라 시간이고, 따라서 "지구의 기원에서 시간보다 상위에 있는 어떤 것을 찾는 것은 헛된 일"이라는 그의 주장은 더욱 논란을 불러일으켰다(Hutton 1788).

허튼은 자신의 주장의 주요 근거를 스코틀랜드 국경에 있는 그의 농지에서 토양 침식을 관찰하면서 찾아냈다. 그 외에도 오래된 퇴적암 사이에서 보이는 화강암과 기타 암석들의 광맥이 그가 가지고 있는 증거의 원천이었다. 허튼은 이것들이 지구 표면 아래의 깊은 곳으로부터 마그마에 의해 밀려 올라온 용해된 암석이 나중에 냉각되어 굳어진 것이라고 이론화하였다. 그의 이론은 에든버러 남쪽에 위치한 북해 연안의 시카 포인트Siccar Point에서 가장 명확히 입증되었는데, 여기서 오래된 적색 사암(데본기, 3억 5천만 년 ~ 4억 년)은 석회암(실루리아기, 4억 2천만 년~4억 4천만 년)과 직각으로 만나 'T'자 모양을 이루고 있다(Playfair 1822). 그가 시카 포인트에서, 그리고 글렌 틸트Glen Tilt와 컴브리아Cumbria에서 관찰한 지질학적 '부정합unconformity'은 예외적 사건의 개별 사례가 아니라, 지금도 그렇고 언제나 그래왔던 뉴턴의 물리 법칙이 균일하게 작동한 사례였다. 지질학적 '부정합'은 현재 상태로 구성되어 있는 지구가 하나의 살아 있는 '지구시스템'이고, 그 시스템은 오랜 시간에 걸쳐 그 모습과 구성 요소들을 변화시켜 온 살아있는 과정에 의해서 지금까지 균일하게 창조되어 왔고 지금도 여전히 창조되고 있음을 보여준다.

그러나 허튼의 논문은 지구의 나이가 6,000년을 넘지 않는다는 기존의 과학적 견해와 모순되기 때문에 매우 회의적으로 받아들여졌다. 허튼 이전에는 단 한 명의 지질학자만이 전통적인 세대 간 연대기intergenerational chronology에 도전했을 뿐이다. 지구의 나이를 6,000년으로 산정하는 것은 지구 창조가 '6일' 동안 일어났다고 묘사한 히브리어 「창세기」 1장의 창조 이야기를 신학적으로 해석한 데서 기인한다. 또 다른 히브리어 텍스트인 「시편」(90:4)은 신성한 관점에서 "하루가 천년 같다"는 해석을 제안했고, 그래서 서기 2세기에 작성된 유대인의 『탈무드』에서 유대인 신학자들은 창조 과정의 하루하루가 각각 인간과 피조물의 천년의 역사에 상응한다고 말했다.

2세기와 3세기에 그리스도교 신학자 율리우스 아프리카누스Julius of Africanus와 카이사레이아의 유세비우스Eusebius of Caesarea는 그리스도교 연대기로 이 연대를 채택했다(Hendel 2013). 나중에는 독일의 마틴 루터, 영국의 어셔 주교를 비롯한 초기 근대의 신학자들과 역사가들이 이 이론을 채택했다. 루터와 어셔는 '6천 년'이라는 기간이 당시의 현재를 넘어 가까운 미래에까지 확장될 수 있도록 율리우스의 연대기를 약간만 변형할 것을 제안했다(Fuller 2001).

허튼의 연대기는 당시의 지질학과 연대기에서 벗어나 있을 뿐만 아니라, 신학적 함의 때문에 거의 모든 사람의 반대에 부딪혔다. 허튼은 특히 무신론을 지지했다는 이유로 비판받았는데, 그의 이론에 따르면 지구는 성경 기록이 전하는 것처럼 신의 창조 행위의 결과가 아니라 오랜 기간에 걸친 기계적 과정의 결과이기 때문이다. 따라서 19세기 중엽에 찰스 라일Charles Lyell의 『지질학 원리Principles of Geology』가 출판되기 전까지는 허튼의 연대기가 받아들여지지 않았고, 과학계와 대부분의 신학계에서 그의 이론에 대한 반대 의견이 확산되었다.

허튼의 깊은 시간 연대기는 지구 역사에서 신성성을 태초 너머로 쫓아냈을 뿐만 아니라 인류도 몰아냈다. 프톨레마이오스 우주론이 그랬듯이, 니콜라이 코페르니쿠스도 지구가 우주의 중심이 아니라고 주장했지만, 지구 역사에서 인류의 중심적인 지위까지 도전한 것은 아니었다(Northcott 2014). 그리스도교 연대기에서는 서기 2세기부터 허튼 이전까지의 약 1,500년 동안, 달력 계산에 약간의 변화만 가해서 인류의 세대 간 역사를 지구의 역사에 대응시켜 왔다. 따라서 그리스도교 세계에서는 일반적으로 지구에 세 가지 시대가 있었다고 믿어왔는데, 첫 번째는 창조에서 그리스도 탄생까지의 시대이고(BC), 두 번째는 그리스도의 탄생부터 현재 및 가까운 미래까지의 시대이며(AD), 세 번째는 마지막 심판의 전령이 퍼지고, 『신약성서』「요한계시록」에 예언된 "새 하늘과 새 땅"을 시작하기 위해 그리스도가 지구 재림을 예고하는 '종말eschaton'의 시대이다.

허튼 이후로 지구의 역사는 하느님, 그리스도, 인류와 아무런 관계가 없고, 약 40억 년 이상 계속된 훨씬 더 긴 시대들로 나누어졌다. 대략 BC와 AD를 전부 합친 시기에 해당하는 홀로세를 제외하면, 이 긴 시대들에서 인간은 전혀 존재하지 않거나 매우 부수적인 존재에 불과했다. 하지만 인간사와 지구사를 그리스도 이전Before Christ과 그리스도 이후Anno Domini로 나누는 그리스도교적 구분은 문화적으로 여전히 지배적인 것이 사실이다. 대중문화에서 가장 널리 알려진 이 두 '시대'는 인간사와 지구사가 나란히 정렬된aligned 시대이며, 양자를 구분하는 것은 예수 그리스도의 탄생 추정일이다. 이 연대기가 현대의 세속주의에 양보한 유일한 것은 BC와 AD의 명명법을 BCE와 CE로 수정한 정도인데, 여기서 C는 그리스도가 아니라 '공통Common'을, E는 '시대Era'를 의미한다. 그리스도교 이외의 신앙에 기초한 달력들도 있었지만, BC/AD 연대기의 영향력이 너무나도 커서 천문시계, 디지털 컴퓨터, 인쇄판 및 온라인 백과사전, 역사서는 모두 이 표기에 따랐다. 인류의 역사를 두 시대로 나누는 데 있어 그리스도 탄생이 미치는 지속적인 영향을 생각하면, 왜 서유럽과 미국의 많은 사람들이 아직까지도 지구 나이가 10,000년밖에 안 된다고 믿으면서 학교를 졸업하는지 알 수 있다.

깊은 시간을 다시 인간화하기 rehumanising

허튼의 깊은 시간 연대기는 지구사와 인간사를 두 갈래로 나누었는데, 인간의 의식을 깊은 시간 속에 재배치하는 '새로운 우주이야기'가 기존의 세대 간 창조이야기보다 훨씬 인간과 '자연' 세계의 동일화를 촉진할 것이라고 주장하는 사람들은 허튼의 연대기에 담긴 문화적 의미를 충분히 이해하지 못하고 있다(Berry 1999). 깊은 시간에 대한 인식은 허튼이 열어놓은 '시간의 심연'에 대한 경이로움을 불러일으킬 수 있지만, 동시에 그것은 지구의 생명의 역사와 비교되는 인류의 역사는 부수적 현상에 불과하다는 감각도 만들어낸다. 인간의 세대교체, 자녀와 손자의 탄생 등이 지구의 역사에서 그토록 주변적인 것이라면, 오늘날 기후과학자와 일부 진화 생물학자들이 주장하듯이 인간이 자연사의 과정에 상당한 영향을 미칠 수 있다고 주장하는 것은 불합리할 수도 있다.

따라서 허튼의 깊은 시간 연대기는 인류가 지구상의 종species과 기후에 미치는 영향이 결정적인 문턱을 넘고 있을지 모른다는 사실을 인정하기를 거부하는데(특히 앵글로색슨 문화에서 두드러진다) 한몫하고 있다. 깊은 시간의 미래학자가 보면, 21세기와 22세기의 인위적인 기후변화는 장차 전개될 행성의 역사에서는 단지 한순간에 불과하며, 화석연료 사용이나 산림 파괴를 둘러싼 결정들은 이 장기적인 관점에서는 그다지 중요성을 지니지 못한다(Stager 2011). 그러므로 지질학적 시간이 새롭고 신성한 우주이야기의 기초를 제공하며, 아담과 그리스도로부터 현재에 이르는 세대 간 이야기보다 지구에 대한 관심을 더욱 촉발한다는 주장은 틀릴 수 있다. 오히려 반대로 깊은 시간의 틀은 인간이 지구상의 생명의 역사나 미래에 대해 아무런 영향을 미치지 않는다는 사실을 보여주고, 따라서 기후과학 거부자들refuseniks이 주장하듯이, 인간이 행성의 미래를 책임져야 한다고 제안하는 것은 어리석은 일이다. 인간도, 그리고 인간의 신들도 행성의 미래에 대해서 그 어떠한 유의미한 행위성을 지니지 못하기 때문이다(Sideris 2013).

일부 지구과학자들의 주장에 따르면, 미래에 대한 관심을 불러일으키는 가장 좋은 방법은 깊은 시간을 회상하여 생태학적 의식을 촉발하는 대신에, 허튼의 지질학적 역사를 인류의 최근 및 가까운 미래 역사에 다시 대응시키는 것이다. 파울 크뤼천이나 윌 스테폰 등은 지구시스템에 대한 인류의 영향이 증가한 최근의 세대 간 역사를 '인류세'라는 이름의 새로운 지질 시대로 명명할 것을 제안한다(Crutzen and Stoermer 2000). 이 새로운 '인류 시대'의 시점으로는 1784년이 선택되었는데, 이 해에 제임스 와트의 응축 증기 기관이 광범위하게 채택되어 대규모 석탄 채굴을 촉진하였고, 산업혁명에 필요한 공장과 작업장, 선박과 기차를 구동시켰기 때문이다. 지하에 비축된 태양광의 대규모 연소에서 나온 대기 침전물이 지표와 태양 사이의 열 교환을 변경시킴으로써, 지구 기후라는 '거대한 기계vast machine'에 지구적 규모의 변화가 일어났다. 1784년 이래로 인류는 지구 표면에서 반사된 태양열을 행성의 대기권 안에 더 많이 가두어 둠으로써 태양의 활동이나 화산 폭발과 같은 지구 안팎의 지구적 변화의 생성자들global change generators을 대체하였고, 그로 인해 (허튼이 처음으로 명명한) '지구시스템Earth System' 안에서 지구적 변화의 유력한 조상들이 되었다.

새로운 지질 시대를 인정하라는 지구과학자들의 압력에는 과학적 수사학에 대한 판단도 포함되어 있다. 크뤼천과 같은 사람들은 이 새로운 시대에 대한 인식이 인류가 지구 서식지Earth's habitat를 좀 더 책임감 있게 조성하는 방향으로 신속하게 전환하는 데 도움이 되기를 기대한다(Crutzen and Stoermer 2000). 만약에 인류세의 시작이 증기 시대의 개막과 일치한다면(Robin and Steffen 2007), 인류세의 첫 200년은 인류가 지구의 탄소 저장을 관리함으로써 과학적 진보를 추구하고, 그로 인해 의도치 않게 대기를 변화시킨 시기에 해당한다. 어떤 사람들은 이것을 '나쁜 인류세bad Anthropocene'라고 부르지만(Szerszynski 2012), 이 때의 대기 변화는 석탄과 석유 기반의 개발로 인해 발생한 예상치 못한 이중 효과[2]의 결과였기 때문에, 1980년대에 기후과학에 대한 합의가 이루어지기 전까지는 이것을 도덕적으로 나쁘다고bad 말하는 것은 불합리하다. 지구과학 덕분에 지구시스템에 행사하는 인간의 힘이 증가하고 있다는 사실을 대중과 정치인

---

2 [역주] '이중 효과double effect'는 하나의 행동으로 좋은 결과와 나쁜 결과가 동시에 발생하는 상황을 말한다.

들이 깨닫게 되었기 때문에, 과학자들은 인간이 그러한 힘들을 좀 더 책임감 있게 사용하는 쪽으로 전환하기를 바라고 있다. 인류세 옹호자들은 이러한 인식으로 인해 현대 인류가 미래 세대와 인간 이외의 생물에 대한 도덕적 의무에 민감해질 것으로 기대한다. 따라서 이러한 인류세 윤리는 산업적 '기계 시대'에 약화되었던 다른 종들 및 미래 세대에 대한 인간의 의무의 부활을 나타낸다.

생태근대주의자와 자유주의자들은 인류세가 정말로 새로운 지질학적 시대라면, 이는 단지 농업 발전 시대에 홀로세의 안정적이고 비교적 따뜻한 기후가 인간에게 선사한 지구상의 생명체에 대한 힘들, 그리고 동물, 식물, 토양 등에 대한 영향력이 확대된 것에 불과하다고 주장한다(Ruddiman 2005). 이러한 입장에서 일부 사람들이 '좋은 인류세good Anthropocene'라고 부르는 것은 인간들이 기술력을 사용하여 자신들의 열망과 욕망에 따라서 생명의 과정과 지구의 서식지를 최대한 자유롭게 만들어 갈 수 있게 된 시대를 의미한다(Nordhaus and Shellenberger 2007).

반면에 어떤 사람들에게는 '좋은 인류세'라는 인식은 권한을 부여받은 지구적 기술 관료 엘리트에게 새로운 형태의 지구공학의 길을 열어준다. 이런 관점에서 볼 때 인간은 이제 '지구시스템의 엔진실'에 들어와 있고, 화석연료 사용과 같이 인간 활동이 지구시스템에 끼치는 유해한 영향을 최소화하고 인간의 복지를 극대화하기 위해 행성 과정 전체에 개입해야 한다(Schellnhuber 1999). 1980년대 이래로 과학자들은 이 지구상에서 산업 공학의 손길이 닿지 않는 곳이 없다는 점을 인식해 왔으며, 이제 인류가 행성을 변화시킬 수 있게 되었으므로 "지구에 대한 자각적이고 지능적인 관리는 21세기 인류가 직면한 가장 큰 도전 중 하나가 되었다."(Allenby

1999) 인류가 새로운 행위자가 되어 지구시스템을 통제하려면 지구시스템을 좀 더 의도적으로 재공학할re-engineering 필요가 있다. 이러한 관점에서 인류는 먼저 바람직한 행성과 기후의 상태에 대한 명확한 목표를 설정하고, 그 다음에 지구시스템 공학 및 지구 기상 거버넌스global meteorological governance를 사용하여 그것을 실현할 필요가 있다. 점점 더 늘어나는 비주류 자연과학자들은, 석유 및 가스 산업의 엔지니어들과 마찬가지로, 화석 연료 사용과 삼림 벌채를 줄이려고 했던 탄소 정치의 실패를 고려하면 온실가스 배출의 폭발적인 잠재력을 줄이기 위해서는 지구시스템을 의도적으로 조작해야engineer 한다고 주장한다(Hamilton 2013).

생태근대주의자와 지구공학 지망생들은 인류세를 인류가 마침내 인간사와 자연사의 양쪽 운전석에 앉게 되는 새로운 진화의 순간, 즉 신적인 인류의 현현[3]이라고 기술한다. 이런 맥락에서 인류세는 겸손이 아니라, 과학을 구원으로 보는 베이컨적인 우주론적 가정을 연상시키는 건방진 오만을 조장한다.

반면에 세 번째 입장은 인류세가 인간의 지향성과 지구와의 행위적agential 상호작용을 강화하기는커녕 오히려 감소시킬 우려가 있고, 따라서 인간이 자연을 통제한다는 근대 과학적 상상을 약화시킬 위험이 있다고 주장한다. 해수면 상승으로 도시와 항구가 물에 잠기고 가뭄으로 인해 경작가능한 농경지가 많이 손상된다면, 인류세는 자연에 대한 인간의 힘이

---

3 [역주] 원문은 'anthropic epiphany'이다. 여기에서 anthropic은 '인류의'라는 뜻이고, epiphany는 '신적인 존재의 현현'이라는 의미이다. 그래서 'anthropic epiphany'를 '신적인 인류의 현현'이라고 번역하였다.

크게 감소하는 시대로 판명될 것이다. 이런 상황에서는 자연이 인간에게서 육지와 바다의 경계선에 대한 통제권을 되찾고, 농부의 관개 시스템, 계단식 농업 및 윤작 재배로부터 농업 용지에 대한 지배권을 회수하게 될 것이다.

인류세의 함의에 관한 논쟁은 그것의 문화적 의미를 둘러싼 질문을 제기한다. 셸른후버에게는[4] 지구가 홀로세에서 인류세로 이행하는 것은 두 번째 코페르니쿠스 혁명에 버금간다(Schellnhuber 2009). 코페르니쿠스적 전환은 인류를 우주로부터 분리시켰고, 지구와 하늘에 끼치는 인간의 영향에 대한 인식을 감소시켰는데, 이러한 전위displacement는 허튼적인 '깊은 시간'의 서사로 심화되었다. 전前근대인은 날씨를 자신들이 영향을 줄 수 있거나 조상과 천상의 존재로부터 받는 메시지라고 생각하였다. 반면에 근대인은 기계론적 우주론의 세계에서 살고 있기 때문에 하늘은 인간 행동에 대해 의미 있는 메시지를 전달하지 않을 뿐만 아니라 인간 행동이 기후에 영향을 미치지 않는다고 생각한다(Northcott 2014). 그러므로 인류세를 인식한다는 것은 전근대인들이 자연과 문화를 분리하지 않은 것이 현명했다는 것, 500년 동안의 기계론적 막간interlude을 거치고 난 후 비로소 '인간의 시대'가 '자연사'와 '인간사'를 다시 통합시키고 있음을 인정하는 것이다(Chakrabarty 2009). 인류세에 대한 인식은 또한 허튼 이전에 있었

---

4 [역주] 한스 요아힘 셸른후버(Hans Joachim Schellnhuber, 1950~)는 독일의 대기과학자이자 기후학자로, '포츠담 기후영향연구소Potsdam Institute for Climate Impact Research(PIK)'를 설립하였다. 국내에 소개된 저서로는, 한스 요아힘 셸른후버·슈테판 람슈토르프, 『미친 기후를 이해하는 짧지만 충분한 보고서: 기후의 과학적 해석에서 정책적 대안까지』, 한윤진 옮김, 도솔, 2007이 있다.

던 (자연과 인간 모두에서의) 역사편찬학historiography의 세대 간 특성을 회복한다. 이것은 인위적인 기후변화를 완화하려는 노력을 윤리적으로 서술하는 것과 특히 문화적으로 공명하는데, 만약에 화석연료 사용과 삼림 벌채가 억제되지 않는다면 미래 세대는 안정성이 하락하고 비옥도가 저하되며 생물다양성이 떨어지는 지구 서식지를 물려받게 될 것이기 때문에 이들에 대한 의무라는 관점에서 보면 그러하다(Hansen 2009).

묵시apocalypse로서의 인류세

인류세 개념을 공식적으로 인정하자는 지구과학자들의 주장은, 『자연의 종언』,[5] 『우리 없는 지구』,[6] 『내 손자들의 폭풍』,[7] 『가이아의 복수』[8]와 같은 제목에서 볼 수 있듯이, 환경 담론에서 진행되고 있는 묵시론적 언어

---

5 [역주] Bill McKibben, *The End of Nature*, New York: Random House, 1989. 한글 번역서로는 두 종류가 있다. 빌 매키벤, 『자연의 종말』, 과학동아 편집실 옮김, 동아일보사, 1990; 빌 맥키벤, 『자연의 종말』, 진우기 옮김, 양문, 2005.
6 [역주] Alan Weisman, *The Earth Without Us*, New York: Random House, 2008; 앨런 와이즈먼, 『인간 없는 세상』, 이한중 옮김, 랜덤하우스, 2007.
7 [역주] James Hansen, *Storms of My Grandchildren: The Truth about the Coming Climate Catastrophe and Our Last Chance to Save Humanity*, New York : Bloomsbury, 2009.
8 [역주] James Lovelock, *Revenge of Gaia: Earth's Climate Crisis & the Fate of Humanity*, New York: Basic Books, 2007; 제임스 러브록, 『가이아의 복수: 가이아 이론의 창시자가 경고하는 인류 최악의 위기와 그 처방전』, 이한음 옮김, 세종서적, 2008.

로의 거대한 전환과 맥을 같이 한다(McKibben 1989; Weisman 2008; Hansen 2009; Lovelock 2007). 그리스어 '아포칼립스'는 '드러낸다unveiling'는 의미인데, 인류세의 선포도 인간의 확장된 기술력과 개입 범위와 규모로 인해 산업적 인간Homo industrialis[9]이 다양한 범위에서 지구시스템 차원의 개입을 통해 지구상의 생명을 변화시키는 지질학적 힘이 되었음을 밝히기reveal 위한 것이다. 인류세를 "생태학적 대변동cataclysm을 예고하는 시대"라고 선포한다는 것은, 1768년 이후에 생성된 퇴적층을 접한 지질학자들이 행성의 대기, 생물, 해양, 토양, 종 사이에서 다양한 범위의 인위적인 개변modifications을 표시하는 층서학적 '황금못golden spike'을 확인하게 될 미래를 드러내는unveil 것이다. 이러한 변화는 화석 기록에 나타날 것인데, 그 기록에는 배경 멸종률[10]보다 100배에서 1,000배까지 빨라지는 두드러진 멸종의 증가, 다른 서식지의 생태계에 들어온 외래종이 전 지구적으로 퍼지는 현상의 현저한 증가, 그리고 화석연료 연소로 인해 대기와 해양 퇴적물에 생기는 다환방향족 탄화수소와 탄소 동위원소와 같은 인공 유기 분자의 증가, 원자폭탄 실험에서 나온 인공 방사성핵종artificial radionuclides의 증가가 표시될 것이다.

산업혁명이 새로운 지질학적 시대를 열었다는 주장은 자연과학적 글쓰기라기보다는 공상과학소설 장르에 가깝다. 인류세 서사는 아시모프

---

9 [역주] 'Homo industrialis'는 이 장의 끝부분에서는 'industrial humanity(산업적 인류)'라고도 표현된다.
10 [역주] 배경 멸종률 the background rate of extinction'은 인간의 영향력이 없는 상태에서 자연스럽게 발생할 수 있는 멸종 비율을 말한다.

의 『아이 로봇』[11]이나 피어시의 『시간의 경계에 선 여자』[12]와 같이 '미래의 고고학'으로, "우리의 현재를 아직 도래하지 않은 무언가에 의해 결정된 과거로 변환하려는"[13] 시도와 관련이 있다(Jameson 2005). 인류세라는 용어의 SF적 특징은 2013년 파리에서 열린 학술대회 〈인류세를 생각하다 Thinking the Anthropocene〉에서 브로니슬라프 셔진스키가 "인류세의 오노마토포르Onomatophore"[14]라는 제목으로 발표한 멀티미디어 프레젠테이션에서 입증되었다(이 책의 에필로그 참고). 셔진스키는 인간의 권리 주장을 심의하고 그 법령 지정designation에 동의하는 미래의 '행성 시대 위원회'를 묘사했다. SF 소설은 상상된 미래의 관점에서 인류, 지구, 종species이 어떻게 발전했는지를 서술한다는 점에서 일반적인 문학 장르와는 상이한 시간적 프레임을 채택하고 있다. 그래서 SF에서는 가까운 미래가 상상적 과거가 된다. 이런 접근 방식은 환경 관련 텍스트에서 자주 사용되는데, 특히 레이첼 카슨의 『침묵의 봄』에 큰 영향을 끼쳤다. 이 책에서 칼슨은 "새가 노

---

11 [역주] 원저는 Isaac Asimov, *I Robot*, Garden City, N.Y.: Doubleday, 1963이고, 우리말 번역은 두 종류가 있다. 아이작 아시모프, 『아이, 로봇』, 김옥수 옮김, 우리교육, 2008; 아이작 아시모프, 『아시모프 로봇(1~4)』, 정철호 옮김, 현대정보문화사, 2001.

12 [역주] 원저는 Marge Piercey, *Woman on the Edge of Time*, New York: Fawcett Crest, 1976이고, 우리말 번역은 마지 피어시, 『시간의 경계에 선 여자(1-2)』, 변용란 옮김, 민음사, 2010이다.

13 [역주] 원문은 "to transform our own present into the determinate past of something yet to come"이다. 의미는 현재를 미래의 관점에서 이미 결정된 과거처럼 바라본다는 뜻이다. 마치 고고학자가 과거의 유물을 연구하듯이 현재를 미래 세대가 연구할 대상, 즉 이미 지나가버린 시간으로 상상하고 바라보는 태도를 가리킨다.

14 [역주] onomatophore(오노마토포르)는 그리스어 합성어로, onoma는 '이름name'을, phore는 '~을 운반하는 것, 가지고 있는 것bearer'을 뜻한다.

래하지 않는" 잠재적인 미래에서 이 소설의 상황에 이르게 된 정치적, 화학적, 생물학적 사건과 과정을 되돌아 보았다(Carson 1962). 이 책은 아마도 지금까지 나온 환경 서적 중에서 가장 영향력 있는 것으로, 영어권 세계에서 대규모 환경 운동을 촉발시켰고, 종species의 멸종과 인간의 건강을 위협한 살충제와 기타 합성 화학물질에 대한 정치적, 규제적 대응으로 이어졌다. 가령 미국에서는 1970년에 환경보호청Environmental Protection Agency의 설립을 촉발시켰고, 유럽에서는 합성 화학물질에 대한 국가 차원의 규제가 유럽 화학물질청European Chemical Agency과 유럽연합 규제 구현체REACH[15]의 설립에 의해 이루어졌다. 그러나 화석연료 연소로 기후변화를 일으키는 이산화탄소 배출이나 지구 역사에서 여섯 번째 대멸종의 흐름을 초래하고 있는 대규모 산업적 개입에 대해서는, 이처럼 공동으로 조율된 국제적 조치가 취해진 적은 아직 없었다(Leakey 1996). 그래서 이번에는 지구시스템 차원에서이긴 하지만 묵시론적 담론이 다시 동원되고mobilisation 있는 것이다.

환경묵시록Environmental apocalyptic은 유대교와 그리스도교 묵시록의 문학적 상상과 수사학적 음색을 세속적 방식으로 취한다(Buell 2003). 묵시록 장르는 이스라엘이 바벨론에서 추방되는 역사적 맥락에서 등장했다. 이스라엘 역사서에는 땅의 선물이 이스라엘 조상들을 이집트 제국의 노예

---

15 [역주] REACH는 'Registration, Evaluation, Authorisation and Restriction of Chemicals'의 약자로, '유럽연합 규제 구현체'로 번역된다. 이 기관에서는 EU 내에서 연간 1톤 이상 제조 또는 수입되는 모든 화학물질(혼합물 및 화학물질을 포함한 제품)에 대해 유통량 및 유해성 등에 따라 등록 평가 승인을 받도록 의무화하는 'EU 신 화학물질관리 제도'를 운영하고 있다.

생활에서 구원하는 계기가 되었고, 언약적이면서 covenantal[16] 연방적인 새로운 정치 체제의 가능성을 열었다고 묘사되어 있다. 그곳에서는 분배적 정의와 정치적 참여가 땅에 대한 공유 협정과 부채와 경제 불평등에 대한 법적 제한에 의해 보장된다(Northcott 2013). 땅으로부터의 추방은 이 구원 서사와 그에 따른 법적, 정치적 수단 사이의 중대한 단절을 초래했다. 추방은 미래에 있을 구원의 가능성을 차단하는 것처럼 보였지만, 히브리 예언자들은 대재앙에서 새로운 계시를 감지하여, 이스라엘 이야기를 모든 민족의, 나아가서는 「이사야서」에 나오는 모든 종 soecies의 잠재적인 구원 서사로 변모시켰다. 이사야가 상상한 평화로운 왕국에서는 늑대와 어린 양이 "함께 누워있는" 모습을 보여준다(「이사야서」 11:6).

   서기 1세기에 네로가 그리스도인을 가혹하게 박해하던 상황에서 파트모스[17]의 요한은 이와 같은 묵시론적 역사 읽기를 받아들였다. 「요한계시록」에서 요한은 네로의 박해를 로마가 지배하는 세계 질서가 가까운 미래에 파국적으로 종언을 고할 것이라는 전조로 묘사하였다. 그는 다가올 아마겟돈 전쟁 기간에 성육신하신 그리스도의 메시지와 예배에 충실했던 자들은 종말의 순간에 "새 하늘 새 땅"의 구원받은 주민으로 인정받게 될 것이라고 예언했다. 이 새 하늘 새 땅에서는 평화가 민족들을 통치하며, 피조물들과 백성들은 파멸로부터 구원될 것이다. 「요한계시록」의 결론에서 전형적인 이미지는 '생명나무'인데, 이는 아담과 이브가 에덴동산

---

16 [역주] 'covenant'는 성경에 나오는 개념으로, 하느님과 인간 사이에 맺어지는 일방적인 언약을 말한다.
17 [역주] '파트모스 Patmos'는 사도 요한이 유배됐던 그리스의 섬으로, 이곳에서 요한이 복음서와 계시록을 집필하였다.

에서 추방된 일을 떠올리게 한다. 회복된 땅에서는 '생명수의 강'이 "하느님과 어린 양의 보좌로부터 흘러나와서 도시의 넓은 거리 한가운데를" 가로질러 흐르고, 강의 여기저기에는 열두 번 열매를 맺는 생명나무가 있어서 다달이 열매를 내놓으니, "그 나무 잎사귀들은 만국을 치료하기 위하여 있더라"(「요한계시록」 22:1-2)라고 묘사되고 있다.

그리스도교 역사에서 새 하늘 새 땅, 그리고 민족들과 종들species 사이의 평화로운 관계라는 비전은, 은폐된 동굴의 입구에서 사자를 돌봐 주고 늑대의 보호를 받는 사막의 고행자들의 상상 속에서 형성됐다(Bratton 1993). 하지만 수 세기에 걸쳐 수도원 정원, 식물표본관, 병원 및 대학에 의해 비인간 생물과 인간의 상호작용 방식이 점차 변형되었다. 그리스도교 수도자들은 동물의 가축화, 양봉, 약초, 식물 육종, 습지 배수, 풍차 및 물방앗간을 사용하여 농업, 예술과 공예, 보건, 과학적 지식과 기술 역량, 그리고 지구 돌봄에 이르는 모든 분야에서 진보를 뒷받침하는 새로운 지식 체계와 제도 및 수행을 육성했다(Ovitt 1987). 이러한 진보는 「묵시록」의 묵시적 상상과 천국의 복원에 의해 보장되었고, 그래서 엘리자베스 시대 르네상스 학자인 프랜시스 베이컨에게 있어 과학적 방법은 "새로운 아틀란티스New Atlantis"와 "신기관Novum Organum"[18]으로 안내할 잠재력을 가지고 있었다. 그곳에서의 인간은 굶주림, 질병, 역병, 고통으로부터 구원받는다(Bacon 1844).

---

18 [역주] "신기관Novum Organum"은 프랜시스 베이컨의 저작 제목이다. 국내에 번역된 번역서는 다음과 같다. 『신기관』, 김홍표 옮김, 지식을만드는지식, 2014; 『신기관』, 진석용 옮김, 한길사, 2016.

그리스도교 종말론은 신의 섭리가 인간의 역사를 지상 낙원의 회복으로 이끌고 있다는 사상을 고취시킴으로써 두 가지 믿음, 즉 인간이 발견할 수 있는 기계론적 우주의 '과학적 법칙에 대한 믿음'과 농업, 경제, 기술의 진보를 지속하기 위해 과학적 지식을 사용하는 '인간의 능력에 대한 믿음'을 보증했다(Schwartz 2000). 반면에 인류세 종말론은 지구시스템에 미치는 인간의 예술과 기술의 힘과 영향이 최고조에 달하여 인간과 비인간 생물 사이의 지구시스템 관계가 불안정해진 시대이다. 이 새로운 시대는 [이상적인 에덴동산과 같은] 자연의 완벽함perfection of nature을 의미하는 것이 아니라, 에덴에서 이집트로 또는 예루살렘에서 바빌론으로 떠났던 조상들의 여정보다 새롭고, 심지어는 더 운명적인 '낙원으로부터의 추방'을 의미한다. 이 새로운 추방에서 대다수의 인류는 가뭄, 굶주림, 전염병으로 죽어가는 반면에, 운 좋은 소수만이 과거에 얼음으로 뒤덮였던 극지방 근처의 고지대에 위치한 첨단 기술 탑에 거주하거나, 아니면 물이나 탄소와 같은 생명 유지 품목을 다른 행성에서 찾을 것이다. 그때의 지구는 과열되고 육지가 침수되거나 사막화되면서 서서히 사람이 거주할 수 없는 환경이 될 것이기 때문이다.

인류세의 선포는 역전된 그리스도교 묵시록의 징후를 나타낸다. 새로운 시대의 묵시적인 음색은 그리스도교적 구원의 종말론이 말하는 새 하늘 새 땅보다는 핵겨울의 음색에 가깝다. 실제로 최초의 인류세 전령인 파울 크뤼천은 대규모 열핵(핵융합) 전쟁이 지구시스템에 미치는 결과에 대해 연구한 적이 있다(Crutzen and Birks 1982). 인류세의 신세계에서는 인간을 추방에서 구원하기 위해 그 어떤 천상의 존재도 개입하지 않을 것이며, 늑대는 수도자들과 평화롭게 노닐지 못할 것이다. 인류세에서는 지구시스템에 대한 인간 개입의 대대적인 변화, 특히 화석연료를 지구적 차원에서 풍력, 물, 태양 에너지로 대체하고, 숲을 살리는 실천만이 생태학적 종말을 막을 수 있다. 그러나 인류세의 선포와 그것의 도래를 알리는 생물-지리-화학적 신호에 대한 과학적 증거의 축적은 아직 그와 같은 대대적인 변화를 가져오지 못하고 있다.

카이로스로서의 인류세

그리스어에는 시간을 나타내는 말이 두 개 있다. 크로노스Chronos로서의 시관과 카이로스Kairos로서의 시간이다. 크로노스로서의 시간은 낮과 밤이, 순간에서 순간이, 세대에서 세대가 연속적으로 주기를 갖고 흘러가는 것을 나타낸다. 카이로스로서의 시간은 사건의 흐름과 역사의 고비에서 크고 갑작스러운 변화나 변화의 필요성을 예고하는 시간 속의 순간을 나타낸다. 크로노스와 카이로스 사이의 이러한 차이는 기상 신호와 '시대의 표징signs of the times'의 차이에 대해서 그리스도가 랍비들과 주고받은 토론에서 분명하게 드러난다.

> 바리새인과 사두개인들이 와서 예수를 시험하여 하늘로서 오는 표적 보이기를 청하니 예수께서 대답하여 가라사대 "너희가 저녁에 하늘이 붉으면 '날이 좋겠다' 하고, 아침에 하늘이 붉고 흐리면 '오늘은 날이 궂겠다' 하나니, 너희가 천기天氣는 분별할 줄 알면서 시대의 표적은 분별할 수 없느냐. 악하고 음란한 세대가 표적을 구하나 요나의 표적 밖에는 보여 줄 표

적이 없느니라" 하시고 저희를 떠나 가시다. (「마태복음」 16:1-4)

이 구절에서 아침 저녁의 주기와 날씨의 계절적 주기는 크로노스로서의 시간을 나타내는 반면, '시대의 표적signs of the times'이라는 말은 카이로스로서의 시간을 나타낸다. 이 어구는 다른 곳에서는 '심판의 시간'이나 '회개의 시간'으로 표현된다(Smith 1969). 1세기와 2세기의 그리스도인들에게 그리스도의 성육신은 모든 백성과 종species에게 약속된 구원이 임박했다는 새로운 메시아적 시대를 열었고, 이는 그리스도가 동물과 왕자들 사이에서 태어났다는 탄생 이야기를 통해 상징적으로 표현됐다. 그래서 그리스도의 탄생, 공개적 사역 사건, 십자가와 부활은 구원이 가까워졌다는 카이로스의 순간을 나타내며, 인간은 종말이 올 때까지의 남은 시간 동안 회개와 새로운 삶의 방식을 통해서 대비할 수 있었다.

북반부에서 동지 때마다 열리는 크리스마스 축제는 역사를 단순한 크로노스가 아니라 카이로스로서 세대 간으로intergenerational 읽는 독법을 매년 연대기적으로 상기시키는 행사이다. 모든 이의 마음에서 매년 아기 그리스도는, 찬송가 〈옛날 임금 다윗 성에〉의 가사에서처럼 길을 찾는다. 그러나 자본주의적 소비주의가 만연한 포스트-그리스도 문화에서 크리스마스는, 우주의 어둠 속에서 빛이 '성육신하는 축제'에서 화석연료로 연소되는 네온사인과 LCD 스크린이 양초와 향을 대체하는 소비의 축제로 변모하였다. 이러한 의례의 전환 또한 허튼이 발명한 '깊은 시간'이 그 시작을 알린 자연사와 인류사의 이분화를 상징한다. 허튼 이후에는 그리스도의 탄생이 더 이상 그리스도인들이 한때 상상했던 것과 같은 '시대를 정의하는 순간era-defining moment'이 아니다. 그 대신 인간은 45억 년의 [지구] 역사에서 단지 몇천 년을 살고 있을 뿐이고, 화산이나 태양 활동과 같은 지상과 천상의 행위자들에 의해 연속적인 시대들successive eras이 전개되어 왔다. 인간의 탄생과 죽음, 의도나 목적이 있기 전에도 수십억 년에 걸쳐 시대와 시대가 이어져 왔다. 이와 같이 대부분의 역사를 차지하는 비인간적인 크로노스에 반하여, 대가속으로 알려진 시기, 즉 인간의 화석연료, 담수, 숲, 광물 및 암석의 소비가 급격히 증가한 최근 50년은 시간의 심연에서 보면 미미한 우주적 깜박임에 불과하다(Steffen et al. 2007). 그러므로 기후 부정론자들과[19] 가이아 실재론자들은 모두 깊은 시간의 크로노스에 의해 위안받는다.

자연을 기계로 보는 베이컨적인 패러다임의 계승자인 자연과학자들이 인간사와 지구사를 재결합시키기 위해 아기 [예수]의 탄생이 아니라 와트의 응축 증기기관 같은 기계의 발명에서 묵시적인 카이로스의 순간을 발견하려는 것은 불가피한 일일 것이다. 그러나 그러한 인공적인 수사 장치가 인간사와 지구사를 다시 통합시키는 문화적 힘을 가질 수 있을지는 의문이다. 기계론적이고 층서적인 인류세 SF에는 시poetry도 희망도 결여되어 있다. 그러나 인류세의 선포는 그 이전의 카이로스 순간들과 닮아 있어서 구원의 가능성을 담고 있다. 가까운 미래의 회개, 삼림 벌채와 화석연료 추출을 줄이고 지구시스템의 재생 능력에 의존하여 살아가며 지속 불가능한 소비를 종식시키는 방향으로 문명의 모드를 '전환'하려는 인간

---

19 [역주] '기후 부정론자climate denialist'는 "기후변화가 인간의 활동에 의해 일어났다"는 사실을 부정하는 사람을 말한다. 'climate denier'라고도 하고, 간단히 'denier부정론자'라고도 한다. 비슷한 표현으로 '기후 회의론자climate sceptics'(제12장)도 사용된다.

의 공동 노력이 그것이다. 이와 유사하게, 이런 가능성을 받아들이지 못하는 것은 기후묵시록에서와 같이, 마치 영화 〈어리석은 자들의 세기〉[20]에서처럼 다가오는 기후 대재앙을 막기 위한 아무런 노력도 하지 않는 행위에 대해 미래 세대가 심판을 내린다는 수사와 종종 연결된다. 여기서 다시 인류세 묵시록은 신약성서의 「요한계시록」을 반영한다. 그리스도의 마지막 심판에 대한 비유에서는 두 민족이 구별된다. 하느님의 오른손에 있는 '양들'은 지상에서 동료 인간들의 고통을 덜어주기 위한 시간을 보냈지만, 왼손에 있는 '염소들'은 이를 무시했다(「마태복음」 25:31~46). 인류세는 이미 방글라데시 어부, 시리아 및 소말리아 농부, 북극곰, 열대 도롱뇽 등에서 볼 수 있듯이, 고통이 증가하는 시기임을 보여주고 있다. 가까운 미래의 인류세에 생물과 개인의 고통은 더욱 가중될 것이다.

인류세의 선포는 이러한 고통의 증가가 바로 카이로스의 순간이라는 인식을 나타내며, 이는 산업적 인류industrial humanity가 지구시스템에 미치는 '영향'과 미래를 살아갈 개인과 종species의 '고통'을 줄이기 위한 긴급 조치가 필요함을 말해준다. 이런 맥락에서 인류세는 200년의 막간interlude 후에 인간사와 지구사가 상호 구성적인 관계를 인정하는 역사적 서사, 나아가서는 신약성경의 역사에서처럼 현재를 살면서도 '시대의 표적'에 응답하지 않는 사람들을 미래 세대가 심판하는 역할을 한다는 서사를 회복하는 것이라고 할 수 있다.

다른 한편으로 더 희망적으로 본다면, 인류세는 시공을 넘어 멀리 떨어

---

20 [역주] 〈어리석은 자들의 세기Age of Stupid〉는 2009년에 영국에서 제작된 프래니 암스트롱 감독의 다큐멘터리 영화다.

져 있는 사람들 사이의 사랑의 윤리를 회복하는 데 기여할 수 있다. "이방인을 사랑하라"는 그리스도교 윤리는 길가에서 강도에게 붙잡힌 이방인을 구한 착한 사마리아인에 대한 그리스도의 비유에 응축되어 있다. 그리고 이 비유로부터 서구법 역사에서 부상자에 대한 제3자적 책임, 즉 불법행위 개념이 생겨난다(Bankowski 1994). 지구시스템에 의해 매개된 산업 활동으로 인한 현재와 미래의 제3자 피해를 줄이기 위한 대규모 개입은 인류세의 선언이라는 카이로스의 순간에 대한 희망적이면서 전환적인 응답으로 설명될 때, 그리고 현재의 인간 경제의 연대기적이지만 지속불가능한 성장을 위한 소품이 아니라 미래 세대와 종species에 대한 사랑의 행위로 설명될 때, 더욱 윤리적인 설득력을 지닐 가능성이 커진다.

8장
녹색종말론

이브 코세

전통적으로 종말론적apocalyptic[1] 텍스트는 당대의 극적인 종말과 새로운 세계의 약속을 동시에 선포하였다. 서구 전통에서 두 가지 사례만 소개하면 다음과 같다. 그리스도교와 마르크스주의 전통에서 '심판일' 또는 '혁명'이라는 돌발적인 전환은 이전보다 덜 적대적인 새로운 종류의 인류, 즉 개선주의적melioristic[2] 돌연변이를 기반으로 하는 새로운 세계 질서를 확립하였다. 반면에 현대의 환경파국주의는 그보다는 덜 매력적이다 (Catton 1980; Dupuy 2004; Barnosky et al. 2012; Meadows 2013). 왜냐하면 2050년 이전에 생물권의 중대한 전환이 일어날 것이라고 주장하면서도, 그 이후의 더 나은 세계에 대한 희망은 선포하지 않기 때문이다.

생태학적 종말론의 물질적 증거

먼저 현대 과학 연구의 두 가지 사례를 통해 파국 가설을 설명해 보자.

---

1 [역주] 이 장에서 나오는 'apocalypse'는 문맥을 고려하여 '종말론'으로 번역하였다.
2 [역주] 'meliorism'은 인간의 노력으로 세상을 더 좋게 만들 수 있다는 믿음을 말한다. 여기에서는 '개선주의적'으로 번역하였다.

첫 번째 사례는 2004년에 출간된 책에 나오는데, 이 책은 인간의 활동이 지구시스템에 끼친 변화를 연구하기 위해, 1986년에 출범한 '국제 지구권-생물권 프로그램IGBP'[3]의 연구를 요약한 것이다(Steffen etal. 2004). 두 번째 사례는 20명의 자연주의자들naturalists이 작성하여 2012년의 『네이처Nature』에 게재한 행성의 상태와 미래에 대한 조사이다(Barnosky et al. 2012). 이 내용은 IPCC의 제5차 평가보고서에서도 확인할 수 있다.

이 연구들은 우리에게 닥친 위협이 현실적이고 심각하다는 놀라운 결과를 보여준다. 물론 인류는 과거에도 지역의 환경 문제에 직면하여 그것들을 해결하거나 개선하였다. 그러나 지금의 상황은 우리에게 닥친 위협이 지구적이고 동시다발적으로 발생하고 있다는 점에서 새롭다. 오늘날 인류는 대지적 힘과 같아서, 주요한 생물-지구-물리학biogeophysical의 주기에 영향을 미치며 지구시스템 전체를 위험에 빠뜨리고 있다. 그래서 우리는 지구의 미래 경로를 정확하게 예측할 수 없다.

『네이처』에 실린 논문은 생물권에서 일어나는 현상들에 대한 이해를 돕기 위해서 추가적인 개념을 소개한다(Barnosky et al. 2012). 과거의 경향을 미래에 선형적으로 투영시키는 것에 만족하는 전통적인 과학적 생태학 연구는 오늘날 관찰되는 기후상의 또는 생물학적 장애를 더 이상 설명할 수 없다. 이제는 복잡한 상호작용, 피드백 그리고 예상치 못한 파괴적인 영향이 고려되어야 한다. 지역생태계가 임계치를 넘으면 한 상태에서 다

---

3   [역주] '국제 지구권-생물권 프로그램 International Geosphere-Biosphere Program'은 전 세계적인 기후변화 현상을 연구하는 프로젝트로, 1987년부터 2015년까지 운영되었다.

른 상태로 돌이킬 수 없는 갑작스런 전환을 할 수 있다는 사실은 이미 관찰된 바 있다. 예를 들어 질산염이나 인산염의 과도한 영양소에 의한 오염으로 얕은 호수나 해변의 부영양화富營養化(eutrophication)가 발생하면 식물 플랑크톤의 폭발적인 증식과 산소 고갈로 인해 식물과 어류가 풍부했던 맑은 물이 순식간에 악취가 진동하는 탁한 물로 바뀔 수 있다(Carpenter et al. 1999). 2009년에는 프랑스의 브르타뉴Brittany에 위치한 생 미셸 앙 그레브Saint-Michel-en-Grève 만에서 생긴 '녹조'로 인해, 조류가 썩으면서 발생한 황화수소 가스에 질식해서 말이 폐사하고 기수가 사망하는 사고까지 발생했다.

그렇다면 지역적인 차원에서 지구적인 차원으로 나아가서, 지구시스템 자체가 이와 유사한 중대한 전환, 즉 인간이 아직 경험한 적이 없는, 어떤 상태에서 다른 상태로의 되돌릴 수 없는 급격한 이동이 일어날 수 있다는 가설을 세울 수 있을까? 바로 이것이 『네이처』 논문의 저자들이, 스트레스를 받은 대기, 해양, 육지가 우리에게 보내는 일련의 특징적인 경고 신호들을 조사한 후에 세운 가설이었다. 이러한 [변화를 일으키는] 힘들은 우리에게 잘 알려져 있다. 자연 서식지의 변형과 파편화에 따른 인구 증가 및 자원 고갈, 화석연료의 추출과 과도한 소비, 기후변화, 대기 및 수질 오염이 그것이다. 이 모든 메커니즘은 이제 지구의 생물학적 수용력biocapacity, 즉 지속적으로 자원을 공급하고 폐기물을 흡수하는 능력을 훨씬 초과하고 있다. 달리 말하면 인류의 생태 발자국이 가용 공간을 초과했기 때문에 오늘날 우리의 소비 수준을 지속가능하게 하려면 지구가 한 개 반이나 필요하다(물론 국가 간, 계층 간 생태 발자국의 격차가 크다는 점은 인정하지만-).

한마디로 말해 현재의 지구시스템은 지구적이고, 객관적이고, 체계적이고, 가속화되고, 인위적이고, 예측불허하고, 통제되지 않는 현상, 즉 인류세의 특징적인 현상에 영향을 받고 있다. 그럼에도 불구하고 이처럼 놀라운 연구 결과들이 지역적 차원에서 국제적 차원에 이르는 공공정책을 바꾸기에 충분하지 않은 이유는 무엇일까? 나는 지구적 붕괴, 즉 종말 Apocalypse을 그럴싸하게 만드는 것은 생물-지구-물리학적 현실들 자체보다도, 상황의 규모와 심각성을 인정하지 않는 태도라고 생각한다. 붕괴를 예측하는 것이 붕괴의 날짜를 지정하는 것보다는 근거가 훨씬 확실하지만, 대부분의 사람들이 생각하는 것보다 붕괴의 날짜가 훨씬 빠를 가능성이 높다. 이러한 미래는 "미래가 파열 없이 진화할 것이다"라는 표준적이고 편리한 가정과는 너무나 대조적이다.

분명히 해두자면, 나는 이 '종말'이 급속하고 장대한, 지구적인 생물-지구-물리학적 재난이 될 것이라고 말하는 것은 아니다. 그보다는 오히려 금융, 경제, 정치의 붕괴를 초래할 가능성이 높다. 하지만 그 주된 원인은, 리먼 브라더스 파산 이후의 2008~2009년 경기 침체와 마찬가지로 (Hamilton 2009), 자원 부족을 비롯한 지구시스템의 참을 수 없는 악화 때문일 것이다. 쿤슬러에 따르면 거기에는 다음과 같은 요소들이 포함되어 있다(Kunstler 2012).

- 주식 시장은 2008년 때보다 더 큰 폭락을 겪는다.
- 몇몇 대형 은행들이 파산한다.
- 지역 차원의 전력 시스템이 반복적으로 고장 나면서 무역에 연쇄적인 영향을 미친다.
- 화석연료 공급이 부족해진다.

- 인터넷은 사실상 중단되어 비즈니스에 파국적인 영향을 미친다.
- 대다수 사람들이 항공기를 이용할 수 없게 되고, 교통수단은 대부분 초보적인 수준에 머물며 단거리로 제한된다.
- 많은 학교와 대학이 문을 닫는다.
- 공공 병원은 운영되지 못하고 사회 보장은 붕괴된다.
- 그 외의 다른 많은 활동들이 중단된다. 금융 부문과 기술 부문이 멈춘다.
- 음식과 식수를 구하는 것이 대부분의 사람들의 주된 활동이 된다.
- 텃밭은 무성하지만 기아와 영양실조가 확산된다.
- 정치인은 무력하고 대다수의 사람들이 선출되지 않은 지역 지도자의 지도를 받는다.

타조 정책[4]

어째서 과학적 및 정치적 생태학자들 사이에서조차도, 종말에 대한 접근과 그것에 수반되어야 할 행동 및 의사 결정의 전적으로 새로운[5] 변화가 그들의 주요 관심사나 정치적 우선 과제, 그리고 개인적 및 집단적 집

---

4 [역주] '타조 정책The Ostrich Policy'은 '눈 가리고 아웅 하는 정책'이라는 뜻이다.
5 [역주] '전적으로 새로운'의 원문은 'orthogonal'이다. 원래의 의미는 양자가 서로 다른 성질을 가지고 있어서 '완전히 독립적'이라는 뜻이다. 여기에서는 '변화'와 함께 사용되어, "전통적이거나 통상적인 접근법에서 벗어나 새로운 시각에서 이루어지는 변화"를 의미하는 말로 사용되었다.

넘이 안 되는 것일까? 결국 문제는 인류의 생존이다. 나는 처음에는 프랑스 국회의원으로, 그다음에는 프랑스 환경부 장관으로, 그리고 지금은 유럽의회 의원으로, 오랜 정치 여정을 걸어오는 동안 수많은 행위자들이 재난의 도래를 다양한 방식으로 부정하는 것을 보았다.

첫 번째는 인지 부조화(자신의 확고한 신념과 모순되는 사실로 인해 발생하는 불편함)에서 생기는 것으로, 생태적 파국의 중요성을 한결같이 과소평가하는 것이다. 데니스 메도즈[6]에 따르면, 그 방식은 지난 40년 동안 진화해 왔다. (Dennis Meadows 2013)

> 1970년대에 비평가들은 다음과 같이 말했다:
> "한계는 없다. 한계가 있다고 생각하는 사람은 아무것도 이해하지 못하는 사람이다."
>
> 1980년대에는 한계가 있다는 사실이 명백해졌기 때문에 그들은 이렇게 말했다:
> "그래. 한계는 있지만 아직 멀었다. 그것을 걱정할 필요는 없다."
>
> 1990년대에는 한계선이 그리 멀리 있지 않다는 인식이 확산되었다. 그것은 생태계 손상에 관한 10년 동안의 과학적 연구의 결실이었다. 그래서

---

6 [역주] 데니스 메도즈(Dennis L. Meadows, 1942~)는 뉴햄프셔 대학의 시스템 정책사회과학부 명예교수로, 『성장의 한계』의 공동 저자 중의 한 사람이다. 『성장의 한계』이외에도 국내에 소개된 저서로 『(시스템사고와 함께하는) 기후변화 플레이북』이 있다.

성장 옹호주의자들은 이렇게 말했다:

"곧 한계에 도달할 수도 있겠지만, 시장과 기술이 문제를 해결해 줄 것이기 때문에 걱정할 필요는 없다."

하지만 지난 10년 사이에 [즉, 2000년대에 들어와서는] 기술과 시장이 문제를 해결할 수 없다는 사실이 분명해졌다(그것들은 기후변화를 악화시키는 것 말고는 기후변화에 대해 한 일이 아무 것도 없다). 그래서 반응이 다시 바뀌었다:

"그래, 알았어. 하지만 여전히 성장을 지원할 필요가 있어. 왜냐하면 성장만이 성장이 야기한 문제에 대처하는 자원들을 제공할 수 있기 때문이지."

마르크스주의자들 또한 상황을 단순히 석유회사의 과도한 권력의 결과라고 해석하면서 현실을 인정하지 않는다. 이것은 틀린 말은 아니지만, 생태적 재난이 석유회사들과 그 소유자들의 삶에 끼친 영향을 해결해 주는 것은 아니다. 실제로 '생태계의 붕괴로 인한 종말'이라는 가설이 사실이라면, 그것의 가장 극단적인 형태에서는 변형된 지구시스템에서 살 수 있는 생존자는 없을 것이고, 세계의 부유한 엘리트들이 시스템 장애로부터 자신을 보호할 수 있는 요새도 없을 것이다. 이러한 시스템 장애가 진행됨에 따라 가난한 사람들은 더 많은 고통을 겪겠지만, 결국 지구적 붕괴 상태에서는 부르주아도 프롤레타리아도 없다.

특히 신자유주의자들의 [기후변화] 부정론은 가장 유해한 형태의 하나로, 에너지와 자원에 대한 억누를 수 없는 갈망을 지닌 '소비자들의 취향'은 그 무엇도 막을 수 없다는 신념으로부터 위안을 받고 있다. 민간기업의 리더들은 나에게 이렇게 말했다: "가서 유럽의 대중들에게는 탈성장을, 개발도상국의 대중들에게는 (치명타를)[7] 설교하라." 그들은 장난스럽게 덧붙였다: "경제 성장에 반대하고 착한 소비 프로젝트를 지지하는 캠페인을 벌여 재선에 성공하세요." 사실, 문제는 선거 민주주의가 단기간(기껏해야 몇 년)인데 반해, 지구적 붕괴 위험을 경감시키기 위한 급진적 정치 프로그램의 실행은 장기적(수십 년)이라는 데에 있다. 철학자 장 루이 불리에르메 Jean-Louis Vullierme는 이 모순을 다음과 같이 요약하였다.

> 단순히 결정을 내리는 것만으로 급진적인 생태적 위험에 대응하는 것은 사실상 불가능하다. 전쟁이 일어나기 전에 전쟁 경제를 준비하거나, 비록 많은 사람들의 눈에 재난의 영향이 명백하게 나타나기 시작했다고 할지라도 그것에 직접 대면하기 전에 우리의 삶의 방식에 영향을 미치는 과감한 조치를 취하는 것은, 사회적으로 용납되지 않는다. 달리 말하면, 우리 중에 가장 현명한 사람들조차도 종말 이후에 실시될 정책에 대해 생각하는 것 말고는 달리 준비할 수 있는 게 없다(Vullierme 2013).

---

7 [역주] 여기에서 '치명타'로 번역한 'their coup de grâce'는 저자가 인용을 하면서 보충한 말이다. 직역하면 '결정적인 한방'이라는 뜻인데, 문맥상의 의미는 개발도상국의 대중들에게 '탈성장'을 말하는 것이 그들의 경제 발전에 치명적인 타격을 줄 것이고, 따라서 받아들여질 가능성이 거의 없음을 암시한다.

반사적 상호작용[8]

불리에르메는 1989년에 사회의 본질과 진화를 철학화하는 인류학적 가설을 제시하였다(Vullierme 1989). 여기에서는 그의 가설을 소개함으로써 [기후변화] 부정론의 문제를 심화시켜 보자. 사회를 구조화하는 사회심리학은 부분적으로는 개인이 만날 때 생기는 창발 현상이지만, 동시에 그것은 사회를 구성하는 일반적 과정이자 인간성 자체의 일반적 과정이다. 인간은 이전에 존재한 세계에 의해 자신의 모습이 갖추어지고, 자신들이 취한 행동으로 세계를 모델링한다. 그래서 아이는 자기와 세상의 차이를 경험함으로써 세상을 모델링하는 능력을 향상시킨다. 나는 나의 몸가짐과 말, 그리고 행동을 통해, 세계에 대한 나의 모델의 흔적이나 신호를 발신하면서 세상에 영향을 끼친다. 그리고 내가 받은 답변을 바탕으로 모델을 수정한다.

사실, 내가 가지고 있는 것은 하나의 세계 모델이 아니라 모델링 체계, 즉 대안 모델들의 매트릭스이다. 그것에 의해서 나는 그 모델들과는 약간 다른 모델들을 생성할 수 있다. 순수한 경험들의 흐름에 몸을 담그는 나의 일상은 세계의 모델들이 끊임없이 교체되면서 일어나고, 그때마다 세계 안에서 나의 존재 전체를 재구성한다.

스케치: 잠시동안 시계수리공 일을 한다. 그리고 나서 친구를 만나 점심

---

[8] [역주] 원문은 'specular interaction'이다. 여기에서 'specular'는 "거울처럼 반사하는"이라는 뜻이다. 광선이 물체 표면에 닿았을 때 반짝이는 하이라이트가 생기는 현상을 말한다. 이 번역서에서는 specular는 '반사적'으로, specularity는 '반사성'으로 각각 번역하였다.

을 먹고, 파리 대로大路의 도시철도tramway 확장 기획에 대해 토론한다. 아들과의 저녁 식사를 기대하면서 스프링 수리 작업을 하기 위해 일터로 돌아온다. 가게를 나와서 그녀를 다정하게 안아 준다. 아들을 만나 저녁을 먹고, 다음 선거를 준비하기 위해 녹색 단체 모임에 참석한다.

이 모든 상황에서, 그리고 수천 가지의 다른 가능성 중에서, 자신의 경험에 대응하는 세계의 다양한 모델들을 동원하여 자신의 삶을 그려나가는 것은 동일한 사람이다.

이러한 모델들은 진화하고, 이질적이며, 심지어 모순되기까지 한다. 파편화되어 있지만 그러한 파편화를 받아들이는 개인은 모든 남성과 여성이다. 인간은 다차원적이고 다채로우며 모호한 존재이다. 그러나 신자유주의 세계에서는 이러한 디자인은 일차원적 비전의 호모 이코노미쿠스 homo economicus와는 상반된다. 호모 이코노미쿠스는 언제나 일관성을 추구하고 유용성을 극대화하는, 이성적이고 단일한 자아로 환원되는 불쌍한 영혼이기 때문이다. 그것은 또한 마르크스주의적 개념에서의 대량 생산된 대상object이기도 한데, 이들의 양심은 계급 관계에서 차지하는 지위에 따라 완전히 결정된다.

만약에 인간 본성이 있다면, 그것은 다른 사람들과의 상호작용을 통해 발전한다. 만약에 사회가 있다면, 그것은 개인들 간의 상호작용에서 발생한다. 이 가설을 '**반사적 상호작용**specular interaction'이라고 부른다. 나는 이러한 교환들로 형성된 세계 모델들을 다른 사람과 교환함으로써 나 자신이 되어 간다. 따라서 사회는 개인들 사이의 상호인식 시스템이다. 나는 다른 사람들이 사물과 나를 어떻게 표상하는지를represent 상상한다. 다른 말로 하면, 모델 그 자체를 비롯해서 어떤 사람이 소유한 개별적인 세계 모델들은 다른 사람들이 소유한 세계 모델들로부터 파생되는데, 거기에는 다른 사람들이 나에 대해서 갖는 세계 모델도 포함되어 있다. 개인의 행동을 결정하는 것은 이 개인과 관련된 모델들의 시스템이다. 이것이 바로, 마주치는 모든 상황에 대응하는 복수의 모델들을 생성할 수 있는 진화적 도식evolutionary scheme이다. 물론 그 어떤 두 개의 패턴도 동일하지 않지만, 다른 사람들의 행동에 반응하는 사회적 기회가 많아지면서 두 패턴은 서로 적응하는 경향이 있다. 이것에 의해서 다른 사람들의 행동과 반응을 예측하고 예상할 수 있는데, 이것이 바로 지속가능한 모든 사회의 토대가 되는 조정 능력이다. 모델들의 반영mirroring이 사회의 통합을 보장해 주는 것이다. 반사적 차별specular distinction이야말로 그것들의 본질적 다양성을 만들어 내며, 사회 생태학의 출발점이기도 하다. 반사적 상호작용 가설은 우리로 하여금 개인과 사회의 우선순위에 대한 오랜 인식론적 논쟁을 잠재우게 한다. 왜냐하면 그것들은 서로가 서로를 형성하기 때문이다.

르네 지라르에 의하면(Girard 1972)[9], 이 순환은 흉내imitation 또는 모방mimesis에 의해 작동된다. 그러나 반사성specularity에 있어서는 흉내는 같은 것의 흉내이면서 동시에 다른 것의 흉내이기도 하다. 즉 **복제적** 모방 duplicative mimesis이면서 **차별적** 모방distinctive mimesis이다. 반사성specularity 은 간주관적인 거래 과정intersubjective dealings에서 모든 사람들이 서서히 발

---

9 [역주] 원저는 René Girard, *La Violence et le Sacré Grasset*, Paris: Bernard Grasset, 1972이고, 우리말 번역은 르네 지라르, 『폭력과 성스러움』, 박무호·김진식 옮김, 민음사, 2000이다.

전시키는 세계 표상의 상호교차점을 다룬다. 아이들은 (그리고 어른들도!) 세계를 모델화하는 능력을 가지고 있다. 그들은 다른 사람을 모방하는 법뿐만 아니라 자신을 다른 사람과 구별하는 법도 배운다. 그래서 그들은 다른 사람의 시선 속에서 자신의 표상을 포함해서 세계의 표상을 발전시킨다(다른 사람은 우리의 거울이기 때문에 '반사적specular'이라고 하는 것이다). 인간공동체 안에서 각 개인은 다른 사람과 동일한 위치에 놓인다. 복제적 모방은 서로의 세계 표상을, 특히 나의 세계 표상에 대해 다른 사람이 갖는 표상을 일치시키는 경향이 있다. 그래서 나의 행위에 대한 다른 사람의 반응은 예측 불가능하지도 않고 위험하지도 않다. 복제적 모방은 공유된 가치와 원리 그리고 공통 행위 안에서 공동체를 더욱 긴밀하게 묶어준다. 반면에 차별적 모방은 다양성을 보장하는데, 이 다양성이 없으면 전염되는 미분화undifferentiation로 인해 순수한 경쟁자들의 사회적 혼돈과 공동체 내의 일반적 폭력, 즉 토마스 홉스가 말한 "만인의 만인에 대한 투쟁"이 발생한다.

붕괴의 부정

여기에서는 시민들 사이의 반사적 상호작용의 관점에서 지구적 붕괴를 거부하는 현상을 검토해 보자(Cochet 2009). 생태학적 세계 모델에 대해 잘 알고 있는 시민은 때때로 자신의 생활 방식을 기꺼이 바꾸려 한다. 하지만 그 사람은 자신의 행동만 생각하지 않고, 다른 사람의 눈에 비친 자신의 이미지도 생각한다. 만약에 그 사람이 유일한 재판관이라면, 생태발자국을 줄이기 위해 자신의 습관을 바꿀 것이다. 환경 재난을 어느 정도 인지하고 있는 대다수 시민도 마찬가지일 것이다. 단지 행동을 바꾸려는 한 사람 한 사람의 의지를 합치는 것만으로 충분하다면, 생태적 낙원은 오랫동안 세상을 지배할 것이다. 그러나 우리의 가설에 따르면 이런 일은 일어나지 않을 것이다. 왜냐하면 의지는 제1의 현실이 아니라 반사적 상호작용의 현실에서 파생되기 때문이다. 재난을 인식하고 있는 개인은 자신의 삶을 바꾸고 싶은지 여부를 묻지 않는다. 그 사람은 많은 사람들이 그렇게 할 때에만 그렇게 할 것이다. 모두가 같은 상황에 처하기 때문에, 전원의 의지에 대한 응답에 의해서가 아니라 서로의 교차 표상에 의해서 재난을 피할 것이다. 즉 주위 사람들이 그들의 인생을 바꿀 수 있는 효과적인 능력을 가지고 있다는 기대감에서 재난을 피할 것이다. 많은 역사적 사례는, 가령 독재 정권과 같은 사례는, 거의 모든 사람이 반대하는 상황도 여전히 지속될 수 있음을 보여준다. 단지 변화를 바라는 욕구만으로는 충분하지 않다. 하지만 반사적 상호작용으로 인해 사회적 역학은 때때로 예측할 수 없다. 그래서 상황은 급속하게 변할 수 있다.

여기에서 우리는 어떤 사회 시스템이, 위에서 다룬 몇몇 자연 시스템과 마찬가지로, 일단 어느 한계를 넘어서면 급격하게 다른 상태로 이행할 수 있음을 발견한다. 그래서 겉보기에는 단순한 반사적 상호작용의 상황일지라도 전체적인 역학力學이 중요하다(Granovetter 1978). 상황의 초기 조건이나 사회에 가해지는 외적 충격에 따라 사회적 역학의 궤적과 최종적 상황은 크게 달라질 수 있다. 반사성 specularity은 사회적 자기 조직화를 생산하고 있다. 그것은 사회를 단순히 그 구성 요소로만 분석하는 방식으로는 상상할 수 없는 질적으로 새로운 사회를 만들어 낼 수 있다.

의사결정자들의 심리학

그렇다면 정책입안자들이 붕괴를 부정하는 것은 어떠할까? 장관과 정책입안자를 지내본 나의 경험으로는, 여러 지위를 놓고 다투는 경쟁자들과의 상호작용 위에 성립하는 반사적 역동성은, 정치적 행위자들의 신념과 행위를 서술하면서 끊임없이 계속되고 있다. 만약에 버락 오바마와 같은 정치적 행위자가 데니스 메도즈에 의해 생각이 바뀌어서 임박한 생태적 재난을 이해하게 되었다고 한다면, 그는 자신의 새로운 신념의 신뢰성을 다양한 정치적 행위자들의 시선 속에서 테스트하려 할 것이다. 그렇지 않으면 그는 권위를 잃을 것이다. 그의 정치적 행위는 그의 새로운 신념의 강도 자체보다는, 경쟁자와 친구들이 그의 신념의 강도를 어떻게 평가하는지에 따라 결정될 것이다. 이 힘을 확신하지 못하고 경쟁자들의 비판을 두려워하는 그는 자신의 새로운 신념을 강력한 정치적 행동으로 옮기려는 동기가 생기지 않을 것이다.

임박한 생태적 파국에 대한 신념은 정쟁政爭에 사로잡힌 세계에서는 느리게 전파될 뿐이다. 설령 전 세계의 리더들이 계시를 받아서 임박한 생태적 파국에 대한 신념을 갑자기 갖게 되었다고 할지라도, 만약에 경쟁자들과 친구들이 그 신념을 공유하지 않는다면 그들은 자신을 의심할 것이다. 누구나 재난이 임박해 있다는 것은 알 수 있지만, 다른 사람들이 그것을 알고 있다는 사실은 아무도 모를 수 있다. 자신의 신념을 공개하거나 내비치는 사람에 대한 반발을 누구나 알아차릴 것이다. 그래서 결국 아무도 그것을 드러내고 싶어하지 않을 것이다. 게다가 이 신념에 따른 행동은 산업화된 사회에서 생산과 소비의 패턴의 변화를 요구함으로써 공공

정책을 근본적으로 혼란시킬 것이다. 시민들은 생활양식의 근본적인 변화를 받아들여야 할 것이다. 그래서 붕괴를 부정하는 이유는 모든 사람의 비합리성이나 무지 때문이 아니라 반사성specularity이 사회에서 작동되는 방식 때문일 수 있다.

반사적 상호작용은 복잡하고 논쟁적인 이슈들에 대해 초기의 합의를 불가능하게 만든다. 환경문제에 관한 이슈들의 정확한 규모는 우리의 감각을 벗어나 있다. 그것들은 종종 대단히 전문적이어서 전문가와 과학자 그리고 제3의 그룹에 의해 우리의 의견이 중재되고 형성된다. 학자들은 특정 영역에서의 기본적인 질문과 대답에는 동의할 수 있다. 예를 들면 대기 중의 이산화탄소 증가율이나 비스케이만에서[10] 지속가능하게 포획할 수 있는 멸치의 최소량 등이 그것이다. 그러나 생태학은 복잡한 영역이기 때문에 과학자들 사이에 불일치가 생길 수 있고, 실험 결과의 재현가능성도 희박하거나 불가능할 수 있다. 그리고 반드시 기술적이라고만은 할 수 없는 선택들을 바탕으로 연구가 진행된 실재의 모델들을 도입할 필요가 있다. 각 모델 안에서는 결론이 확실하지만 모델들 간의 선택은 그렇지 않다. 어떤 모델의 결과물이 다른 모델의 결과물과 모순될 수 있다. 모델의 결과가 사회변화의 조짐일 경우에 의사결정자들을 인도하는 것은 (세계의 정치 모델에 기초한) 이데올로기이고, 그 대부분은 자본주의의 생산주의적 사고방식에 합치되는 길로 향하는데, 때로는 '행복한 탈성장'(1987년의 〈오존층 파괴 물질에 관한 몬트리올 의정서〉와 같이)으로 향하기도 한다. 분야마다

---

10 [역주] '비스케이만Bay of Biscay'은 대서양 연안의 아름다운 해안으로, 스페인 북부와 프랑스 서부 해안에 걸쳐 있다.

각각의 전문가가 있을 것이다. 그러나 결국에는 정책입안자들이 어떤 제약하에서, 가령 선거나 재정 또는 국제적인 제약 속에서 스스로 결정해야 한다. 물론 이 제약들은 대단히 반사적이고 specular, 일반적으로 생태적 재난에 대한 개인적인 확신과 상충되는 결정들을 내린다. 사람들이 진실로 나아가는 방식은 이성과 증거에 기초하기보다는 심리사회적이다. 갈릴레오가 알고 있었듯이, 인간은 특정한 지역과 특정한 사회에서 자기 혼자만 올바를 수는 없다.

그래서 붕괴가 불가피한 것처럼 보이는 것은 그것에 접근하는 과학적 지식이 불확실하기 때문이 아니라, 인간 생활의 사회심리학이 적절한 시기에 내려져야 할 올바른 결정을 허용하지 않기 때문이다. 우리는 여러모로 그리고 동시적으로 행성의 한계에 도달하고 있다. 지역적이거나 국한된 문제를 해결하는 방법은 여러 가지가 있겠지만, 지구적인 많은 위험들을 동시에 직면하게 되면 해결책을 실행하는 부담이 너무나도 커져서 그것을 부정하는 것이 자연스런 반응이 된다. 바로 이 부정이야말로 종말이 가까워지고 있음을 보장해 준다.

제3부 정치를 다시 사유하기

The Anthropocene and the Global Environmental Crisis

The Anthropocene and the Global Environmental Crisis

9장
홀로세로의 귀환

―인간을 위해 의도되지 않은 '자연'으로의
개념적인 그리고 가능하면 실천적인 귀환

비르지니 마리스

서론

지구상의 생명체는 종종 '제6차 대멸종'으로 불리는 유례없는 위기를 겪고 있다. 인간의 활동은 지구의 거의 모든 분류군taxon과 생물군biome에 영향을 미치고 있다. 종species의 멸종이 이 지구적 재앙의 가장 두드러진 현상이지만, 그 외의 문제들, 가령 자연 서식지의 훼손과 파편화, 지구적 삼림 벌채와 개체 감소, 해양의 산성화도 그에 못지않게 심각하고, 적어도 그 중 일부는 돌이킬 수 없다. 이러한 생태적 위기와 나란히, 그리고 어느 정도는 별개로, '자연' 개념은 지난 30년 동안 가혹한 비판을 받아 왔다. 오늘날 환경운동가, 과학자 그리고 정책입안자들은 이 용어를 신중하게 기피하면서, 대신 '생물다양성', '환경' 또는 '생태계 서비스'라는 표현을 통해 보전 문제를 논하는 것을 선호하고 있다. 따라서 자연은 개념적 차원에서뿐만 아니라 현실적으로도 죽었다고 선언될 수 있고, 이제는 단지 인류세라는 관념만이 우리가 전적으로 인간이 만든 세상에서 살고 있음을 확인시켜 줄 뿐이다.

하지만 이 글의 목표는 그 어느 때보다도 지금 우리는 자연 개념을 재조명하고 소생시켜야 한다는 사실을 보여주는 데에 있다. 그렇다고 해서 무슨 좀비를 발굴하려는 것이 아니라, 통일되고 이상화되고 뭔가 소독된 대문자 자연Nature 개념을 포기하자는 몇몇 설득력 있는 주장에도 불구하고 자연Nature, 자연들natures, 자연적 존재들natural entities과 과정들processes을 창조적으로 표현할 여지는 여전히 있다고 주장하고자 한다. 구체적으로 말하면, 비인간 세계에는 자연을 특징짓는 건전한 기초를 제공하는 세 가지 특징이 있다: 외부성, 타자성, 행위성. 생물다양성을 생각하고 보호하는 방법을 생각할 때 이것들을 고려한다면 현재의 환경위기에 대처하는 커다란 자산이 될 것이다.

죽음을 둘러싼 정황

먼저 법의학자의 입장에서 이른바 '자연의 죽음'을 둘러싼 정황을 살펴보도록 하자.

첫째, 범죄의 장면: 흐릿한 이분법

문화와 자연, 인간과 비인간이라는 이분법은 전통적으로 서양 문화의 중심을 차지하고 있다. 린 화이트 주니어[1]는 이러한 이원론이 생태 위기

---

1 [역주] 린 화이트 주니어(Lynn White Jr, 1907~1987)는 미국의 역사학자로, 프린스턴대학과 스탠포드대학의 중세사 교수로 재직했다. 1967년에 쓴 논문 "The Historical Roots of Our Ecological Crisis"에서 "오늘날의 생태 위기는 인간중심적인『성경聖經』의 자연관에서 기인한다"는 주장을 하여 커다란 반향을 일으켰다. 이 글은 우리말로도 번역되어 있다. 이유선, 「생태계 위기의 역사적 기원」, 『계간 과학사상』 창간호,

의 뿌리라고 지적하였다(White 1967). 현대의 많은 환경윤리학자들은 인간중심주의를 인간과 인간 이외의 세계를 강하게 분리하는 입장과 혼동한다(Sylvan 1973; Callicott 1987). 그러나 자연환경의 급격한 전유와 악화를 초래하는 것은 이분법 그 자체보다도, 그것에 수반되는 '인간과 인간 이외의 생명들 사이의 위계'라는 사실에 주목해야 한다. 이 글의 의도는 인간과 자연의 분리를 유지하면서 인간에 의한 자연의 지배를 거부하는 것이다. 이것을 논증하기 위하여 나는 자연Nature과 문화Culture의 이분법을 약화시키기 위해 사용되어 온 두 가지 전략, 즉 "자연은 문화의 산물에 불과하다"는 전략과 "문화는 자연적 과정에 불과하다"는 전략을 소개하고, 이것들을 반박할 것이다. 그런 뒤에 문화나 인간의 목적과 무관한 자연 세계에 대한 재평가로 이루어진 대안을 제시하고자 한다.

자연의 문화화

'자연의 문화화acculturation of nature'는 자연이란 존재하지 않으며, 오직 자연에 대한 관념만이 존재한다는 가정에서 비롯된다. 이러한 자연 개념의 해체는 지난 수십 년 동안 다양한 형태를 취해 왔다. 그중에서 세 가지만 간략히 언급하겠다: 생태여성주의적 비판, 인류학적 비판, 사회학적 비판.

캐롤린 머천트는 『자연의 죽음: 여성, 생태학 그리고 과학 혁명』[2]에서 과

1992년 봄, 283-295쪽.
2 [역주] 원저는 Carolyn Merchant, *The Death of Nature: Women, Ecology and the*

학 혁명 이후에 서구문화가 만들어 낸 여성과 자연 사이의 강한 연관성을 비판한다(Merchant 1980). 생태여성주의자에게 서구의 과학과 그것의 정치적 확장인 현대 자본주의는 여성과 자연을 예속시키고 지배하기 위한 역사적 사업이었다. 이와 같이 자연 개념은 그 자체로 인간중심주의와 가부장주의에 너무나 물들어 있기 때문에 피하는 것이 좋다는 것이다. 그래서 머천트는 인간과 비인간 사이의 수많은 상호의존성을 평가하기 위해서는 '파트너십 윤리'와 같이 덜 젠더화된 개념을 찾아야 한다고 제안한다.

필리프 데스콜라는 전 세계의 다양한 문화에 대한 철저한 인류학적 연구에 기초하여, 유럽-미국의 근대성에서 두드러진, 인간과 분리되고 인간의 외부에 있는 자연 개념이 어떻게 역사적으로 그리고 문화적으로 구성되었는지를 보여준다. 이것을 그는 '자연주의적 인식론'이라고 부른다(Descola 2013). 이와 같은 '자연-문화 이원론'은 보편적universal 이기는커녕 오히려 인간과 인간 이외의 생물들의 분리와 위계를 작동시키는 지방적인provincial 세계관의 결실이다. 그가 쓴 『자연과 문화를 넘어서』[3]의 목적은 동질적 범주들을 다양한 문화에다 부적절하게 적용하는 오류를 범하

Scientific Revolution, New York: HaperCollins, 1980이고 우리말 번역은 캐롤린 머천트, 『자연의 죽음』, 전규찬 · 이윤숙 · 전우경 옮김, 미토, 2005이다. 머천트는 최근에 인류세에 관한 책도 썼는데 우리말로도 번역되어 있다: 캐롤린 머천트, 『인류세의 인문학: 기후변화 시대에서 지속가능성의 시대로』, 우석영 옮김, 동아시아, 2022.

3 [역주] 원저는 Philippe Descola, *Beyond Nature and Culture* translated by Janet Lloyd, University of Chicago Press, 2013이고, 일본어 번역은 フィリップ デスコラ, 『自然と文化を越えて』, 小林徹 訳, 水声社, 2020이다. 국내에 번역된 데스콜라의 책으로는 필리프 데스콜라, 『타자들의 생태학: 자연과 문화의 이원론을 넘어서는 인류학』, 차은정 옮김, 포도밭출판사, 2022가 유일하다.

지 않는 인류학을 위해 적절한 인식론을 제공하는 것이다. 다른 한편으로 자연 개념의 계보와 편애에 관한 그의 철저한 연구는 단지 이러한 인식론적 문제에만 머물지 않고, 더 이상 우리의 환경과 지식에 맞지 않는 전통적인 이원론적 세계관 자체를 극복하려고 노력해야 하는 정당한 이유도 제공한다.

이와는 다른 맥락에서 브뤼노 라투르는 매끄럽고 명백한 자연 개념이라고 여겨지는 것은 사실은 복잡한 사물들이 뒤엉켜 있어서 분리할 수 없는 복합체composition이자, 수많은 사회적·문화적 부산물들을 동반하고 있는 위험한 하이브리드라고 주장했다(Latour 2004). 라투르가 보기에 자연 개념은, 세상에는 '자연'이라고 지칭될 만한 것이 없기 때문에 공허할 뿐만 아니라 작동되지 않으며, 정치적 행동에 대한 위협을 의미한다. 실제로 자연이, 우주의 별에서 지하의 박테리아에 이르는 모든 것을 연속적인 사슬에 포함시키는 '존재들의 불변의 위계immutable hierarchy of beings'로 간주되는 한, 자연에 대한 방어는 곧 정치에 대한 공격을 의미하게 된다. [하지만 라투르가 보기에] 정치는 소위 '자연적 질서natural order'와는 아무런 관련이 없다. 라투르에게 있어 정치는 권력의 균형, 개인의 의지, 지식의 불확실성 그리고 다원적 경험들이 (사회적 존재와 자연적 존재를 분리할 수 없는) 특정한 집합체collectives를 중심으로 분절되는, 복잡하고 내장된embedded 현실적 삶의 상황과 관련이 있다.

그러나 '자연의 죽음'을 선언하는 라투르와는 반대로, 근대주의자의 오래된 자연관을 수정하여, 한편으로는 '자연의 질서'로 돌아가자는 반反정치적 주장을 피하면서, 다른 한편으로는 자연의 옹호자들이 자연을 방어하려 할 때 문제의 핵심에 있는 확고한 직관들을 포착할 수 있다.

문화의 자연화

이것과는 대조적으로 문화의 자연화는 본질적으로 인간의 사회생물학적 환원이 어느 정도 결실을 맺은 데에서 기인한다(Wilson 1975). 실제로 진화론을 사회적 행동에 적용하면 자연적 과정으로 간주되는 것과 문화적인 것 사이의 구분이 흐릿해진다. 보이드와 리처슨의 『문화와 진화 과정 Culture and the Evolutionary Process』은 진화론을 문화 전파에 적용하려는 야심찬 시도이다(Boyd and Richerson 1988). 그들에게 있어 문화 전달은, 즉 통신, 학습, 모방 등에 의한 전달은, 유전자 전달과 본질적으로 다르지 않고, 그래서 동일한 진화론적 렌즈를 통해 연구되고 설명될 수 있다. 따라서 인간 문화의 진화가 유전적 전승보다는 문화 전달에 훨씬 더 많은 기반을 두고 있다고 하더라도, 인간 사회와 비인간 사회의 차이는 질적인 차이라기보다는 정도의 차이에 불과하다.

두 경우 모두 인간과 자연의 '분리'는 흐릿해지고, 그 대신 다소 인위적인anthropogenic 존재와 사실에 관한 문제들matters-of-facts의 '연속체 continuum'가 선호된다. 자연 개념은 주로 서구의 구시대적인 이원론적 세계관에 토대를 둔 인간과 비인간을 분리하는 인위적인 방법이라고 혹독하게 비판받았다. 오늘날 자연과 문화의 이분법은 포기해야 하고 인간과 비인간의 관계에 대한 좀 더 전일적인holistic 개념을 지지해야 한다는 공감대가 점점 확산되고 있다. 그럼 배경 설명은 이 정도로 하고, 지금부터는 그 증거에 대해서 살펴보기로 하자.

둘째, 증거―길들인 지구

지구에서 자연의 자리는 점점 줄어들고 있다. 현재 70억 이상의 인간이 지구 표면의 3분의 2를 차지하고 있다(Mittermeier et al. 2003). 나머지 지역은 인간이 사용하지는 않지만, 영구 동토凍土이거나(3분의 1) 경작, 벌채, 채광, 오염과 같은 다양한 인간 활동으로 위협받고 있다(2분의 1). 거의 모든 해안 생태계는 인간 활동의 영향을 크게 받고 있다. 인간의 영향을 받지 않는 해안 지역은 없고, 40% 이상이 오염, 어업, 생물종 침입, 기후변화와 같은 요인에 의해 커다란 영향을 받고 있다(Halpern et al. 2008).

만약에 '자연'을 야생 또는 인간의 영향에서 벗어난 지구의 공간적 부분이라고 생각한다면, 유일하게 남은 자연은 고산高山, 심해心海 그리고 빙상氷上에서 찾아야 하는데, 불행하게 이것들도 모두 인위적인 지구온난화로 위협받고 있다. 25년여 전에 빌 매키번이 예견했듯이, 우리는 "자연의 종언"[4]을 목도하고 있다(McKibben 1989). 인간의 영향을 받지 않은 진짜 자연 같은 것은 더 이상 없다. 하지만 자연이 야생이나 원시 자연으로 환원될 수 없다는 사실은 명백하고, 2차림[5]에서 산책하거나 염전에서 새를 관찰

---

4 [역주] 원저는 Bill McKibben, *The End of Nature*, Random House, 1989이고, 우리말 번역은 빌 매키번,『자연의 종말』, 진우기 옮김, 양문, 2005이다. 매키번의 또 다른 책으로는 Bill McKibben, *Eaarth: Making a Life on a Tough New Planet*, Black Inc, 2011이 있고, 우리말 번역은 빌 매키번,『우주의 오아시스 지구: 기후변화와 환경의 역습으로 위기에 빠진 지구의 풍경』, 김승진 옮김, 김영사, 2013이다.

5 [역주] '2차림second-growth forest'은 '2차 성장 산림' 또는 '2차 산림secondary forest'이라고도 한다. 기존의 숲이 산불, 홍수, 토양의 유실, 벌채와 같은 원인으로 훼손된 뒤에 토양에 남아 있는 종자, 뿌리, 포자 등에서 새롭게 생겨나는 숲을 말한다(『네

하거나 산악 목초지에서 하이킹을 하는 것도, 비록 이 모든 서식지가 인간 활동에 많은 영향을 받고는 있지만, 자연과 관련이 있다는 사실에 대부분의 사람들은 동의할 것이다.

셋째, 용의자—무죄인 사람은 없다

이제 용의자를 살펴보자. 첫째, 무고한 범인의 역할로는 자연주의자들을 언급할 수 있다. 전통적으로 자연을 돌보던 사람들은 재빨리 자신들이 소중히 여기던 아기를 버리고, 좀 더 심각하고 과학적으로 들리는 '생물다양성biodiversity' 개념을 선호하기 시작했다(Takacs 1996). 이 신조어는 생물다양성에 관한 최초의 과학 학술대회 중 하나에서 월터 로젠Walter G. Rosen에 의해 제창되었고, 에드워드 윌슨이 학술대회 제목으로 사용했다(Wilson 1988). 이것은 곧장 과학자들이 일반 대중과 정책입안자들에게 생물다양성의 전례 없는 위기를 경고하는 구호가 되었다. '생물다양성'은 일반적으로 서로 다른 차원의 조직에서의 생명의 다양성으로 정의된다. 이 용어는 비록 과학적이고 공식적인 느낌을 주지만, 생물다양성에 대한 단일한 척도나 이론적 평가는 존재하지 않고, 오히려 종의 풍부함, 유전적 다양성, 계통발생적phylogenetic 다양성, 알파, 감마, 베타 다양성 등, 조직의 규모와 수준에 따라 이질적이고 때로는 모순되는 개념의 집합체이다. 정의definition의 난립은 과학자들에게는 문제가 되지 않는다. 그들은 각자의

이버 국어사전』). 반면에 이러한 훼손이 일어나지 않은 산림은 1차림 또는 원시림 primeval forest이라고 한다.

연구에서 어떤 측면의 생물다양성을 언급하고 있는지를 명시할 수 있기 때문이다. 하지만 대중들에게는 자연 보호가 생물다양성 보전으로 재정의되면서, 사회적이고 정치적인 문제가 아니라 과학적 문제라는 인상을 줄 수 있다.

둘째, 뜻밖의 조력자의 역할로는 자연 보전의 자연스런 동맹자가 될 수도 있었던 사람들이 오히려 엄격한 비판자로 판명되었다. 환경주의는 거의 동질적인 분야이다. 자연 보존에 대한 관심은 일부 환경철학자들에 의해 인간혐오적misanthropic이거나(Bookchin 1995) 제국주의적이라고(Guha 1989) 공격받았다. 정치 현장에서는 녹색당은 종종 생물다양성의 보전을 무시하고, 중요한 환경 문제는 다른 곳, 가령 농지나 공장, 궁극적으로는 대기에 있다고 생각하였다(O'Neill 1997).

셋째, 진정한 악당은 자본가와 신자유주의자로 제시될 수 있다. 그들은 처음에는 경제 성장이라는 이름 하에 전 세계적인 자연 약탈을 조직하고, 지금은 그것에 저항해 온 마지막 잔재물들의 상품화를 소리 높여 요구하고 있다(O'Neill 2001). 예를 들어 생태계 서비스에 대한 지불이나(Kosoy and Corbera 2010) 완화 은행을 통한(Robertson 2004) 시장 기반 접근법의 대두는, 자본주의 시장 논리 속에 자연을 내재화하려는internalise 시도로 볼 수 있다(Maris 2014).

기술, 경제, 관료 영역에서 자연의 희석

이 절에서는 자연을 주된 관심사로 삼는 과학, 관리, 정책 그리고 제도,

즉 생물다양성 보전의 세계에 초점을 맞춘다. 단편적인 분석인 것은 분명하지만, 이것은 생물다양성 정책의 설계 방식이나 과학 현장에서 일반 대중으로 전달되는 이야기들에 커다란 영향을 끼친다.

자연에 대한 돌봄은 오랫동안 자원 보전과 야생 보존[6]이라는 두 가지 뚜렷한 노선을 따라 운영되어 왔다. 관리의 관점에서 보면, 이 두 가지 목적에는 서로 다른 일련의 수단과 근거가 있다. 한쪽은 자원주의에 대한 개입주의와 경제적 효율성이고, 다른 한쪽은 보존주의에 대한 자유방임주의와 생태학적 과정이다.

생물다양성 개념에 의해서 이러한 구분은 통합되고 자연과 천연자원은 화해된다. 자연 보존에는 최소한의 개입이 요구되고 자원 보전에는 적극적인 관리가 필요하다는 일관된 틀이 흐릿해졌다. 자연 관리의 최적화에 대해서는 개입하지 않는 것이 저렴할 수 있기 때문에, 자유방임주의 지지자들에게는 매력적인 경우가 있다. 역으로 자연 보존은 자연을 모방하기 위한 강력한 개입의 무대가 될 수 있는데, 이러한 개입은 자발성을 디자인하는 방법을 찾아내야 하는 본질적인 역설을 안고 있다. 보전의 목표와 근거에 있어서의 이와 같은 방향 전환은 기술 영역, 경제 영역 그리고 기술관료 영역에서 자연을 점진적으로 흡수하는 것과 동시에 진행된다.

---

6 [역주] 여기에서 알 수 있듯이 저자는 자원이나 생물다양성에 대해서는 '보전 conservation'을, 자연이나 야생에 대해서는 '보존preservation'을 주로 사용하고 있다.

기술적 흡수

지금은 생물다양성 보전을 위해 자연 보존, 회복, 재생을 위한 기술적 도구들을 마음대로 이용할 수 있게 되었다. 자연 서식지는, 전통적인 울타리enclosure 정책 외에도, 외래종 박멸, 포획한 동물의 방사를 통한 개체군 강화, 이주, 보조적인 식민지화 등 점점 더 침투적인intrusive 보전 조치가 취해지고 있다. 보전은 이제 훨씬 기술적인 풍미를 띠면서 새로운 생명공학적 번식 기술을 흡수하고 있다. 여기에는 인공수정, 야생종의 배아를 유전적으로 가까운 가축 종을 암컷에 이식하기, 심지어는 지금까지 성공하지 못한 멸종된 종의 부활 시도 등이 포함된다. 예를 들어 2009년에 프랑스-스페인 연구팀은 2,000년 전에 멸종된 피레네 산맥의 염소Pyrenean lbex의 유전자 물질로부터 복제품을 만드는 데 성공했고(Folch et al. 2009), 현재는 털매머드woolly mammoths와 심지어 네안데르탈인의 유전자 물질로부터 복제 작업이 진행 중이다. 이와 같이 생물다양성을 보전 또는 회복하기 위한 침투적이고 기술의존적인 수단의 강화로 인해, 자연적인 것과 인공적인 것의 구분이 점점 더 어려워지고 있다. 전통적으로 자연을 위해 할당된 영역들이 대표적인 예이다.

경제적 흡수

생물다양성 과학과 관리 분야에서 관찰할 수 있는 두 번째 돌연변이는, 자연의 가치를 통합시킴으로써 자연 보호를 정당화하거나 보전 비용을 지불하기 위해서 엄격한 경제적 합리성에 대한 호소가 늘어났다는 것이다. 1990년대에는 생물다양성과 생태계 서비스에 대한 금전적 가치 평가가 다양한 규모로 확산되었고, 점점 더 많은 방법론적 장치가 도입되었으며, 1997년에는 『사이언스Science』에 실린 로버트 코스탄자Robert Costanza와 그의 동료들의 저명한 연구로 정점을 찍었다(Costanza et al. 1997). 그들은 전 세계 생태계 서비스와 자연 자본의 총 가치가 매년 33조 달러에 달한다고 추정했는데, 이는 (유효하다면) 전 세계 국민 총생산GNP의 두 배 이상에 해당한다. 2010년의 생물다양성협약 나고야 회의에서 유엔환경계획UNEP은 『생태계와 생물다양성 경제학』을 발간했는데, 이 책의 목적은 생물다양성 손실과 생태계 서비스 저하에 따른 경제적 비용을 추정하고, 생물다양성과 생태계 서비스의 금전적 가치를 평가하는 다양한 방법에 대한 종합적인 평가를 제공하기 위한 것이었다(UNEP 2010).

금전적 가치 평가의 인기는 학문적 경제학에만 국한되지 않고, 여러 기관들에 의해 장려되고 이용되고 있다. 유럽연합은 '호라이즌Horizon 2020'의 틀 안에서 모든 회원국이 생태계 서비스에 대한 국가 경제적 가치 평가를 제공할 것을 요구한다. 이러한 화폐 정량화의 흐름은, 실제로 그것을 실행하는 데에는 극복할 수 없는 방법론적이고 개념적인 약점이 있음에도 불구하고, 자연을 보호하기 위해서는 자연이 인간에게 주는 이익과 자연 훼손으로 인해 생기는 비용을 경제 회계 시스템 안에 내재화해야 internalise 한다는 생각을 반영하고 있다. 이러한 추세는 경제학에서 전문 용어나 은유를 점점 더 많이 빌려오고 있는, 보전에 관한 용어의 변화에서 가시화되고 있다. 자연 보호는 이제 자연 자본의 관리와 생태계 서비스의 최적화와 관계된다. 이러한 접근을 지지하는 사람들에게는 "보전은 본인이 부담하지 않으면 안 된다."(Daily 1997) 좀 더 좋게 말하면, 보전은 더 이상 제약이 아니라 기회로 보아야 한다. 이 목표를 달성하기 위해 완화 은행이나 생태계 서비스 사용에 대한 지불과 같은 새로운 상품화 메커니즘이 개발되었다(Gómez-Baggethun et al. 2010; Maris 2014).

관료적 흡수

자연 개념을 점진적으로 소화하는 세 번째 영역은 관료의 영역이다. 생물다양성 과학은 빅데이터 시대를 자랑스럽게 그리고 열정적으로 받아들였다. 마치 과학자들이 전례 없는 생물다양성 침식 속도를 늦추지 못해서, 바코드라는 새로운 기술 도구를 사용한 가장 작은 규모의 정보를 비롯하여 전 지구적인 모니터링과 토지피복land cover[7] 대기 성분 등의 매핑mapping을 활용하는 가장 큰 규모의 정보에 이르기까지, 가능한 모든 정보를 수집하고 모니터링하기 위해 서두르고 있는 것처럼 보인다. 거대한 바이오 파놉티콘이 구축되고 있다. 매일 수조 개의 데이터들이 수집되며, 때로는 사용가능한 지식이나 실용적인 권장 사항을 추출하기 위해서 정보를 어떻게 처리하면 되는지 전혀 모르는 경우도 있다(Hampton et al. 2013; Kitchin 2014).

---

7 [역주] 인공위성이 촬영한 영상을 이용하여 지표면의 상태를 분석하여 표현한 지도를 '토지피복지도Land Cover Map'라고 한다. '토지피복지도' 또는 '토지피복분류도'라고도 한다.

궁극적인 공격으로서의 '인류세' 서사

그럼 이제 인류세 시대로 들어가 보자. 이 시대의 서사는 자연이라고 할만한 뭔가가 존재할 수 있다는 생각에 궁극적으로 공격적인 태도를 취한다. 예전에는 지구의 나이가 지질학적 피부에 층서적으로 기록되어 있어서 생물지질학적 연속성과 기나긴 생명의 리듬을 볼 수 있었다. 하지만 지금은 지구가 인간의 시대로 접어들면서 우리는 어디를 가든 집에 있게 되었다. 우리는 비록 맹목적이고 무계획적이지만 우리가 거주하는 행성의 강력한 건축가가 되었다.

나는 지질학적 관점에서 인류세의 과학적 타당성을 논하기보다는, 이 새로운 서사가 생태 위기를 극복하는 효과적인 지렛대가 될 수 있는지에 대해서 문제제기하고자 한다. 이를 위해서 인류세 서사의 세 가지 특징에 초점을 맞출 것이다. 그것은 지구화된 행성으로서의 지구, 하나의 종으로서의 인간, 그리고 기술과학적 이슈로서의 생태 위기이다. 이것들은 각각 문제가 있다.

인류세에 대한 과학적 기술은 우리를 정치적 행동으로부터 단절된, 더 나아가서는 개인적 선택과 책임으로부터 단절된 공간적 규모에 던져 넣는다. 인류세 과학의 주요 구성 요소는 대기, 생물권(인간과 인간 사회 포함), 해양이다(Leemans 2006, 246). 인류세는 마치 하늘에서 관찰한 것처럼 지구에 대한 지구적 이야기global story of the Earth를 들려주지만, 지역적인 정치 행동에 동기를 부여하는 관점은 거의 없다.

인류가 오랫동안 문화적이고 생물학적인 행위자였다면, 지질학적 행위자로 알려진 것은 최근의 일이다(Chakrabarty 2009). 그러나 주목할 점은 이 새로운 행위자들은 이전과 동일한 종류의 인간이 아니라는 사실이다. 문화적이고 생물학적인 행위자는 개인 또는 적어도 사회적 집단이다. 반면에 인간이 지질학적 행위자가 될 수 있다는 생각은 하나의 종으로서의 인간을 지칭한다. 개인 또는 소집단의 행동은 거대한 지질학적 과정에 개입할 수 없다. 인간이 기후에 인위적인 영향을 끼치는 것은 특정한 누군가의 행위 때문이 아니라, 시대나 사람을 초월한 다수의 행동의 누적된 영향 때문이다. 기후변화 과학에서 위기에 처한 것은 인류 전체이다. 따라서 인류세는 "인간 선택의 의도하지 않은 결과"로 기술되어 왔는데(Chakrabarty 2009, 210), 여기에서 인간은 동질적인 종으로 간주되고 있다. 사실상 호모 사피엔스가 지질학적 행위자라는 사실을 받아들이면, 인류가 그 지질학적 행위성을 좀 더 의식적이고 의도적인 방식으로 이용하는 능력에서 해결책을 찾게 된다. 크뤼천과 스토머는 그들의 독창적인 논문에서 다음과 같이 말했다.

> 인류를 지구적 차원에서 지속가능한 환경 관리로 안내해야 하는 흥미진진하면서도 난해하고 벅찬 과제가 전 세계의 연구진과 공학자 커뮤니티 앞에 가로놓여 있다(Crutzen and Stoermer 2000, 17).

한스 요나스를 비롯하여(Hans Jonas 1985) 최근의 도미니크 부르그와 케리 화이트사이드와 같은 철학자들은(Bourg and Whiteside 2010), 공개 토론과 의사 결정에서 전문가와 과학자에게 특별하고 특권적인 지위를 부여할 필요가 있다고 주장해 왔다. 신종 '전문가 정치', 심지어는 계몽된 전제주의에 대한 요구가 특히 과학계에서는 일반적이다.

인류세 과학의 이 세 가지 특징(지구적 규모, 하나의 종으로서의 인간, 그리고 문제들을 기술·과학적으로 특징짓기)은 모두 하나의 막다른 골목으로 수렴된다. 즉 개인은 해결의 행위자가 될 수 있는 도덕적 책임과 능력을 박탈당한다. 지구의 미래는 이제 글로벌한 기관, 과학자, 공학자의 손에 달려 있고, 대중은 지구 황폐화의 무력한 목격자가 된다. 2~3년에 한 번씩 며칠에 걸쳐서, 전 세계의 눈이 간절하게 국제정상회의 같은 데에서 열리는 기후 협상에 쏠린다. 하지만 협상은 대체로 위기에 처한 과제 앞에서 만족스럽지 못하다는 평가를 받는다. 그러면 우리는 곧바로 현실로 돌아가서 자동차를 운전하고 스테이크를 먹으면서 다음번 지구온난화 정상회의에서 문제가 해결되기를 기다린다.

왜 우리는 자연을 필요로 하는가?

마지막 절에서는 이상화된 낡은 '자연Nature'을 대체하는 즉시 사용가능한 실용적인ready-made operational 자연 개념을 제공하려는 시도는 하지 않을 것이다. 그 대신 새로운 개념이 전달해야 할 세 가지 특성, 생태학적 과제를 스케치할 수 있는 개념적 배경을 제공하는 세 가지 특성을 제안하고자 한다. 그것은 자연의 외부성exteriority, 자연의 타자성otherness 그리고 자연적 존재들의 행위성agency이다.

자연의 외부성

자연은 우리가 창조하지 않은 현실의 일부로 생각될 수 있다. 우리는 의식이 없는 대식세포大食細胞[8]나 순진한 폭식증 아이처럼, 주위의 모든 것을 흡수하고 삼키는 행위를 멈춰야 한다. 우리를 사로잡고 있는 폭군적 정신착란을 중단시키기 위해서는 자연의 외부성을 자각하고, 우리가 거주하는 지구 그리고 우리와 그것을 공유하는 생명체들은 우리가 설계한 것이 아니라는 사실을 받아들이는 것이 무엇보다도 시급하다. 이러한 외부적 배경 없이는 우리 자신의 주체성을 구축하고 재구성하는 것은 불가능하다.

자연의 타자성

휴머니즘과 그것에 조응하는 인간중심주의는 상호성에 깊이 뿌리박고 있다. 서양의 전통적인 도덕 이론들은 하나같이, 도덕적 행위자와 동일한 종류의 근본적인 이해관계나 내재된 자율성이 타자 안에도 있다는 인식에 의존하고 있다. 우리는 타자에게 도덕적 고려를 베풀기 위해서 타자 안에서 우리 자신을 찾고 있다. 휴머니즘의 이러한 자기도취적 특징은, 설령 계몽된 백인 남성과 같이 매우 동질적인 문화 집단에서는 도덕의 근

---

8 [역주] '대식세포macrophages'는 평소에는 단핵구로 존재하다가 이물질이 생기거나 암세포가 발견되면 자극을 받아서 크기가 커지면서 이물질을 잡아먹는 포식작용을 한다.

거를 제공할 수 있었을지 몰라도, 오늘날 우리가 살고 있는 다원적이고 지구화된 사회에 필요한 진정한 도덕적 틀을 만드는 데는 실패했다. 우리는 다른 각도에서 도덕을 다시 생각하는 방법을 시급히 찾을 필요가 있다. 필사적으로 유사성을 찾기보다는 타자들의 타자성을 인정하고 차이를 존중하는 것이야말로, 동화나 거부 그 어느 쪽에도 근거하지 않는 인간-자연 관계에 대한 재검토를 통해서 생산적인 자극을 받을 수 있다.

자연의 행위성

제비는 인간이 지은 지붕 아래에서 번식하기 때문에 인간의 활동과 무관하지 않다. 그렇다고해서 제비가 인간과 비인간이 혼합된 하이브리드는 아니다. 그것은 그냥 제비일 뿐이다. 그들은 우리를 필요로 하지 않고 우리에게 관심도 없다. 제비를 새와 인간의 오랜 공진화에서 비롯된 하이브리드 복합체로 간주하여 표상, 상징, 문화적 가치를 지니고 있다고 보는 것은(Latour 2004a), 제비가 인간의 목적과 표상으로 환원될 수 없는 감정, 의도, 잠재력을 지닌 제비만의 생활을 하고 있다는 사실을 무시하는 것이다. 자연에 대한 철저한 배려와 존중은 인간과 인간 사이뿐만 아니라 인간과 비인간 사이의 자율성과 연대라는 이상을 화해시키는 데 진정한 자산이 될 수 있다. 전통적인 휴머니즘 이론의 보편주의적 허세는 지구화된 세계에서의 도덕적 유대에 대한 만족할만한 설명을 제공하지 못한다. 거기에서는 우리의 일상적인 선택과 행위에 영향받는 사람들이 공간적으로나 시간적으로 너무나 동떨어져 있어서, 그들에 대한 우리의 책임에 대해서 상호성이 말해줄 수 있는 것은 많지 않다.

최종적인 단상

인류세라는 새로운 시대에 대한 최악의 접근 방식은 우리 자신의 힘에 매료되거나, 공포에 떤 채 자연의 고통을 바라보면서 엎드려 있는 것이다. 하지만 세상에는 좋은 소식도 있다. 기술애호가들과 환경주의자들이 죽은 자연을 위해 진혼곡을 합창하고 있는 동안, 자연은 어디에서든 다시 돌아오고 있다. 자연뿐만 아니라 좋든 나쁘든 야생의 자연도 그러하다. 늑대들이 알프스로 돌아왔다. 1980년대에 프랑스에서 거의 멸종되다시피 했던 수달이 돌아와서, 이제 영국의 점점 더 많은 강에 이 우아하고 작은 포유동물이 살고 있다. 심지어는 대도시도 야생 동물의 서식지가 될 수 있다. 코요테가 시카고의 거리를 산책하고 여우는 런던의 뒷마당에서 먹이를 찾는다. 프레리도그는 덴버 교외를 점령하고 송골매는 뉴욕시의 가장 높은 지붕에 둥지를 튼다. 확실히 이러한 감동적인 이야기는 생물다양성 감소의 강력한 증거에 비하면 [개별 사례에 해당하는] 일화적인 수준에 불과하지만, 인간과 야생 동물의 동거cohabitation 가능성에 대해 하나의 관점을 제공한다. 주위의 동료 인간 그리고 비인간과의 사적 관계를 묻기 위해서 더 작은 규모에서 생태 위기를 재구성하는 것은, 우리가 타자들의 타자성을 수용하고 환영하는 방법을 재고할 수 있는 절호의 기회이다. 지구적 규모에서 보면 지구상의 인간의 흔적은 편재하고 전례없어 보일 수 있다. 그러나 작은 규모에서 보면 단지 뒷마당의 몇 평에 있는 사물들을 내버려 두기만 해도 자연은 죽어 있지도 않고 고통스러워 하지도 않는다는 사실을 알게 된다. 자연은 어디에나 있고 편재하고 조용하며, 싹트고 번영할 기회를 기다리고 있다. 자연을 예속시키는 것 말고도 그것을 보호할 수 있는 길은 많다. 그런 방법을 탐구하는 사람들도 적지 않다. 훼손된 생태계가 자연의 궤적을 회복할 수 있도록 돕는 것이야말로 자신의 일이라고 생각할 만큼 겸손한 일부 복원 생태학자, 재야생화rewilding 접근 방식을 취하는 생물다양성 관리자, 그리고 자연과의 평화로운 동거를 위해 캠페인을 벌이는 도시 야생 동물 활동가가 그들이다.

10장
가이아의 실재를 받아들이기

—근본적인 전환?

이자벨 스텡거스

이 책은 2013년 11월 14일~15일에 파리에서 열린 학술대회《인류세를 사유하기Thinking the Anthropocene》에서 시작되었다.[1] 이 학술대회의 목적은 "근본적인 무언가가 바뀌었다"는 직관을 가진 사회과학자와 인문학자들을 한자리에 모으는 것이었다. "근본적인 무언가가 바뀌었다"는 것은 그들의 학문 분야를 다시 생각할 필요가 있음을 의미한다. 왜냐하면 지금까지 그들은 근대성을 정의하는 '오로지 사회적이기만 한social only' 개념들에 의존해 왔기 때문이다. 학술대회 초청장에는 "가이아가 다시 깨어났다Gaia has reawakened"라고 쓰여 있었다. 오늘날 '지질학적 힘'으로 정의되는 '인류Anthropos'는 놀라운 학문적 성공을 거둔 반면에, '가이아'라는 이름은 "농담하는 거지?"라는 반응을 유발하기 쉽고, "그것은 단순한 비유일 뿐이야"라고 안심시키는 대답을 요구한다. 그래서 "근본적인 무언가가 바뀌었다"는 직관을 공유하는 사람들에게 나는 다음과 같이 주장할 것이다: '인류세'와 '가이아의 부활reawakening of Gaia'의 대조가 중요하고, 그것은 '실재reality'에 관한 다양한 개념들을 접합articulation하는 것이 [우리가 당면

---

1 [역주] 학술대회 프로그램과 발표 내용은 다음 싸이트에서 열람이 가능하다. http://lettre.ehess.fr/docannexe/file/6462/thinking_the_anthropocene_final_programme.pdf

한] 전환의 일부임을 시사한다.

가이아는 기후과학자와 고대 이교도 사이의 사생아라고 할 수 있는데, 어떤 점에서는 '가이아'라는 개념과 "인류세를 사유한다"는 명제 사이의 연관성은 문제가 없어 보인다. 둘 다 우리가 매우 불확실한 시대에 진입하고 있음을 가리키기 때문이다. 홀로세는 이제 과거에 속하겠지만, 마지막 빙하기의 끝과 준-안정적인semi-stable 기후 체제의 시작을 알렸다. 준-안정적인 기후 체제의 시작은 근대 과학을 비롯해서 '전적으로 새로운 것'을 발전시키기에 유리하다. 지질학자들은 지구의 연대기에 이 새로움을 자랑스럽게 자리매김할 수 있다. 인류세는 어떤 '새로운 것'을 의미하는데, 그 새로움은 인류Anthropos가 이제 그 자체로 '지질학적 힘'으로 간주되어, 누구나 인정하는 '새로운' 일이 일어났다는 표시를 전 세계에 남기고 있다는 것이다. 그러나 조금씩 다가오는 기후 장애와 마찬가지로, 이 표시들은 그것을 책임져야 할 사람들에게 자부심이 될 수 없다. 그들은 침식, 공해, 방사능 오염, 어마어마한 쓰레기 더미, 그리고 생물다양성의 막대한 손실에 대해 말할 것이고, 지질학적 시간으로 측정되는 머나먼 미래에도 계속해서 말할 것이다.

인류세 학술대회 제안을 처음 들었을 때 나는 복잡한 감정이 들었다. 왜냐하면 내 생각에는 좀 더 극적이어야 할 구분이 완화되고 있다는 느낌을 받았기 때문이다. 지구에 가해진 피해, 심지어 부상은 우리가 '발견'하는 것이 아니다. 그것의 지속적인 성격은 확실히 강렬하게 다가오지만 약탈, 착취, 강간, 죽음이 우리에게 익숙한 단어이다. 그리고 그 단어들은 '생태계'(요즘 의례적으로 비판받는 '자연'이라는 말은 쓰지 않겠다)는 물론이고, 자신들이 '인간', 즉 호모 사피엔스 또는 인류Anthropos라고 불리는 종에 속한다는 사실을 의식하지 못했던 수많은 사람들과 관련될 수 있다. 그에 비해 다가올 기후변화가 매우 빠르게 진행되며, 그것을 되돌릴 수 없을 수도 있다는 점을 우리가 알게 되면서, 이전과는 다른 새로운 상황이 펼쳐지게 되었다. 우리는 인간이 학대적이었을 뿐만 아니라 마법사의 견습생 역할도 겸했다는 사실을 알게 되었다. 그리고 우리는 더 이상 '희생자'로 묘사될 수 없는 무언가로부터, 제임스 러브록과 린 마굴리스가 '가이아'라는 세례명을 준 강력한 존재에게 새로운 의미를 부여하는 무언가로부터, 두려운 응답을 유발할 수도 있다는 사실을 깨닫는다.

'기후변화' 커뮤니티에서는, 그중에서도 중심 인물인 스티븐 슈나이더Stephen Schneider에게는, 가이아가 결코 단순한 비유가 아니다. 그것은 이 커뮤니티가 풀어야 하는 의문의 인물이었다(Schneider 1984). 1988년에 가이아 가설을 다룬 제1회 채프맨 학술대회[2]를 조직한 사람은 슈나이더였다. 이 학술대회는 과학자들이 이 문제를 진지하게 토론하도록 하는 데 큰 기여를 하였다. 슈나이더에게는 처음부터 가이아의 정신ethos이 중요하였다. 가이아는 살아있는 유기체를 말하는가? 아니면 적어도 지구상의 생명의 번영에 최적의 조건을 보장하는 항상성을 지닌 공진화 시스템을 말하는가? 이것이 러브록의 논지였다. 그러나 슈나이더는 약간 다른 생각

---

2 [역주] 채프맨 학술대회Chapman Conference는 미국물리학협회American Geophysical Union(AGU)에서 주최한 학술대회로 샌디에고에서 4일 동안 열렸다. 제임스 러브록, 린 마굴리스, 스티븐 슈나이더를 비롯한 다양한 분야의 저명한 가이아 연구자들이 참석하였다. 당시 학술대회에서 논의된 내용에 대해서는 Eric G. Kauffman, "The Gaia Controversy: AGU'S Chapman Conference," *Eos, Transactions American Geophysical Union*, Volume 69, Issue 31, 2 August 1988, pp.763~764에 소개되어 있다.

을 가지고 있었다. 그가 보기에 1980년의 알바레즈Alvarez 가설은 지금까지 유지해 왔던 것들을 파괴할 수 있는 능력이 가이아에게 있었음을 알려주는 계기가 되었다.

'알바레즈 가설'이란 약 6,500만 년 전에 일어난 공룡의 멸종을, 거대한 소행성의 '지구 충돌' 및 그 결과로 생긴 지구를 뒤덮은 먼지구름으로 인한 '지구의 냉각화'와 연결시키는 이론을 말한다. 가이아의 안정성과 안정시키는 힘은 당연한 것으로 간주될 수 없었다. 알바레즈 가설에 의해 무대에 올려진 잔혹한 멸종 가능성은, 서로 분리불가능한 정치적, 과학적 의제를 안고 있는 '기후변화' 모델 제작자 커뮤니티로서는 하나의 출발점이 되었다. 핵 충돌 가능성이 커지고 있다고 인식되었던 1980년대에 나온 '핵겨울' 가설은, 인류에게 경종을 울린 파울 크뤼천과 스티븐 슈나이더 등에 의해서 대중의 주목을 끌었다. 그들은 비록 '제한적' 핵전쟁이라 할지라도 '지구적' 영향을 끼칠 수 있는 가능성을 컴퓨터로 시뮬레이션 하기 위해서, 소련의 과학 파트너들을 포함시킨 국제적 협력을 조직하고 핵무기 사용 금지를 공개적으로 요구했다.

이와 같이 경종을 울리는 새로운 역할과, 핵전쟁의 전망이나 상호확증파괴MAD[3] 전략에 반대한 전후戰後 물리학자들의 운동과의 차이를 강조할 필요가 있다. 물리학자들은 인류를 파괴할 수 있는 무서운 가능성을 지닌

---

3   [역주] 상호확증파괴(相互確證破壞, Mutual Assured Destruction)는 1949년에 미국과 소련이 핵무기를 사이에 두고 갈등하는 상황에서 생긴 말로, 적대 관계에 있는 두 나라가 상대방의 핵 공격을 저지하기 위해 핵 무장을 강화함으로써 전면전이 일어나 쌍방 모두 파멸에 이르는 상황을 말한다. 조진래, 〈[원클릭시사] 상호확증파괴(MAD)〉, 《브릿지경제》 2005.02.06 참조.

과학에 대해 자신들이 책임이 있다고 공개적으로 발표하였다. 하지만 그들의 발표는 인간의 의식 전반을 토로하는 것으로 들렸을 수도 있다. 물리학은 그 수단을 제공했지만 그것의 사용 여부는 순전히 인간의 손에 달려 있었기 때문이다. 이와는 대조적으로 '핵겨울' 에피소드 동안에 컴퓨터는(오늘날의 기준으로 볼 때는 매우 느림) 매우 단순화된 모델을 실행하고 있었고, 불충분한 데이터가 수집되었으며, 최악의 시나리오가 그려졌다. 이것이 의미하는 바는 더 이상 고전적인 생각, 즉 '과학이 인류에게 준 힘'은 문제가 아니라는 것이다. 중요한 것은 정치적 문제와 관련된, 또는 그것에 반대하면서 개입하는 지식의 창조였다. 과학자들의 공개적인 발표 결정은 사회참여적인 과학자들이 사회정치적 갈등과 비합리적 대중의 두려움에 맞서서 '사실의 권위를 중시하는' 과학계의 전통적인 입장을 깨고 있음을 의미하였다. 하지만 그것을 공표하려는 결정은 명백히 불확실한 결과를 수반하고 있었다. 컴퓨터의 힘이나 모델링의 진보 여하에 상관없이 결과는 불확실할 뿐이기 때문이다.

    인문학과 사회과학 전문가로서 우리는 이른바 경성과학[4] 동료들의 매우 이례적인 입장을 가늠할 수 있어야 한다. 왜냐하면 그들이 사회에 던진 경종은 과학계의 일반적인 통념, 즉 "자신이 주장하는 것을 증명할 수

---

4   [역주] '경성과학hard science'은 '연성과학soft science'과 대비되는 말로, 비역사적이면서도 단순한 주제에 초점을 맞추는 자연과학을 말한다. 반면에 역사적이면서 복잡한 주제를 다루는 과학을 '연성과학'이라고 한다. 경성과학의 예로는 화학, 생물학, 물리학을 들 수 있고, 연성과학의 예로는 심리학이나 사회학이 있다. 두 개념에 대한 상세한 설명은 마시모 피글리우치, 『이것은 과학이 아니다: 과학이라 불리는 비과학의 함정』, 노태복 옮김, 부키, 2012의 제1장 「경성과학과 연성과학」을 참고하기 바란다.

없는 과학은 공적인 문제에 대처하기 전까지 증거가 나오기를 기다려야 한다"는 생각에 도전하는데, 이 메시지와 그들은 운명을 함께 하기 때문이다. 이것은 우리를 다소 특별한 입장에 처하게 할 수 있다. 우리는 이 메시지에 우려를 품은 채, 다른 사람들처럼 기후변화의 전망을 걱정하면서 '단순히' 대중의 일부라는 사실을 받아들이는 위험을 감수해야 할까? 아니면 부지불식간에 마이클 클라이튼의 『공포의 제국』[5]의 독자들과 같은 [기후변화] 부정론자들 편에 가담하면서, 이 새로운 '과학 권력'의 모습에 비판적으로 대처해야 할까? 공포의 상인인가 의혹의 상인인가?[6] 우리는 이 중에서 하나를 선택해야 하는 대단히 불편한 입장에 놓여 있다.

'가이아'라는 이름은 의혹의 상인들이 종종 읊조리는 "우리는 더 많은 연구가 필요하다"라는 상투적인 후렴구에 대한 명백한 거부를 나타낸다. 그리고 우리는 이 거부를 우리의 주장과 공유할 수 있다. 예를 들어 이해관계자와 공적 기관의 합의를 최고의 권위로 삼아서 이미 학계에 받아들여지고 있는 이른바 '과학적 증거들'의 숫자에 의문을 제기할 수 있다. 사실 무엇을 증거로 삼을지를 평가하는데 있어서 중립적인 것은 아무 것도 없다. 그리고 시장Market이 그 자체로 인정받는 때에 왜 가이아가 [인간과 무

---

5 [역주] 원제는 "State of Fear"로, 지구온난화로 인한 대중의 공포를 이용한 극단적 환경론자들을 고발하는 소설이다. 우리말 번역은 마이클 클라이튼, 『공포의 제국』(전2권), 김진준 옮김, 김영사, 2008이다.
6 [역주] 원문은 "Merchants of fear or merchants of doubt"이다. "merchants of doubt(의혹의 상인)"는 "의혹을 파는 상인들"이라는 뜻으로, 나오미 오레스케스Naomi Oreskes와 에릭 M. 콘웨이Eric M. Conway가 2010년에 쓴 책의 제목이다. 이 책의 우리말 번역서는 나오미 오레스케스·에릭 M. 콘웨이, 『의혹을 팝니다: 담배 산업에서 지구온난화까지 기업의 용병이 된 과학자들』, 유강은 옮김, 미지북스, 2012이다.

관하게] 그 자신을 위해 '존재한다'는 사실은 받아들이지 않는가? [가이아의 실재를 부정하는] 이러한 태도는 "근본적인 무언가가 바뀌었다"는 직관의 도전으로부터, '참된 증명'은 이 세상에 속하지 않는다고 주장하는 우리의 전통적인 비판적 입장 또는 불가지론적 입장을 지켜내는 것이다.

한 걸음 더 나아가서 나는 두 개의 '지구적' 객체들global objects, 즉 가이아와 시장 사이의 차이를, 그리고 그것들이 의거하고 있는 대응 모델들 사이의 차이를 강조하고자 한다. 기후모델링의 역학과 경험적 데이터 수집의 역학은, 더 나은 그리고 더 상세한 모델들, 더 강력한 컴퓨터들, 그리고 더 많은 경험적 관찰을 통해 가이아의 정신ethos을 알 수 있다는 사실을 전제로 한다. 어떤 의미에서는 러브록의 가이아는 애초부터 시장과 모종의 유사점을 지니고 있다: 가이아는 가이아가 맡게 될 가상의 역할에 의해 정의되었기 때문이다(Lovelock 1979). [하지만] 가이아의 정신을 이해하기 위해서 더 이상 선택된 사례들에 의존하지 않아도 된다. '선택된 사례'란 가이아의 안정화하는 힘과 항상성을 유지하는 힘을 보여주는 과정들 사이의 결합couplings 사례를 말한다. 기후모델에서는 모든 결합들이 잠정적으로 관련되어 있고, 대부분은 애매하며, 어떤 조건 하에서는 전체의 안정성에 참여하는 것처럼 보이지만, 만약에 기후 전문가들의 악몽인 티핑 포인트를 넘는다면 기온의 변화를 증폭시킬 위험이 있다.

그러한 악몽이 일어날 수 있다는 가능성 자체가 그 과학이 '실재론적' 과학realist science임을 보여주는 징표이다. 실재론적 과학이란 그것이 다루는 실재reality에게, 그 실재가 자신을 규정하는 방식에 차이를 만들어내는 모종의 힘을 성공적으로 부여했는지 여부에 따라 그 진리치가 결정되는 과학이다. 하지만 실험 과학과 달리 기후 과학에서는, 아무리 모델의 관련성과 신뢰성이 향상되었다고 하더라도, 차이를 만들어내는 힘의 목적이 실재reality를 '잘 정의된 [실험] 대상'으로 바꾸는 데에 있는 것은 아니다.

그것을 '가이아'라고 부르는 것은 다음과 같은 사실을 의미한다. 그것은 '존재being'라고 부를 수 있는 것이고, 앞으로도 그럴 것이며, 그것을 확실하게 특징짓기 위해 공들여서 만든 개념으로 존재하는 것이 아니라, 그 자체의 개념으로 존재한다는 것이다. 그것은 살아있는 존재도 아니고 사이버네틱 존재도 아니다. 그것은 생명과 비생명 사이의 구분을 복잡하게 만드는 존재이다. 왜냐하면 가이아는 일관적으로 유지되고, 그것에 가해진 변화에—여기에서는 대기 중의 온실가스 배출량에—응답하는 자신만의 특별한 방식을 타고났기 때문이다. 그래서 그것은 원인과 결과 사이의 일반적인 선형적 관계를 깨트린다.[7]

이러한 의미에서 가이아는 전형적인 새로운 유형의 과학적 존재일 수 있다. 이제는 컴퓨터 모델링을 통해서 '선형화linearisation'라는 이상에서 벗어나서 강한 비선형 결합(긍정 및 부정 피드백)을 하는 상황들을 탐구할 수 있게 되었기 때문에 그런 존재는 늘어날 수밖에 없고, (베이컨적인 '자연' 개념에 사용

---

[7] 저항해야 하는 또 하나의 모델은 '고유한 조건own terms'과 '고유한 방식own particular way'이 '소유자owner'를 나타내는 '자가생산적 존재들autopoietic beings'이다. 이 존재는 외부와의 교환을 통해 형식적 정체성을 유지하면서 자신에게 영향을 미치는 것에 대해 일방적으로 의미를 부여한다. 이에 대해 도나 해러웨이는 '공동생산sympoiesis' 개념을 제안하였다. '공동생산'은 이종생산heteropoiesis과 자가생산autopoiesis이 정면으로 대립하는 상태에서 벗어난다. 이는 마치 계몽적 대화가 '명령-복종' 관계와 '쇠귀에 경 읽기식 대화'라는 양극단을 벗어나는 방식과 비슷하다. [역주] '공동생산sympoiesis'은 '공-산'으로도 번역되는데, 여기에서는 '자가생산'과 대비시켜 '공동생산'으로 옮겼다. autopoietic은 '자기생산'으로 heteropoiesis는 '타자생산'으로도 번역될 수 있다.

되던) "하게 한다make do"는 강압 언어와 (유혹하는 사람, 트레이너, 교사 등이 사용하는) "~로부터 얻는다obtain from"는 언어 사이의 강한 구별은 해소될 것이다. 이러한 관점은 합성생물학synthetic biology이라는 공학적 꿈을 실현시키기보다는, 그러한 존재들이 자신의 존재를 유지하거나, '행동'하거나, 혹은 그 행동을 수정하기 위해서 필요로 하는 것이 무엇인지를 탐색하는 새로운 종류의 생태행동학eco-ethology과 소통할 수 있을 것이다. 이것은 전혀 '순수'하거나 존경할 만한 관심concern은 아니고 새로운 스타일의 관심이다. 통제나 지배의 꿈을 포기하고, 우리가 공존하지 않을 수 없는 것에 주의를 기울이고, 그것을 소중히 여기며, 그것으로부터 배우는learn from 새로운 스타일의 관심이다.

그래서 가이아는 지구가 아니다. 즉 (가능하면 지속가능한 방식으로) 개발되어야 할 자원도 아니고, 존경받거나 보호되어야 할 연약하고 독특한 경이도 아니다. 가이아는 '지구적global'이다. 저 유명한 '푸른 행성' 사진이라는 의미에서가 아니라, 인간 활동이 간섭해 온 복잡한 과정적 결합들을 파악하기 위해서는 지구적인global 컴퓨터 모델들이 필요하다는 의미에서이다. 내가 6년 전에 「가이아의 침입Intrusion of Gaia」[8]을 쓰면서 강조했듯이(Stengers 2009), 가이아의 부활은 핵전쟁이 가져올 일시적인 '겨울'이나 '가을'과 같은 '위기'와 결부되어서는 안 된다. 그것은 결코 배경으로 물러나지 않을, 그리고 그 안정성을 '우리'가 결코 다시는 당연하게 여길 수 없게 된 어떤

---

8 [역주] 「가이아의 침입」은 Isabelle Stengers, *In Catastrophic Times: Resisting the Coming Barbarism* translated by Andrew Goffey, New York: Open Humanities Press, 2015의 제4장에 수록되어 있는 글이다.

주인공을 고려해야 할 필요성과 연관지어 이해되어야 한다. 이런 의미에서 가이아는 일반적인 차원에서가 아니라 '오직 인간만의human only' 서사 만들기에[9] 침입하고 있다. 게다가 과학적 존재로서 가이아는 요구나 메시지를 전달하지 않는다. 과학적 모델은 단지 [인간의] 경솔한 간섭에 대한 [가이아의] 무심하고 무자비한 응답을 포착할 수 있을 뿐이다. 그러나 이러한 응답이 제기하는 도전은 직접적인 정치적 함축을 지닌다. 왜냐하면 과학자들에 의하면, 가이아가 되돌릴 수 없을 정도로 전면적으로 깨어나기까지 우리에게 남은 시간은 매우 적기 때문이다.

기후학자들이 가이아의 위협적인 부활 속도에 점점 더 깊은 인상을 받고, 그 위협을 전달하는 정치 세력의 관성에 좌절하고 있을 무렵, 파울 크뤼천은 '인류세'라는 모토를 발표했고, 이 모토는 이후 모든 장면에 침투하였다. 인류세는 그것의 지질학적 신빙성을 환영하는 수많은 학자들에 의해 대대적인 지지를 받았는데, 그 이유는 그들이 인류세를 이용해서 자신들을 가이아의 실질적real 위협으로부터, 즉 비이성적인 파국주의 '신봉자들'에게 문을 열어주는 것으로부터 방어하려고 했기 때문이다. 나는 크뤼천의 제안을 비판하는 것이 유용하다고 생각하지는 않는다. 도나 해러웨이는 '인류세Anthropocene'라는 용어가 논란의 여지가 많은 이유를 여러 가지 든 다음에, 그리고 어원적으로 'Anthropos'가 '위를 쳐다보는 사람들' (추상적인 이상에 매료되어 지상의 혼란에 주의를 기울이지 않는 사람들)에서 유래할 수 있다

---

[9] [역주] '오직 인간만의 서사만들기'의 원문은 'human only story-making'이다. 이야기의 등장인물이 인간들로만 이루어져 있다는 뜻이다. 'human only'는 앞에서 나온 'social-only'와 상통하는 개념이다.

는 사실을 강조한 뒤에, 다음과 같이 관대하게 말했다.

> 유진 스토머와 파울 크뤼천은 이러한 애매함에 괴로워하지 않았다. 그들은 위를 쳐다보지만 시선은 지구의 대기가 짊어지는 탄소 부담에 집중되었다. 그들은 또한 뜨거운 바다에서 촉수동물들과 함께 헤엄치면서 해양생물의 손가락 모양의 시각적-촉각적 눈으로 산호의 공생이 죽어가는 것을 보았다(Haraway, 2014a).[10]

과학적 존재로서 가이아는 지상의 진흙탕을 무시하지 않는다. 오히려 "그 진흙탕이 가이아에게 어떻게 그리고 어느 정도 영향을 미치는가?"라는 열려 있으면서 끊임없이 재수정되는 물음에 의해 틀 지워진다. 그러나 '앤트로포스Anthropos'의 경우는 다르다. 그것은 주의를 기울이지 않는 것이 자신의 권리이자 위대함이라고 주장한다. 크뤼천은 이 사소한 차이에 대해서는 전혀 궁금해하지 않았을 수 있다. 그와 그의 동료들에게 문제의 핵심은 '인위적인anthropogenic'이었다. 분명히 가상의 핵겨울은 인위적인

---

10 [역주] 이 부분은 도너 해러웨이가 2014년에 쓴 "Staying with the Trouble: Sympoiesis, String Figures, Multispecies Muddles"에 나오는데, 그로부터 2년 뒤에 간행된 해러웨이의 저서에도 수록되어 있다(Donna J. Haraway, *Staying with the Trouble: Making Kin in the Chthulucene*, Durham: Duke University, 2016, p.183). 다만 문장 표현은 약간 달라졌다. 국내 번역서로는 도나 J. 해러웨이, 『트러블과 함께하기: 자식이 아니라 친척을 만들자』, 최유미 옮김, 마농지, 2021, 255쪽 각주 45에 나온다. 참고로 맨 마지막 부분의 "해양생물들의 손가락 모양의 시각적-촉각적 눈"의 원문은 "the optichaptic fingery eyes of marine critters"이다. 이 부분에 대해서 해러웨이는 Eva Hayward, "FingeryEyes: Impressions of Cup Corals," *Cultural Anthropology* 24-4, 2010을 참고했다고 밝히고 있다.

사건이지만 알바레즈Alvarez의 멸종은 그렇지 않았다. 이미 관측되고 있는 평균 기온의 변동이 '인간의 활동'과 관련되어 있다고 주장하는 것이야말로 전하고자 하는 핵심이었다. 이 핵심을 "인간의 활동이 지구를 지질학적 규모에서 불가역적으로 변화시키고 있다"고 하는 논란의 여지가 없는 연구 결과들과 연결시킨 것은, 이 상황의 참신함을 인간의 상상력 속에 각인시키기 위해서였다. 그러나 이 수사학적 수법의 역설은 이 참신함과는 다소 상이한 관계에 있는 두 과학계, 즉 지질학자와 기후학자를 연합시켰다는 데에 있다.

'지구의 위대한 시대들'[11]의 연대를 측정하는 [과학적] 활동은 지구와 지구 자원의 정복을 둘러싼 거대한 지정학적-과학적-경제적 이야기의 일부이다. 지질학적 시간 척도는 '비합리적 신념을 무찌르는 보편적이고 공정한 지식'이라는 명예로운 인장stamp 을 보여주는 유일한 영역이다. 나는 여기에서 가볍게 빈정거릴 생각도 없고 성취를 반박하려는 의도도 없다. 스티븐 J. 굴드가 과거에 말했듯이(Stephen J. Gould 1990), 그 역사적 복잡성이 어떻든지 간에, 데본기 대논쟁Great Devonian Controversy[12]의 종결은 지질학계의 집단 기억에서는 지정학적 관심이 섞여 있지 않은 순수한 기쁨이다. 그것은 계속 유지되어야 하는 기쁨이다. 우리가 실제로 '인류세'에 살고 있는지 여부를 결정하기 위해 국제층서위원회가 들인 시간은 지질학자들의 바람에 부응할 수 있다. 그 바람은 긴급한 경보를 울리는 기후학자 동료들

---

11 [역주] 고생대, 중생대, 신생대와 같이 지구의 역사를 이해하는 데 중요한 지질학적 시간 척도를 말한다.
12 [역주] '데본기'는 지구상에 어류魚類가 다양해지고 척추동물이 육상에 진출한 시대를 말한다.

의 전략에 따르지 않으려는 것이다. 게다가 두 집단은 '변화'에 대한 견해가 다르다. '파국론자catastrophist'의 알바레즈 가설은 처음에는 지질학자들의 맹렬한 저항에 부딪혔다. 지질학자들에게 있어 동일과정설uniformitarian doctrine[13]은 과학적 합리성이 신념을 이긴다고 하는 말과 다를 바 없었다. 지금은 확실히 상황이 바뀌어서, 대멸종 사건에 의해 중단된 역사를 입증하는 증거가 받아들여졌고, 그것을 초래한 사건들의 전회turn에 대한 가설들도 수용되었다. 그러나 장기적인 관점에서 보면, 이야기는 여전히 '회복 중인 지구'에 관한 것이고, 실제로 우리 시대를 명명하는 것은 미지의 (회복된?) 미래의 가상의 지질학자들이 중심이 된다. 그들은 지구 전역에서 데이터를 수집하고 숙고하여 그 변화가 새로운 이름을 부여할 만한 변화임을 입증하고, 그것이 이번에는 '자연적 힘'에 의한 변화가 아니라는 결론에 도달할 것이다. 이 변화에 책임이 있는 사람들이 미래에 살아남을지 여부는 지질학자들의 관심사가 아니다. 그들의 임무는 가상의 동료들이 여전히 논의 중인 판결, 즉 '우리' 시대가 정말로 적절한 이름을 가질 '자격'이 있는지에 대한 판결을 확정짓는 것이다. 그 이름이 무엇이든 간에 그것은 새로운 시대를 나타낼 것이다.

이 '미래완료 진행형'[14]은 '지금' 우리에게 남아 있는 시간을 삼키고 있다. 그 시간은 단지 낭비될 뿐만 아니라 공격받고 있다. 그 이유는 온실

---

13 [역주] '동일과정설uniformitarianism'은 '균질주의'라고도 하는데, 1930년대에 영국의 지질학자 찰스 라이엘Charles Lyell이 『지질학 원리』에서 주장한 이론으로, 지구 전체가 대격변이 아니라 동일한 원리 하에 점진적으로 변해왔다는 내용이다.
14 [역주] 여기에서 '미래완료 진행형'은 비유적 의미로 사용되어, "우리가 직면한 기후변화 문제를 미래의 가상의 시점에서 이미 끝난 일로 보는 방관자적 태도"를 의미한다.

가스가 감소되기는커녕 급증하고 있기 때문이다. 그것은 또한 "무슨 일이 일어날까?", "가상의 지질학자들이 이 새로운 '시대'를 어떻게 특징지을까?"라는 질문도 삼키고 있다. 이것은 지질학자들의 책임을 넘어서는 영역으로, 바로 이 점이야말로 그들의 결정을 현재의 '초미의' 관심사로부터, 즉 현장의 동료들이 이른바 '비非재래형 화석연료'의 유망한 공급원을 찾으려고 분주하게 뛰어다니는 것으로부터, 보호해 주면서 중립을 유지하게 한다.

지질학자들에게 인류세는 '단지 이름'에 지나지 않을 수 있지만, 이름에는 그 자체로 힘이 있다. 오늘날 이 이름이 단지 미디어에서뿐만 아니라 학계에서도 커다란 성공을 거두고 있는 것을 목도하면서, 우리는 이 성공이 지질학자들의 미래완료 진행형이 주는 안도감과 무관하지 않다는, 즉 성찰적인 학문적 숙고와 새로운 이론적 전환의 여지를 만들어주는 것과 무관하지 않다는 가설을 세울 수 있다. 우리는 심지어 인류Anthropos를 다음과 같이 '찬양하는' 새로운 목소리도 듣는다: 인류는 (지구공학의 방법으로) 기후 위협을 중화시키는 방법을 성공적으로 찾아낼 뿐만 아니라, 계속해서 자의식을 지닌 지질학적 힘으로서 지구를 재구성하여, 인류세를 '좋은 인류세'로 전환함으로써 신과 같은 운명을 완수하는 존재이다.

클라이브 해밀턴은 우리가 단지 "오래된 후렴구의 우스꽝스러운 리메이크를 다루고 있을 뿐"이라고 생각할 수 있는 유혹에 맞서서 커다란 경종을 울렸는데, 우리는 이것에 감사해야 할 것이다(Clive Hamilton 2013). 여기서 해밀턴이 말하는 '리메이크'는 기후 장애climate disorder를 부정하는 전략이 일단락되고, '우리'가 공식적인 '플랜 A'(온실가스 감축 계획)의 실패에 직면해야 할 때 자주 사용될 수사법을 미리 알려주는 것일지도 모른다.

그 수사법은 다음과 같다. 마법사 견습생은 가이아를 길들이는 것 외에 다른 선택의 여지가 없다고 주장할 것이고, 그 하수인들은 그러한 시도를 인간의 해방과 지배의 논리적 성취로 바꿔치기할 것이다. 즉, 우리가 단지 '자연의 힘'에 순종적으로 의존해야 할 이유는 없다고 역설할 것이다.[15]

나는 이러한 미래로 가는 길이 얼마나 손쉽게 시작될 수 있는지를 보여주는 다소 불길한 장면을 브뤼셀에서 목격했다. 그것은 클라이브 해밀턴의 대중 강연이었다. 그는 학자들을 상대로 불안하게 다가오는 '플랜 B'[16]의 지구공학에 대해 강연하고 있었는데, 그것에 의하면 플랜 B는 이미 '의혹의 상인들'을 경제적으로 지원했던 사람들에게 지지받고 있었다.

그의 강연이 끝난 뒤 침묵을 깨는 유일한 질문은 공학자와 과학자들 사이에서 나왔다. 그들은 우리의 운명이 사적인 기업의 손에 맡겨져서는 안 된다고 강조하면서, 다양한 가능성의 타당성과 위험성을 객관적으로 (그리고 어디까지나 일반적인 이익만을 염두에 두고서) 평가하기 위해서는 공공의 연구가 필요하다고 호소하였다. 그들에게 있어서는 '해결책 제공자'라는 과학의 일반적인 위상을 유지하면서, 그러한 매혹적인 질문과 씨름하는 것은 분명히 합리적인 대답이었다.

나는 그들이 추상화하면서 제거한 것들—가령 오늘날의 지식경제의 규칙들을 비롯하여, 어떤 가능성에 '대한on' 연구가 가능성을 '위한for' 연

---

15 갑자기, 우리의 궁극적 과제는 "태양 경제가 부과하는 한계를 피하는 것"이라고 사유했던 가속주의자accelerationist 레자 네가레스타니Reza Negarestani의 일견 터무니없어 보였던 발언이 예언처럼 들린다(Negarestani 2011, 201).
16 [역주] '플랜 B'는 지구공학의 기법을 사용하여 인위적으로 지구의 기온 상승을 억제하는 계획을 말한다.

구로 불가피하게 변해 버리는 경향 등—을 일일이 나열하지는 않겠다. 나는 또한 '합리적인 대답'과 모순되는 요소들을 축소되어야 할 장애물이라는 측면에서 분석하지도 않을 것이고, 그것을 비용 편익 분석이라는 [경제적] 관점으로 환원시키는 데에서 발생할 수 있는 위험성 측면에서 분석하지도 않을 것이다. 유전자 조작식품 사례는 이 두 가지 문제점을 명확히 보여주며, 지구공학의 이점 또한 압도적으로 커보일 것임을 우리는 쉽게 예상할 수 있다. 브뤼셀에서 그 꿈은 건재하였고, 심지어 한 과학자는 스티븐 호킹이 주장했듯이, '우리'가 돌이킬 수 없을 정도로 엉망이 된 지구를 떠나서 다른 행성을 테라포밍해야[17] 한다면 우리가 획득한 지식이 상당히 유용할 것이라고까지 말하였다. 비록 해밀턴의 대답이 강력하긴 하였지만, 유감스럽게도 유망한 연구 프로젝트에 대한 끊임없는 생각들을 강연장에서 몰아내지는 못하였다. 그 불길한 침묵은 오히려 "예, 알고 있습니다. 그렇지만…"이라는 말에 다름아니었다.

  이 장면은 우리처럼 역사비평적historico-critical 연구를 수행하는 연구자들에게는 놀랍지 않을 것이다. 특정한 이해관계나 정치적 대립, 그리고 이념적 헌신을 초월해서 '공정한' 지식을 생산한다는 과학자들의 주장이 지닌 정치적, 이념적 성격에 대해서 우리는 충분히 글을 통해 알리지 않았던가? 여기에서는 근본적인 것은 하나도 바뀌지 않은 것 같다. 그리고 바로 이것이 핵심일 수 있다. 우리는 또한 기후학자들이 '진짜true' 과학이 있다고 주장하는 방식에 대해서도, 모든 과학이 부여한다고 하는 정당한

---

17 [역주] 원문은 'terraform'이다. 의미는 "어떤 행성을 인간이 살 수 있도록 지구처럼 개조한다"는 뜻이다.

객관적 권위를 가지고 비판적으로 분석할 준비가 되어 있지 않을까? 우리는 지구상의 모든 사람에게 강제로 적용될 추상적인 질문의 범위를 규모화하는 [즉, 지구적 차원으로 확장하는] 거대한 계산 센터들 [즉, 데이터연구소나 컴퓨터시스템]의 전형적인 사례를 다루고 있지 않은가? 바로 여기에서 논의의 토대가 전환된다: 만약에 우리가 가이아의 '실재'를 받아들인다면 어떻게 될까?

10년 전에 브뤼노 라투르는 「왜 비판은 힘을 잃었는가?」라는 글을 썼는데[18], 거기에서 그는 지금 우리가 '의혹의 상인들'이라고 부르는 사람들이 해체주의자의 논증을 가로챈 사례를 들었다. 그는 다음과 같은 물음을 던졌다.

> 우리가 이 시대의 관심사를 다루는 또 다른 강력한 기술적 도구를 고안할 수 있을까? 도나 해러웨이가 말했듯이, 더 이상 폭로하는 데 중점을 두지 않고 보호하고 돌보는데 중점을 두는 그런 기술적 도구를? 사실의 문제에서 실재reality를 빼지 않고 더하도록, 어떤 사람의 정신ethos에서 비판적 충동을 변화시키는 것이 정말로 가능할까?(Latour 2004b, 232).[19]

이 명제는 기후학자들이 얻었다고 하는 사실들이, 마치 거기에서 어떤

---

18 [역주] Bruno Latour, "Why Has Critique Run out of Steam?: From Matters of Fact to Matters of Concern," *Critical Inquiry* 30, Winter 2004. 원문은 다음 싸이트에서 열람 가능하다. (http://www.bruno-latour.fr/sites/default/files/89-CRITICAL-INQUIRY-GB.pdf) 한글 번역은 『문학과 사회』 143호(2023년 가을)에 브뤼노 라투르, 「왜 비판은 힘을 잃었는가? 사실의 문제에서 관심의 문제로」라는 제목으로 수록되었다.
19 [역주] 이 인용문의 한글 번역은 브뤼노 라투르, 「왜 비판은 힘을 잃었는가? 사실의 문제에서 관심의 문제로」, 『문학과 사회』 143, 2023년 가을, 299쪽에도 수록되어 있다.

'지구적인' 관심사가 도출될 정도로 '두려워할' 만한 것이 아님을 암시한다. IPCC 실무그룹 I에 모인 전문가들의 주된, 그리고 매우 구체적인 관심은 그들의 작업 추상화working abstractions의 신뢰성에 관한 것이었다는 점만 유의하면 될 것이다. 그들의 모델은 가이아가 지구적 위협이라고 결론지을 수는 있지만, 여기서 '지구적global'은 지상의 국지적이고 마찰이 많은 진흙탕에 대한 승리가 아니다. 가이아에게는 경고를 울릴 수 있는 권위를 부여하는 '실재적real' 주장 이외에는 통일된 힘이 없다. 그것은 위협에 대한 해답에 대해서는 '음소거' 되어 있다.

라투르의 주장은 비판을 목적으로 삼는 것을 그만두라는 말이지 비판적 관심을 포기하라는 뜻은 아니다. 우리는 실제로 이 지점에서 우려할 수 있다. 기후과학자들이 정의한 가이아에는 통일적인 힘이 없을 수도 있다. 하지만 여기에는 조건이 있다. 즉, '위를 처다보는' 인류Anthropos까지는 아니더라도, 무엇이 "정말로 중요한지"를 과학을 통해 정의하는 사람들이 거기에 아무 것도 더하지 않는다는 전제하에서이다. 만약에 비판적인 주의나 보호·돌봄의 필요가 있다고 하더라도 그것은 내가 전 지구적으로 '그룹 I' 전문가라고 부르는 사람들이 품고 있는 객관성과 실재론realsim이라는 환상을 폭로하는 것은 아니다. IPCC에는 세 개의 실무 그룹이 있는데, 세 번째 그룹은 정책 입안자들을 위해서 가이아의 물음을 정식화된 문제로 바꾸느라 바쁘다.[20] 즉 정책 입안자들이 유의미하다고 생각하는 사회경제적 매개변수에 부합하는 용어로 변환하느라 분주하다. 그룹 I과 그룹 III

---

20 [역주] 실무 그룹 I은 기후변화의 과학적 근거를 평가하고, II는 기후변화의 영향, 적응 및 취약성을 평가하며, III은 기후변화 완화 방안을 평가한다.

은 '추상화abstraction'와 '실재론realism'에 대한 정의에 있어서는 거의 공통점이 없다. 그룹 I 전문가들은 빙상의 복잡한 역학을 새롭게 이해하면 악몽을 꾸지만, 그룹 III 전문가들은 자신들이 쓰는 시나리오의 주인공에 대해서 그런 이야기를 하지 않는다. 그들은 온실가스 배출이 감소하기는커녕 오히려 가속화되고 있다는 사실에 '중립적으로' 주목할 수는 있지만, 온실가스가 계속해서 가속화될 수밖에 없는 (정치적으로 폭발적인) 이유까지 깊이 들어가지는 않을 것이다. 만약에 '좋은' 인류세라는 모토가 여론에 서서히 침투하여 신뢰를 얻는다면, 그것은 그룹 III의 '믿게 만드는' 서술방식을 통해서일 것이다. 사실의 가이아에 불편한 실재를 '더하는add' 것이 아니라, 정책 입안자들의 (지구적인) 관행적 접근 이외에는 그 어떤 것도 실재적이지 않다고 가정하는 것을 통해서일 것이다.

나는 그룹 I의 전문가들이 결백하거나 공정한 과학자라고 주장하는 것은 아니다. 단지 객관성과 실재에 대한 언급에 있어서는 세 그룹의 공통점이 전혀 없고, 그들 각각의 구체적인 관심사에 따라 결정적으로 달라진다는 점을 강조하고 있을 뿐이다. 경보발령자들 자신의 역할에 대해서는 많은 사람들이 "과학자들이 '사실'을 보여주면 결과가 뒤따른다"라는 우화를 믿었을 수 있다. 그러나 이 우화는 그 사실이 '발전'이라고 불리는 새로운 가능성을 정당화할 때만 적용된다는 점을 망각한 것이다. 어떤 사람들은 민주주의를, 심지어는 시장을 신뢰했을 수도 있다. 어떤 사람들은 "우리는 사실을 전달한다"는 중립성의 외피를 유지했는데, 이는 그들의 적이 그 외피에 작은 균열이라도 생기기를 기다린다는 사실을 알고 있었기 때문이다. 그것은 마치 프랑스 동요에서 "나는 너를 잡고 너는 나를 잡고, 서로의 작은 수염을 잡아. 먼저 웃는 사람은 한 대 맞는거야!"라고 하는 것과 같다. 그러나 다른 사람들은 이제 그들의 (객관적인) 결론을 직설적으로 (즉 실재적으로) 알리고 있다. 2012년 12월, 지구물리학자이자 복잡계 전문가인 브래드 워너Brad Werner가 그룹 1과 그룹 3의 '실재들' 사이의 심연을 건넜을 때, 〈'지구는 망했는가? Is Earth F**ked?' 지구환경 관리의 역학적 무익함과 '직접 행동주의Direct Action Activism'를 통한 지속가능성의 가능성〉이라는 제목의 강연이 탄생했다(Werner 2012).

워너는 지구물리학자의 한 사람으로서 자신이 구상 중인 모델의 이름을 걸고 말한다고 역설한다. 그는 이 문제를 "단지 사회과학자나 인문학자에게만 맡길 수는 없다"고 주장한다. 실제로 그들은 그의 모델에서 아무런 역할을 하지 않는다. 반면에 "직접 행동주의Direct Action Activism"의 영향력이, 즉 "토착민, 노동자, 아나키스트, 그리고 기타 활동가 그룹"이 "자본주의 문화"에 저항할 수 있다는 가능성을 다른 이들에게 보여줌으로써 발휘하는 영향력이 미래를 향한 유일한 기회처럼 보인다. 우리 같은 사회과학자나 인문학자는 그것을 '객관적 과학' 제국주의의 전형적인 예라고 생각할 수 있다. 그러나 여기에서 워너가 갑자기 비판적인 사상가들을 향해서 "이봐, 상황이 **진짜 객관적으로** 엉망진창이야. 도와줄 수 있어?"라고 말하는 장면을 상상해 보자. 여기에서 우리는 "근본적인 무언가"가 확실히 바뀌고 있음을 느낄 수 있다. 워너가 '자본주의' 또는 '지배적인' 문화라고 부르는 것을 우리는 잘 알고 있다. 그리고 그것에 대해 토론하고 서로의 정의definition에 대해 논쟁할 준비가 기꺼이 되어 있다. 하지만 이러한 지식이 기후학자와 같은 사람들의 관심사에서 실재reality를 빼는 것이 아니라 오히려 더하지 않을까? 그것은 행동주의를 유지하거나 돕거나 지연시키지 않을까? 아니면 그것이 오히려 행동주의일까? 아니면 환상을 비판하는 것이 더 중요할까? 왜냐하면 자본주의가 우리를 지배하는 방식은, 인류의 종말을 상상하는 것이 자본주의 문화의 패배를 상상하는 것보다 더 쉽다고 (또는 학문적으로 더 안전하다고) 생각하게 만드는 것인데, 환상에 대한 비판은 그 메커니즘을 해독할 수 있게 해주기 때문이다.

라투르는 『존재 양식의 탐구』에서 "이 괴물에게 너무 많은 힘을 부여하고 싶은" 유혹에 저항할 것을 주장하였다(Latour 2013, 384).[21] 즉, 가이아에게는 부정된 통일적 힘unifying power을 자본주의에 부여해서는 안 된다는 것이다. 다시 말하면 다른 모든 관심사가 거기에 종속되는 '하나'의 문제를 설정하는 권력을 자본주의가 가져서는 안 된다는 뜻이다(그것은 자본주의야, 바보야!).[22] 그럼에도 불구하고 제이슨 무어(Moore 2013)와 도나 해러웨이(Haraway 2014b)는 다음과 같이 주장한다:

> 만약에 우리의 지질학적 시대에 고유한 이름을 붙여야 한다면 그것은 인류세가 아니라 자본세Capitalocene가 되어야 한다.

아마도 좌절감을 느낀 많은 기후학자들은 이제 이 말에 동의할 것이다. 그렇다면 우리에게 주어진 과제는 자본세가 지상의 탄력적인 문제들의 얽힘을 전부 설명해 버리는 권한을 갖지 않도록 기술적 도구들을 사용하는 일일 것이다. 그리고 거기에다 다음을 추가하는 것이다. 즉 만약에 제

---

21 [역주] 원제는 "Inquiry into Modes of Existence"이고, 한글 번역서로는 브뤼노 라투르, 『존재 양식의 탐구』, 황장진 옮김, 사월의책, 2023, 558쪽에 이 구절이 나온다.
22 [역주] 세상의 모든 문제들을 자본주의라는 '하나'의 문제로 귀속시키는 권력을 자본주의가 가져서는 안 된다는 뜻이다.

이슨 무어가 '저렴한 자연'이라고 부른 것의 지속적인 발명/생산/전유/착취와의 얽힘이 없다면, '장기 16세기'[23]부터 시작되는 자본세 이야기는 결코 오래갈 수 없다고 덧붙이는 것이다.[24] 다시 말해 우리는 자본세의 전유 행위에 빠져들어서는 안 된다. 즉 우리가 추상 개념들을 다룰 때 하듯이, 하나의 추상 개념에 권력을 부여하여 그것이 파악하지 못하는 모든 것을 '저렴한' 자원으로—마음대로 해체되거나 폭로되고 허구적인 믿음으로 환원될 수 있는 무한한 자원으로—정의하는 태도를 탐닉해서는 안 된다.

---

23 [역주] '장기 16세기the long sixteenth century'는 미국의 사회학자 이매뉴얼 월러스틴(Immanuel Wallerstein, 1930~2019)이 1974년에 쓴 『근대세계체계The Modern World-System』 1권에서 제시한 역사적 시간 단위로, 1450년에서 1640년까지를 말한다. 월러스틴에 의하면 이 시기에 유럽의 세계경제가 탄생했다. 『근대세계체제』의 우리말 번역은 이매뉴얼 월러스틴, 『근대세계체제(1): 자본주의적 농업과 16세기 유럽 세계경제의 기원』, 김명환 외 옮김, 까치, 2013(제2판)이고, 이 책의 의미에 대한 친절한 소개로는 김호기, 〈김호기의 세상을 뒤흔든 사상 70년(16): 이매뉴얼 월러스틴의 '근대 세계체제 1'〉, 《경향신문》, 2016.07.05.가 있다.

24 근대적 의미에서의 '저렴한 자연'은 자본주의 발전에는 필요하지만, 화폐경제에 의해 직접적으로 가치화되지('지불되지') 않는 인간과 초인간extrahuman 활동의 다양성을 망라한다. 근대의 저렴한 자연에 대한 결정적이고 역사적인 표현은 노동력, 식량, 에너지, 원자재의 네 가지 싸구려이다(Moore 2013, part I 21). 무어가 강조하듯이, 전유(인클로저, 파괴적 착취, 식민지화)는 그 유명한 증기기관이 나오기 훨씬 이전부터 자본세의 일부이자 꾸러미이다. 영국에서, 그리고 전 세계적으로 진행된 커먼즈의 파괴에 대해서는 린네바우(Linebaugh 2008)를, 그리고 농민공동체 파괴의 일환으로 행해진 마녀 화형에 대해서는 스타호크(Starhawk 1997)를 참고하기 바란다.
[역주] 제이슨 무어는 2017년에 라즈 파켈과 같이 *A History of the World in Seven Cheap Things : Guide to Capitalism, Nature, and the Future of the Planet*이라는 책을 썼는데, 이 책에서는 '저렴한 것'의 예로 '자연, 돈, 노동, 돌봄, 식량, 에너지, 생명'의 일곱 가지를 들고 있다. 이 책은 우리말로도 번역되어 있다. 라즈 파텔·제이슨 무어, 『저렴한 것들의 세계사: 자본주의에 숨겨진 위험한 역사, 자본세 600년』, 백우진·이경숙 옮김, 북돋움, 2020.

브래드 워너가 '직접 행동주의'라고 명명한 것을 실천하는 그룹들의 공통점은 '이론이라는 이름으로 행동하지 않는다'는 점이다. 그들은 "부수적인 피해를 '저렴하다'고 정의내리는 것"을 정당화하는 이론적 추상 개념들을 거부하는 실천을 실험한다(그것이 생태적이건 사회적이건 그러한 구분 자체가 자본세적이다).[25] 이를 위해서는 협력적인 집단 지성의 회복과 배양, 인간과 비인간 세력이 파괴적인 힘으로 변하지 않도록 그들에게 목소리를 부여하는 기술, 그것들을 한데 모으는 관심사의 전개를 배려하는 기술이 필요하다. 이러한 활동가 그룹은 학자들이 숙고해야 하는 새로운 일반 모델이 될 필요는 없다(네그리Negri한테는 실례이지만). 일반적으로 집단 지성은 존재하지 않는다. 자본세가 체계적으로 근절시킨 것을 (다시) 생성하기 위해 요구되는 실험적이면서 재생적인 실천들은 항상 특정한 상황에 있으며 불안정한 상태이다. 유일한 일반론은 무엇이 그러한 관행을 저해하고 독살하고 파괴하는가에 관해서이다. 학문적인 비판적 사색은 그러한 독의 일부일 수 있고, 자신들의 기준에 맞지 않는 것은 단순한 신념이라고 폭로하며, (결코 당연하게 여겨서는 안 되는) 집단 지성의 창조를 지탱하는 실험적 아상블라주로

---

25 사회적 관심과 생태적 관심을 분리하지 않는 원칙은 오늘날 '커머닝commoning'(공유화)이라고 불리는 것의 바탕에 깔려 있다. "커머닝 없이 커먼즈 없다No commons without commoning"라고 말하듯이, '커머닝'하는 데 필요한 사회적 창조 없이 공통선common good이나 공통재common resource는 없다. "커머너(공유인)처럼" 생각하기 Thinking like a commoner(Bollier 2014)는 순진한 생각도 아니고 훼손되지 않은 황야를 꿈꾸는 것도 아니다. 그것은 사회적, 문화적, 생태적 상호의존성의 취약성이나 지속적 유지를 위한 필요성을 고려한 중대한 사고이다.
[역주] "커머너처럼 생각하기"는 데이비드 볼리어가 2014년에 쓴 책의 제목으로, 우리말로도 번역되어 있다. 데이비드 볼리어, 『공유인으로 사고하라: 새로운 공유의 시대를 살아가는 공유인을 위한 안내서』, 배수현 옮김, 갈무리, 2015.

부터 실재를 제외시킨다subtract.

"도와줄 수 있어?" 나는 브래드 워너가 우리에게 이런 질문을 던질 수 있다고 상상해 왔다. 그 의도는 우리를 곤란하게 하고, 생각하게 하고, 이 질문을 과녁을 맞히는 화살로 전환시키기 위해서이다. 학문적인 생산으로 눈을 돌리면, 우리의 그 어떤 비판적이고 분석적이며 세련된 도구도 다른 사람들을 도와주는 지식을, 즉 협력적이고 지속적인 집단 지성을 배양할 필요가 있는 '실천가' 그룹들을 도와주는 지식을 생산하지 못했음을 인정해야 한다. 오히려 우리는 "그들이 학습한 것이 그들에게 사유하고 생동하는 힘을 부여한다"는 사실을 '환상적 허구'라고 비판하면서 해체해 왔다.[26]

기묘하게도 다른 사람들과 마찬가지로 우리 같은 인문학자와 사회과학자에게 요구될 수 있는 것은, 브뤼노 라투르가 매우 대담하게 자유주의의 "훌륭한 금지령admirable injunction"이라고 말한 것을 실행하는 일일지 모른다: "어떤 것도 내버려두지let go 말고 어떤 것도 넘어가지let pass 말라!"[27] (Latour 2013b, 471–2). 이는 실로 두려워할 만한 명령으로, 가이아가 자본세에 부과하는 문제의 핵심에 다가가는 것이고, 신화적인 인류Anthropos와는 무관한 것이다. 그것은 오히려 우리가 속한 조직에서 내버려 두거나 let go 넘어가는let pass 모든 것들에 대해 느낄 수 있는 낙담을 잔인할 정도

---

26 여기에서 내가 염두에 두고 있는 것은 가이아의 '이교도' 버전이나 생태페미니즘 운명이다. 생태페미니즘은 "여신의 일을 수행하는" 의식을 창조하는 데까지 나아간 '영성주의자' 또는 '본질주의자'의 행동주의에 등을 돌렸다(Starhawk 1997).

27 [역주] 원문은 다음과 같다: Don't let anything go, don't let anything pass! (Ne pas se laisser faire, ne rien laisser passer!)

로 강조한다. 분명한 것은 이 명령이 익명의 '주체'에게도 적용될 수 없고 ―그가(그녀가 아니라) 알고 있는 사람이든 비판적인 사람이든 상관없이― 근대 유사 과학에 거주하는 자립적인 '호모homos'에게도 적용될 수 없다는 사실이다.

또 분명한 것은 이 명령을 '반사성reflexivity'에 대한 요구와 조금이라도 혼동하는 것은, 비판적 '탈구축deconstruction'을 어떤 것도 내버려두지let go 않거나 넘어가지let pass 않는 방법이라고 생각하는 것만큼이나 심각한 오해가 될 것이다. 어떤 것도 내버려두지 않고 어떤 것도 넘어가지 않을 수 있다는 것은 '공주님과 완두콩'[28]을 연기한다는 것이 아니다. 오히려 그 반대를 의미한다. 그것은 혼란스런 상황으로부터의 편안한 도피를 허용하는 그 어떠한 추상 개념의 [안락한] 매트리스도 용납하지 않는다는 것을 의미한다. 오히려 이 명령은 우리가 그것과 함께 살아야 하고 함께 생각해야 하는 것으로서, [우리가 직면한] 곤란함에 우리를 곤란하게 하는 힘을 부여한다. 이것이 라투르가 때때로 언급한 '지상의' 학문의 의미일 것이다. '지상의 학문earthly science'이란 자기가 관심 있는 상황을 보호하고 돌봐야 하는 필요성을 전적으로 받아들이면서, 자본세의 전유 체제를 배반하는 법을 배우는 학문을 말한다.

요컨대 만약에 우리에게 "근본적인 무언가가 변했다"고 한다면, 그리고 가이아가 우리에게 부여한 물음을 화두로 생각하고 느끼고 상상하는 것

---

28 [역주] '공주와 완두콩The Princess and the Pea'은 안데르센의 동화 제목이다. 어떤 공주가 침대에서 잠을 자는데 스무 장의 매트리스 밑에 깔린 완두콩 한 알 때문에 잠을 못잤다는 이야기이다.

을 우리가 받아들여야 한다면, 그것은 우리가 기후학자 이상도 이하도 아닌 우리 자신의 방식으로 감히 '실재론자'가 되어야 한다는 것을 의미할지 모른다. 거리distance와 분리detachment의 규범은 도나 해러웨이가 '응답-능력response-ability'이라고 부른 것으로부터 우리를 보호하는 매트리스로 기능하는데, 그 거리와 분리의 규범을 내버려 두는let go 것이 아니라 적극적으로 버리는 것이다. 여기에서 '응답-능력'은 우리의 작업이 세상에 더하는add 것에 응답할 수 있어야able to respone 한다는 의미이다. 그것은 우리가 제안하듯이, 우리의 운명을 특정한 생사生死의 방식으로 선택하지만 다른 방식으로는 선택하지 않는 것에 대한 응답-능력을 말한다. 중요한 관심사라고 생각하는 문제를 그냥 넘어가지let pass 않고 관련자들과 공유할 수 있도록, 그들이 고군분투하는 문제들에 새로운 차원을 더할add 수 있도록 하는 것이다.

그 이슈들은 실재하고real, 우리는 '우리의' 적들로부터 이 실재를 보호해야 한다. 기후학자들의 적이 아니라 우리 자신의 적이다. 학문적 예의civility의 역할 놀이를, 우리의 사랑하는 많은 동료들이 이 세상에 독을 더하는add 것에 대한 무관심을, 그냥 넘어가지let pass 않을 때가 온 것 같다. 마치 그들에게 계몽이 필요하다는 식으로 우리의 지적인 불일치를 정중하게 진술하는 것이 아니라, 그 독이 작동하는 방식을, 그것이 자본세의 전유 체제에 참여하는 방식을, 정치적이고 공공적으로 분석하는 것이다.

11장
인류세 시대에 적과 친구를 구별하기

―클라이브 해밀턴에게

브뤼노 라투르

알폰소 쿠아론 감독의 영화 〈그래비티Gravity〉를 본 사람이라면 정신 상태의 급격한 변화를 강렬한 상징으로 표현하는 블록버스터의 특수 효과에 주목한 적이 있을 것이다. 인류에게는 더 이상 **우주**space**가 없다**. 적어도 [지구의] 외부 공간space에 대한 지속적인 점유는 불가능하다. 이 말은 지구에서 탈출할 방법이 없다는 뜻이다. 주인공 라이언 스톤 박사는 파괴된 우주정거장에서 다음 우주정거장으로 달려가려다 어느 순간 이렇게 고백한다: "나는 우주가 싫어!" 등장인물들 그리고 그들과 함께하는 관객들은, 제임스 카메론 감독의 〈아바타〉에서보다 훨씬 더 강력하게, 더 이상 어떤 개척지Frontier도 없다는 사실을 깨닫는다. 지구로 돌아가는 것 외에는 탈출 경로가 없다. 방향은 앞쪽이 아니라 내부이다. "더 멀리Plus ultra"[1]가 아니라 "더 안으로Plus intra", 즉 "집쪽으로"이다. 우주 모험의 유일한 생존자인 라이언이 마침내 착륙한 호수 기슭에 도착해 먼지와 진흙 한 줌을 움켜쥘 때, 그녀는 말 그대로 인간human에서 '지구에 뿌리박은 자Earthbound'로 변신한다. 그녀의 팀 동료인 조지 클루니가 다소 우스꽝스

---

1 [역주] 'Plus ultra'는 스페인 국기에 나오는 문구로, '더 멀리' 또는 '더 너머로'라는 뜻이다. 16세기 중반 신성로마제국 황제 카를 5세를 겸했던 스페인 국왕 카를로스 1세가 왕실 문장에 새긴 문구에서 유래하는데, 유럽에서 막이 오른 '지리상의 발견' 시대를 상징하는 말이다.

럽게 연기한 촌스런 미국 영웅은 유럽과 중국의 우주정거장의 잔해가 되어 우주 속으로 영원히 사라졌다. 폰 트리에Von Trier 감독의 영화 〈멜랑콜리아Melancholia〉에서와 마찬가지로, 〈그래비티〉에서도 지구를 여러 천체들 중 하나라고 보았던 갈릴레오의 오래된 생각이 단계적으로 파괴되고 있음을 목격한다. 우리는 우리의 시선을 달 아래sub-lunary[2]의 가이아로 다시 돌려야 하는데, 가이아가 인간 활동에 의해 너무나 활동적으로 변형된 나머지, 지질학자에서 철학자로 변신한 학자들은 이 시대에 '인류세'라는 이름표를 붙일 것을 제안하는 새로운 시대에 들어섰다.

인류세 개념은, 비록 함정이 있긴 있지만(Bonneuil and Fressoz 2013), 현명하게만 사용된다면 예전의 사회적 영역, 즉 '인간' 영역이 지구인Earthlings의 땅 또는 지구에 뿌리박은 자Earthbound의 땅으로 재구성되는 것을 보장하는 동시에, 자연화의 위험을 피할 수 있는 강력한 방법을 제공한다. 이솝의 혀처럼 그것은 최악의 상황을 전달할 수 있고, 심지어는 그보다 더 심하게 예전 그대로를 전달할 수도 있다. 이것은 한편으로는 '자연의 사회적 구성'과 다른 한편으로는 '인간에 대한 환원주의적 관점'—인간이 탄소와 물, 여러 지질학적 힘들 중의 지질학적 힘, 진흙과 먼지 위의 진흙과 먼지 등으로 이루어졌다는 관점—사이를 왔다 갔다 하는 진동 운동이다. 그러나 이것은 또한 우리의 관심을 화이트헤드(Whitehead 1920)가 "자연의 이분화"[3]라고 불렀던 것의 종언 쪽으로, 즉 근대화의 서광 이후로 과학과 정치

---

2 [역주] 'sublunary'는 '달 아래의 공간'이란 뜻인데, 하늘이나 영적인 세상에 속하지 않고 이 세상에 속해 있다는 의미로도 쓰인다.
3 [역주] '자연의 이분화the bifurcation of nature'는 영국의 수학자이자 철학자인 알프레드 노스 화이트헤드(Alfred North Whitehead, 1861~1947)가 1920년에 쓴 『자연의 개

를 마비시켜온 자연과 인간의 분리를 최종적으로 거부하는 쪽으로 돌릴 수도 있다.

배심원단은 인류세 개념의 지속력에 대해 여전히 의견을 달리하고 있다(그것의 반감기는 내가 생각하는 것보다 훨씬 짧을 수 있다).[4] 그러나 지금으로서는 근대화 개념에서 벗어나기 위한 최선의 대안이다. '가이아' 개념과 마찬가지로, 그와 같은 불안정한 개념을 사용하는 데 따르는 위험은 감수할 가치가 있다. 특히 우리가 이 책에서 시도하고 있듯이, 그와 같은 새로운 개념의 철학과 신학을 탐구하고 싶다면 더더욱 그러하다. 홀로세 시대에 키울 수 있었던 꿈을 인류세 시대에는 지속할 수 없다. 우리는 우주여행에 대한 오랜 꿈에 대해 "아, 정말 20세기구나"가 아니라 "아, 정말 홀로세구나!"라고 말할 수 있다. 이런 의미에서 지질학, 철학, 신학, 사회과학을 결합한 이 혼합어의 사용은 경각심을 불러일으킨다. 여기서 내가 하고 싶은 말은 우리가 인류세에 살고 있다는 생각을 받아들일 때 우리 자신이 어떤 종류의 시간과 공간에 있는지를 탐구하게 된다는 것이다.

하지만 라이언 스톤 박사의 경우와 마찬가지로, 문제는 근대인들이었던 사람들(즉, **결코** 근대적이었던 적이 없었던 사람들)[5]은 지구로 돌아가는 길을 찾기가 어렵다는 데에 있다! 라이언 박사처럼 그들은 **그리워하지만**miss 중력

념The Concept of Nature』 제2장 「자연의 이분화 이론 Theories of the bifurcation of nature」에 나오는 개념이다. 이 책의 우리말 번역은 다음과 같다: A. N. 화이트헤드 저, 『자연의 개념』, 안형관 외 역, 이문출판사, 1998.
4 [역주] 인류세 개념이 예상보다 빨리 사라질지도 모른다는 뜻이다.
5 [역주] 일반적으로 근대는 인간과 자연이 분리된 시대로 알려져 있는데, 라투르가 보기에 실제 역사 속에서는 이러한 일이 일어나지 않았고, 따라서 근대인은 근대적이지 않았다.

이 **부족하다**. … 특히 우리가 어디에 있는지, 어디로 향하는지, 무엇을 해야 하는지 등을 파악하는 대부분의 방법은 과학과 정치 사이의 노동 분업—내가 불문 헌법unwritten Constitution이라고 부르는 것—에 의해 정의되어 왔기 때문이다(Latour 2014). 이 헌법은 우리가 헤쳐 나가야 하는 갈등을 처리할 준비가 전혀 안 되어 있다. 사실 갈등이라는 개념, 아니 오히려 있는 그대로 말해서 인류세를 정의하는 특징인 **전쟁 상태**라는 개념조차 끊임없이 경시되거나 완곡히 표현될 정도로 적절하지 않다. 그런 시대에는 과학과 정치 모두 완전히 다른 양상을 띤다.

§

기후 과학을 둘러싼 근거없는 논쟁은 그와 같은 새로운 양상을 보여주는 좋은 지표다. 한편으로는 논쟁은 전혀 존재하지 않고, 자연사에 관한 문제들 중에서 기후변화의 인위적 기원보다 더 명확하게 입증된 문제도 없다. 최근 IPCC 보고서에 따르면 모든 국가가 아마도 2070년까지 전 세계 기온이 4℃ 상승하는 상황에 대비하고 있는 것으로 보인다(이것도 낙관적인 시나리오일 수 있다!). 그럼에도 불구하고 "논쟁이 없다"고 계속 말하는 것은 무익하다. 아무리 근거없는 논란이라 할지라도 대다수의 사람들 사이에서 논란이 **있는** 것은 사실이며, 그 효과는 우리가 매일 목격할 수 있다. 선출된 대리인에게 압력을 가해야 하는 정부와 시민 사회의 총체적 '관성inertia'을 통해서 말이다('관성' 대신에 '정적주의quietism'라는 말도 쓸 수 있겠지만, 이것은 오직 나 자신을 안심시키기 위해서만 사용하겠다).

프랑스의 서점에서 클로드 란츠만의 영화 〈홀로코스트Shoah〉[6]에 대한 책을 팔 때 포리송[7]과 같은 [홀로코스트] **부정론자**negationnist의 책과 나란히 테이블 위에 두지는 않을 것이다. 그러나 며칠 전에 내 친구 클라이브 해밀턴은 자신의 저서 『종을 위한 진혼곡Requiem for a Species』(Hamilton 2013)이 『탄소의 결백L'innocence du carbone』(놀라운 제목이다. 이에 대해서는 나중에 다시 다루겠다)을 쓴 기후 부정론자의 최신 책자(Gervais 2013)와 함께 놓여 있는 것을 보고 경악을 금치 못했다. 더 최악인 것은 클라이브가 그렇게 터무니없고 추악한 균형을 유지하는 매니저를 비난했다면 불공평하고 독단적인 사람으로 보였을 것이라는 점이다. 만약에 그가 항의했다면 매니저는 의심할 바 없이 이는 '합리적인 논쟁'이고 '양측의 입장'을 들어봐야 한다고 대답했을 것이다. (프랑스에는) 포리송에 반대하는 법은 있지만 기후 **부정주의**climate negationnism에 반대하는 법은 없다.

그리고 이것이 인류세에서 정치를 마비시키는 문제 중의 하나이다. 이것은 합리적인 논쟁이 아니다. 아니 다른 분위기climate였다면 합리적이라고 **여겨졌을** IPCC의 기후학자들을 무력화시키는 논쟁이다. 제임스 호건 James Hoggan의 표현을 빌리면, IPCC의 기후학자들은 이성의 힘을 사용하

---

6   [역주] 〈홀로코스트Shoah〉는 1985년에 프랑스에서 제작된 클로드 란츠만Claude Lanzmann 감독의 다큐멘터리 영화로, 홀로코스트를 다뤘다. '쇼아shoah'는 히브리어로 '홀로코스트'를 뜻한다.
7   [역주] "홀로코스트는 20세기 최대의 거짓말"이라는 주장으로 유명한 로베르 포리송(Robert Faurisson, 1929~2018)을 말한다. 1978년에 리옹 2대학의 로베르 포리송 교수는 『가스실에 대한 문제, 아우슈비츠의 소문』이라는 책에서 가스실이 존재하지 않았다고 주장했다. 이 일로 그는 교수직에서 파면됐고, 포리송은 표현의 자유가 침해되었다고 반발했다.

고 과학적 탐구의 자유에 호소해서 대기는 물론이고 공공 영역까지 오염시키는 사람들로부터 비합리적이라고 묘사된다(Hoggan 2009). 왜? 양측 모두―그리고 이것이 양면이 존재한다는 생각을 만들어내는데―**동일하게 '과학 대 정치' 레퍼토리**를 사용하기 때문이다.

이 레퍼토리는 두 부분으로 구성된다. 첫 부분에서는 양측 모두 과학 Science은 사심 없고 멀리 있는 자연의 사실에 관한 것인데 반해, 정치는 이데올로기, 열정, 이해관계에 관한 것이며, 정치가 과학에 침입하면 평범한 사실을 **왜곡할** 수밖에 없다고 본다. 두 번째 부분에서는 양측 모두 정책이 과학적 전문성에 **따라야** 하며 불확실한 과학에 근거하여 결정을 내릴 수 없다는 점에 동의한다.

제1부: 과학은 논박할 수 없고 논쟁할 수 없는 사실에 관한 것이다.
제2부: 정책은 과학에 따른다.

문제는 (50년 동안의 역사적 사례 연구에 의해 반박된) 이 레퍼토리가 대다수의 대중들에게 공유된다는 것이다. 이는 광업이나 석유 산업에서 돈을 받은 로비스트나, 자연법칙에 대해 자신만의 해석을 갖고 있는 물리학자가 전문 지식에 조금이라도 의심의 그림자를 던지면 모든 정책의 열차가 멈추게 된다는 뜻이다. 모든 정치인은 물론이거니와 모든 방관자들도 이렇게 믿고 있고, TV 프로그램이 마치 법정의 판사처럼 토론을 조직하는 방식도 이렇기 때문에, 심지어는 한쪽만 있는 상황에서조차 **양측**이 있는 것처럼 보이게 만드는 것은 믿을 수 없을 정도로 쉽다.

공credit이 있는 사람에게 공을 돌리기 위해서, 프랭크 런츠Frank Luntz가

공화당에 보낸 [다음과 같은] 악명 높은 메모를 '런츠 전략Luntz strategy'이라고 불러서 그것을 기려야 한다.

> 만약에 대중이 과학적 이슈들이 해결되었다고 믿게 된다면 지구온난화에 대한 그들의 견해도 그에 따라 바뀔 것이다. 그러므로 과학적 확실성의 결여를 계속해서 주요 이슈로 삼아야 한다.[8]

그가 거둔 성공은 기후 부정론자들을 양성하는 데 얼마나 막대한 돈이 지출되었는를 여실히 보여줄뿐만 아니라, 과학 대 정치의 레퍼토리를 사용하는 이들의 면역 체계가 얼마나 취약한지도 잘 드러낸다. 아주 작은 바이러스만으로도 충분히 그들을 의심하게 만들어서 정책을 중단시킬 수 있다. 이와 같이 과학 대 정치라는 상식적인 것 같지만 기묘한 시각 때문에, 가장 악의적으로 사용되어 온 웅장한 형용사인 '회의주의'라는 전염병으로부터 대중을 면역화immunise 할 수 있는 방법은 없다.

물론 많은 공적 토론을 통해서 어느 지점에서 양측이 하나가 되는 시점을 상상할 수 있다면, 그것은 환영할 만한 일일 것이다. "사건이 해결되었으니 이제 정책으로 넘어갑시다." 부정론자들이 집요하게 사용하는 '회의주의'라는 말은, 겉보기에는 무해해 보여서 이런 방향으로 안내하는 것처

---

8   환경실무그룹 Environmental Working Group이 입수한 2002년 조지 W. 부시 대통령에게 보낸 〈환경: 더 깨끗하고 안전하며 건강한 미국〉이라는 제목의 메모 중에서. http://en.wikipedia.org/wiki/Frank_Luntz#Global_warming(2014년 7월 4일 액세스) [역주] '환경실무그룹'은 간단히 EWG라고 하는데, 미국에서 가장 영향력 있는 환경운동단체이다.

럼 보일 수 있다. "미국의 폭스 뉴스에서 '공평하고 균형 잡힌' 토론을 하자고 말하는 것처럼 말이다." 그러나 결론이 날 가능성은 전혀 없다. 왜냐하면 부정론자들의 성공은 논쟁에서 승리하는 것이 아니라 단지 논쟁이 있다고 대중들이 확신하도록 만드는 것일 뿐이기 때문이다. 점수가 판결에 영향을 미치지 못하는 캥거루 법정[9] 같은 곳에서 불쌍하고 무력한 기후학자들이 어떻게 승리할 수 있겠는가?(어차피 IPCC 보고서에서 이미 판결이 내려졌다). 제임스 프록터James Proctor의 표현을 빌리면(Proctor and Schiebinger 2008), '무지학agnotology'이라는 새로운 학문 분야는 무지를 고의적으로 생산하는데, 이는 석면[10]뿐만 아니라 담배, 그리고 더 큰 저항은 있었지만 학살 수용소에서도 놀랍게 작동했다. 기후 과학에 대해서는 훨씬 잘 작동하고 훨씬 오랫동안 그럴 것이다. 추가적인 이유로는 기후가 수십억 명의 일상과 관련되는 문제이기 때문이다. 결론에 도달할 가능성은 제로에 가깝다. 그렇다고 해서 정책을 입안하기 전에 결론이 나기를 기다리는 것도 선택지는 아니다.

이것이 런츠 씨 전략의 아킬레스건이다. 문제는 합리적인 토론을 통해 결론에 도달하려는 데에 있는 것이 아니라—양측의 입장이 있는 것처럼 보이는 한 주사위는 조작되어 있다.[11]—과학 대 정치 레퍼토리를 훨씬

---

9 [역주] '캥거루 법정'은 엉터리 법정이란 뜻으로, '인민 재판'과 상통하는 말이다.
10 [역주] 석면은 불에 타지 않고 단열 효과와 내구성이 좋을 뿐더러 가격도 저렴하여 한 때는 기적의 광물로 불렸는데, 20세기 중반부터 폐 질환을 유발하는 등 인체에 유해하다는 사실이 밝혀졌다. 그럼에도 불구하고 석면 기업들은 이 사실을 은폐하였고, 20세기 후반에 이르러서야 석면 사용 금지 조치가 취해지기 시작했다.
11 [역주] "주사위는 조작되어 있다the dice are loaded"는 주사위에 납을 박아 승부를 조작한 데서 유래한 표현으로, 게임이 불공정하거나 한쪽에 유리하게 조작된 상황을 나

더 합리적이고 전반적으로 훨씬 더 이성적이며 대안적인 레퍼토리와 대립시키는 데에 있다. 양측이 있는 것은 사실이지만 그것이 기후학자와 기후 부정론자 사이의 논쟁은 아니다. 여기서 양측은 다음과 같다. 하나는 전통적인 과학 대 정치의 버전을 고수하는 사람들이고, 다른 하나는 (더 정확한 명칭을 부여하자면) 이 오래된 **정치적 인식론**(Latour 2004a)을 이해하는 사람들, 즉 "쟁점이 되는 사안들이 너무 거대해서 이해관계에 있는 다수의 사람들이 그들의 결정에 직접적인 영향을 받게 되면 정치와 과학 모두를 약화시킨다"는 사실을 이해한 사람들이다. 바로 여기에 홀로세적 합의 settlement와 인류세적 합의 settlement 사이에 실질적인 구분이 생긴다. 인간 Humans에게는 좋았을지도 모르는 일이―그런 일이 있었는지는 의심스럽지만―지구에 뿌리박은 자 Earthbound에게는 아무런 의미도 없다.

오래된 합의 old settlement가 지닌 가장 큰 한계는 과학 대 정치 science versus politics가 아니라 과학과 정치 science with politics의 그 어떤 연결도 불가능하게 만든다는 것이다. 물론 과학이 정치와 연결되기 위해서는 "정치가 할 수 있는 유일한 일은 사실을 왜곡하는 것이다"라는 생각 자체부터 버려야 한다! 이 새로운 버전의 정치는 소크라테스가 칼리클레스와 싸운 것만큼이나 오래되었지만, 우리가 정치에 기대하는 모든 것에 정면으로 반하는 것이다. 그것은 정확하게 정의된 토양이나 대지 위에 집단적인 정치체 polity를 구축하는 것, 더 정확하고 광범위하게 말하면 지구에 발을 딛고 있는 정치체이다. 정치는 지켜야 할 영토가 있을 때 중력을 갖는다[즉,

---

타낸다. 여기서는 논쟁이나 토론이 처음부터 공정하지 않은 상태를 의미한다.

무게를 지닌다].

 이 외에도 과학은 논쟁의 여지가 없고 반박할 수 없는 사실들에 관한 것이라는 생각도 버려야 한다. 과학은, 항상 소문자 s를 사용해야 하는데(science), 많은 학문 분야의 제도와 많은 장비들의 모니터링을 통해서 정치체를 구축하는 데 필요한 수많은 존재들에 안정적으로 접근할 수 있도록 하는 것이다. 이 견해에 따르면 과학과 정치는 모두 현세적이고 다소 겸손하며, 취약하고 단조로운 활동이자 의심과 개선에 열려 있으며, 섬세한 작업이 항상 뒷받침되지 않으면 실수를 저지르기 마련이다.

 내가 『자연의 정치Politics of Nature』(Latour 2004a)에서 보여주었듯이, **그들이 해서는 안 되는 유일한 일은 따로 일하는 것이다**. 그들의 기술은 명백하게 그리고 다행히도 완전히 구별되지만, 동일한 새로운 존재들에 대해서 각자의 역량을 발휘해야 하고, 우리를 불안하게 하는 그 존재들을 다루는 법을 함께 배워야 한다. 과학이라는 도구가 없으면 정치체body politic는 얼마나 많은 기이한 존재들을 고려해야 하는지 결코 알 수 없을 것이다. 그리고 정치가 없으면, 정치제가 혼란스러울 정도로 많은 행위자들과 함께 공통의 세계를 점진적으로 구성해 나가는 과정에서 그 행위자들을 어떻게 배열하고 등급을 매기며 순위를 정해야 할지 결코 알지 못할 것이다. 이것이 내가 제안한 '과학과 [함께하는] 정치politics-with-science'의 정의이다. 근대인들의 가장 큰 역설은 사실과 가치를 가능한 한 명확하게 분리하는 임무를 과학과 정치의 절대적인 구분에 부여했다는 데에 있다. 유감스럽게도 사실과 가치의 상식적인 대립은 전혀 상식적인 것이 아니다. 왜냐하면 '사실' 개념에는 논쟁의 여지가 없는 것은 물론이고 아직 불확실한 것(이미 잘 제도화된 것과 **당혹감**perplexity을 불러일으키는 것)도 포함되기 때문이다. 반면에

'가치' 개념은 누가 논쟁을 분배해야 할지뿐만 아니라 가치의 대상들을 어떤 순서로 정렬해야 할지(협의consultation가 필요한 것과 위계를 나눠야 하는 것)도 지정해야 한다. 확실히 차이는 존재하지만, 그 차이는 사실과 가치의 재앙적인 구분선과는 정확히 직각 방향으로 나아간다. 우리는 과학과 정치(그리고 다른 많은 거래들)로 하여금 두 가지 필수적인 작업을 수행하도록 해야 한다. 하나는 **얼마나 많은 존재들**을 고려해야 하는지(즉 당혹과 협의)를 정의하는 일이고, 다른 하나는 그것들이 살기에 적합한 형태(즉 계층과 제도)로 **어떻게 함께 있을 수 있는지**를 정의하는 일이다.

인류세에 관해 한 가지 위안이 될 만한 점이 있다면 그것은 사안이 너무 민감해지거나 너무 많은 사람들과 관련되는 순간, 아주 오래된 합의는 무용지물이 된다는 사실을 보여주었다는 것이다. 그 오래된 합의는, 만약에 그것이 작동한 적이 있다면, 오직 지구 바깥의 희박한 공기에서만, 그리고 소수의 사람들 사이에서만 관심이 있었고, 간접적이고 원거리remote의 결과를 가져오는 멀리 떨어진distant 문제에 대해서만 작동했다. 이 아주 오래된 합의는 (배경background과 전경foreground이 합쳐져 있는) 현재 우리에게 관련되는 문제들, 더 심한 경우에는 과거에 우리와 관련된 문제들에 대해서는 확실히 작동하지 않았다. 이것이 바로 인류세라는 단어가 아주 선명하게 보여주는 바이다. 역사가 전개된다고 여겨지는 틀 자체를 [인간의] 행위가 바꿔버릴 때, 멀리 떨어져 있고 이해관계가 없는 '객관적 사실' 관념은 '관심사의 문제' matters of concern 개념보다 덜 중요해진다.

§

물론 과학 대 정치science-versus-politics에서 과학과 [함께하는] 정치science-withpolitics로 전환하는 데에는 위험이 따른다. 언뜻 보기에는 기후 부정론자들이 환호하게 될 것이며, 자신들이 항상 주장해 온 **"기후 과학은 정치이다"**라는 것을 마침내 정적들도 인정했다고 떠들어댈 것이다. 이에 대한 유일한 합리적인 대답은 "예, 물론이죠. 어디에 계셨나요? 그런데 당신은 무엇을 했나요?"이다. [기후] 부정론자들에 맞서 싸우는 이들은 오래된 합의의 상실로 인한 잠시 동안의 망설임 뒤에―'사실 대 가치'라는 마지노선에 대한 자신감을 잃는 것은 쉽지 않다!―새로운 전선을 어떻게 다시 그어야 할지 재빨리 파악해야 한다. 인식론적 논쟁(한쪽은 기후 과학, 다른 쪽은 기후 회의론자)[12]에서의 두 진영이 아니라, 과학에 대해서는 물론이고 정치에 대해서도 여러분이 기대하는 것과 완전히 다른 관점을 가진 두 진영(곧 둘 이상이 되겠지만) 사이의 전선이다. 과학과 정치 사이에는 갈등이 없다. 하지만 근본적으로 반대되는 두 정치적 인식론 사이에는 갈등이 있다. 이들 각각은 과학과 정치가 무엇인지, 그리고 그것들이 어떻게 협력할 수 있는지에 대한 고유한 정의를 가지고 있다.

물론 페미니스트들이 말하는 '전략적 본질주의'를[13] 모방하고, 필요할 때마다 일종의 '전략적 실증주의'를[14] 활용할 이유는 많이 있다. 즉, 우리

---

12 [역주] '기후 회의론자climate sceptics'는 '기후 부정론자'와 비슷한 표현으로, "기후변화가 인간의 활동에 의해 일어났다"는 주장에 회의적인 사람들을 말한다.
13 [역주] '전략적 본질주의strategic essentialism'은 포스트콜로니얼 페미니스트로 알려진 가야트리 스피박이 1980년대에 서구 페미니즘의 한계를 극복하기 위해 고안한 개념으로, 여성들 사이의 차이는 인정하면서 정치적 목적을 위해 '전략적으로' 여성이라는 본질적 범주를 사용하자는 제안이다.
14 [역주] '전략적 실증주의strategic positivism'는 '전략적 본질주의'를 패러디하여 라투르가 고안한 말로 기후과학이 확정된 과학인 것처럼 받아들여 정책의 절대적인 전제

가 정책에서 논쟁의 여지가 없는 전제를 채택할 때 그것을 합의된settled 기후 과학으로 제한할 수 있는 것처럼 말이다. 그러나 이 전략이 성공하더라도 (최근의 IPCC 보고서에 대한 부실한 응답은 이 전략이, 대중을 '설득'시키려는 이전의 모든 시도와 마찬가지로, 실패했음을 보여준다) 그것은 **정치적** 이득이 아니라 **교육적** 이득에 그칠 것이기 때문에 문제를 해결하지 못할 것이다. 더 많은 사람들이 확실하게 알면 좋겠지만, 그리고 이것은 항상 좋은 일이긴 하지만, 단지 아는 것만으로는 조금도 움직이지 않을 것이다. 여기서 우리는 논쟁의 여지가 없는 '사실의 문제matters of fact'를 다루고 있는 것이 아니라 논쟁의 여지가 있는 '관심의 문제matters of concern'를 다루고 있다. 이것은 모든 사람이 거주하는 바로 그 토양과 관련된 긴급한 문제들에 대한 '불편한 사실'을 아는 것에 관한 문제이다.

'탄소의 결백'뿐만 아니라 '불편한 사실' 같은 표현도 사실과 가치의 경계를 넘나들고 있다는 사실이 밝혀졌어야 했다. 여기서 우리는 다양한 정치체가 '자신들이 속한 땅에 대한 서로 다른 정의로 인해 충돌하는 갈등'에 대해 말하고 있는데 어떻게 양자가 구분될 수 있겠는가? 자신의 영토가 공격받고 있을 때 어느 누가 자신의 영토를 조용하고 냉정하게 방어할 수 있겠는가? 사실 대 정치라는 오래된 합의가 가져온 유일한 결과는 그러한 갈등에서 한 쪽은 온 힘을 다해 싸우는 반면, 다른 한쪽은, 즉 합리적이고 이성적인 기후학자들은, 손이 묶인 채 싸워야 한다는 것이다. 오직 그들의 손만이 "이데올로기와 이해관계의 침입으로부터 과학(여기서는 대문자

로 사용하는 전략을 말한다.

S의 Science)의 신성함을 보호해야 한다"는 금지령에 묶여있다.

예전 같으면 이러한 대안적 정치 인식론이 '상대주의'의 냄새를 풍겼을 수도 있었다. 그러나 오늘날에는 반대파가 손에 총을 들고 '과학 전쟁'을 언급할 때, "과학 전쟁이 아니라 분명히 **세계들의 전쟁**이다"라고 말하는 것이 훨씬 공평하고 보다 합리적이라는 사실이 매우 분명해졌다. 아니 오히려 이 세계가, 적어도 달 아래의sublunary 행성인 가이아가, 어떤 것인가에 대한 점유와 정의와 구성을 둘러싼 전쟁이라고 해야 할 것이다. 그런데 이에 대한 답에 따라서 우리들 각자는 말 그대로 다른 곳으로 이동해야 하는데 어떻게 이 구성에 동의할 수 있겠는가? 주어지는 반응에 따라 다른 사람들과 연합하거나 관계를 끊어야 하는데 어떻게 이 문제를 해결할 수 있을까? 자본가들에게는 공간이 없는space-less 적들이 있는데, 이 적들은 장소가 없는no place 주민들을 위해서 [대문자] 과학Science과 입각점이 없는 시각View-from-Nowhere을[15] 방어해야 한다. 그런데 역설적이게도 자본가들은 토지를 장악하고 소유하고 방어하는 것이 무엇인지에 대해서 이 적들보다 더 잘 알고 있는 듯하다. 적어도 자본가들은 자신이 어떤 토양에 속해 있는지를, [대문자] 과학이라는 초영토적 권위에 호소하여 자신들을 방어해 온 사람들보다 더 잘 알고 있다. 부시 정권의 전쟁 구호 "화성에서 온 미국인, 금성에서 온 유럽인"을 기억하는가? 글쎄, 전통적 방식으로 정의된 국가들은 화성이나 금성 출신이 아닌 것 같다. 오히려 일부는 특정한 형태를 지닌 지구 출신이고, 일부는 **또 다른 지구** 출신이거나, 어쩌

---

15 'View-from-Nowhere'는 '어디에도 서 있지 않는 관점'이란 뜻으로, 토마스 네이글 Thomas Nagel이 1986년에 쓴 책 제목에서 유래하는 표현이다.

면 근대인들이 자신들의 유일한 미래로 상상했던 '유토피아'라고 불리는 '땅 없는 땅a land of no land'에서 왔을 수도 있다(Danowski and de Castro 2014). 그런데 그 미래는 이제 라이언 스톤이 〈그래비티〉에서 탈출하려고 했던 파괴된 우주정거장과 흡사해 보인다.

§

다행히 '전략적 실증주의' 외에도 우리가 인류세에 살면서 직면해야 하는 갈등을 명확히 하기 위해 사용할 수 있는 또 다른 자원이 있다. 런츠가 말한 '유행성 감염'(이것이 위험한 비유라는 점에 동의한다)에 쉽게 노출되는 일반 대중이 과학 대 정치라는 하나의 레퍼토리만을 가지고 있다는 것은 사실이 아니다. 그들 대부분은 자신들과 깊이 관련된 불확실한 사실들로 만들어진 우주에서 대부분의 시간을 행동하는act 평범한 사람들이다. 그들은 회사에 투자하거나 자녀를 갖거나 여행 보험에 가입하기 전에, 논란의 여지가 없는 증거를 기다린 후에 행동에 뛰어드는 것은 아니다. 누구나 이해할 수 있는 한 가지가 있다면, 자신의 생명이 위태로워질 때, 자신이 살고 있는 영토가 위협받을 때, 자신의 자리와 땅, 토양, 소중히 가꿔온 터전, 과거에 '모국'이라고 불렸던 곳이 다른 사람들의 공격을 받을 때, 그들은 분명히 전문가들의 동의를 기다리지 않을 것이라는 점이다. 그들은 도움을 줄 수 있는 사람과 **배신**할 위험이 있는 사람(다른 표현이 있을 수 있을까?)을 신속하게 식별해야 한다. 상충하는 증거들 속에서 긴급한 사안에 대해서 결정을 내릴 때, 이러한 태도는 과학자, 정치인, 일반 대중에게 모두 공통적이며, 그러한 상식적인 태도는 그들의 영토가 위협받을 때 최대로 발휘된다. **동원**mobilisation이라고 부를 수 있는 것은 불편하고 걱정스럽고 위험한 감정이며, 잘못된 결과를 가져올 수 있다. 하지만 한 가지 확실한 것은 전시 상황에서는 안일함, 유화, 전문가에게 위임하기와 같은 태도는 취할 수 없다는 점이다.

이상하게도 전투적 활동가들뿐만 아니라 '사회 참여적인 과학자들'(예전에 가상적 핵 홀로코스트를 둘러싼 싸움에서 유래한 존경받는 명칭)도, 대중이나 그들이 선출한 대표자들의 동원이 모두 부족하다고 투덜거리면서도, '전쟁'이라는 말을 기피함으로써 갈등을 완곡히 표현하려 한다. 하지만 그들의 적에게는 그런 거리낌이 없다. 그들에게 있어 갈등 상황은 강제적 **토지 강탈**이다. 땅은 그들의 것이고, 그들은 그것을 굳게 붙잡고 있다. 그들이 [대문자] 과학의 외피 뒤에 숨으려는 것은 단순한 계략이다(실제로 그들은 전략적 실증주의 게임을 하는 사람들이다! 그리고 그들은 그것을 극한까지 밀어붙인다). 우리는 이 [대문자] 과학에 대한 호소에 놀라서는 안 된다. 과거에 전쟁 중인 당파의 깃발에 "신께서 우리와 함께 하신다(Gott Mitt Uns)"는 문구가 항상 수놓아져 있었다는 사실이 신이 전쟁 중인 세력 가운데 어느 한 편에 섰다는 것을 의미하지는 않는다. 평화 상태에서 전쟁을 말하는 것은 위험할 수 있지만, 공격받고 있을 때 전쟁이 있다는 사실을 **부정**하는 것이 더욱 위험하다. 유화주의자들은, 이번에는 기후 과학을 부정하는 부정론자가 아니라, 우리가 집단적으로 거주하는 세계를 정의하고 통제하려는 전쟁이 존재한다는 사실을 부정함으로써 결국 부정론자가 될 것이다.

실제로 지구에 대한 정의definition와 통제를 둘러싼 전쟁이 존재한다. 약간 극적으로 말하면, 홀로세에 살고 있는 인간Humans과 인류세에 살고 있는 지구에 뿌리박은 자Earthbounds가 싸우는 전쟁이다. 이렇게 말함으로써 얻는 명확한 효과는, 다양한 진영들이 '신(Gott)'이 우리와, 아니 "자연이 우리와 함께 하신다Natur Mitt Uns"라는 깃발 아래서가 아니라, "자신의 색깔[깃발] 아래에서"[16](월터 리프먼의 표현(Lippmann 1925[1933]) 활동할 수 있게 한다는 것이다. 만약에 당신이 IPCC를 '로비'라고 부를 용기가 있는 기후회의론자들climatosceptics을 만난다면 다음과 같이 답하는 것이 훨씬 더 강력할 것이다.

물론 로비다. 그럼 이제 당신들이 얼마나 많은지, 당신들의 돈이 어디서 나오는지 살펴보겠다. 그리고 우리가 여기 있고, 당신은 우리를 '이데올로기'에 의해 편향됐다고 비난하고 있으니까, 모든 것을 테이블 위에 올려 놓아보자. 당신은 어떤 세계에, 어디에서, 어떤 자원을 가지고, 얼마나 오랫동안 살고 있는가? 당신의 아이들을 위해 어떤 미래를 그리고 있으며, 당신의 아이들을 위해 어떤 교육을 제공하고 싶으며, 어떤 풍경에서 살기를 원하는가?

그리고 단계적으로, 인류세라는 공통의common 개념에서 노골적으로 누락되어 있는 일련의 모든 차별화된differentiated 권력관계가 복구될 것이다.[17] 그러한 반격은 정치에 의해 오염되지 않은 [대문자] 과학의 마지노선

---

16 [역주] 해군이 전쟁할 때 적함의 국기를 달고 속이는 게 아니라 자신의 깃발을 보여줄 때 "show(display) one's true color(자신의 진짜 색깔을 보여주다)"는 표현을 쓴다.
17 [역주] 여기에 나오는 '공통의'와 '차별화된'의 대비는 1992년의 리우지구정상회의Rio Earth summit와 1997년의 교토의정서에서 유래하는 표현이다. 이 회의에서 기후변화에 대처하는 행동에는 모든 국가와 국민이 "공통적이지만 차별된 책임common but differentiated responsibilities"을 진다는 원칙이 강조되었다. 이에 대해서는 디페시 차크라바르티, 『인류세에 대해 인문학이 답하다』, 조성환·이우진 옮김, 군자출판사,

뒤로 퇴각하는 것과는 정반대이다.

물론 이 지-리학geo-graphy, 아니 이 **가이아-리학**Gaia-graphy에는 [갈등의] 최전선에 대한 서술이 필요하다. 그것을 구체적으로 그리기 위해서 우리는 사회과학이든 자연과학이든 할 것 없이 모든 학문 분야의 자원을 다 끌어와야 한다. "당신이 무엇을 방어하고 있는지, 그 땅의 가치가 무엇이라고 생각하는지, 어떤 생명체와, 어떤 종류의 토양, 어떤 풍경, 어떤 종류의 산업, 어떤 종류의 상업과 함께 살아남고 싶은지 구체적으로 그려보라." 예를 들어 '탄소의 결백'을 티모시 미첼의 중요한 책 제목인 '탄소 민주주의'(Mitchell 2011)와 대결시켜 보자. 양자는 모두 사실/가치의 구분에 걸쳐 있지만, 탄소는 동일한 역할을 하지 않으며, 동일한 규정qualifications을 받지도, 동일한 속성을 지니지도 않는다. 좋다. 그렇다고 해서 이것이 과학적 사실이 왜곡되었다는 것을 보여주는 것은 아니다. 오히려 이것은 탄소가 공통의 언어로 구성되는 방식이 다양할 수 있음을 의미한다. 같은 원자가 흑연과 다이아몬드와 같이 다른 물질을 만들 수 있다면, 같은 탄소가 기후 부정론자의 손에 들어갔을 때와 중동 역사가의 손에 들어갔을 때 서로 다른 배열과 덕목virtues, 즉 상이한 행위성을 갖는 것이 놀라운 일일까? 결백과 죄는 매우 정확하게, 문자 그대로, 어떻게 구성됐느냐에 따라 달라지는 원자의 속성이다.

존 트레쉬John Tresch가 "코스모그램cosmograms"(Tresch 2012)이라고 부르는 이러한 모든 연결은, 우리가 과학 대 정치의 분할에 따라 그 연결을 끊

2024, 5~10쪽을 참고하기 바란다.

지 않을 때에만 드러날 수 있다. 물론 그러한 지정학geopolitics, 아니 가이아정치학Gaia-politics은 지금까지 수많은 전쟁이 벌어졌던 과거의 색칠된 지도와는 일치하지 않는다(Elden 2014). 국경을 식별하기는 어렵지만, 그렇다고 해서 영토와 무관하다거나, 새로운 지도를 그릴 필요가 없다거나, 갈등과 무관하다는 것은 아니다. 어떻게 인류세라는 개념을 도입하고서 지구정치politics of the Earth의 관점에서 그 결과를 도출해 내지 않을 수 있겠는가? 광산, 강, 오염, 바다, 물고기, 새, 풀, 곤충, 구름, 비, 홍수, 이 모든 것이 그 안에 있다.

그것이 없으면 살 수 없는 것, 그것은 **영토**가 아니고 무엇이겠는가? 좋다, 그렇다면 당신이 그것이 없어도 살 수 있다고 하는 모든 존재들, 모든 행위자들을 나열해 보라. 우리도 나열하겠다. 그런 다음 공격받고 있는 영토, 방어할만한 영토, 포기할 수 있는 영토들을 그리겠다. 이 작업이 끝나면 우리는 패배하거나 승리할 확률을 비교할 수 있을 것이다. [대문자] 과학과 그 [대문자] 법칙에 의해 알려진 [대문자] 자연—즉, 전통적인 **자연상태**—에 대한 호소가 기후변화의 인위적 기원과 같이 확고한 사실의 경우에조차 평화를 가져다주지 못한다면, 우리는 전쟁 선포 상태에서 사는 것을 받아들여야 한다. 어쨌든 우리를 반대하는 사람들은 위기상태에 더 잘 적응하고 있고, "소유"와 "자기 소유물의 방어"라는 말이 의미하는 바를 훨씬 잘 알고 있다. 그들은, 우리의 적들은 이미 오래 전에 동원되었다mobilised.

§

전쟁 상태를 선포하지 않은 채로 두기보다는 명시적으로 드러내는 것의 진짜 이점은, 그것이 **평화**를 상상하기 시작하는 유일한 방법일 수 있다는 것이다. 여기에서 평화란 오래된 과학 대 정치 레퍼토리를 통해 얻은 '**교육적** 평화'가 아니다. 마치 우리 모두가 자연과학을 배워서 세계를 구성하는 것이 무엇인지에 대해 필연적으로 동의할 수 있게 되었으니, 이제는 정책을 논의하기 시작할 수 있다는 식의 평화가 아니다. 그보다는 '**정치적 평화**'다. 다른 선택지들이 다 소진되고, 자신들의 깃발에 수놓은 '신'도 '자연'도 자신들 뒤에 없다는 사실을 알게 된 진영들이, 마치 더 이상 자기 머리 위에 **그 어떤 중재자도 없다**고 가정한 상태에서 합의를 시도하는 그런 평화다. 이 두 형태의 평화의 주된 차이는 교육적 평화는 어떤 전쟁보다도 그 **이전에**before 온다는 데 있다. 이 경우에 전쟁은 단지 자연법칙이나 경제법칙을 이해하지 못한 사람들의 비이성적 실수일 뿐이다. 일단 모든 사람들이 사물[의 본성]이 무엇이고, 항상 무엇으로 있었는지에 대한 진실을 알게 되면 평화가 회복될 것이다. 교육적 평화는 경찰의 개입이나 오늘날 '거버넌스'라고 불리는 것과 유사하다. 반면에 정치적 평화는 전쟁이 전쟁 당사자들을 탈진시킨 **이후에**after 오는데, 전쟁 당사자들은 결국 생존 방식modus vivendi이라 불리는 것, 즉 생존을 위한 임시방편적 협정들이 얽혀있는 집합을 구성하게 된다.

정치적 평화는 이미 거기에 있는 것에 의해서가 아니라 장차 점진적으로 실현되어야 할 것에 의해서 좌우되기 때문에 더 이상 그것을 **지체시킬**delay 방법이 없다. 지체delay는 근대주의자들의 꿈의 일부다. 실제로 그들은 미래를 지체로 정의definition한다. 미래는 단지 과거로부터 도피하고 다가오는 것에 '눈을 크게 감는'[18] 것으로 이루어져 있다. 바로 여기에서 인류세 개념은 과학철학philosophy of science(즉 '정치 대 과학'이 아니라 '정치 와 과학' 레퍼토리)과 만날뿐만 아니라, 정치적 공동체가 세워지는 기반에 대한 정의와도 만나고, 매우 논쟁적인 기반 위에 세워진 '가이아-정치학Gaia-politics'과도 만난다. 또한 신학적으로도 매우 중요한 것은, 인류세의 공간적 뿌리가 근대주의적인 것과 다르듯이, 인류세의 시간 또한 근대주의적인 것과는 다른 **시간**을 만난다는 점이다. 신학을 생태학에 편입시키는 시도는 다양한 방식으로 정식화되고 있다. 그것은 장 피에르 뒤피[19]가 제시한 좀 더 세속적인 버전인 '계몽적 파국주의enlightened catastrophism'(Dupuy 2003)에서부터, 마이클 노스콧이 제안한 좀 더 영적인 버전(Northcott 2013)—내가 '탄소 신학carbon theology'이라고 불렀던 것!—에 이르기까지 다양하다.

그들의 공통점은 각 전쟁 진영에 대해 상이한 **공간적** 기반을 제안하는 것과 동일한 방식으로, 행동을 위한 또 하나의 **시간적** 리듬을[20] 제공한다는 것이다. 행동은 지체될 수 없는데, 시간은 현재에서 미래로 흘러가는 것이 아니라—마치 최고의 시나리오를 바라면서 여러 시나리오들 중에서 선택해야 하는 것처럼—다가오는 것what is coming에서 현재로 흐르기 때문이다('다가오는 것'은 프랑스어로 '라브니르' avenir'라고 하는데, '미래'를 의미하는 '르 피띠

---

18 [역주] '눈을 크게 감는'의 원문은 'eyes wide shut'이다. 스탠리 큐브릭 감독의 1999년 유작 영화 제목으로 유명한 표현으로, 알면서도 외면하는 태도를 말한다.
19 [역주] 장 피에르 뒤피(Jean-Pierre Dupuy, 1941~)는 프랑스의 정치사상가로, 에콜 폴리테크니크와 스탠퍼드대학교 교수를 역임했다. 국내에 번역된 책으로는 『파국이냐 삶이냐: 팬데믹 시대의 사유』(이충훈 옮김, 산현재, 2022)를 포함해서 세 권이 있다.
20 [역주] 우리가 언제, 어떻게 행동해야 하는지를 결정하는 시간적 질서나 패턴을 말한다.

르le future'와는 다르다). 이것은 우리가 살아야 할 시대를 '묵시론적apocalyptic'으로 간주하는 또 하나의 방법이다. '파국적'이라는 의미에서가 아니라(그럴 수도 있겠지만), 우리를 향해towards 다가오는 것들의 계시revelation라는 의미에서다.

다른 유형의 희망hope을 가지고 '시간의 끝'에서 살고 있는 이 이상한 상황. 신학의 세 가지 덕목 중 하나로 자리매김 된 희망은,[21] 영어보다 풍부한 어휘를 가진 프랑스어에서는 '에스쁘와espoir(단순한 희망)'와 혼동하지 않기 위해서, '에스뻬랑스espérance(소망)'라고 부른다. 클라이브 해밀턴은 우리에게 이 '에스쁘와espoir'를 버리라고 현명하게 충고했는데, 그 이유는 우리가 희망에 의존하는 한 여전히 우리의 행위가 초래한 결과에서 벗어나기를 기대하기 때문이다. 오직 우리가 시간과의 관계를 근본적으로 바꿀 때에만, 즉 '묵시론적 시간apocalyptic times' 속에서 살아갈 때에만, 우리는 지체delay없이 행동하도록 자극받을 수 있다(Anders 2007). "때가 찼다The times are fulfilled."[22]

§

생태학 역사가들은 인류세 개념에서 완전히 새로운 것은 없을 것이라고 말한다. 왜냐하면 영토와 자원에 대한 갈등은 인류 역사만큼이나 오래되었고, 그와 같은 '토지 강탈'이 환경에 미치는 영향에 대한 경고 역시 산업혁명만큼이나 오래되었기 때문이다(Bonneuil and Jouvancourt 2014). 맞는

---

21 [역주] '믿음, 소망, 사랑'이라고 할 때의 '소망'에 해당하는 덕목이다.
22 [역주] 『성경』의 「마가복음」 1장 15절에 나오는 말로, "때가 됐다"는 뜻이다.

말이다. 하지만 내가 이 인류세라는 이름표에서 정말 새롭다고 생각하는 것은—지질학geology, 역사history, 아니 그보다는 지질-이야기geo-story, 정치와 철학 사이의 이례적인 협업은 제쳐 두더라도—그것이 행위action가 위치지워지는 공간적, 시간적 틀을 동시에 수정한다는 점이다. 더 나아가서 이 틀은 화이트헤드의 유명한 표현을 사용하면 "자연의 이분화" 이래로 [대문자] 과학의 형이상학을 확립한 두 개의 주춧돌을 수정해 버렸다.

근대인들이 자신의 물질성이 공간적 연장 없는 원자적 점들과, [시간적] 지속duration 없는 순간들instants로 이루어질 수 있다고 상상한 것은 얼마나 이상한가? 물질에 대한 이와 같은 가장 관념적인 정의idealistic definition야말로 오늘날 유토피아적인 그리고 유해한 특징을 보이고 있다. 이 기묘한 개념은 공간과 시간의 경험과 끊임없이 어긋나 있었다. 그것은 "어떤 장소에서 왔으며 얼마 동안 지속됐다"고 주장하는 모든 충동을 단순한 주관성subjectivity, 시poetry, 신학 또는 철학에 불과한 것으로 거부해 왔다.

근대주의자의 꿈은 '주관적인' 공간과 시간을, '어떤 공간에도 속하지 않는 공간'과 '시간을 초월한timeless 순간들로 이루어진 시간'이라는 실로 이성적인 관점으로 대체하려는 끊임없는 투쟁으로 정의될 수 있다. 좋은 이유에서든 나쁜 이유에서든, 문명은 이와 같은 '근대화의 개척지modernising frontier'라는 정의definition에 저항해 온, 그러나 대부분은 패배한, 오랜 싸움이었다고 말하는 것이 공평할 것이다. 이제 모든 탐구 분야의 입장들이 완전히 예기치 못한 방식으로 전도됨에 따라 자연사의 많은 영역들이 지구의 공간적 조건으로의 회귀를 요청하고 있고, "때가 찼다"라는 긴급한 감각을 요구하고 있다.

가이아는 자연도 아니고 정치체도 아니다. 과학자들은 다른 많은 전투를 치르고 있다. 그들은 전적으로 새로운 친구와 적을 발견하고 있다. 우리도 마찬가지다. 더 이상 근대화의 개척지는 없다. 대신 새로운 갈등의 전선들이 너무나 많아서 전적으로 새로운 가이아-정치학Gaia-politics이 모든 지도를 다시 그리고 있다(Stengers 2009 그리고 이 책 제10장). 과거에는 주관성과 객관성이라는 별개의 영역이었던 모든 요소들을 뒤섞음으로써, 실로 인류세 개념은 엄청난 혼란의 원천이 되고 있다. 하지만 그것은 환영할만한 원천이다. 라이언 스톤 박사와 마찬가지로, 우리의 집단적인 지구로의 귀환은 정신적으로 꽤나 충격적인 사건이다. 그러나 마침내 우리는 우리가 어디에 있는지, 무엇을 위해 싸워야 하는지 알게 되었다. 아! 그러나 그것을 처음부터 알았어야 하지 않았을까? "Memento, homo, quia pulvis es, et in púlverem revertéris"; "사람아, 너는 흙이니 흙으로 돌아갈 것임을 기억하라."[23]

---

23 [역주] 『성경』의 「창세기」 3장 19절에 나오는 말이다.

12장
환경주의의 부활은 절실히 필요한가?

—인류세의 생태정치

인골푸 블루도언

서론

자유주의적 소비민주주의liberal consumer democracy[1] 선진국에서의 생태정치eco-politics는 가장 복잡한 상태에 놓여 있다. 또한 (사회적, 경제적, 생태적) 지속가능성의 위기가 심각하고, 진실로 변혁적인 행동이 긴박하다는 점에 대해서는 거의 논란의 여지가 없다. 지속가능성에 대한 논의는 어디에나 있으며, 생물물리학적biophysical 환경보호뿐만 아니라 사회정의, 포용, 권한 부여, 다양성 등을 위해서도 노력하고 있다. 하지만 급진적인 환경주의 흐름이 항상 요구해 왔고, 많은 기후과학자들이 대규모 파국과 사회

---

1 [역주] '자유주의적 소비민주주의liberal consumer democracy'는 '자유민주주의liberal democracy'와 '소비(자)민주주의consumer democracy'의 합성어이다. '소비(자)민주주의'는 '소비(자)자본주의consumer capitalism'와 짝을 이루는 개념이다. 이 장에는 '자유주의적 소비민주주의' 이외에도 '자유주의적 소비자본주의liberal consumer capitalism'나 '신자유주의적 소비자본주의neoliberal consumer capitalism' 또는 '자유민주주의적 소비자본주의liberal democratic consumer capitalism'와 같은 개념도 사용되고 있다. 참고로 소비자본주의를 논한 책으로는 저스틴 루이스, 『소비 자본주의를 넘어서』, 엄창호 옮김, 커뮤니케이션북스, 2016이 있고, 소비(자)민주주의를 다룬 책으로는 Mark H. Lytle, *The All-Consuming Nation: Chasing the American Dream Since World War II*, Oxford University Press, 2021, 제1부「The Creation of Consumer Democracy」가 있다.

적 붕괴를 막기 위해서는 더 이상 피할 수 없다고 생각하는 자본주의 성장경제와 소비문화의 구조적 전환은 어디에도 보이지 않는다. 그 대신 비판적 지식인들은 통치 기관이, 심지어는 초국적 기업이 "우리의 언어를 장악하고", 그로 인해 "우리가 원하는 것을 말하고 우리가 원하는 것을 알 수 있는 능력을 … 심지어는 사회경제적 질서에 대한 어떤 대안을 꿈꿀 수 있는 능력을" 파괴하는(Dean 2009, 10) 생태정치eco-politics의 포스트-민주적이고 포스트-정치적인 상황을 한탄하고 있다.

이러한 교착상태에서 인류세 개념은 생태정치 논쟁에 활기를 불어넣고 이론을 풍성하게 해주었다. 인간의 행위가 지구에 끼치는 영향력이 점점 강력해져서 인류가 지구 발전의 궤적에 영향을 주거나 심지어는 변화시키는 핵심 변수로 진화한 새로운 지질학적 시대에 진입했음이 알려지자, 인간의 책임과 효과적인 조치에 대한 압력이 더욱 거세지고 있다. 그 바탕에 깔려 있는 가설은, 인간의 활동이 지리적으로 가장 멀리 떨어져 있는 지역이나 생태계에까지 영향을 끼치고 있는 현재 상황에서, **자연**과 **문명**, **사회**와 **환경**, **생태시스템**과 **사회시스템**, **주관**과 **객관** 사이의 전통적인 이분법이 더 이상 유효하지 않다는 것이다. 이 가설은 '포스트-자연적post-natural' 상황이 우리에게 "절실히 필요한 환경주의의 부활renewal"을 가져다 줄 절호의 기회가 될 수 있다는 새로운 희망을 불러일으켰다(AriasMaldonado 2013 1). 반면에 어떤 사람들은 "새롭게 대두되고 있는 환경주의는 우리를 재앙으로 이끌 것"이라고 하면서 즉시 경종을 울렸다(Hamilton 2014). 그렇다면 인류세는 생태정치에 어떤 의미를 지니는가? 생태정치의 부활에 대해 어떤 잠재력을 가지고 있을까? 그리고 그것은 어떤 종류의 부활일까?

이 장에서는 인류세의 도래가 현재 주류를 이루고 있는 탈정치화된 지속가능성 정책에(Bulkeley et al. 2013) 좌절한 사람들이 상상하는 것과 같은 "절실히 필요한 부활"을 촉진할 가능성은 거의 없다고 주장하고자 한다. 이들은 "모든 것을 바꿀"(Klein 2014) "진정으로 파괴적인 행동의 대규모 확산"(Crouch 2004, 123)을 바라고 있고, 이미 "점점 더 많은 사람들이 대안적 삶과 일의 방식을 찾는 데 참여하기 시작했다"(Novy 2014, 42)"고 스스로를 확신시키려 하고 있다. 그러나 인류세의 생태적 그리고 사회적 조건들이 재앙으로 경험될 가능성은 높지 않고, 재앙에 대한 경고는 항상 생태정치 담론의 구성 요소였지만 신기하게도 현실화되지는 않았다.

이 장에서는 한편으로는 '**유턴 아니면 재앙**'이라는 활동가 특유의 대비를 넘어서려고 노력함과 동시에, 다른 한편으로는 이 개념이 촉발한 새로운 낙관주의나 비관주의도 공유하지 않으면서, 지금까지 모든 생태정치 담론을 지탱해 온 (앞에서 언급한) 이원론에 주목하고, 이 이원론적 사유 모델을 넘어서는 생태정치의 조건condition을 탐구하는 개념적 렌즈로서 인류세 개념을 다루고자 한다.

또한 이 장에서는 과학과 기술 지향의 '**객관화 방식**mode of objectivation'의 생태정치적 접근과 문화와 정체성 지향의 '**주관화 방식**mode of subjectivation'의 생태정치를 구분한다. 그리고 이러한 접근 방식이 자신들의 진단과 처방의 정당성과 권위를 창출하기 위해서 근본적으로 자연과 사회의 이원론에 의존하고 있음을 보인다. 그러나 사회가 자연을 완전히 식민지화하고, 그로 인해 지속가능성의 위기를 잠재적으로 극단적인 형태로 몰고 가고 있는 이 시점에서, 정당성과 권위를 창출하려는 이러한 전략은 무너지고, 생태정치를 자기준거적self-referential이 되게 하며,[2] 생태정치 이론과 활동가들은 오늘날 지배적인 지속불가능성 정치[3] 앞에서 방향성을 상실하게 된다(Blühdorn 2011, 2013, 2014, 2015). 이것이 인류세 시대의 생태정치가 처한 조건이자 곤경이다.

객관화 방식의 생태정치

단편영화 〈인류세에 오신 것을 환영합니다Welcome to the Anthropocene〉는 2012년 유엔 리우+20 정상회의에서 활기찬 분위기를 조성하기 위해 개봉되었는데, 그 목적은 2002년에 요하네스버그에서 열린 '환경과 개발에 관한 세계 회의'[4]에서 이미 뚜렷한 피로의 징후를 보인 '지속가능한

---

2 [역주] 자기 논리만 되풀이하는 상태가 된다는 뜻이다.
3 [역주] '지속불가능성 정치politics of unsustainability'란 지속불가능한 사회를 재생산하는 정치를 말한다.
4 [역주] 원어는 'World Conference on Environment and Development'이다. 2002년 8월에 남아프리카공화국의 수도 요하네스버그에서 열린 국제회의로, 정식 명칭은 '지속가능한 발전을 위한 세계 정상회의World Summit on Sustainable Development(WSSD)'이다. 이 회의는 1992년 6월에 브라질의 리우데자네이루에서 개최된 '환경과 개발에 관한 유엔 회의United Nations Conference on Environmental and Development'를 계승한 10년 만의 지구정상회의라는 점에서 'Rio+10'이라고 불린다. 그로부터 10년 뒤인 2012년 6월에 브라질 리우데자네이루에서 '유엔 지속가능발전회의UN Conference on Sustainable Development(UNCSD)'가 열렸는데, 일명 'Rio+20'로 불린다. 이들 회의에 대한 상세한 내용은 《전국지속가능발전협회회》 홈페이지에 실려 있는 '지속가능발전의 개념' 항목을 참고하기 바란다. (http://www.sdkorea.org/contents/sustainability/sustainability_01.php)

개발sustainable development'이라는 아젠다에 새로운 활력을 불어넣기 위한 것이었다. 그런데 돌이켜보면 이 행사는, 신자유주의적 소비자본주의 neoliberal consumer capitalism라는 지배적인 질서가 아무리 지속 불가능하다고 하더라도, 정치 지도자들 사이에서는, 특히 지구적 금융위기[5]의 여파로 인해, 신속한 또는 전면적인 변화에 대한 "정치적 의욕은 거의 없다"는 사실이 그 어느 때보다도 분명하게 드러났다(Linnér and Selin 2013, 983). 실제로 1992년의 첫 번째 '리우정상회의' 이래로 지구환경정치의 등대이자 큰 약속이 되어 왔던 '지속가능한 발전sustainable development'은 이제는 소진된 패러다임으로 보인다. "지속가능한 발전은 더 이상 예전과 같은 흡인력을 발휘하지 못하고 있다."

지속가능성 거버넌스와 지속가능한 발전 개념은 모두 변화를 이끌어내지 못했다는 인식 속에서 점점 더 많은 압력을 받고 있다(Bulkeley et al. 2013, 958f).

1990년대 초에 이 개념은 엄청난 희망과 열정을 불러일으켰는데, 그 이유는 특히 환경정책이 종전보다 훨씬 더 견고하고 신뢰할 만하며 **객관적인** 발판 위에 놓일 수 있다는 약속과 함께 등장했고, 그와 동시에 "생태적으로 가능한 한계"[6](자연의 완전성integrity of nature)에 대한 초점을 현재와 미래

---

5 [역주] '글로벌 금융위기global financial crisis'는 '세계 금융위기'라고도 하는데, 2007~2008년에 미국의 서브프라임 모기지 사태에서 시작되어 전 세계로 파급된 대규모의 금융위기 사태를 일컫는다.
6 자연이 감당할 수 있는 한계를 의미한다.

세대의 '필요'(사회 복지)까지 주의를 기울이는 방향으로 확장시켰기 때문이다. 브룬트란트 보고서Brundtland Report[7]는 이러한 준거점들을 확립한 것으로 유명하지만, 그 기준들을 명시하려는 어떠한 두드러진 시도도 하지 않았다. 그러나 그 뒤를 이은 학문적인 지속가능성 연구는 '생태적으로 가능한 범위'가 무엇이고 어디에 있는지, 그리고 현재와 미래에 충족되어야 하는 인간의 '필요'가 무엇인지를 상세하게 밝히기 위해 많은 노력을 기울였다. 결정적으로 이전의 환경 운동이 미적 규범(자연의 아름다움 보존), 종교적 명령(신의 창조물 보호) 또는 자연의 완전성과 존엄성(내재적 가치)을 존중하는 윤리적 원칙에 호소했던 반면, 지속가능성 연구는 과학과 경제만을 기반으로 하는 지표와 기준을 확립하는 것을 목표로 삼았다. 구체적으로는 생태정치적 사고와 환경정책을 기존의 부드럽고soft **주관적인** 기준에 의존하는 것으로부터 해방시켜서, 단단한hard 사실과 **객관적인** 지식의 토대 위에 두고자 하였다. **생태적 근대화**는 "환경운동이 지향하는 **이념적 한계** idea-ends에 갇히는 것"을 피하기 위한 노력의 일환으로(Jänicke and Mol 2009, 1; 강조는 인용자의 것) 과학적 지속가능성 연구의 파트너로서 정책지향적으로 추진되었다. 그것은 "자원의 효율적인 사용에 초점을 맞추면서 생태와 경제 모두에 이익이 되는 기술 기반과 시장 지향의 전략"으로서(Jänicke and Mol 2009, 1), 환경정치에 다시 활력을 불어넣어 이전보다 훨씬 더 효과적으

---

7 [역주] 1987년에 유엔환경계획UNEP 산하의 세계환경개발위원회WCED가 『우리 공동의 미래Our Common Future』라는 보고서를 출간했는데, 당시 이 위원회의 위원장을 맡고 있던 노르웨이 브룬트란트 수상의 이름을 따서 『브룬트란트 보고서Brundtland Report』라고도 부른다. 이 보고서가 나온 뒤로 '지속가능한 발전 Sustainable Development(SD)' 개념이 광범위하게 논의되기 시작했다.

로 만들 것으로 기대되었다.

환경문제를 과학적 지식, 기술적 혁신, 경제적 인센티브 그리고 행정의 효율성 문제로 재개념화하려는 이러한 시도는, 다시 말하면 환경정책을 **탈정치화하고**depoliticise **객관화하려는**objectivate 시도는 깊은 이념적 균열에 의해 분리되었던 '환경운동'과 '산업계 대표들' 사이에 소통의 다리를 놓았다는 점에서 성공적이었다. 그것은 또한 하천 오염이나 석탄발전소로부터의 유황 배출과 같은 특정 문제들에 대처하는 광범위한 정책의 기반도 닦았다. 그러나 "혁명적 시스템 변화"와 "근대적 시장경제를 넘어서려는 움직임"이 그들의 아젠다에 없었다는 점을 감안하면(Jänicke and Mol 2009, 19), 지속가능성 패러다임과 생태적 근대화는 예상대로 산업자본주의와 소비자 문화의 구조적 전환을 가져오지 못했다. 사실상 그것들은 기존의 사회경제 질서의 수명만 연장시켰을 뿐, 그 핵심은 여전히 본질적으로 지속불가능한 상태이다.

더 중요한 것은 생태적으로 가능한 한계를 측정하고 지도화하고 정량화해서 계산하려는 노력에 열중한 나머지, 과학적 지식의 축적이 제아무리 상세하고 철저하다 하더라도 "지속가능성 연구가 결코 규범적 판단을 대체할 수 없다"는 사실을 무시하거나 심지어 부정했다는 점이다. 생태적 근대화는 자원 효율의 추구가 "무엇이 보호받을 만한 자원이고 무엇이 효율의 기준으로 사용되어야 하는가"라는 전제 위에 성립하고 있다는 사실을 자기 편의대로 무시했다. 그러나 한계 개념에 "사회적, 정치적 의미를 부여하려면 규범적 판단이 필수적이기" 때문에, 과학 자체로는 자원 사용의 지속가능한 한계를 정의할 수 없다는 사실은 여전히 남아 있다. 또한 "그러한 한계를 인식함으로써 확보되어야 하는 긍정적인 사회적

재화"와 그것과 관련된 자원 효율화 정책을 정의할 수도 없다(Meadowcroft 2013, 988). 과학은 경험적 정보를 수집할 수 있지만, 경험적 사실과 과학적 발견은 결코 그 자체로 자명하지는 않다. 결국 환경정치와 환경정책은 **관심**, 즉 **가치**에 의해 좌우되며, 사실과 관심의 관계는 실로 매우 복잡하게 얽혀 있다.

그래서 과학은 생물물리학적 세계의 조건을 기술하고 이해하거나, 환경 변화의 현상을 측정하고 설명하는 데에는 필수적이지만, 그것이 제공하는 경험적 데이터는 결코 곧장 문제로 인정되거나 모종의 사회적 행동을 유발하지 않는다. 그런 일이 일어나기 위해서는 기존의 사회적 가치, 기대, 열망과 관련되어야 하고, 서로 상충되는 것으로 인식되어야 한다. 달리 말하면, 흔히 환경문제라고 불리는 것은 궁극적으로 유동적인 사회적 규범에 대한 위반으로 인식되기 때문에 과학적 탐구를 통해 쉽게 접근할 수 있는 것이 아니다. 한계라는 측면에서 말하면, 생물물리학적 의미에서의 **생태적** 한계는 존재하지 않거나 정치와는 무관하다고 할 수 있다. 반면에 생태정치학 담론은 궁극적으로는 **사회적 수용성의 한계**에 관한 것이다. 즉 받아들여질 수 없다고 여겨지는 기존의 사회적 규범을 위반하는 것에 대한 우려에 관한 것이다. 이것을 지속가능성 개념에 적용해 보면, 특정한 물리적 조건이나 생물물리학적 변화 과정의 지속불가능성은 그 자체로는 문제가 되지 않는다는 뜻이다. 그것은 기존의 사회 규범과 기대에 도전하는 경우에만, 그리고 그런 한에서만 문제가 된다. 따라서 문제는 경험적으로 측정가능한 조건이나 과정의 지속불가능성이 아니라, (그 조건이나 과정을 고려했을 때 드러나는) 기존의 사회 규범과 그것을 뒷받침하는 사회 질서의 지속불가능성에 대한 인식이다.

따라서 지속가능성 패러다임은 단순히 과학에 대한 집착과 객관화 전략으로 인해 환경정책과 환경정치의 환원불가능한irreducibly 규범적 성격을 간과한 것이 아니라, 생태정치 담론의 실질적인 핵심을 체계적으로 파악하지 못한 것이다. 생태근대화 옹호자들은 "사회-자연 관계나 기후변화와 같은 [복잡한] 이슈들이 과학적 지식과 기술관리 혁신과 같은 이슈들로 환원될 수 있다"는 거짓 약속을 하면서, 환경정치를 다음과 같은 조건으로 몰아넣었다. 즉, 손쉽게 이용가능한 지식과 기술은 그것들을 사회적으로 정당하게 그리고 효율적으로 적용하는 기준(규범)을 마련하려는 정치적 능력과 의지를 훨씬 앞질러 버렸다. 그리고 사회적 구성 요소가 무엇인지, 과학 연구와 신기술을 어떻게 어떤 목적으로 사용하는 것이 최선인지에 대한 협상이 크게 뒤처지면서, 기술 개발과 적용은 그 자체적인 역학과 시장의 역학에 지배되는 상태가 되었다.

그러나 오늘날과 같이 이러한 객관화 방식의 생태정치가 패권적 지위를 획득하면 획득할수록, 현대 사회는 자신들의 관심사를 개념화하고, 생태정치적 요구를 명확히 표현하며, 심지어는 기술 혁신, 개인화된 소비자의 선택 혹은 배출권 거래 이외의 관점에서 자신들이 원하는 바를 **생각할** 수 있는 능력을 상실해 갔다. 이것들은 모두 자유주의적 소비자본주의 liberal consumer capitalism의 논리에 도전하기보다는 오히려 그것을 강화한다.

주관화 방식의 생태정치

그래서 객관화 방식의 생태정치는 한계에 달했다. 두 가지 영역을 나누는 것, 즉 '사회적이고 주관적인subjective 영역'과, 객관적으로objectively 타당한 문제를 진단하고 개선 조치의 요건들을 정의할 수 있다고 하는 '자연과학의 영역'을 나누는 것은 실행 불가능한 것으로 판명되었다. 그 바탕에 깔려 있는 기본 가정이 크게 잘못되었는데, 그것은 바로 과학적 지식의 획득과 사실적 정보의 보급이 자동적으로 그것에 상응하는 행동을 촉발하거나, 아니면 적어도 기존의 지속불가능성의 질서를 전환시키는 정책 프로그램으로 비교적 쉽게 변환될 수 있다는 가정이다. 그럼에도 불구하고 이 (언제나 불충분한) 객관화 방식의 생태정치가 사실상 헤게모니를 쥐게 된 것에 대해서, 포스트 마르크스주의 혹은 네오 마르크스주의 비판 이론의 전통을 따르는 비판적 관찰자들은 신자유주의 우파의 승리라고 해석해 왔다. 이들은 신자유주의 우파가 자신들의 통치를 공고히 하기 위해서 탈정치화와 포스트민주주의 아젠다를 추구했다고 주장한다(Klein 2008, 2014). 이들의 관점에서 보면, 현대에 유행하는 생태정치의 형태들은 포스트정치적 질서post-political order의 "완벽한 표현"일뿐만 아니라, 신자유주의자들은 환경위기 자체를 포스트정치적 합의post-political consensus의 주된 촉매제로 변환시켰다(Swyngedouw 2007, 18; 2009, 610). 스윙게도우가 지적하듯이, 생태정치적 이슈들은 그것들을 다루는 신자유주의적 패턴을 이미 암시하는 방식으로 틀지어진 채 정치적 장치 속으로 들어오며, 문제 제기 방식이든 정치적·사회적 해결책이든 간에 "이견을 용납하지 않는다." (Swyngedouw 2007, 11). 그래서 생태정치적 논쟁은 오히려 포스트정치적 조건과 포스트민주주의적 통치 형태를 강화하고 공고히 하는 수단이 된다.

이에 따라 포스트마르크스주의 또는 네오마르크스주의 비평가들은 "사회적 권력의 좀 더 공평한 분배를 달성할 수 있는 전략을 규명함으로써 사회-환경적 구성의 민주적 내용을" 다시 한번 "향상시킬 것을" 제안한다(Swyngedouw 2010, 32). 그들의 목적은 평등과 자유 개념을 재중심화하고, "해방적 기획의 … 정치적 가능성을 재활성화할 수 있는 관점들을" 탐구하는 것이다(Swyngedouw 2011, 370). 다른 곳에서와 마찬가지로 생태정치에서도 네오마르크스주의 아젠다는 궁극적으로 해방적 기획을 복원하고, 진정한 민주 정치의 중심에 **자율적 주체** 개념을 재확립하는 것이다. 주류 지속가능성 정책의 탈정치화 및 객관화 전략이 구조적 변화를 가져올 수 없을 뿐만 아니라 현실적으로 지속가능성의 다중 위기를 악화시키는 것으로 드러나면서, 재정치화re-politicisation와 재주체화re-subjectivation는 확실한 해독제로 제시되고 있다.

다소 향수를 불러일으키지만, "민주주의가 타락했기 때문에" 지속가능성의 위기가 닥쳤고, "시민을 위한 민주주의를 되찾아야만" 이 문제를 해결할 수 있다는 제안(Hamilton 2010, 223)은 급진적 생태주의와 주관화 방식의 생태정치 프로그램을 떠올리게 한다. 비록 정치, 경제, 과학 엘리트들이 기존의 지속불가능성 논리를 중단하기보다는 강화할 가능성이 훨씬 크다는 사실은 분명하지만, 이러한 주장은 두 가지 점을 간과하고 있다. 첫째는 급진적 생태주의도 탈정치화와 객관화 전략에 의존했다는 점이고, 둘째는 근대화로 인해 널리 확산된 정체성과 주체성 개념의 변화로 생태정치의 재정치화와 재주체화가 다소 전망이 없는 전략이 되었다는 점이다.

1970년대에서 1980년대 초까지 가장 큰 정치적 영향력을 발휘했던 **생태주의** 사고는(Dobson 2007) (예를 들어 Commoner 1971; The Ecologist 1972; Die Grünen 1980; Bookchin 1982; Porritt 1984) 생태적 정언명령categorical ecoimperatives, 자연의 본질적 가치, 인류의 생존 위협, 또는 **우주선 지구**에 대한 종말론적 두려움에 대한 신념을 중심으로 구축되었다. 비록 **생태중심주의**와 **인간중심주의** 사이에는 상당한 차이가 있었지만, 이러한 다양한 종류의 급진적 생태정치 사상에는 공통점이 있다. 그것은 바로 협상 불가능하고 논쟁의 여지가 없으면 정치적 정당화의 의무가 면제된다는 **규범적 토대**에 기초하고 있다는 점이다. 생태 근본주의자들은 이와 같이 본질적으로 전前정치적인pre-political 규범들을 무기 삼아서, 기존의 사회-경제적 질서와 자연-사회의 관계에 대한 지배적 개념들을 급진적으로 비판하였다. 즉 정치화하였다. 그들은 전후post-war '성장-안보 동맹'(Offe 1985, 818)의 헤게모니에 균열을 내는 지렛대로서, 그리고 '자유민주주의적 소비자본주의'[8]의 기존 질서를 뒷받침하는 (그때까지 논쟁의 여지가 없었던) 광범위한 신념을 정치화하는 지렛대로서, 생태계의 완전성integrity과 인간 생존이라는 보편화되고(우리는 모두 이 위기의 영향을 똑같이 받고 있다!) 비타협적인 (유턴 아니면 종말!) 논리를 사용하였다. 그들은 생태계 붕괴와 인간과 만물의 멸종이라는 종말론적 위협을 언급하면서, 기존의 사회-경제적 질서의 급진적인 재구성 외에는 **대안이 없다**고 주장했다. 다시 말해 그들은 [대안이 없다는] TINA(There Is No Alternative) 논리가 이데올로기적 신자유주의의 특징으로 확인되기 훨씬 이전부터 그것을 동원하였다mobilised.

이러한 생태-근본주의 담론에서는 자연의 본질적 가치, 생태적 정언명령, 그리고 **타자**의 완전성integrity을 존중해야 한다는 요구가 두드러지게

---

8 [역주] 원어는 'liberal democratic consumer capitalism'이다

나타났다. 그러나 궁극적으로 급진적 생태학의 다양한 갈래들은 항상 **주체** 또는 **자아**라는 근대적 개념과 자율성autonomy, 완전성integrity, 정체성identity이라는 구성적 규범들을 중심에 두고 있다. 심지어는 자신들을 생태중심적이라고 생각하는 생태정치의 흐름조차도, 궁극적으로는 근대 계몽주의 사상이 모든 인간의 양도할 수 없는 권리이자 속성이라고 설정한 자율성과 존엄성을, 즉 주체의 지위를, 자연에 부여해야 한다는 신념에 기초하여 비판을 전개하거나 요구를 정당화하였다. 따라서 급진적 생태주의 사고가 지닌 정치적 힘과 규범적 권위는 결코 객관적 필요성, 논란의 여지가 없는 물리적 조건, 또는 생존의 정언명령에서 파생된 것이 아니라, 실은 기존 질서를 비판하는 잣대를 제공하고, 구상된 대안의 윤곽을 그린 '자율적 주체'라는 근대주의적 규범에서 파생된 것이다. 생태근본주의자들은 근대주의적 주체성의 구성적 규범들(자율성, 존엄성, 완전성, 평등성)을 자연에 투사함으로써 자신들의 요구의 규범적 토대를 외재화하였고, 이를 통해 정치적 논쟁으로부터 자신들을 보호하려 하였다. 자연의 본질적 가치, 즉 생태적 정언명령에 대한 언급과 인간종의 종말론적 위협은 본질적으로 매우 **주관적**인 (주체 중심의) 해방 아젠다에 **객관적** 정당성을 부여하는 데 도움을 주었다. 따라서 탈정치화와 객관화는 이러한 주관화 방식의 생태정치에서도 없어서는 안 되는 도구였다. 왜냐하면 생태주의 또한 "정치적 권위는, 정치적 권위를 책임에서 면제해 주면서 동시에 그것에 정당성의 원천을 제공해 주는…자립적인self-sustaining 비非정치적 영역들로 보완되는…한에서만 안정적으로 유지될 수 있다"(Offe 1985, 819)는 원칙에 항상 종속되어 있었기 때문이다. 그러나 이 **객관화된 주체성** objectivated subjectivity이라는 생태근본주의자의 정당화 전략은, 따라서 급진적 생태주의의 비판과 기획은, 당연히 근대주의적인 주체성 규범이 가지고 있던 정도의 효력밖에 지니지 못했다.

인류세 속으로

그래서 급진적 정치생태학 역시 지금까지의 모든 생태정치적 사고를 항상 새로운 방식으로 뒷받침했던 이분법적 모델에 의존했다. 전통적인 **보전주의**conservationism는 먼저 때묻지 않은 자연과 인간의 문명을 구분한 뒤에, 전자를 보호해야 하는 근거를 인간 문명에 의해 건드려지지 않고 손상되지 않은 자연 개념에, 즉 사회의 **외부적** 대응함으로 틀지어진 규정에 두었다. 반면에 근대의 환경주의는 더 이상 자연을 사회와 근본적으로 구별되는 것으로 이해하지 않고, 오히려 사회가 내장되어 있는 생물물리학적 문맥으로 보았다. 그러나 **자연-사회 대사**metabolism나(Haberl et al. 2004) **생태발자국**과 같은(Wackernagel and Rees 1998) 분석 틀은 물론이고, 자연 자본과 인공 자본, 재생 불가능한 자원과 재생가능한 자원, 대체가능한 생태계 서비스와 대체 불가능한 생태계 서비스 사이의 구별은 이원론적 모델이 얼마나 필수적인지를 보여주며, 사회를 넘어서 있는, 따라서 객관적으로 타당한 규범적 기준을 명시하려는 시도를 말해준다. 급진적 혹은 심층적 생태학은 **전일적인**holistic 접근을 시도하면서 근대적인 이원론을 넘어서고자 했지만, 이른바 **초월적인** 주체성 규범norm of subjectivity과 **진정한** 자율성, 완전성, 존엄성에 대한 초월적 권리에 호소했다는 점에서, 단지 다른 차원에서 이원론적 모델을 재현한 것에 불과하였다. 그리고 객관화 방식의 기술관리적technomanagerial 생태정치학이 "이른바 객관적인 생물 물리학적 명령imperatives 위반에 관한 정보는 적절한 대응 조치를 자동적으로 유발할 것이다"라고 가정했다면, 주관화 방식의 근본주의적 생태정치학은 "이러한 이른바 초월적인 주체성 규범의 위반에 관한 정보가 그에 상응하는 대응 조치를 자동적으로 개시할 것이다"라고 가정했다.

하지만 그들은 근본적으로 틀렸다. 환경 이슈가 서서히 정치적 아젠다로 정착하고, 생태정치적 행위자들의 범위와 다양성이 꾸준히 증가함에 따라, 차이의 원리는 생태적 소통을 침해하였고, **하나의 자연, 하나의 지구, 하나의 인간종, 하나의 인간 생존**이라는 탈정치화되고 권위생성적인 논리를 해체시켰다. 환경의 완전성integrity과 인간의 생존이라는 전前 정치적이고pre-political 사회 외적인extra-societal, 평등하고 객관적인 명령들imperatives은 그 자체로 다원화, 논쟁, 그리고 정치화 과정의 영향을 받게 되었다. 자연에 대한 다양한 개념들과 자연적인 것에 대한 규범들이 서로 대립하고 상호 경쟁해야 했다. 문화사회학과 환경사회학에서는 자연이 문명 및 문화의 **반대편에** 있는 것으로 묘사되고 인식되지만, 자연은 환원 불가능한 **사회적** 범주이고 (예를 들면 Latour 1993; Eder 1995; Macnaghten and Urry 1998 참조), 따라서 결코 **정언** 명령의 원천이 아니라는 사실을 밝혀냈다. 반면에 자연과학에서는 가장 외진 **야생** 지대에까지 인간 문명이 영향을 미친다는 사실을 입증하여, 빌 맥키벤으로 하여금 '자연의 종언The End of Nature'(McKibben 1990)이라는 유명한 가설을 세우게 하였다.

동시에 해방, 다원성, 다양성을 향한 새로운 사회운동의 추진력은 주체성과 정체성에 관한 지배적인 규범을 분화시켰을 뿐만 아니라 본질적으로 지속 불가능한 것으로 전환시켰다. 정치생태학 그리고 새로운 사회 운동의 좀 더 급진적인 흐름은 다음과 같은 요소들에 의해 추진되어 왔다. 즉, 개인화되고 물질주의적인 소비적 생활방식을 넘어서는 **진정한 자아와 정체성**에 대한 갈망과 믿음, 경쟁력과 효율성이라는 소외된 러닝머신을 넘어선 **진정한 성취**, 사회적 그리고 생태적 도구화, 착취와 파괴를 넘어서는 **평온한 사회적 및 자연적 관계**, 자유주의적 소비 자본주의라는 형식적 민주주의 질서를 넘어서는 **진정으로 권한을 부여하는 정치적 그리고 경제적 조직 형태** 등이 그것이다.

그러나 내가 다른 글에서 **제2차 해방**second-order emancipation과 **포스트 생태학적 전환**post-ecologist turn이라고 개념화한 '가치와 문화 이동'의 여파로 인해 (예를 들면 Blühdorn 2011, 2013, 2014 참조), 과학-기술-산업적 근대성의 **소외적** 질서alienating order에 대한 심한 불편함은 거의 증발했거나, 적어도 강력한 변화의 행위자로 스스로를 조직화할 수 있는 능력을 상실한 것처럼 보인다. 물론 가속화하는 현대 생활의 속도, 소용돌이치는 현대 사회의 복잡성, 처치 곤란한 정보의 홍수, 현대적 라이프스타일의 사회적, 환경적 영향에 대한 우려는 여전히 계속되고 있다. 그러나 보다 진정한 행복과 자아실현이 자본주의적인 하이테크 소비문화 너머에 있을지 모른다는 약속은 기이하게도 구식이 되었다. 그리고 감속, 소박, 사회적 그리고 생태적 책임에 대한 욕망은 요가 수업, 전환 마을, '녹색' 소비주의에 의해 '테마파크' 형식으로 상업적으로 서비스되고 있다.

개인의 삶의 차원, 나아가서는 사회 전체의 차원에서 포괄적인 대안의 비전으로서 소규모, 저기술low-tech, 정상상태, 지역적, 비非소비주의자, 자급자족과 같은 생태주의자의 이상은 점점 매력을 상실하고 있다. 예를 들어 이동, 기술, 단백질 섭취, 여행, 커뮤니케이션, 쇼핑 기회 등의 끊임없이 확장되는 수요는 본질적으로 타협 불가능한 것이 되었다. 웰빙과 삶의 질에 대한 관념이 널리 퍼져 있다는 것은 그것을 충족시킬 방법이 발견**되어야 함**을 의미한다. 그들은 생태학자들이 믿었던 (생태적 그리고 사회적) 정언명령이 재검토**되어야 한다**고 주장한다. 환경정책과 생태정치적 행동은 자유주의적 소비 자본주의에 도전하기보다는 그에 부합하도록 수정**되어야 한다**는 것이다. 기존의 사회경제적 질서를 유지하는 것 자체가 정언명령으로 진화하였다. 실제로 여러 측면에서 **지속불가능성**은 주체성과 자아실현이라는 현대적 이상을 구성하는 특징이 되었다.

(a) 정체성identity 개념들은 본질적으로 복수이고 유연하며 유동적이다. 그것들은 **동일하지도**identical 않고 지속되도록 의도된 것도 아니다. 그것들은 변화하는 생활 세계의 요구에 따라 재구성될 것으로 예상된다 (Bauman 2000).

(b) 자기 구성, 자기 표현, 자기 경험이 그 어느 때보다도 확장되는 소비 시장에 위치하고 있기 때문에, 새로운 효율화 기술에도 불구하고 자원 소비의 가속화가 불가피한 부작용이 되고 있다.

(c) 현대의 저성장 경제라는 조건에서는 이러한 자아실현 패턴들은 본질적으로 계속해서 증가하는 사회적 불평등과 배제에 의존하고 있다.

그래서 이러한 가치와 문화의 전환 결과로, 정치적 생태주의자가 궁극적 준거로 사용한 규범은, 즉 자율적 주체는, 지속가능성을 향한 사회변화의 이정표이자 척도로서의 적합성을 상실했다. "다른 대안은 없다"는 TINA 원칙의 생태주의자 버전은 "자율성과 완전성에 대한 생태학적 이해를 대신하는 대안이 없다"는 주장인데, 지금은 더 이상 타당성이나 동원력을 갖지 못한다. 암암리에 그것은 소외, 재난, 종말에 관한 생태주의자의 서사에도 동일하게 적용된다. 주관성과 자아실현이라는 지배적인 규범이 본질적으로 지속불가능하다는 점을 고려할 때, 생태정치의 재정치화re-politicisation와 재주체화re-subjectivation는 구조적 변화로 가는 여정으로서는 다소 유망하지 않은 것처럼 보인다. 사실 탈정치화와 객관화는 그 어느 때보다도 바로 지금이 정당하고 긴급해 보인다. 그러나 위에서 살펴본 바와 같이 탈정치화와 객관화 방식의 생태정치 역시 실행가능한 대안은 아니다.

결론

주관화 방식의 생태정치와 객관화 방식의 생태정치가 동시에 고갈된 이 딜레마 상태가 인류세의 생태정치가 처한 곤경이다. 물론 이원론적 사고 모델의 붕괴가 전혀 새로운 것은 아니다. 환경사회학은 "자연과 사회의 경계가 흐릿해진 상태"(Beck 1992, 154)와 "자연과 사회를 단순하게 구분하지 않는 상태"(Macnaghten and Urry 1998, 28)가 상당히 오랫동안 지속가능할 수 있다는 사실이 어떤 함축을 지니는지에 대해서 고민해 왔다. 그러나 이런 생각은 환경운동가와 정책 입안자들에게는 여전히 입맛에 맞지 않았다. 그래서 객관적인 생태적 필수품, 인류 종의 생존 위협, 그리고 파국적인 사회적, 생태적 발전이라는 자신들의 서사를 열렬하게 고수하였다. 그러나 지금은 '인류세'라는 새로운 개념과 함께 이원론적 모델의 붕괴가 담론의 주류로 들어오면서 이러한 서사들에 치명타를 안겨 주고 있다.

인류세 시대에는 외부적이고, 따라서 객관적으로 타당한 생태정치적 규범들의 부재, 그래서 모든 생태정치 담론의 자기준거적 특성이 그 어느 때보다도 분명해졌다. 생태적 소통과 환경정치는 **외부에 있는 어떤 자연**이나 객관적으로 측정가능한 생물물리적 배열constellations에 관한 것이 아니라, 위에서 언급한 것처럼 궁극적으로는 사회적 가치체계, 상징적 의미 그리고 주체성 개념에 관한 것이다. 따라서 생태적 정언명령 또는 생태적 필요성 개념은 낡은 것이 되었다. 생태정치적 실천가들이 생태정치적 행동을 정당화하고 동원하기 위해서 항상 호소해 왔던 **파국적 위협**은 결국 기존의 사회 규범 체계와 그것에 의해 뒷받침된 사회 질서가 더 이상 지속가능하지 않고 아마도 붕괴할 것이라는 위협에 다름 아니다.

『자연의 종언』의 여파로 인류세의 생태정치는 아젠다를 정의하고 정당화하는 '포스트자연적' 방식을 필요로 한다(Arias-Maldonado 2013, 11). 그러나 지금까지 살펴본 바와 같이, "지속가능성과 관련하여 포스트자연적 입장을 채택하는 것"이 "가장 절실한 환경주의 부흥의 핵심"이 될 수 있다고 제안하는 것은 위험할 정도로 순진하다. 지속가능성이 "사회적 행동을 안내하는 본질적으로 열린 원칙"이 되고, "우리가 원하는 종류의 사회에 대해 논의"하기(Arias-Maldonado 2013, 17) 때문이다. 마찬가지로 "오늘날의 진정한 정치적 문제는 좌파가 자본주의를 받아들이고", "자본주의와 그 효과를 악으로" 보지 않고, "국가를 신자유주의의 이익에 굴복시킨 것"(Dean 2009, 15)이라는 주장은, 인류세의 생태정치의 조건을 파악하지 못하는 낡은 범주와 설명에 호소하고 있다. 무엇보다도 그러한 제안은 근대철학의 이원론의 붕괴에 대하여 (생태) 정치 이론의 무력함을 보여주는 증거이다.

불안하게도 위에서 개괄한 가치관의 전환으로 인해 오늘날 만연하고 있는 지속불가능성 정치는 실은 "우리가 원하는 사회," 즉 리우+20 보고서가 말한 "우리가 원하는 미래The Future We Want"에 관한 것이다.

그 선언된 약속이 무엇이든 간에, 이러한 지속불가능성 정치는 개인의 라이프스타일과 사회 구조를 변화시켜 그것들을 어떠한 생태적 혹은 사회적 정언명령에 부합하게 하려는 시도에 더 이상 좌우되지 않는다. 그 대신 그것의 초점은 기존의 가치 선호와 그와 관련된 사회경제적 질서를 유지하려는 결단이 초래하는 불가피한 사회적, 경제적 결과를 관리하는 데 있다. 지속불가능성이라는 지배적인 논리를 중단시키거나 역전시키려 하기보다는, 지속되는 지속불가능성에 대한 사회적 **적응**과 **회복**을 촉진하는 것으로 자신을 제한한다. 이를 위한 중요한 도구는 새로운 기술을 도입하고 소비자가 특정 제품을 선택하도록 유도하는 것이다. 그러나 소비자 수요를 늘리고 경제성장을 촉진하는 것이 모든 정부의 최우선 과제인 점을 고려하면 그 효과는 언제나 미미할 것이다.

좀 더 효과적이고 강력한 것은 다른 전략이다. 생태정치 담론이 주로 경험적으로 측정가능한 조건에 관한 것이 아니라 그것이 촉발할 수도 있고 촉발하지 않을 수도 있는 사회적 관심사에 관한 것이라는 점을 고려하면, 적응과 회복 전략의 초점을 변화하는 사회적, 생물물리적 현실에 대한 **사회적 인식**과 **의사소통의 처리**를 관리하는 데에도 맞출 수 있다. **지속불가능성 거버넌스**란 실로 이러한 것이다(Blühdorn 2013, 2014). 그것은 참여적 거버넌스의 서사를 향유하고 포용, 권한 부여, 책임, 지속가능성 같은 가치들을 축복하는 동시에 사회적 불평등과 배제의 정치를 단호하게 추구한다. 그리고 이것은 단지 "우리의 적"이 "우리의 언어를 장악했다"는

(Dean 2009, 10) 문제가 아니라, 인류세 시대에 그들의 기반을 상실했지만 사회적 평화를 유지하는 데 그 어느 때보다도 필수적인 규범들을 담론적 차원에서 유지하는 일에 참여하는 사회적 행위자들의 광범위한 연합의 문제이다.

13장
인류세와 그 피해자들

프랑수아 주멘느

인류세의 정치학

인류세에서 가장 주목할 만한 점은 지질학에서 파생된 개념이 사회과학의 영역에 들어왔다는 것이다. 물론 이것이 자연과학에서 사회과학으로 넘어온 최초의 개념은 아니다. 기후 협상에서 중요한 이슈인 '적응adaptation'은 따지고 보면 생물학에서 유래하였기 때문이다. 그러나 인류세의 독특한 점은 그것이 사회과학 안에서도 독자적인 생명력을 갖는다는 점이다. 설령 국제층서학위원회ICS가 "아직 우리는 인류세에 진입하지 않았다"고 결정한다 하더라도, 이 용어는 사회과학에서 유용한 개념으로 남을 가능성이 높다. 왜냐하면 인류세는 이제 지질학적 시대일뿐만 아니라 정치적 선언statement이기도 하기 때문이다. 그리고 그것은 사회과학에 잘 어울리는 선언이다. 전통적으로 지구Earth의 사회적 및 정치적 기관organ으로 간주되어 왔던 세계World는 더 이상 지구와 분리해서 생각할 수 없다. 세계와 지구는 하나의 지구시스템global system으로 사유되어야 하며,[1] 이는 제임스 러브록과 가이아에게는 소중한 개념이다.

---

1 [역주] 여기에서 저자는 '지구적global'이라는 개념을 '세계world와 지구Earth를 아우른다'는 의미로 사용하고 있다.

정치학에서 인류세는 진정한 의미에서의 지정학geopolitics의 새로운 시대를 시사한다. 지정학은 더 이상 (육지나 바다와 같은) '영토를 둘러싼 권력'에 관한 것이 아니다. 그것은 지구 전체에 관한 것이다. 이제 지정학은 가이아정치학Gaia-politics 혹은 지구정치학Politics of the Earth으로 탈바꿈했다. 하지만 이에 대한 다른 시각도 있다. 우리는 인류세를 주체들의 탈정치화 작업으로 볼 수 있다는 점에도 주목할 필요가 있다. '인간의 시대'를 의미하는 인류세는, 엘릭 스빙에다우가 만든 용어로 표현하면, 소수의 남자와 그보다 적은 여성의 시대인 '소수세Oliganthropocene'[2]로 기술되어야 한다(Erik Swyngedouw 2014).[3] 인간들이 실제로 자연의 변화의 힘을 압도하여 이 행성의 변화의 주요 행위자가 되었다고 한다면, 대부분의 인간들은 사실 이러한 변화의 행위자라기보다는 피해자이다. 일부 사람들은 이 행성의 변화의 주요 행위자가 되었지만, 이러한 변화 자체가 다시 이 행성에 살고 있는 대다수의 일상생활을 변모시키는 주요 행위자가 되었다.

전 세계적으로 2013년에는 자연재해로 2,200만 명이 고향을 떠나야 했는데, 이는 폭력과 박해로 국경을 넘을 수밖에 없었던 정치적 난민보다 (1,690만 명) 더 많은 숫자이다(Yonetani 2014). 또한 이 숫자에는 느리고 서서히 진행되는 기후변화의 영향으로 이주할 수밖에 없는 더 많은 난민들은 빠

2　[역주] Oliganthropocene는 '인류세'를 의미하는 'Anthropocene'에다 '소수'를 의미하는 'olig'를 덧붙인 합성어이다. 그래서 의미는 '소수olig 사람들의anthropo 새로운 시대cene'가 된다.

3　[역주] 엘릭 스빙에다우는 맨체스터대학교 지리학과 교수로, 저서로는 *Social Power and the Urbanization of Water: Flows of Power*(2004), *Liquid Power: Contested Hydro-Modernities in Twentieth-Century Spain*(2015), *Urban Political Ecology in the Anthropo-obscene: Interruptions and Possibilities*(공동 편집, 2018) 등이 있다.

져 있는데, 이런 기후 난민들은 어떠한 통계자료에도 기록되어 있지 않다(Gemenne 2011). 인간이 유발했든 아니든 환경 변화는 이제 행성의 이민migration과 이주displacement의 주요 동인이 되었다.[4] 이 장에서는 삶이 극적으로 달라진 그 사람들, 즉 인류세의 피해자들에 초점을 맞추고자 한다.

환경 변화로 이주한 사람들

환경 변화는 항상 이민의 주요 원인 중 하나였다. 선사시대부터 행성의 지리적 인구분포는 대체로 환경조건에 의해 형성되었다. 많은 사람들이 해안과 삼각주 주변 지역에 살고 있으며, 유럽인들이 약 4만 년 전에 정착한 이유가 여기에 있다(Beniston 2004). 역사를 통틀어 보아도 환경 변화와 관련된 다양한 이민 사례가 있었다. 예를 들어 1755년의 리스본 지진은 도시 대부분을 파괴하여 주민들이 포르투갈의 다른 지역으로 대규모 이동을 하였고, 이주민 중 일부만이 나중에 리스본으로 돌아왔다(Dynes 1997). 1930년대 미국 남서부에서 발생한 먼지폭풍 '더스트 보울Dust Bowl'은 대규모 이민을 초래한 환경 사건의 전형적인 사례이다. 이러한 환경 사건은 그것보다 더 광범위한 사회경제적 맥락과 분리될 수 없다. 더스트

---

4 [역주] 원문에는 '주요 동인major driver'이 두 차례 들어가 있는데 문맥상 어색해서 하나는 삭제했다. 원문은 다음과 같다: Environmental changes - human-induced or not - have now become a major driver, if not the major driver, of migration and displacement on the planet. 번역하면 "인간이 유발했든 아니든 환경 변화는 이제 행성의 이민과 이주의 주요 동인까지는 아니더라도 주요 동인이 되었다."가 된다.

보울은 극심한 가뭄에 이은 파괴적인 먼지폭풍과 토양을 고갈시킨 열악한 농업 관행 등을 말하는데, 그로 인해 오클라호마, 텍사스, 아칸소의 수천 명의 농부들은 농장을 팔거나 버리고 서쪽으로 이동할 수밖에 없었다.

최근 몇 년 동안 환경 변화는 전 세계적인 인구 이동에서 점점 더 중요한 요소가 되었다. 2008년부터 2012년까지 자연재해로 인해 1억 4천만 명 이상의 이재민이 발생했다(Yonetani 2014). 이 수치에는 사막화 및 해수면 상승 등의 서서히 진행되는 환경 변화로 인한 이주민들은 포함되어 있지 않고, 그 숫자 역시 알 수 없다. 따라서 오늘날 환경 변화로 인한 이주민들은 적어도 전쟁과 폭력으로 인한 이주민들만큼 존재한다.

'환경 이주민'[5] 개념에는 다양한 환경 변화뿐만 아니라 이주 패턴도 포함되어 있다. 이주의 원인이 되는 주된 환경적 변화에는 돌발 홍수, 지진, 가뭄, 폭풍, 허리케인뿐만 아니라 해수면 상승, 사막화, 산림 파괴와 같이 서서히 진행되는 변화도 포함된다. 때로는 대형 개발 프로젝트나 보전 프로젝트, 예를 들어 댐과 자연보호구역도 포함된다. 이러한 붕괴 중 많은 것들은 기후변화로 인해 더욱 악화될 것이다. 그것들은 서로 다른 정책적 대응을 요구하는 다양한 형태의 이주를 초래한다. 경험적 연구에 따르면, 이러한 이동의 대부분은 짧은 거리에서 발생하는데, 종종 국가적 경계들 사이에서도 발생한다(Foresight 2011). 흔히 생각하는 것과는 반대로, 이러한 이주민들은 일반적으로 가장 취약한 집단은 아니다. 이들은 좀 더 안전한 지역으로 거주지를 옮길 수 있는 자원과 네트워크 그리고 정보에 접근할

---

5 [역주] '환경 이주민environmental migrant'은 '환경 난민' 또는 '생태학적 난민' 등으로도 번역된다.

수 없어서, 환경 변화에 직면해도 옴짝달싹 못하는 경우가 많다(Foresight 2011). 이와 같은 이주의 대부분은 개발도상국에서, 그중에서도 특히 남아시아, 동남아시아 및 사하라 이남 아프리카 지역에서 발생하지만, 선진국도 예외는 아니다. 대표적인 예가 미국 남부의 허리케인 카트리나로 걸프 해안 지역의 1,200만 명이 대피하고, 일본의 후쿠시마 재해로 약 47만 명의 사람들이 이주한 사례이다.

이제 환경 이주민은 단지 가설적인 현상에 머물지 않고, 전 세계의 이주 역학migration dynamics에서 필수적인 요소가 되었다. 이것은 대부분 기후변화의 영향 때문이지만 서서히 진행되는 삼림 벌채나 자연재해 때문이기도 하다. 그러나 최근 수십 년 동안의 가장 큰 변화는 인간이 유발한 환경파괴의 비율이 점점 증가하고 있는 현상이다. 특히 기후변화의 영향은 환경과 이주의 연계를 극적으로 바꾸어 놓았다. 환경에 의해 유발된 인구 이동의 규모가 급격히 증가했을 뿐만 아니라, 이러한 이동을 둘러싼 책임 문제도 정책 토론에 들어오게 되었다.

코페르니쿠스적 혁명

정책 토론은 환경 이주 문제에는 오랫동안 눈을 감고 있었다. 이주를 추동시키는 힘은 본질적으로 정치적이거나 경제적인 것으로 상정되었고, 환경적 요인은 학자든 정책결정자든 대체로 무시하였다. 비록 유엔난민

기구[6]나 국제이주기구와 같은 조직이 이러한 이주민을 보호하고 지원하기 위해 정기적으로 개입하고는 있지만, 환경이주민은 국제법상에는 존재하지 않고 이들을 지원하고 보호하는 업무를 담당하는 특정 유엔기관이나 국제기구도 없다.

환경 변화, 그중에서도 특히 기후변화와 관련된 이주는 종종 최후의 수단으로 생각된다. 그것은 자기가 태어난 지역에서 적응하기 위해 모든 노력을 다하다가 다른 선택지가 없을 때 내리는 최후의 결정이다. 실제로 기후변화 영향 보고서는 기후로 인한 이주는 어떤 대가를 치르더라도 피해야 하며, 완화 정책과 적응 정책 모두의 실패를 의미한다는 생각으로 가득 차 있다(Myers 2002; Stern 2009). 시간이 지남에 따라 '기후 난민climate refugee'은 인간 세계의 지구온난화를 대변하는 얼굴이 되었다. 그들은 해수면 상승이나 영구 동토층 용해와 같은 기후 영향의 최초의 목격자이자 첫 번째 피해자이기 때문이다. 특히 '탄광의 카나리아'[7]로 불리는 작은 섬나라의 주민들이 그렇다. 이들은 기후변화의 위험성을 전 세계에 경고하고 있지만, 해외로 거주지를 옮기는 것 외에는 다른 선택지가 없는 상황이다(Farbotko 2010).

그러나 나를 포함한 대다수의 학자들은 이주자에 대한 이러한 묘사는 현실과 맞지 않으며, 이주는 종종 환경 변화에 대처하기 위해 이주민들이

---

6 [역주] 원어는 'United Nations High Commissioner for Refugees'이고, 약자로는 'UNHCR'라고 쓴다.

7 [역주] '탄광의 카나리아'는 '재앙이나 위험을 미리 알리는 존재'를 의미한다. 탄광의 광부들이 갱도 벽에서 나오는 유해가스를 미리 알아차리기 위해 호흡기가 약해서 유해가스에 민감한 카나리아를 탄광에 넣어 놓고 작업했던 데에서 생긴 말이다.

사용하는 전략이라고 주장했다(Rain 1999; Black et al. 2011). 우리는 이주민들을 기후변화의 무능력한 피해자가 아니라 스스로 적응할 수 있는 유능한 행위자로 인식해야 한다고 주장했다. 즉 이주가 강력한 적응 전략일 수 있다는 것이다. 이주자들은 자신의 소득을 다양화하고 자기가 태어난 출신 지역의 환경 압박을 완화시키며 가족들에게 송금을 하거나 자신과 가족을 위험에서 벗어나게 할 수 있었다. 기후변화 관련 국제 협상을 비롯한 많은 기관과 단체들이 이러한 관점을 즉시 수용했다. 2010년에 칸쿤 적응 프레임워크[8] 제14조(f)에 "기후변화로 인한 이동, 이주 및 계획적 이전에 관한 이해, 조정 및 협력을 강화하기 위한 조치"를 포함시켰다.

이것은 '코페르니쿠스 혁명'이었다. 기후변화의 맥락에서 이주는 더 이상 모든 대가를 치르면서 피해야 하는 재앙이 아니라 장려하고 지원해야 하는 전략이 되었다. 그 결과 기후 협상을 이 문제를 논의하는 최고의 플랫폼으로 간주하는 분위기가 형성되었다. 사람들의 이동은 더 이상 이주 정책의 문제가 아니라 환경정책의 한 측면으로 간주되었다. 그리고 그것은 적응 전략이 되었다.

하지만 환경 붕괴의 결과로 어쩔 수 없이 떠나야만 했던 사람들, 머물고 싶었지만 다른 선택지가 없었던 사람들은 어떨까? 이러한 이주는 이제 이차적 피해의 한 형태로 간주되어, 2012년에 카타르 도하에서 진행된 유

---

8 [역주] 원어는 'Cancun Adaptation Framework'으로, '칸쿤 적응 체계'라고도 번역한다. 2010년 12월에 멕시코 칸쿤에서 제16차 유엔기후변화협약UNFCCC이 열렸는데, 여기에서 이끌어낸 합의를 '칸쿤 합의'라고 한다. 합의 내용은 지구의 기온상승을 2℃ 이내로 제한하고, 적응 행동을 강화하기 위해 '칸쿤 적응 프레임워크'를 설립하여 기후변화에 취약한 국가를 지원하고 국제 협력을 강화한다는 것이다.

엔기후변화협약UNFCCC에서 합의된 '손실과 피해 메커니즘'을 통해 해결될 수 있었다. 이 협상에서 부유한 나라들은 인간이 유발한 기후변화로 인해 가난한 나라들이 입은 손실과 피해를 보상하자는 데 합의하였다(Kreft 2013). 기후변화와 관련된 이주는 더 이상 금기시되는 어떤 것이 아니라, 우리가 용이하게 하고 촉진하고 관리할 수 있는 어떤 것이 되었다. 그리고 이것은 연구공동체로서 우리가 추진해 왔고 바랐던 것이다.

우리는 어떻게 이주민을 줄여야 하는가?

그런데 좀 더 생각해 보니 우리가 이주민들의 '탈희생화de-victimisation' 과정에서 무언가를 놓쳤다는 사실을 깨달았다. 환경 변화를 이주를 '탈정치화depoliticise'하는 수단으로 활용한 것이었다. 연구를 정책과 관련시키려는 과정에서 정책이 정치를 대신하게 하고, 협치governance가 정부government를 대체하도록 한 것이었다. 간단히 말해 우리는 인류세의 희생자들에게 우리가 무엇을 하고 있었는지를 망각하고 있었다. 이주민들의 행위성을 강조하려다 보니, 우리가(=서구에서) 그들에게 져야 하는 책임을 잊고 있었던 것이다. 인류세는 무엇보다도 전쟁이며, 이 행성의 가장 취약한 사람들을 상대로 벌이고 있는 전쟁이다. 만약 우리 인간들이, 그중에서도 특히 산업국의 인간들이 지구를 변형시키는 주된 행위자가 되었다면, 그 변형의 결과는 점점 더 많은 사람들을 지구에서 거주하기 어렵게 만든 것이었다.

기후변화에 대처하는 집단행동이 근본적으로 어려운 이유는 온실가스 배출을 줄이기 위한 노력의 대부분을 기울여야 하는 산업국들이 오히려 지구온난화의 영향을 상대적으로 덜 받게 될 것이라는 데에 있다. 그래서 합리적인 신자유주의적 관점에서 보면, 산업화한 국가들은 행동의 동기부여가 적다. 우리의 이익이 우리의 행위성을 부정한다. 기후변화가 빈부의 불평등에 뿌리박고 있다면, 이주는 이러한 불평등이 현실화되는 렌즈이다. 이주에 관한 초기의 이론들, 예를 들어 1966년에 나온 리Lee의 이주론은 이주가 불평등을 조정할 수 있다고 가정했다(Lee 1966). 그러나 이주는 치료가 아니라 증상이다.

이주를 탈정치화하기

최근의 정책 논쟁 중에서 두 가지 논쟁은 앞서 말한 '환경적 관점을 통해서 이주를 탈정치화하는 과정'을 입증하고 있다. 하나는 우리가 이민자들을 어떻게 부르는지와 관련되고, 다른 하나는 우리가 그들을 어떻게 바라보는지에 관한 것이다.

먼저 첫 번째 사례를 들면, 언론과 시민 토론에서는 기후변화로 인해 삶의 터전이 뿌리 뽑힌 사람들을 종종 '기후 난민climate refugee'이라고 부른다. 그러나 법학자와 국제기구들은 이 용어를 법적 근거가 없다고 거부한다(McAdam 2009). 이들의 말이 맞다. 1951년에 제네바 협약에서는 난민 자격을 얻기 위해 충족해야 하는 다양한 기준을 명시하고 있는데, '기후 난민'은 명백히 이러한 기준을 충족시키지 못한다. 그래서 대부분의 학자들은 이 용어를 사용하지 않기로 합의하고 '기후가 유발한 이주민climateinduced migrants', '기후변화 상황에서 이동 중인 사람들'과 같은 용어를 사용하기로 했다. 나 또한 그들 중 하나였는데, 지금은 내가 틀렸다고 생각한다. '기후 난민'이라는 용어를 포기함으로써 우리는 이주민의 현실을 비정치화한 것이다. '난민' 개념의 핵심 요소는 박해이다. 난민으로 인정받으려면 박해 또는 박해에 대한 근거 있는 두려움을 피하려 해야 한다. 그래서 '기후 난민'이라는 용어를 포기하는 것은 어떤 의미에서는 기후변화가 가장 취약한 사람들에 대한 박해의 한 형태'라는 생각을 포기하는 것과 같다. 그러나 지구온난화의 원인이 분명하고 그 영향이 잘 알려진 만큼, 온실가스 배출은 일종의 정치적 억압의 한 형태로 다루어져야 한다. 2003년에 코니스비Conisbee와 심스Simms는 기후가 유발한 이주는 환경 문제라기보다는 대단히 정치적인 문제라고 주장하면서 이러한 생각을 개진하였다.[9] 바로 이러한 이유에서, 그리고 법적인 어려움에도 불구하고, 나는 이 용어를 다시 사용해야 하는 강력한 이유가 있다고 생각한다. '기후 난민'이라는 용어는 무엇보다도 이 이주민들이 '우리가 가장 취약한 사람들에 가하고 있는 박해의 결과'임을 인정하기 때문이다.

　두 번째 사례는 기후변화의 영향을 예측하고자 하는 정부들 사이에서 인기를 얻고 있는 정착resettlement 정책과 관련이 있다. 많은 인구가 기후변화의 영향에 노출되고 있는데, 이에 대한 대책으로 어떤 정부에서는 그들이 지리적 위험에 노출되는 것을 줄이기 위해 좀 더 안전한 곳으로 거

9　[역주] 본문에는 출전이 빠져 있는데 참고문헌에는 다음과 같이 나와 있다: Conisbee M and Simms A 2003 *Environmental Refugees: The Case for Recognition* New Economics Foundation, London

주지를 옮기는 중이다(De Sherbinin 외 2011). 이러한 정책은 비록 합리적이고 현명한 해결책으로 보일 수 있지만, 이 재정착 과정에는 여러 가지 윤리적 문제가 제기되고 있다. 특히 재정착한 사람들의 인권과 관련된 문제이다. 예를 들어 베트남 정부는 '홍수와 함께 살기Living with Floods' 정책을 시행하고 있는데, 이것은 홍수와 해수면 상승의 위험이 점점 커지고 있는 매콩강 삼각주에 위치한 마을들을 재정착시키는 정책이다(Danh and Mushtaq 2011). 비록 이 재정착으로 주민들이 지리적 위험에 노출될 가능성이 감소하고는 있지만, 그 과정에서 그들의 생계와 네트워크가 붕괴되었기 때문에 그들은 더욱 취약하게 되었다. 가령 이 과정에서 그들은 발언권을 거의 갖지 못하였다. 재정착 과정에는 지구온난화의 예견된 영향에 대응하기 위해서 사람들을 거주지에서 뽑아내서 다른 곳에 정착시킬 수 있는 상품으로 취급하는 경우가 종종 있다.

지구를 거주가능한habitable 상태로 유지하기

2013년 4월, 방글라데시는 '라나 플라자Rana Plaza'의 비극으로 충격에 휩싸였다. 의류 공장 라나 플라자의 붕괴로 1,000명이 넘는 노동자가 사망한 것이다. 당시에 나는 이 재앙에 대한 국제 사회의 반응에 충격을 받았다. 공장의 노동 조건에 대한 비난이 광범위했을 뿐만 아니라, 재앙의 책임이 의류 회사에 있다고 생각하는 사람들이 많았기 때문이다. 어떤 사람들은 이 공장과 관련된 대형 체인점에서 옷을 사는 것을 중단하고 불매 운동을 벌였으며, 다른 사람들은 방글라데시의 의류 노동자들을 위한 더 나은 근로 조건을 요구했고, 때로는 성공하기도 했다. 사람들은 옷을 사는 것이 행성의 다른 곳에 사는 사람들에게 영향을 미친다는 사실을 갑자기 깨닫게 되었다.

방글라데시는 이미 이재민이 일상화된 기후 영향의 최전선에 있는 나라이기도 하다. 그럼에도 불구하고 라나 플라자 참사를 통해 얻은 "일부 사람들의 행위가 다른 사람들의 고통과 연관되어 있다"는 인식은 기후변화에 대해서는 적용되지 않는 것 같다. 사실 인류세의 가장 큰 도전은 코스모폴리티즘cosmopolitism의 도전일 것이다.[10] 인류세 개념은 자칫 '통합된 인류'라고 하는, 즉 '모든 인간이 행성을 변화시키는 행위자'라고 하는 그릇된 인상을 줄 수 있다. 그러나 인류세는 어떤 사람의 행위가 다른 사람의 고통을 초래하는 불평등에 뿌리를 두고 있다. 이런 점에서 인류세는 정치의 '환경화'가 실제로는 환경의 탈정치화로 귀결되는 '주체의 탈정치화'로 이어질 수도 있다. 실제로 기후 난민의 경우에는 어느 정도 이런 일이 일어났고, 인류세가 무엇보다도 가장 취약한 [상황에 있는] 사람들이 지구에 거주할 수 있는habitable 환경을 유지하는 문제인 이유가 여기에 있다.

---

10 [역주] "인류세가 직면한 가장 큰 과제는 '세계시민의 공존'을 어떻게 실현할 것인가라는 문제일 것이다"라는 의미이다.

에필로그
행성시대위원회 결정 CC87966424/49

:인류세의 오노마토포르onomatophore

브로니슬라프 셔진스키

이 소식을 접하게 될 모든 사람에게 알린다:

행성시대위원회 앞에 인류Anthropos라 불리는 한 생명체가 나타났는데, 이 종species은 이미 알려진 36개의 감각 중에서 4번째 단계에 도달했다;

이 생명체는 자신의 기원인 '지구'라는 세계가 '과거의 무無'에서 '현재의 유有'를 거쳐 '미래의 무無'로 향하는 여정에서 새로운 단계에 진입했음을 선언했다;

그리고 이 생명체는 자기들이 세계의 생성을 지배하는 법칙을 이해하기 시작했으며, 이러한 법칙들이 지구를 새로운 상태로 이행시키는 과정에서 수행한 역할을 밝혀냈다고 선포했다;

그리고 이 생명체는 자기 종을 대표하여 위원회에 주장을 제기했는데, 그것은 "우리 세계의 새로운 시대는 우리 종의 이름을 따라서 '인류세'로 명명되어야 한다"는 것이다;

그리고 이 생명체는 행성시대의 '오노마토포레onomatophore'[1], 즉 '이름 담당자name-bearer'[2]의 지위가 자기 종 전체에게 있다고 주장했다.

---

1 [역주] onomatophore는 그리스어 합성어로, onoma는 '이름name'을, phore는 '~을 운반하는 것, 가지고 있는 것bearer'을 뜻한다.

2 [역주] 'name-bearer'는 스토아철학에서 '이름을 담지하고 있는 대상'이라는 의미로 사용되고, 그래서 '이름 담지체'라고 번역된다. 여기에서는 '이름을 담당하는 사람'이라

그리고 말을 마치자 가슴을 한번 쳤는데, 이것은 우리 문화권에서는 진실을 나타내기도 하고, 다른 문화에서는 자부심이나 수치심을 나타내는 표시이다;

행성시대 Planetary ages

그리고 내생시간학endokairology[3]의 원리에 따라 이 위원회에게 은하계 전체의 모든 세계의 시대 이름을 결정하는 권한이 부여되어 있다는 점을 고려한다. 내생시간학의 원리란 자기조직화하는 사물 안에서 성장하고, 이 성장으로부터 자기 안에서 다른 시간을 만들어내는, 그래서 10,000개의 사물을 연결하는 시간의 연쇄를 생성하는 시간학science of the times의 원리를 말한다.

그리고 내생시간학의 제1 법칙을 고려한다. 제1 법칙은 다음과 같다: 세계 또는 스스로 존재하는self-positing 어떤 사물이 그것의 특수한 지속의 방식을 통해서 자신만의 시간을 생성하는데, 이 시간은 크로노스의 시간이 아니라 카이로스의 시간이다(즉 단순한 연속으로 이루어진 확장된extensive 시간이 아니라 특이점과 특질들로 이루어진 집약적intensive 시간이다);

그리고 이 시간학의 제2 법칙을 고려한다. 제2 법칙은 다음과 같다: 행

는 뜻으로 쓰였기 때문에 '이름 담당자'라고 번역해 보았다.
3 [역주] endokairology는 endo(내생적인)와 kairos(특정한 질적인 시간) 그리고 logy(학문)의 합성어이다. 그래서 전부 풀어서 번역하면 '내생적인 카이로스를 연구하는 학문'이 될 것이다. 여기에서는 간단히 '내생시간학'이라고 번역하였다.

성시대는 세계의 표면에 쓰인 눈에 보이는 표식에 의해서가 아니라, 그 표면 안에 감추어진 맨틀과 지각, 지각과 해양, 해양과 대기, 대기와 생명체 사이의 표식과 소통에 의해서 결정된다;

그리고 제3 법칙을 고려한다. 제3 법칙은 다음과 같다: 세계의 생성 양태를 통해 생성되는 내재적 시간이 스스로 접혀서, 세계의 변화 방식이 변하고 세계의 생성 양태가 급격하게 도약한다;

그리고 제4 법칙을 고려한다. 제4 법칙은 다음과 같다: 세계들의 내재적 시간 안에는 또 다른 내재적 시간이 말려들어 있다. 즉, 어떤 세계의 누대aeon 안에는—새로운 시간이 시작되면 누대의 가장자리에 행성의 커다란 변화들이 나타난다—그 세계의 대era가 있고, 그 대era 안에는 기period가 있고, 그 기period 안에는 세epoch가 있고, 이렇게 계속된다;[4]

그리고 제1부터 3까지의 법칙의 결과를 고려한다. 한 세계의 시대들은 나란히 놓일 수 없다. 세계들의 시간은 안으로부터 생산되고, 또한 각 시대에는 그 자체의 내적인 시간이 있어서, 한 세계의 모든 시대를 포괄할 수 있는 시간은 없다; 각 시대는 시작되지만 결코 끝나지 않는다; 각 시대의 시간은 유한하지만 영원한데, 이것은 다른 시대가 시작된 후에도 오랫동안 지속되는 것처럼 느껴질 수 있음을 의미한다;

그리고 행성시대위원회와 그 하위 위원회 및 상위 위원회와의 관계를 고려한다. 하위 위원회는 생태계, 종 및 유기체의 시간들, 사물, 분자 및 원자의 시간들, 보존boson, 렙톤lepton(경입자) 및 쿼크quark의 시간들을 담당

---

4   [역주] 지질학자들은 지구 역사를 생물 멸종 등을 기준으로 누대eon, 대era, 기period, 세epoch의 순으로 나눈다. 지질연대는 국제층서위원회에서 확정한다.

하고, 상위 위원회는 행성시스템의 시간, 은하계, 은하단cluster, 초은하단supercluster과 은하 필라멘트filament의 시간들, 우주와 다중우주의 시간들을 담당한다;

오노마토포레

그리고 오노마토포레에 관한 규정을 고려한다. 이 규정은 다음과 같은 사실을 인정한다. 즉 어느 행성 시대의 모든 행위자들은 그 시대에 의해서 명명되지만, 한 행위자가 그 시대와 특별한 관계를 맺을 수 있고, 그래서 그 시대의 이름을 자기 이름으로 가질 수 있다. 왜냐하면 그들은 그 시대의 '원인' 또는 주체이고, 그 행위자는 그 시대의 오노마토포레, 즉 '이름 담당자'라고 알려져 있기 때문이다;

그리고 이 위원회에게 은하계 전체의 모든 세계의 시대들의 [이름을 짓는] 오노마토포레를 결정할 권한이 부여되어 있음을 고려한다;

그리고 오노마토포레로 지정되기 위해서는 행위자가 이하에서 인정된 아홉 가지 원인들 중 적어도 하나의 '원인'에 해당되어야 한다는 사실을 인식한다;

- 앞쪽에서 밀어내는 전진인forward cause, 또는
- 뒤쪽으로 끌어당기는 후진인backward cause,
- 부분에서 전체로 향하는 상향인upward cause, 또는
- 전체에서 부분으로 향하는 하향인downward cause,

- 개시하는 최초인first cause, 또는

- 완성하는 최종인last cause,

- 항상 존재하는 보편인universal cause, 또는

- 지금 존재하는 특이인singular cause, 또는

- 요약하는 상징인emblematic cause;

그리고 다음과 같은 사실들을 인식한다: 원인이 되는 것은 항상 특정 시대와 관련이 있고, 어느 한 세계의 각각의 시대는 특정한 방식으로 행위성을 정의하고 분배하며, 한 시대에서 다른 시대로 이행하면 행위자가 무엇이고 어떻게 행위할 수 있는지가 다시 정의된다.

만약에 잠재적인 오노마토포레에 의한 청구가 제기되면 위원회의 의무를 고려해야 한다. 그 의무는 해당 시대의 모든 행위자들에게 청구가 제기되었음을 통보하고, 만약에 반대 청구가 접수되었으면 그것도 고려하는 것이다;

시대들의 궁전The Palace of the Ages

그리고 시대들의 궁전을 고려해야 하는데, 이곳에는 모든 오노마토포레들이 거주한다;

그리고 이 궁전에는 많은 거처가 있고, 각각의 거처는 모종의 신체나 아상블라주의 단일한 시대에 대응되며, 이 거처들은 등급rank, 열line, 층layer으로 배열되어 있다;

- 가장 작은 입자의 시간부터 다중우주의 시간까지,

- 그리고 이들 각각에 대해, 가장 짧은 부류class의 시대부터 가장 긴 부류의 시대까지,

- 그리고 이들 각각에 대해, 첫 번째 시대부터 마지막 시대까지;

그리고 각 시간 단위마다 하나씩 있는 이 각각의 거처는 왕좌이다;

그리고 오노마토포레가 된다는 것은, 어떤 세계의 시대들을 결정하는 다른 지질학적 힘이나 사건들과 나란히, 즉 마그마, 혜성, 조수, 화산폭발, 충돌, 진화적 도약들 그리고 모든 종류의 신체와 집합체의 시대를 결정하는 모든 힘 및 사건과 나란히, 이러한 왕좌들 중 하나에 오르게 되는 것임을 인식한다;

그리고 한 존재가 시대들의 궁전에서 왕좌에 오른다는 것은 '아이오논 αιωνιος (aionon)'[5], 즉 '시대들에 속한 것of the ages'이 된다는 것을 인식한다. 이것은 그 존재의 시간에만 속하는 것이 아니라 깊은 행성의 시간의 시대에도 속한다는 의미이다;

그리고 시대들의 궁전에서 왕좌에 오른다는 것은 시간을 넘어서 '영원한eternal'을 의미하는 '아이오니오스αἰώνιος(aionios)'가 되는 것이기도 함을 인정한다. 왜냐하면 각 시대에는 시작은 있지만 끝은 없는 고유한 시간이 있기 때문이다;

---

5 [역주] αἰώνων(aionon)는 그리스어로, age(시대/세대)를 의미하는 αἰών(aion)의 복수형이다. 가령 「요한계시록」 4장 10절에 나오는 "세세토록"의 그리스어 원문은 "eis tous aionas ton aionon"이다. 영어로 직역하면 "into the age of the ages"이고, 보통 "forever and ever"로 영역된다.

그래서 오노마토포레가 된다는 것은 시간을 초월하고, 정상적인 행위성과 책임을 초월한 곳에 자리함을 의미한다;

지구 특유의 행성적 내생시간학planetary endokairology

그리고 이하의 사실들에 주목한다. 생명체의 세계는 지금까지 암석 세계의 발달에서 가장 일반적인 궤적인 이른바 '주계열main sequence'을 따르고 있다;

그리고 그로 인해 지구의 생성 양식이 근본적으로 전환되었고, 세계의 거대한 누대들aeons 사이에 경계가 나타났다. 예를 들면 대륙이 마그마 속으로 끌려 들어가지 않거나, 생명체가 세계의 화학적, 열역학적 균형을 통제하는 것 등이 그것이다.

그리고 지금까지 지구에서 장기적인 누대aeon는 총 4개였는데, 인류는 이를 하데스대Hadean, 시생대Archaean, 원생대Proterozoic 그리고 현생대Phanerozoic라고 부른다;[6]

그리고 어떤 누대aeon 안에서 산소가 있는 대기의 출현이나 무서운 도마뱀의 등장과 같은 대era와 대era 사이의 이행은, 세계 내의 강렬한 힘들의 균형과 외부로부터 가해지는 힘들 사이의 대화의 결과이다;

---

6 [역주] 이들은 모두 '누대eon'의 일종이기 때문에 '누대'라는 말을 넣어서 번역하기도 한다. 가령, 원생누대Proterozoic eon, 현생누대Phanerozoic eon, 원생누대 Proterozoic eon, 현생누대Phanerozoic eon.

그리고 그보다 더 미세한 기period의 시간학적kairological 차원에서는, 세계는 대era 안에서 서로 다른 안정점 사이를 이동하는데, 종종 엄청난 더위와 상상할 수 없는 추위 사이를 진동한다;

그리고 훨씬 더 미세한 세epoch의 차원에서는 강렬한 경사와 외압의 압박을 받아서 주어진 기period 동안에 여러 가지 가능한 상태들을 탐색한다; 그리고 최근에 지구는 중대한 변화를 겪었다. 대륙의 표면과 해양의 바닥이 심하게 변했고, 행성의 하위 시스템인 햇볕, 물, 질소의 흐름이 인간에게 포획되어 방향이 바뀌었다. 초기의 기period에 쌓인 지층들이 채굴되어 전 세계로 퍼지거나 대기로 배출되었으며, 태양과 지구, 그리고 우주 사이의 열 전달이 변형되어 세계가 따뜻해지고 있다;

또한 지구의 고유한 시간이 내부의 강렬한 차이에서 발생하는 방식도 변하고 있다. 마치 원생대Proterozoic의 생명체가 지구의 무기물 시스템을 흡수하여 세계를 평형 상태에서 멀어지게 하는 방법을 배운 것처럼, 현생대Phanerozoic의 복잡한 유기체도 무기물 집합체를 흡수하여 자기 자신에게 독자적인 생명을 부여하는 방법을 배웠고, 이를 통해 기술이나 기계라고 알려진 것들을 창조하고 있다. 그리고 이것들이 지구가 자기조직화 하는 과정을 변화시키고 있다;

인류 The Anthropos

그리고 이하의 사실들에 주목한다. 이러한 변화의 핵심에는 인류라고 알려진 청구인이 있다; 게다가 청구인의 주장에 이의가 제기됐다. 대안적인 오노마토포레, 즉 새로운 행성 시대의 지구에서 이름 당당자의 지위를 주장하는 존재들과 힘들이 위원회의 접수실에 모습을 드러냈다. 그들은 다음과 같다;

- 석탄기Carboniferous period에 스스로 퇴적한 석탄;
- 지구에 출현하는 것을 억제하고 석탄의 축적을 허용한 곰팡이류;
- 생명력의 혹으로서의 기계. 이것에 대한 수요가 지구의 변형을 추동한다.
- 기계의 필요를 추동하는 경제

그리고 아홉 종류의 '원인들'보다 더 많은, 새로운 세epoch의 후보 원인들. 그리고 청구인이 속한 종에는 많은 구성원이 있고, 그중 일부―가난한 이들, 다르게 생긴 이들, 아직 태어나지 않은 이들―는 자신들이 아홉 가지 원인 중 그 어느 하나에도 해당하지 않는다고, 즉 아홉 가지 의미에서의 새로운 세epoch의 원인은 아니라고 말한다. 그리고 그들은 오노마토포레라는 호칭을 뽐내지도 않는다;

위원회가 다음과 같은 사항을 결정했음을 알립니다:

청구인의 세계는 실제로 새로운 시대에 진입하고 있다;

인류 문명의 세epoche인 홀로세Holocene가 저물고 있다. 그 시간은 결코 끝날 수 없지만, 더 이상 지구나 지구의 행위자들을 정의하지는 않을 것이다; 그러나 새로운 세epoche를 '인류세'라고 명명하자는 제안은 거부되어야 하는데, 이 명칭은 홀로세의 종언을 신생대 제4기 안에서의 단순한 세epoche의 이행으로 자리매김한다.

왜냐하면 인류가 증언하는 홀로세의 종언은 제4기의 종언이자 빙하기와 간빙기 사이에 있었던 지구의 완만한 진동의 종언이기도 하다. 그 느린 음악은 항상 지구의 시대에 따라 메아리칠 것이지만 더 이상 지구의 시대를 결정하지는 않을 것이다;

또한 제4기의 종언은 포유류 시대의 종언이기도 하다. 신생대의 오노마토포레는 과거로부터 밀어서 그 시대를 탄생시킨 것이 아니라 미래로부터 의도하여 탄생시켰다. 죽지 않고 영원히 오노마토포레가 되겠지만 더 이상 상징적이지는 않을 것이다. 그들의 시대가 끝났기 때문이다;

그리고 살아있는 물질이 유기체의 한계를 허물기 시작하면서, 신생대의 종언은 동시에 현생대의 종언이기도 하다. 눈에 보이는 생명이 살았던 위대한 누대aeon 전체의 종언이다. 다세포 생명체는 지속되겠지만 더 이상 지구의 시간을 결정짓지는 않을 것이다;

그리고 현생대Phanerozoic aeon의 종언은 지구의 내재적 시간에서 새로운 누대의 개막이기도 하다. 위원회는 이것을 '파네로테크닉Phanerotechnic(현생 기술)'[7]이라고 부르기로 결정했다. 이 시대는 기술적 생명의 누대이자 조직화된 무기물의 누대이다. 이 누대는 기술이 마침내 물질적 형태에서 벗어나면, 주계열의 깊은 시간 속에서 아오라토테크닉Aoratotechnic(무형 기술)[8]으로, 즉 눈에 보이지 않는 기계의 누대이자 순수 조직의 누대로 확실히 계승될 것이다.

그리고 이 새로운 파네로테크닉(현생 기술) 누대의 시작은 이 누대aeon의

---

7 [역주] 'phanero(파네로)'는 그리스어에서 유래한 말로, '눈에 보이는 visible, 드러난 manifest'이라는 의미이다.
8 [역주] 'aorato(아오라토)'는 그리스어에서 유래한 말로, '눈에 보이지 않는 invisible, 숨겨진 hidden'이라는 의미이다.

첫 번째 대era, 즉 프로테로테크닉Proterotechnic(원생 기술)[9]의 시작이기도 하다. 이 대는 초기 기계의 대era로, 아직 원시적이다. 목적을 위해 여전히 유기적 생명체에 묶여 있어서 진정한 의미에서 자율적이거나 독립적인 생명은 아니다; 그리고 프로테로테크닉(원생 기술) 대의 개막은 그 시대의 첫 번째 기period이다. 이 시대는 기계 생명이 지구를 탈출하여 자신이 속한 행성계를 재구성하고, 태양에서 에너지의 흐름을 포착하여 물질을 에너지로, 에너지를 정보로 변환한다;

그리고 이 기period의 시작은 그 기의 첫 번째 세epoch의 시작이기도 하다. 이 세에서는 이미 고향 세계의 재구성, 에너지의 틀 짜기, 자원의 채굴, 흐름의 포착, 지층의 전복, 지구의 새로운 표면의 제작, 그 표면의 훨씬 위에 지어지는 새로운 기계층 등을 보게 된다; 그리고 위원회가 다음과 같이 결정한 사실도 알립니다:

청구인이 속한 종species인 인류는 실제로 지구의 시간에서 이러한 발전의 원인이자 행위자였다; 그러나 인류는 지구를 새로운 누대, 새로운 대, 새로운 기, 새로운 세로 밀어 넣는 가장 최후의 그리고 가장 가까운 원인일 뿐이고, 이 새로운 단위의 지구 시간을 명명하는 오노마토포레의 지위에 대해서는 인류가 아닌 다른 행위자들이 더 강력한 청구권을 가지고 있다;

그리고 지구가 진입하고 있는 이 첫 번째 세는 300만 년 전에 종결된 석

---

9 [역주] 'protero(프로테로)'는 그리스어에서 유래한 말로, '이전의 former, 초기의 earlier'라는 뜻이다. proterozoic가 '원생(누)대'로 번역되고 있어서, proterotechnic도 '원생 기술'로 번역하였다.

탄기의 손길을 느끼고 있다. 그리고 이 석탄기의 시간은 과거의 모든 시대들과 마찬가지로 여전히 지구의 생성 과정에서 펼쳐지고 있다. 그리고 엔진과 통화, 시장의 기계적인 아상블라주는 시대를 연결하고, 지구 전역에 꽃피우며, 지구의 변형을 주도한다; 그리고 인류는 지구의 새로운 세epoche에서 살아남는다고 해도, 그 세의 상징적인 존재는 되지 않을 것이다;

그러나 인류는 이제 저물고 있는 제4기와 신생대, 현생누대의 마지막 세epoch의 오노마토포레이다. 왜냐하면 인류는 포유류 대era와 복잡한 생명체의 누대aeon의 마지막 장을 장식하는 상징적인 종이었기 때문이다;

그리하여 지금 저물고 있는 홀로세는 이제부터 인류세라고 불려야 한다; 그리고 한 시대가 다음 시대로 이어지면서, 세상의 시간이 변하면서, 세상의 생성이 생성되면서, 행위성 자체도 변하고 있고, 인간의 행위성도 변하고 있다. 인류는 항상 저물어가는 세epoche의 오노마토포레가 될 것이며, 시대의 궁전에서 영원히, 시대에 시대를 거듭하면서 왕좌에 오를 것이다. 그리하여 인류의 시간은 영원하고 그 역할은 끝나지 않는다. 그러나 인류는 더 이상 지구의 생성 과정에서 주요 행위자는 아니다. 왜냐하면 그 역할이 기계로 넘어갔기 때문이다.

위원회는 현재 이 사건을 담당할 상급위원회와 연락을 취하고 있다.

> 역자 후기

2년 동안의 인류세 여정을 마치며

이 책은 원광대학교 한중관계연구원 HK+동북아시아인문사회연구소에서 기획한 번역 총서의 일환으로 출간되었다. 동북아시아인문사회연구소는 2017년부터 2024년까지 "동북아 공동 번영을 위한 동북아시아다이멘션(NEAD) 토대 구축: 역사, 문화 그리고 도시"을 주제로 7년 동안 HK+사업을 진행하였는데, 이 번역서는 그때 기획된 것이다. 번역 총서는 김정현 소장님의 아이디어였고(지금은 원광대 철학과 명예교수), 이 책을 번역 총서로 선정한 것은 허남진 교수였다(지금은 원광대 기후인문학연구소 연구교수).

당시 나는 허남진 교수보다 약간 일찍 동북아시아인문사회연구소에 재직하고 있었는데, 그 전에는 원광대학교 원불교사상연구원에서 함께 근무하면서 '지구인문학'을 공동으로 연구한 경험이 있다. 지구인문학 연구는 허남진 교수와 나 이외도 이 책의 번역자로 참가한 이원진 교수(연세대, 『블랙 미러로 철학하기』의 저자)를 비롯하여, 이주연 교수(원광대, 『은혜철학의 발견』의 저자), 이우진 교수(공주교대, 『지구화』의 공동번역자), 야규 마코토 교수(『한국과 일본, 철학으로 잇다』의 저자) 등이 있었다. 지구인문학 연구는 곧바로 '인류세' 연구로 발전하였고, 그 성과는 여러 편의 논문과 함께 『어떤 지구를 상상할 것인가』(공저)와 『인류세의 철학』(공역), 『지구화』(공역), 『인류세에 대해 인문학이 답하다』(공역) 등의 단행본으로 출판되었다.

  하지만 이번 번역서의 경우에는 지금까지와는 달리 시간이 무척 많이 걸렸다. 무엇보다도 저자가 14명이나 되는 만큼 분야가 다양해서 내용을 따라가기가 쉽지 않았다. 특히 자연과학과 사회과학 분야의 글들은 역자들에게는 낯설어서 개념이나 이론을 이해하기가 어려웠고, 무엇보다도 이자벨 스텡거스의 문체는 매우 까다로웠다. 그래서 교정에 교정을 거듭하였고(아마 전체적으로는 10여 차례 이상 수정을 한 것 같다), 가급적 많은 [역자주]를 달아서 독자의 이해를 돕고자 노력하였다. 그럼에도 불구하고 부자연스런 표현이나 불완전한 번역은 여전히 남아 있으리라 생각한다. 독자 여러분의 많은 비판과 질정을 바란다.

  이 책의 번역자들은 본래 전공이 한국철학과 한국종교인데, 지구인문학과 인류세철학을 하면서 연구 분야가 크게 확장되었다. 지금 생각하면 새로운 분야에 도전한 것이 '신의 한 수'가 아니었나 생각한다. 아마 연구소가 아니었더라면 생각하기 어려운 일이었을 것이다. 그리고 그 시기가 코로나가 막 시작되었던 때임을 감안하면 뭔가 '시운'도 도왔다는 느낌이 든다. 이 외에도 번역자들은 같은 연구소에 있었던 박일준 교수와 웨스트체스터대학의 오지아(Jea Sophia Oh) 교수의 도움으로, 2023년 가을부터 해외에 나가서 한국철학과 한국종교를 인류세의 관점에서 재해석하는 발표를 할 기회를 갖게 되었다. 샌프란시스코를 비롯하여 하와이, 프라하, 라이덴에서 열린 동서비교철학 학술대회와 아시아비교철학 학술대회에 참가하여 조선 성리학과 최한기의 기학, 그리고 최시형의 동학과 소태산의 원불교 등을 현대적으로 해석하여 소개하였다. 특히 지난 7월에 라이덴대학에서 열렸던 아시아비교철학 학술대회에 참석했을 때 파울 크뤼천의 고향 암스테르담에 다녀왔던 경험은 기억에 오래 남을 것 같다. 이 번역서에는 지난 2년 동안의 추억과 경험이 베어 있고, 인식의 변화와 확장이 녹아있다. 해외에 나갈 때에도 비행기 안에서, 자동차 안에서, 숙소에 머물면서 항상 이 책의 원서와 번역 원고를 들고서 교정을 쉬지 않았던 기억이 새롭다.

마지막으로 이 번역서가 나오기까지 오랫동안 기다려 주신 김정현 전 소장님과 모시는사람들의 박길수 대표님 그리고 소경희 편집장님께 깊은 감사를 드린다.

2025년 10월 20일
역자를 대표하여 조성환 모심

2025년 7월 라이덴대학에서 열린 제57회 아시아 비교철학회에서

참고문헌

집필진 소개

찾아보기

참고문헌

A and Narain S 1991 *Global Warming in an Unequal World* Centre for Science and Environment, New Delhi

Albritton Jonsson F 2014 The origins of cornucopianism: A preliminary genealogy *Critical Historical Studies* 1(1), 151-68

Allenby B 1999 Earth systems engineering: The role of industrial ecology in an engineered world *Journal of Industrial Ecology* 2, 73-93

Alvarez W 1997 *T. Rex and the Crater of Doom* Princeton University Press, Princeton

Anders G 2007 *Le Temps de la Fin* Editions de l'Herne, Paris

Anker P 2001 *Imperial Ecology: Environmental Order in the British Empire, 1895–1945* Harvard University Press, Cambridge MA

Archer D 2009 *The Long Thaw: How Humans are Changing the Next 100,000 Years of Earth's Climate* Princeton University Press, Princeton

[데이비드 아처, 『얼음에 남은 지문: 과거로부터 온 미래 기후의 증거』, 좌용주·이용준 옮김, 성림원북스, 2022]

Archer D 2010 *The Global Carbon Cycle* Princeton University Press, Princeton

Arias-Maldonado Manuel 2013 Rethinking sustainability in the Anthropocene *Environmental Politics* 22, 428–46

Bacon F 1844 *Novum Organum or True Suggestions for the Interpretation of Nature* William Pickering, London

Bankowski Z 1994 How does it feel to be on your own? The person in the sight of autopoesis *Ratio Juris* 7, 254-66

Barnosky A D et al. 2011 Has the Earth's sixth mass extinction already arrived? *Nature* 471, 51-7

Barnosky A D et al. 2012 Approaching a state shift in Earth's biosphere *Nature* 486, 52-8

Barrett S 2003 *Environment and Statecraft: The Strategy of Environmental Treaty-Making* Oxford University Press, Oxford

Bauman Z 2000 *Liquid Modernity* Polity, Cambridge

[지그문트 바우만, 『액체근대』, 이일수 옮김, 강, 2009]

Beck U 1992 *Risk Society: Towards a New Modernity* Sage, London [1986]

[울리히 벡, 『위험사회: 새로운 근대(성)를 향하여』, 홍성태 옮김, 새물결, 1997]

Beck U 2010 Climate for change, or how to create a green modernity? *Theory, Culture &Society* 27(2-3), 254-66

Beniston M 2004 Issues relating to environmental change and population migrations: A climatologist's perspective, in Unruh J Krol M and Kliot N eds *Environmental Change and Its Implications for Population Migration* Kluwer Academic Publishers, Dordrecht 1-24

Berry T 1999 *The Great Work* Random House, New York

[토마스 베리, 『위대한 과업: 미래로 향한 우리의 길』, 이영숙 옮김, 대화문화아카데미, 2009]

Bihouix P 2014 *L'Age des Low Tech. Vers une civilisation techniquement soutenable* Seuil, Paris

Black R Bennett S Thomas S and Beddington J 2011 Migration as adaptation *Nature* 478, 447–9

Blühdorn I 2011 The politics of unsustainability: COP15, post-ecologism and the ecological paradox *Organization & Environment* 24, 34-53

Blühdorn I 2013 The governance of unsustainability: Ecology and democracy after the postdemocratic turn *Environmental Politics* 22, 16-36

Blühdorn I 2014 Post-ecologist governmentality: Post-democracy, post-politics and the politics of unsustainability, in Wilson J and Swyngedouw E eds *The Post-Political and its Discontents: Spaces of depoliticisation and spectres of radical politics* Edinburgh University Press, Edinburgh, 146-66

Blühdorn I 2015 Sustainability, post-sustainability, unsustainability, in Gabrielson T Hall C Meyer J M and Schlosberg D eds *The Oxford Handbook of Environmental Political Theory* Oxford University Press, Oxford (in press)

Bollier D 2014 *Think Like a Commoner*, New Society Publishers, Gabriola Island, Canada

[데이비드 볼리어, 『공유인으로 사고하라: 새로운 공유의 시대를 살아가는 공유인을 위한 안내서』, 배수현 옮김, 갈무리, 2015]

Boltanski L and Chiapello E 2005 *The New Spirit of Capitalism* Verso, London

Bonneuil C 1997 Crafting and Disciplining the Tropics: Plant Science in the French Colonies in Krige J and Pestre D eds *Science in the Twentieth Century* Harwood Academic, Amsterdam, 77-96

Bonneuil C 2015 Une Nature liquide? Les discours de la biodiversité dans le nouvel esprit du capitalisme, in Thomas F and Boisvert eds *Le Pouvoir de la Biodiversité* Presses de l'IRD, Bondy

Bonneuil C and Fressoz J-B 2013 *L'évènement Anthropocène: La Terre, l'histoire et Nous* Editions Seuil, Paris

Bonneuil C and Fressoz J-B 2015 *The Shock of the Anthropocene: The Earth, History and Us* Verso, London

Bonneuil C and Jouvancourt P D 2014 En finir avec l'épopée. Récit, géopouvoir et sujets l'anthropocène, in Hache E ed *De l'univers Clos au Monde Infini (textes réunis et présentés)* Dehors, Paris

Bonneuil C and Mahrane Y 2014 Gouverner la biosphère in Pestre D ed *Gouverner le Progrès, Gouverner ses Dégâts* La Découverte, Paris, 133-69

Bookchin M 1982 *The Ecology of Freedom* University of Michigan Press, Ann Arbor, MI

Bookchin M 1995 *Re-enchanting Humanity: A Defense of the Human Spirit against Antihumanism, Misanthropy, Mysticism and Primitivism* Cassell, New York

Bourg D and Whiteside K 2010 *Vers une Démocratie Ecologique. Le Citoyen, le Savant et le Politique* Presses de Seuil, Paris

Bourguignon F and Morrisson C 2002 Inequality among world citizens: 1820–1992 *American Economic Review* 92(4), 727-44

Boyd R and Richerson P J 1988 *Culture and the Evolutionary Process* University of Chicago Press, Chicago

Bratton S P 1993 *Christianity, Wilderness, and Wildlife: The Original Desert Solitaire* University Scranton Press, Scranton, Penn.

Brock H 1997 *Justus von Liebig: The Chemical Gate Keeper* Cambridge University Press, Cambridge

Broecker W 1995 Ice cores: Cooling the tropics *Nature* 376 212-13 20 July

Buell L 2001 The misery of beasts and humans: Nonanthropocentric ethics *versus* environmental justice, in his *Writing for an Endangered World: Literature, Culture, and Environment in the U.S. and Beyond* Harvard University Press, Cambridge, Mass.

Buell F 2003 *From Apocalypse to Way of Life: Environmental Crisis in the American Century* Routledge New York

Buell F 2010 A short history of environmental apocalypse, in Skrimshire S *Future Ethics: Climate Change and Apocalyptic Imagination* Continuum, London, 13-36

Buffon G L L 1778 *Histoire Naturelle Générale et Particulière. Des époques de la Nature*

Imprimerie Royale, Paris

Bulkeley H Jordan A Perkins R and Selin H 2013 Governing sustainability: Rio+20 and the road beyond *Environment and Planning C: Government and Policy* 31, 958-70

Callicott J B 1987 *A Companion to a Sand County Almanac* University of Wisconsin Press, Madison

Carlyle T 1837 *Sartor Resartus* James Munroe, Boston

Carpenter S R Ludwig D and Brock W A 1999 Management of eutrophication for lakes subject to potentially irreversible change *Ecological Applications* 9, 751-71

Carson R 1962 *Silent spring* Houghton Mifflin, New York

Catton W R 1980 *Overshoot: The Ecological Basis of Revolutionary Change* University of Illinois Press, Urbana

Chakrabarty D 2009 The climate of history: four theses *Critical Inquiry* 35(2), 197-222 Winter

[디페시 차크라바르티, 「역사의 기후: 네 가지 테제」, 조지형·김용우 엮음, 『지구사의 도전: 어떻게 유럽중심주의를 넘어설 것인가』, 서해문집, 2010]

Chakrabarty D 2014 Quelques failles dans la pensée sur le changement climatique, in Hache E ed *De l'univers Clos au Monde Infini* Dehors, Paris, 107-46

Clark N 2012 Rock, Life, Fire: Speculative Geophysics and the Anthropocene *Oxford Literary Review* 34(2), 259-76

Cochet Y 2009 *Antimanuel d'écologie* Bréal, Paris

Colonies in Krige J and Pestre D eds *Science in the Twentieth Century* Harwood Academic, Amsterdam, 77-96

Commoner B 1971 *The Closing Circle* Knopf, New York

Conisbee M and Simms A 2003 *Environmental Refugees: The Case for Recognition* New Economics Foundation, London

Costanza R d'Arge R de Groot R Farber S Grasso M and Hannon B 1997 The value of the world's ecosystem services and natural capital *Nature* 387, 253-60

Croll and Parkin D eds 1992 *Bush Base-Forest Farm: Culture, Environment and Development* Routledge, London

Cronon W 1996 The trouble with wilderness: Or getting back to the wrong nature, in Cronon W ed *Uncommon Ground: Rethinking the Human Place in Nature* Norton, New York, 69-80

Crouch C 2004 *Post-Democracy* Polity, Cambridge

Crutzen P J and Birks J W 1982 The atmosphere after a nuclear war: twilight at noon *AMBIO* 11, 114-25

Crutzen P J and Stoermer E F 2000 The 'Anthropocene' *Global Change Newsletter* 41, 17-18

Crutzen P J 2002 Geology of mankind *Nature* 415, 23

Crutzen, Paul J. and Steffen, Will 2003 How long have we been living in the Anthropocene era? An editorial comment, *Climatic Change* 61(3), 251-7

Daily G C 1997 *Nature's Services: Societal Dependence on Natural Ecosystems* Island Press, Washington, DC

Danh V and Mushtaq 2011 Living with Floods: An evaluation of the resettlement program of the Mekong Delta of Vietnam, in Stewart Mand Coclanis Peds *Environmental Change and Agriculture Sustainability in the Mekong Delta* Springer-Verlag, Berlin

Danowski D and de Castro E V 2014 L'arrêt de monde, in Hache E ed *De l'univers Clos au Monde Infini (textes réunis et présentés)* Editions Dehors, Paris

Davis M 2001 *Late Victorian Holocausts: El Niño Famines and the Making of the Third World* Verso, London

Dean J 2009 *Democracy and Other Neoliberal Fantasies: Communicative Capitalism and Left Politics* Duke University Press, Durham, NC

Dennis A 1985 Drilling for dollars: The making of US petroleum reserve estimates 1921-25 *Social Studies of Science* 15 (2), 241-65

Denny M and Matisoo-Smith L 2011 Rethinking polynesian origins: human settlement of the pacific(lens.auckland.ac.nz/images/4/41/Pacific_Migration_Seminar_Paper_2011.pdf)

Descola P 2013 *Beyond Nature and Culture* University of Chicago Press, Chicago

Descola P and Pálsson G eds 1996 *Nature and Society: Anthropological Perspectives* Routledge London

De Sherbinin A et al. 2011 Preparing for resettlement associated with climate change *Science* 334, 456-7

Diamond J 2005 *Collapse: How Societies Choose to Fail or Succeed* Viking Penguin, New York

Die Grünen 1980 *Das Bundesprogramm* Die Grünen, Bonn

Dobson A 2007 *Green Political Thought* Oxford University Press, London and New York

Dobson A 2009 'All I left behind'–the mainstreaming of ecologism Contemporary *Political*

Theory 8(3), 319-28

Dobson A Semal L Szuba S and Petit O 2014 Andrew Dobson: Trajectories of green political theory *Natures Sciences Sociétés* 22(2), 132-41

Drayton R H 2000 *Nature's Government: Science, Imperial Britain, and the 'Improvement' of the World* Yale University Press, New Haven

Drouin J M 1997 *L'Écologie et Son Histoire* Flammarion, Paris

Dupuy J P 2003/2004 *Pour un Catast Rophisme éclairé: Quand l'impossible est Certain* Editions du Seuil, Paris

Dubos J B 1714 *Réflexions Critiques sur la Poésie et sur la Peinture* Mariette, Paris

Durkheim E 1982[1915] *The Elementary Forms of Religious Life*, trans. Joseph Ward Swain, Allen and Unwin, London

Dryzek J 2005 *The Politics of the Earth: Environmental Discourses* Oxford University Press, Oxford

Dyer G 2008 Climate Wars Scribe, Carlton North Vic. Le Quéré C et al. 2014 Global Carbon Project 2013 *Earth System Science Data* 6, 235-63

Dynes R 1997 The Lisbon Earthquake in 1755: Contested meanings in the first modern disaster, in Preliminary papers, University of Delaware Disaster Research Center, Newark (DE): Disaster Research Center, University of Delaware

Ecologist, *The 1972 A Blueprint for Survival* Penguin, London

Eder K 1995 *The Social Construction of Nature* Sage, London

Edwards P N 2010 *A Vast Machine: Computer Models, Climate Data, and the Politics of Global Warming* MIT Press, Cambridge, Mass.

Elden S 2014 *The Birth of Territory* University of Chicago Press, Chicago

Ellis E 2011a Neither good nor bad *New York Times* 23 May

Ellis E 2011b The planet of no return *Breakthrough Journal* 2 Breakthrough Institute, San Francisco

Ellis E C 2013 Using the planet *Global Change* 81, 32-5

Escobar A 1999 After nature: Steps to an anti-essentialist political ecology *Current Anthropology* 40(1), 1-30

Farbotko C 2010 The global warming clock is ticking so see these places while you can: Voyeuristic tourism and model environmental citizens on Tuvalu's disappearing islands *Singapore Journal of Tropical Geography* 31 224-38

Feng Han 2008 The Chinese View of Nature: Tourism in China's scenic and historicareas, PhD dissertation, Queensland University of Technology, Brisbane

Finley C 2011 All the Fish in the Sea: Maximum Sustainable Yield and the Failure of Fisheries Management Chicago University Press, Chicago

Fischer-Kowalski M Krausmann F and Pallua I 2014 A sociometabolic reading of the Anthropocene *The Anthropocene Review* 1(1), 8-33

Folch J et al. 2009 First birth of an animal from an extinct subspecies (Capra pyrenaica pyrenaica) by cloning *Theriogenology* 71, 1026-34

Foresight 2011 *Migration and global environmental change*. Final Project Report The Government Office for Science, London

Foster J B 2000 *Marx's Ecology: Materialism and Nature* Monthly Review Press, New York

Foster J B Clark B and York R 2010 *The Ecological Rift: Capitalism's War on Earth* Monthly Press, New York

Frank A G and Gills B K eds 1993 *The World System: Five Hundred Years or Five Thousand?* Routledge, London

Fressoz J-B 2007a Beck back in the 19th century: Towards a genealogy of risk society *History and Technology* 23(4), 333-50

Fressoz J-B 2007b The gas lighting controversy: Technological risk, expertise and regulation in 19th century Paris and London *Journal of Urban History* 33, 729-55

Fressoz J-B 2009 Circonvenir les circumfusa *Revue d'histoire Moderne et Contemporaine* 56(4), 39-76

Fressoz J-B 2012 *L'apocalypse Joyeuse. Une histoire du risque technologique* Editions du Seuil, Paris

Fressoz J-B and Fabien L 2012 Modernity's frail climate: A climate history of environmental reflexivity *Critical Inquiry* 38, 579-98

Fressoz J-B and Locher F 2012 Modernity's Frail Climate: A Climate History of Environmental Reflexivity *Critical Inquiry* 38(3), 579-98 Spring

Fuller J 2001 Before the hills in order stood: The beginning of the geology of time in *Geological Society London*, Special Publications 190, 15-23

Gemenne F 2011 Why the numbers don't add up: A review of estimates and predictions of people displaced by environmental changes *Global Environmental Change* 21, S41-S49

Gervais F 2013 *L'innocence du Carbone* Albin-Michel, Paris

Giddens A 1990 *The Consequences of Modernity* Polity Press, Cambridge

Girard R 1972 *La Violence et le Sacré* Grasset, Paris

Goldfrank W L Goodman D and A Szasz eds 1999 *Ecology and the World-System* Greenwood Press, Santa Barbara

Gómez-Baggethun E de Groot R Lomas P L and Montes C 2010 The history of ecosystem services in economic theory and practice: From early notions to markets and payment schemes *Ecological Economics* 69, 1209-18

Gould S J 1990 The Power of Narrative, in his *An Urchin in the Storm* Penguin Books, London 75-92.

Granovetter M 1978 Threshold models of collective behavior American *Journal of Sociology* 83(6), 1420-43

Gras A 2007 *Le Choix du Feu. Aux Origines de la Crise Climatique* Fayard, Paris

Grinevald J 2007 *La Biosphère de l'Anthropocène: Climat et Pétrole, la Double Menace. Repères transdisciplinaires (1824–2007)* Georg éditeur, Genève

Grove A T 1995 *Green Imperialism: Colonial Expansion, Tropical Island Edens and the Origins of Environmentalism 1600-1860* Cambridge University Press, Cambridge

Grove A T 1996 The historical context: Before 1850, in Brandt J and Thornes J eds *Mediterranean Desertification and Land Use* Wiley, Chichester 13-28

Guha R 1989a *The Unquiet Woods: Ecological Change and Peasant Resistance in Himalaya* University of California Press, Berkeley, CA

Guha R 1989b Radical American environmentalism and wilderness preservation: A third world critique *Environmental Ethics* 11, 71-83

Haas P Keohane R and Levy M eds 1993 *Institutions for the Earth: Sources of Effective International Environmental Protection* MIT Press, Cambridge, Mass.

Haberl H Fischer-Kowalski M Krausmann F Weisz H and Winiwarter V 2004 Progress towards sustainability? What the conceptual framework of material and energy flow accounting (MEFA) can offer *Land Use Policy* 21, 199-213

Haff P K 2013 Technology as a geological phenomenon: Implications for human well-being *Geological Society, London,* Special Publications, 24 October

Halpern B S et al. 2008 A global map of human impact on marine ecosystems *Science* 319, 948-52

Hamilton J 2009 Causes and consequences of the oil shock of 2007-08 Brookings Papers on *Economic Activity Spring* 2009, 215-59

Hamilton C 2010 *Requiem for a Species: Why We Resist the Truth about Climate Change* Earthscan, London

Hamilton C 2012 Theories of climate change *Australian Journal of Political Science* 47(4), 721-9

Hamilton C 2013a *Earthmasters: The Dawn of the Age of Climate Engineering* Yale University Press, London

Hamilton C 2013b *Requiem Pour l'espèce Humaine* (traduit par Jacques Treiner et Françoise Presses de Sciences-Po, Paris

Hamilton C 2014 The new environmentalism will lead us to disaster *Scientific American* 19 June(http://www.scientificamerican.com/article/the-new-environmentalism-will-lead-us-to-disaster)

Hamilton C and Grinevald J 2015 Was the Anthropocene anticipated The *Anthropocene Review* 2(1), 59-72

Hampton S E et al. 2013 Big data and the future of ecology Frontiers in *Ecology and the Environment* 11, 156-62

Hansen J 2009 *Storms of My Grandchildren: The Truth About the Coming Climate Catastrophe and Our Last Chance to Save Humanity* Bloomsbury, London

Haraway D 1991 *Simians, Cyborgs, and Women: The Reinvention of Nature* Routledge, New York

Haraway D 2014a Staying with the Trouble: Sympoiesis, String Figures, Multispecies Muddles, Manuscript of the talk given at the encounter 'Gestes spéculatifs' in Cerisy, France, 29 June-5 July

[도나 해러웨이, 『트러블과 함께하기: 자식이 아니라 친척을 만들자』, 최유미 옮김, 마농지, 2021]

Haraway D 2014b Anthropocene, Capitalocene, Chthulucene: Staying with the trouble 5/9/14 (http://vimeo.com/97663518). Accessed 23 July 2014

Hays S P 1999 *Conservation and the Gospel of Efficiency: The Progressive Conservation Movement 1890-1920* University of Pittsburgh Press, Pittsburgh

Hendel R 2013 The Oxford Hebrew Bible: Its Aims and a Response to Criticisms *Hebrew Bible and Ancient Israel* 2(1), 63-99

Hoggan J 2009 *Climate Cover-Up: The Crusade to Deny Global Warming* Greystone Books, Vancouver

Hopkins R 2008 *The Transition Handbook* Greenbooks, Foxhole

Hornborg A 2001 *The Power of the Machine: Global Inequalities of Economy, Technology, and Environment* AltaMira, Walnut Creek

Hornborg A 2011 *Global Ecology and Unequal Exchange: Fetishism in a Zero-sum World* Routledge, London

Hornborg A 2013a *Global Ecology and Unequal Exchange* Routledge, London

Hornborg A 2013b The fossil interlude: Euro-American power and the return of the Physiocrats, in Strauss S, Rupp S and Love T eds *Cultures of Energy: Power, Practices, Technologies* Left Coast Press, Walnut Creek 41-59

Hornborg A 2013c Revelations of resilience: From the ideological disarmament of disaster to the revolutionary implications of (p)anarchy *Resilience: International Policies, Practices and Discourses* 1(2), 116-29

Hornborg A 2014 Technology as fetish: Marx, Latour, and the cultural foundations of capitalism *Theory, Culture & Society* 31(4), 119-40

Hornborg A and Crumley C eds 2006 *The World System and the Earth System* Left Coast Press, Walnut Creek, CA

Hornborg A, McNeill J R and Martinez-Alier J eds 2007 *Rethinking Environmental History: World-system History and Global Environmental Change* AltaMira, Lanham

Hutton J 1786 *A New Theory of the Earth* William Creech, Edinburgh

IPCC 2013 *Climate Change 2013: The Physical Science Basis. Contribution of Working Group I to the Fifth Assessment Report of the Intergovernmental Panel on Climate Change* Cambridge University Press, Cambridge

Jackson T 2009 *Prosperity Without Growth: Economics for a Finite Planet* Earthscan, London

Jameson F 2005 *Archaeologies of the Future: The Desire Called Utopia and Other Science Fictions* London

Jänicke M and Mol A 2009 The origins and theoretical foundations of ecological modernisation theory, in Mol A Sonnenfeld D and Spaargaren G eds *The Ecological Modernisation Reader* Routledge, London 17-27

Jonas H 1984/1985 *The Imperative of Responsibility: In Search of an Ethics for the Technological Age* University of Chicago Press, Chicago

Josephson et al. P 2013 *The Environmental History of Russia* Cambridge University Press, Cambridge

Kitchin R 2014 Big Data, new epistemologies and paradigm shifts *Big Data & Society* 1,

1-12

Klein N 2008 *The Shock Doctrine: The Rise of Disaster Capitalism* Allen Lane, London

Klein N 2014 *This Changes Everything: Capitalism vs. the Climate* Simon & Schuster, New York

[나오미 클라인, 『이것이 모든 것을 바꾼다』, 이순희 옮김, 열린책들, 2016]

Kosoy N and Corbera E 2010 Payments for ecosystem services as commodity fetishism *Ecological Economics* 69, 1228-36

Kreft S 2013 Addressing Climate Loss and Damage Germanwatch, Berlin Lee E S 1966 A theory of migration *Demography* 3(1), 47-57

Kunstler J H 2012 The Collapse Wager, blog post http://http://cluborlov.blogspot.fr/2012/08/the-collapse-wager.html Accessed 9 July 2014

Kunzig R and Broecker W S 2008 *Fixing Climate: What Past Climate Changes Reveal About the Current Threat - and How to Counter It* Green Profile, London

Langmuir C and Broecker W 2012 *How To Build a Habitable Planet* Princeton University Press, Princeton

Lascoumes P and Bonnaud L 2014 *Le Développement Durable, une Nouvelle Affaire d'Etat* PUF, Paris

Latour B 1993 *We Have Never Been Modern* Harvard University Press, Cambridge, Mass.

[브뤼노 라투르, 『우리는 결코 근대인이었던 적이 없다: 대칭적 인류학을 위하여』, 홍철기 옮김, 갈무리, 2009]

Latour B 2004a *Politics of Nature: How to Bring the Sciences into Democracy* Harvard University Press, Cambridge, Mass.

Latour B 2004b Why has critique run out of steam? *Critical Inquiry* Special issue on the Future of Critique 30, 225-48

[브뤼노 라투르, 「왜 비판은 힘을 잃었는가? 사실의 문제에서 관심의 문제로」, 『문학과 사회』 143, 2023년 가을]

Latour B 2011 Love your monsters, in Shellenberger M and Nordhaus T eds *Love your Monsters: Post-environmentalism and the Anthropocene* Breakthrough Institute, San Francisco, 17-25

Latour B 2013a *Facing Gaia* http://www.bruno-latour.fr/sites/default/files/downloads/GIFFORD-SIX-LECTURES_1.pdf) Accessed 25 October 2014

Latour B 2013b *An Inquiry into Modes of Existence* Harvard University Press, Harvard

[브뤼노 라투르, 『존재 양식의 탐구: 근대인의 인류학』, 황장진 옮김, 사월의책, 2023]

Linebaugh P 2008 *The Magna Carta Manifesto* University of California Press, Berkeley
Latour B 2014 War and peace in an age of ecological conflicts *Revue Juridique de l'Environnement* 1, 51-63
Leakey R 1996 *The Sixth Extinction: Patterns of Life and the Future of Humankind* Random New York
[리처드 리키, 로저 르윈, 『제6의 멸종』, 황현숙 옮김, 종로, 1996]
Le Quéré C et al. 2014 Global Carbon Project 2013 *Earth System Science Data* 6, 235-63
Leemans F 2006 Scientific challenges in anthropogenic research in the 21st century: The problem of scale, in Ehlers E and Krafft T eds *Earth System Science in the Anthropocene* Springer, Berlin, 248-62
Le Roux T 2011 *Le Laboratoire des Pollutions Industrielles Paris, 1770-1830* Albin Michel, Paris
Lind M 2011 Is it time to embrace environmental change? *Salon.com* 13 December
Linebaugh P 2008 *The Magna Carta Manifesto* University of California Press, Berleley
Linnér B O and Selin H 2013 The United Nations Conference on Sustainable Development: Forty years in the making *Environment and Planning C: Government and Policy* 31, 971-87
Lippmann W 1925 [1993] *The Phantom Public* Transactions Publishers, New Brunswick, NJ
Locher F and Fressoz J-B 2012 Modernity's frail climate: A climate history of environmental reflexivity *Critical Inquiry* 38(3) 579-98
[파비앙 로셰·장바티스트 프레쏘, 「기후의 역사에 대한 성찰적 근대성」, 송성희 옮김. 이별빛달빛 엮음, 『인류세와 기후위기의 대가속』, 한울아카데미, 2022, 110~146쪽.]
Lovell B 2010 *Challenged by Carbon: The Oil Industry and Climate Change* Cambridge Press, Cambridge
Lovelock J 1979 *Gaia: A New Look at Life on Earth* Oxford University Press, Oxford
[제임스 러브록, 『가이아: 생명체로서의 지구』, 홍욱희 옮김, 범양사, 1990; 제임스 러브록, 『가이아: 살아있는 생명체로서의 지구』, 홍욱희 옮김, 갈라파고스, 2004]
Lovelock J 2006/2007 *The Revenge of Gaia: Earth's Climate Crisis and the Fate of Humanity* Basic New York
[제임스 러브록, 『가이아의 복수: 가이아 이론의 창시자가 경고하는 인류 최악의 위기와 그 처방전』, 이한음 옮김, 세종서적, 2008]

Lovelock J 2009 *The Vanishing Face of Gaia: A Final Warning* Allen Lane, London

Lyell C 1830 *Principles of Geology* Volume 1 John Murray, London

Lynas M 2011 *The God Species* Fourth Estate, London

Macnaghten P and Urry J 1998 *Contested Natures* Sage, London

Madureira N L 2012 The anxiety of abundance. William Stanley Jevons and Coal Scarcity in the *19th Century Environment and History* 18, 395-421

Malm A and Hornborg A 2014 The geology of mankind? A critique of the Anthropocene narrative *The Anthropocene Review* 1(1), 62-9

Marglin S 1990 Towards the decolonization of the mind in Apffel-Marglin F and Marglin S eds *Dominating Knowledge: Development, Culture, and Resistance* Clarendon, Oxford 1-28

Maris V 2014 *Nature à Vendre: Limites des services écosystémiques* Quae, Paris

Martinez-Alier J 1987 *Ecological Economics: Energy, Environment and Society* Blackwell, Oxford

Marvier M Lalasz R and Kareiva P 2012 Conservation in the Anthropocene (http://thebreakthrough.org/index.php/journal/past-issues/issue-2/conservation-in-the-anthropocene/) Accessed 25 October 2014

Massard-Guilbaud G 2010, *Histoire de la Pollution Industrielle en France, 1789-1914* EHESS, Paris

McAdam J 2009 From economic refugees to climate refugees? *Melbourne Journal of International Law* 10 579-95

McKibben B 1989 *The End of Nature* Random House, New York

McKibben B 1990 *The End of Nature* Penguin, London

[빌 맥키벤, 『자연의 종말』, 과학동아 편집실 옮김, 동아일보사, 1990;
빌 맥키벤, 『자연의 종말』, 진우기 옮김, 양문, 2005]

McNeill J R 2000 *Something New Under the Sun: an Environmental History of the Twentieth-century World* W.W. Norton, New York

[J.R. 맥닐, 『20세기 환경의 역사』, 홍욱희 옮김 에코리브르, 2008]

Meadowcroft J 2013a Reaching the limits? Developed country engagement with sustainable development in a challenging conjuncture *Environment and Planning C: Government and Policy* 31, 988-1002

Meadows D L 2013b Il est trop tard pour le développement durable, in Sinaï A ed Penser la Décroissance, Politiques de l'Anthropocène Les Presses de Sciences-Po, Paris

195-210

Merchant C 1980 *The Death of Nature: Women, Ecology and the Scientific Revolution* HarperCollins, San Francisco

[캐럴린 머천트, 『자연의 죽음』, 전규찬 · 이윤숙 · 전우경 옮김, 미토, 2005]

Mitchell T 2011 *Carbon Democracy: Political Power in the Age of Oil* Verso, New York

[티머시 미첼, 『탄소민주주의: 화석연료 시대의 정치권력』, 에너지기후정책연구소 옮김, 생각비행, 2017]

Michelet J 2013 *On History: Introduction to World History (1831)* Open Book Publishers, Cambridge [1834]

Mittermeier R A et al. 2003 Wilderness and biodiversity conservation *PNAS* 100 10309–13

Moore J 2013 The Capitalocene, Online manuscript in three parts (http://jasonwmoore.wordpress.com/2013/05/13/anthropocene-or-capitalocene/) Accessed 23 July 2014

Moore J 2015 *Capitalism in the Web of Life* Verso, London

Morin J-F and Orsini A eds 2014 *Essential Concepts of Global Environmental Governance* Routledge, Abingdon

Murray J and Kibg D 2012 Oil's tipping point has passed *Nature* 481 433-5

Myers N 2002 Environmental refugees: A growing phenomenon of the 21st century *Philosophical Transactions of the Royal Society* B 357(1420), 609-13

Narain S and Agarwal A 1991 *Global Warming in an Unequal World: A Case of Environmental Colonialism* Centre for Science and Environment, Delhi

Negarestani R 2011 Drafting the Inhuman: Conjectures on capitalism and organic necrocracy, in Bryant L Srnicek N and Harman G eds *The Speculative Turn* Re.press, Melbourne, 182-201

Newell P and Paterson M 2010 *Climate Capitalism: Global Warming and the Transformation of the Global Economy* Cambridge University Press, Cambridge

Neyrat F 2016 *Enquête sur la part inconstructible de la Terre* Éd. du Seuil

Nietzsche F 1968 *The Will to Power* ed Walter Kaufmann Vintage Books, New York

[프리드리히 니체, 권력에의 의지, 이진우 옮김, 휴머니스트, 2023]

Nordhaus T and Shellenberger M 2007 *Break Through: From the Death of Environmentalism to the Politics of Possibility* Houghton Mifflin, New York

Norgaard R B 2013 The Econocene and the California delta San Francisco Estuary & Watershed *Science* 11, 1-5

Nogaret F 1795 *La Terre Est un Animal* Colson, Versailles

Northcott M S 2013a *A Political Theology of Climate Change* Eerdmans Publishing, Grand MI

Northcott M 2013b Whose danger, which climate? Mesopotamian versus liberal accounts climate justice, in Rozzi R Pickett S Palmer C Armesto J and Callicott J eds *Linking Ecology and Ethics for a Changing World: Values, Philosophy, and Action* Springer, New York 241-50

Northcott M 2014 *A Political Theology of Climate Change* SPCK, London

Norton B G 1984 Environmental ethics and weak anthropocentrism *Environmental Ethics* 6, 131-48

Novy A 2014 The democratisation of all areas of life Green *European Journal* 9, 40-4

Offe C 1985 New Social Movements: Challenging the boundaries of institutional politics *Social Research* 52, 817-68

O'Neill J 2001 Markets and the environment: The solution is the problem *Economic and Political Weekly* 36, 1865-73

O'Neill M 1997 Green Parties and Political Change in *Contemporary Europe: New Politics, Old Predicaments* Ashgate Publishing Limited, Aldershot

Ovitt G 1987 *The Restoration of Perfection: Labor and Technology in Medieval Culture* Rutgers Press, New Brunswick NJ

Page E 2007 *Climate Change, Justice, and Future Generations* Edward Elgar, Cheltenham

Patrin E M 1806 Remarques sur la diminution de la mer *Journal de Physique* 60, 316

Pearson C S 2011 *Economics and the Challenge of Global Warming* Cambridge University Press, York

Peet R Robbins P and Watts M 2010 *Global Political Ecology* Routledge, London

Peet R and Watts M eds 1996 *Liberation Ecologies: Environment, Development, Social Movements* Routledge, London

Perrier E 1913 Presidential address Bulletin de la Société nationale d'acclimatation de France 60

Piña-Aguilar R E et al. 2009 Revival of extinct species using nuclear transfer: Hope for the mammoth, true for the Pyrenean Ibex, but is it time for 'Conservation Cloning'? *Cloning and Stem Cells* 11, 341-6

Playfair J 1822 Biographical Account of Dr James Hutton, in *The Works of John Playfair* Constable, Edinburgh

Pomeranz K 2000 *A Great Divergence: China, Europe, and the Making of the Modern*

World Economy Princeton University Press, Princeton

[케네스 포메란츠, 『대분기: 중국과 유럽, 그리고 근대 세계 경제의 형성』, 김규태 · 이남희 · 심은경 옮김, 에코리브르, 2016]

Porritt J 1984 *Seeing Green: The Politics of Ecology Explained* Basil Blackwell, Oxford

Proctor R and Schiebinger L 2008 *Agnotology: The Making and Unmaking of Ignorance* Stanford Press, Stanford, CA

Rain D 1999 *Eaters of the Dry Season: Circular Labor Migration in the West African* Sahel Westview Press, New York

Ramesh S J 2012 Climate change and parliament, in Dubash N K ed *Handbook of Climate Change and India: Development, Politics and Governance* Routledge, London

Repcheck J 2003 *The Man Who Found Time: James Hutton and the Discovery of Earth's Antiquity* Simon and Schuster, London

Redman C L 1999 *Human Impact on Ancient Environments* University of Arizona Press, Tucson

Richter B 2010 *Beyond Smoke and Mirrors: Climate Change and Energy in the 21st Century* University Press, New York

Roberts J T and Parks B C 2007 *A Climate of Injustice: Global Inequality, North-South Politics, and Climate* Policy MIT Press, Cambridge, MA

Robertson M M 2004 The neoliberalization of ecosystem services: Wetland mitigation banking and problems in environmental governance *Geoforum* 35, 361-73

Robertson T 2012 *The Malthusian Moment: Global Population Growth and the Birth of American Environmentalism* Rutgers University Press, New Brunswick

Robinet J B 1766 *De la Nature* Volume 4 Van Harrevelt, Amsterdam Schérer R 2001 L'Écosophie de Charles Fourier Anthropos, Paris

Robin L and Steffen W 2007 History for the Anthropocene *History Compass* 5, 1694-1719

Rockström J et al. 2009 A safe operating space for humanity *Nature* 46, 472-5 September

Ruddiman W 2003 The anthropogenic greenhouse era began thousands of years ago *Climatic Change* 61, 261-93

Ruddiman W F 2005 *Plows, Plagues, and Petroleum: How Humans Took Control of Climate* University Press, Princeton NJ

Rudwick M 2005 *Bursting the Limits of Time: The Reconstruction of Geohistory in the Age of Revolution* University of Chicago Press, Chicago

Sabatier P 1998 An advocacy coalition framework of policy change and the role of policyoriented learning therein *Policy Sciences* 21(2-3) 129-68

Schellnhuber H J 2009 'Earth system' analysis and the second Copernican revolution *Nature Supplement*: C19-C23

Schmitz M and Ogg G eds *The Geologic Time Scale* 2012 Volume 2 Elsevier, Oxford 1033-40

Schneider S 1984 *The Coevolution of Climate and Life* Sierra Club Books, San Francisco

Schwartz H 2000 *Eschatology* Eerdmans, Grand Rapids MI

Semal L 2012 *Militer à l'Ombre des Catastrophes: Contribution à une théorie politique environnemental au prisme des mobilisations de la décroissance et de la transition* Unpublished PhD thesis Department of politics, Université de Lille II

Serres M 1995 *The Natural Contract* University of Michigan Press, Ann Arbor

Shapiro J 2001 *Mao's War Against Nature* Cambridge University Press, Cambridge

Shellenberger M and Nordhaus T eds 2011 *Love your Monsters: Postenvironmentalism and the Anthropocene* Breakthrough Institute, San Francisco

Shellenberger M and Nordhaus T 2014 On Becoming an Ecomodernist. A Positive Vision of Our Environmental Future (http://thebreakthrough.org/index.php/voices/michael-shellenberger-and-ted-nordhaus/on-becoming-an-ecomodernist) Accessed 25 October 2014

Sideris L H 2013 Science as sacred myth? Ecospirituality in the Anthropocene age, in Rozzi et al. eds *Linking Ecology and Ethics for a Changing World: Values, Philosophy, and Action* Equinox, Dordrecht 147-62

Sieferle R P 2001 *The Subterranean Forest: Energy Systems and the Industrial Revolution* White Horse Press, Cambridge

Simmons D 2006 Waste not, want not: Excrement and economy in 19th-century France *Representations* 96, 73-98

Sinaï A ed 2013 *Penser la Décroissance. Politiques de l'Anthropocéne* Press de Sciences - Po, Paris

Sloterdijk P 2011 *Bubbles: Spheres* Volume I: Microspherology Semiotext(e), Los Angeles

Smil V 2001 *Enriching the Earth* MIT Press, Cambridge Mass.

Smil V 2011 Harvesting the biosphere: The human impact *Population and Development Review* 37(4) 613-36, December

Söderberg J and Netzén A 2010 When all that is theory melts into (hot) air: Contrasts and parallels between actor network theory, autonomist Marxism, and open *Marxism*

Ephemera 10(2), 95-118

Smil V 2013 *Harvesting the Biosphere: What We Have Taken from Nature* MIT Press, Mass.

Smith E 1969 Time, times and the right time: Kairos and Chronos *The Monist* 53 1-13
Stager C 2011 *Deep Future: The Next 100,000 Years of Life on Earth* Thomas Dunne, New York

Söderberg and Netzén A 2010 When all that is theory melts into (hot) air: Contrasts and parallels between actor network theory, autonomist Marxism, and open Marxism *Ethemera* 10(2) 95-118

Solomon S et al. 2009 *Climate Change 2007: The Physical Science Basis* Cambridge University Cambridge

Spivak G C 2012 Imperative to re-imagine the planet, in her *An Aesthetic Education in the Era of Globalisation* Harvard University Press, Cambridge, Mass.
[가아트리 차크라보르티 스피박, 『지구화 시대의 미학교육』, 태혜숙 옮김, 북코리아, 2017]

Stager C 2011 *Deep Future: The Next 100,000 Years of Life on Earth* Thomas Dunne Books, New York

Starhawk 1997 *Dreaming the Dark* Beacon Press, Boston MA

Staufer C 1987 *Charles Darwin's Natural Selection* Cambridge University Press, Cambridge

Steffen W et al. 2004/2005 *Global Change and the Earth System: A Planet under Pressure* Springer-Verlag, New York

Steffen W Crutzen P J and McNeill J R 2007 The Anthropocene: Are humans now over-the great forces of nature? *AMBIO* 36(8), 614-21

Steffen W Grinevald J Crutzen P and McNeil J 2011a The Anthropocene: Conceptual and historical perspectives *Philosophical Transactions of the Royal Society* A 369, 842-67
[윌 스테픈 · 자크 그린발 · 파울 크뤼천 · 존 맥닐, 「인류세: 개념적, 역사적 관점」, 김찬종 옮김. 이별빛달빛 엮음, 『인류세와 기후위기의 대가속』, 한울아카데미, 2022, 58-108쪽.]

Steffen W et al. 2011b The Anthropocene: From global change to planetary stewardship *AMBIO* 40, 739-61

Stengers I 2009 *Au temps des catastrophes: Résister à la barbarie qui vient* Les Empêcheurs de penser en rond/La Découverte, Paris, Open Humanities Press

Stengers I 2011 *Thinking With Whitehead: A Free and Wild Creation of Concepts* Harvard University Press, Cambridge, Mass.

Stern N 2009 *The Global Deal: Climate Change and the Creation of a New Era of Progress and Prosperity* Public Affairs, New York

Strum S and Latour B 1987 Redefining the social link: From baboons to humans *Social Science Information* 26, 783-802

Sunstein C 2002 *Risk and Reason: Safety, Law, and the Environment* Cambridge University Press, Cambridge

Swyngedouw E 2007 Impossible/undesirable sustainability and the post-political condition, in Gibbs D and Krueger R eds *The Sustainable Development Paradox: Urban Political Economy in the United States and Europe* Guilford Press, New York 13-40

Swyngedouw E 2009 The Antinomies of the postpolitical city: In search of a democratic politics of environmental production International *Journal of Urban and Regional Research* 33, 601-20

Swyngedouw E 2010 Apocalypse forever? Post-political populism and the spectre of climate change *Theory, Culture & Society* 27, 213-32

Swyngedouw E 2011 Depolitized environments: The end of Nature, climate change and the post-political condition *Royal Institute of Philosophy Supplement* 69, 253-74

Swyngedouw E 2014 Anthropocenic promises: The end of nature, climate change and the process of post-politicization, Lecture at the Center for International Studies and Research (CERI), Sciences Po, Paris 2 June

Sylvan R 1973 Is there a need for a new environmental ethics? Proceedings of the XVth World Congress of Philosophy Sofia Press, Varna

Syvitski J 2012 The Anthropocene: An epoch of our making *Global Change* Issue 78 March, 12-15

Szerszynski B 2012 The End of the End of Nature: The Anthropocene and the fate of the *Oxford Literary Review* 34, 165-84

Szerszynski B 2015 Commission on Planetary Ages Decision CC87966424/49, 이 책 15장.

Tainter J 1988 *The Collapse of Complex Societies* Cambridge University Press, Cambridge

Takacs D 1996 *The Idea of Biodiversity: Philosophies of Paradise* Johns Hopkins University Press, Baltimore

Thorsheim P 2006 *Inventing Pollution: Coal, Smoke and Culture in Britain Since 1800*

Ohio University Press, Athens, Ohio

Trenberth K 2012 Framing the way to relate climate extremes to climate change *Climatic Change* November 115(2), 283-90

Tresch J 2012 *The Romantic Machine: Utopian Science and Technology after Napoleon* University Chicago Press, Chicago

Tukker A et al. 2014 The Global Resource Footprint of Nations (http://exiobase.eu/) Accessed 25 October 2014

United Nations Environment Programme (UNEP) 2010 *Mainstreaming the Economics of Nature: A Synthesis of the Approach, Conclusions and Recommendations of TEEB* United Nations Environment Programme, Bonn

Vernadsky, Vladimir I 2005 Some words about the Noösphere *21st Century*, 16-21 [1943]

Vullierme J-L 1989 *Le Concept de Système Politique Presses* Universitaires de France, Paris

Vullierme J-L 2013 Personal communication with Yves Cochet

Wackernagel M and Rees W 1998 *Our Ecological Footprint: Reducing Human Impact on the Earth* New Society Publishers, Gabriola Island, BC

Wallerstein I 1974-1989 *The Modern World-System* 1-3 Academic Press, San Diego
[이매뉴얼 월러스틴, 『근대세계체제』, 나종일 외 공역, 까치, 1999]

Wallerstein I 2004 *World-Systems Analysis: An Introduction* Duke University Press, Durham, NC
[이매뉴얼 월러스틴, 『(월러스틴의) 세계체제 분석』, 이광근 옮김, 당대, 2005]

Warde P 2011 The invention of sustainability *Modern Intellectual History* 8, 153-70

Weisman A 2008 *The Earth Without Us* Random House, New York

Weitzman M L 2009 Some Basic Economics of Extreme Climate Change(http://www.environment.harvard.edu/docs/faculty_pubs/weitzman_basic.pdf)

Werner B 2012 Is Earth f**ked? Dynamical Futility of Global Environmental Management and Possibilities for Sustainability via Direct Action Activism, Presentation to the conference of the American Geophysical Union, San Francisco, December (http://climate-connections.org/tag/brad-werner/)

White G 1789 *A Natural History and Antiquities of Selborne* Bensley, London
[길버트 화이트, 『셀본의 자연사와 유물들』, 박정희 옮김, 아카넷, 2022]

White L Jr 1967 The historical roots of our ecologic crisis *Science* 155, 1203-7

Whitehead A N 1920 *The Concept of Nature* Cambridge University Press, Cambridge

Wilding A 2010 Naturphilosophie Redivivus: On Bruno Latour's 'political ecology' Cosmos and History: *The Journal of Natural and Social Philosophy* 6, 1

Williams J 1806 *The Climate of Great Britain* Baldwin, London

Wilson E O 1975 *Sociobiology: The New Synthesis* Harvard University Press, Cambridge, Mass.

Wilson E O ed 1988 *Biodiversity* National Academies Press, Washington, DC

Wise N 1990 Work and waste: Political economy and natural philosophy in 19th century Britain *History of Science* 27, 221-60

Worster D 1977 *Nature's Economy: A History of Ecological Ideas* Cambridge University Press, Cambridge

Yonetani M 2014 *Global Estimates 2014: People Displaced by Disasters* Internal Displacement Monitoring Centre, Geneva

Young O 1994 *International Governance: Protecting the Environment in a Stateless Society* Cornell University Press, Ithaca NY

Zalasiewicz J and Williams M 2008 Are we now living in the Anthropocene? *GSA Today* 18 4-8

Zalasiewicz J et al. 2010 The new world of the Anthropocene *Environmental Science and Technology* 44(7), 2228-31

Zalasiewicz J Crutzen P and Steffen W 2012 The Anthropocene, in Gradstein F Ogg J Schmitz M and Ogg G eds The Geologic Time Scale by *Quatenary International* (http://dx.doi.org/10.1016/j.quaint.2014.11.045)

Zalasiewicz J 2014 Response to Adrian J Ivakhiv's 'Against the Anthropocene' Blog post (http://blog.uvm.edu/aivakhiv/2014/07/07/against-the-anthropocene/) Accessed 6 November 2014

Zalasiewicz J, et al. 2014 When did the Anthropocene begin? A mid-twentieth century boundary level is stratigraphically optimal, accepted by Quaternary International (http://dx.doi.org/10.1016/j.quaint.2014.11.045)

Žižek S 2010 *Living in the End Times* Verso, London

집필진 소개

* 크리스토프 보뇌이유Christophe Bonneuil는 파리에 있는 알렉상드르-쿠아레 센터(CNRS, EHESS and MNHN) 역사학 선임연구원senior researcher이다. 2017년에 장 바티스트 프레쏘와 함께 『인류세의 충격 The Shock of the Anthropocene』(번역은 David Fernbach)를 저술했다.
* 클라이브 해밀턴Clive Hamilton은 호주 캔버라에 있는 찰스 스터트 대학Charles Sturt University의 응용철학 및 공공윤리학 센터 교수이다. 국내에 소개된 저서로는 『인류세』, 『누가 지구를 죽였는가』, 『성장숭배』 등이 있다.
* 디페시 차크라바르티Dipesh Chakrabarty는 시카고대학 역사학 교수이다. 국내에 소개된 책으로는 『행성 시대 역사의 기후』, 『하나의 행성, 서로 다른 세계』, 『유럽을 지방화하기』, 『인류세에 대해 인문학이 답하다』가 있다.
* 알프 호른보리Alf Hornborg는 스페인에 위치한 룬드 대학Lund University의 인간생태학부Human Ecology Division 교수이다. 국내에 소개된 글로는 안드레아스 말름·알프 호른보리 지음, 김명진 옮김, 「인류의 지질학? 인류세 서사 비판」, 『인류세와 기후위기의 대가속』, 이별빛달빛 엮음, 김용우·김찬종·정홍상 외 옮김, 한울아카데미, 2022, 148~166쪽이 있다.
* 장 바티스트 프레쏘Jean-Baptiste Fressoz는 프랑스 국립과학연구센터CNRS에서 과학사, 기술사, 환경사 등을 연구하는 역사가이다. 최근의 저서로는 *More and More and More: An All-Consuming History of Energy*(2024)가 있다. 국내에 소개된 연구로는 파비앙 로셰 장바티스트 프레쏘, 「기후의 역사에 대한 성찰적 근대성」, 송성희 옮김, 이별빛달빛 엮음, 『인류세와 기후위기의 대가속』, 한울아카데미, 2022, 110~146쪽이 있다.
* 뤽 스말Luc Semal은 파리에 있는 국립 자연사박물관Muséum national d'histoire naturelle(Cesco)의 정치학 강사이다.
* 마이클 노스콧Michael Northcott은 스코틀랜드에 위치한 애든버러 대학The

University of Edinburgh의 윤리학 명예교수로, 환경신학자이자 윤리학자이다. 저서로 *God and Gaia: Science, Religion and Ethics on a Living Plane*(2022), *A Political Theology of Climate Change*(2014), *A Moral Climate: The Ethics of Global Warming*(2007), *The Environment and Christian Ethics*(1996) 등이 있고, 국내에 번역된 글로는 마이클 노스콧,「현존하는 미래의 지구」, 조니 베이커 외,『내일의 교회』, 김준철 옮김, 성공회브랜든선교연구소, 2020 가 있다.

* 이브 코셰Yves Cochet는 모멘텀연구소Institut Momentum 회장으로, 프랑스 국회의원과 국회의원과 환경부장관을 역임했다.

* 비르지니 마르스Virginie Maris는 프랑스의 몽펠리에Montpellier에 있는 기능 및 진화 생태학 센터Centre d'écologie fonctionnelle et évolutive(CEFE)의 국립과학연구센터(CNRS) 선임연구원research fellow이다. 생물다양성, 지속가능한 개발, 에코페미니즘, 경제와 환경의 관계 등을 연구한다. 저서로 *La Part Sauvage du Monde: Penser la Nature dans l'Anthropocène*(세계의 야생적 부분: 인류세에서 자연을 생각하기 2018)가 있다.

* 이자벨 스텡거스Isabelle Stengers는 벨기에에 있는 브뤼셀 자유대학의 과학철학 교수이다. '이자벨 스텐저스'나 '이자벨 스탕', '이사벨 스탕제', '이자벨 스땅제', '이자벨 스탕제르', '이자벨 스탕게스', '스텡게르스' 등으로 다양하게 표기되고 있다. 국내에는 일리아 프리고진과 함께 저술한 *Order Out of Chaos: Man's New Dialogue with Nature*(1984)로 처음 알려졌다. 이 책의 한글 번역은 두 종류가 있다. 신국조 옮김,『혼돈으로부터의 질서』, 정음사, 1988/고려원미디어, 1993/자유아카데미, 2011; 유기풍 옮김,『혼돈 속의 질서』, 민음사, 1990. 이 외에도 스텡거스가 필자로 참여한『과학에서 생각하는 주제 100가지』도 번역되었다(공저, 2004). 영어로 번역된 저서로는 *Making Sense in Common: a Reading of Whitehead in Times of Collapse*(2023), *In Catastrophic Times: Resisting the Coming*(2015), *Thinking with Whitehead: a Free and Wild Creation of Concepts*(2011), *Cosmopolitics*(2010) 등이 있다. 이 중에서 *In Catastrophic Times*의 서문은 한글로 번역되어 있다(https://nanomat.tistory.com/1073). "Gaia, The Urgency to Think (and Feel)"의 한글 번역

도 인터넷에서 열람 가능하다(https://nanomat.tistory.com/937).
* 브뤼노 라투르Bruno Latour(1947~2022)는 프랑스의 사회학자, 인류학자, 철학자이다. 국내에 번역된 저서로는 『존재 양식의 탐구』, 『우리는 결코 근대인이었던 적이 없다』, 『과학인문학 편지』, 『젊은 과학의 전선』, 『판도라의 희망』, 『브뤼노 라투르 마지막 대화』 등이 있다.
* 인골푸 블루도언Ingolfur Blühdorn은 오스트리아의 비엔나경영경제대학WU에 있는 사회변화와 지속가능성 연구소Institute for Social Change and Sustainability 교수이다. 영어로 쓴 대표작으로 *Post-Ecologist Politics: Social Theory and the Abdication of the Ecologist Paradigm*(2000)이 있다.
* 프랑수아 주멘느François Gemenne는 HEC 파리의 교수이자 FNRS(벨기에 국립과학연구재단) 연구원이며, 『인류세 아틀라스Atlas de l'Anthropocène』의 저자이다.
* 브로니슬라브 셔진스키Bronislaw Szerszynski는 영국에 위치한 랭커스터 대학Lancaster University의 환경변화학 센터와 사회학과의 선임강사senior lecturer이다.

찾아보기

【ㄱ】

가설 213
가속 78
가이아 123, 296, 297, 298, 301, 302, 303, 304, 305, 326, 372
가이아-리학 341
가이아-정치학 344, 347
가축 동물 110
값비싼 에너지 209
값싼 화석 에너지 209
강제된 계몽 119
강탈 100
객관화 356, 362
객관화된 주체성 362
객관화 방식 352, 353, 358, 359, 367
객체 168
거대 서사 76, 80, 88, 89
〈거대 서사 1〉 84, 87, 89
〈거대 서사 3〉 95, 97
〈거대 서사 4〉 100
거대한 기계 236
경제적 흡수 284
경찰 권한 185
계몽적 파국주의 344
계몽주의 170
계산 센터 312

고갈 182, 194, 198
고기후학자 131, 135, 138
공공의 문제 65
공동 행위자 153
과잉 착취 84
과학 87, 335, 357
과학과 [함께하는] 정치 332, 333, 334
과학 대 정치 329, 332, 334
과학자 88
과학적 양치기 87
과학적 지식 87
관료 286
관료적 흡수 286
관성 327
관성적인 지질학적 힘 214
관심의 문제 336
광물 경제 198
교육적 336
교육적 평화 343
구원세 224, 225, 226
국제층서위원회 44
권력 구조 117
균열 133, 134, 138, 194, 195
그리스도교 윤리 251
그리스도교 종말론 246
근대성 95, 109, 119, 124, 186
근대적 족쇄의 종언 52
글로벌 거버넌스 68
기상학자 186
기술권 146
기술-논리적 위험 94

기술의 낙원 125
기술의 진보 173
기술적 장치들 64
기술적 해결 219
기후 150, 182, 186, 187
기후 과학 109, 327, 335
기후 과학자들 136
기후 난민 145, 374, 377, 380, 381
기후 문제 133
기후변화 85, 111, 119, 133, 140, 188, 189, 206, 298, 377, 380
기후변화 위기 142
기후 부정주의 328
기후 불안 190
기후 야수 137
기후온난화 218
기후 장애 309
기후 정의 문헌 135
기후학자 328
기후회의론자 340
길들인 지구 280
길버트 화이트 190
깊은(deep) 시간 230
깊은 시간 63, 234, 235, 239, 248
깊은 역사 145
끝없는 진보 115

【ㄴ】
나라인 142
나쁜 인류세 236
내구소비재 147

『네이처Nature』 255, 256
녹색당 282
녹색 운동 207
녹색정치 219
녹색정치 사상 220
녹색정치 이론 207
녹색 지구기술 87
녹색친화적인 기술 88
니콜라스 델라마레 185

【ㄷ】
다시 인간화하기 234
다윈 192
대era 54, 55
대가속 45, 212, 223
대가속기 147
대가속화 209
대기 287
대지적 힘 52, 78
데니스 메도즈 259
데본기 대논쟁 307
데우스 엑스 마키나 87
데이비드 아처 131
데이비드 프레임 137
데카르트적 이원론 160, 163
도나 해러웨이 94, 305, 316, 321
도덕적 균열 146
도시 야생 동물 활동가 293
도시 오염 195
도시화 195
독창성 163

찾아보기 | 427

동일과정설 308
뒤르켐 148
듀마스 194
디스토피아적 붕괴 95
디페시 차크라바르티 60, 80, 100, 113, 166
땅 없는 땅 338

【ㄹ】

라나 플라자 382
라나 플라자 참사 383
라이언 스톤 326
라투르 168
래드 워너 112
러브록 150
런츠 전략 330
레이첼 카슨 242
로버트 코스탄자 285
로버트 쿤지그 136
로비네 191
로웰 우드 63
루돌프 클라우지우스 197
르네 지라르 264
리비히 194, 195, 196
리우+20 보고서 369
리차드 요크 141

【ㅁ】

마술 169, 171
마이클 클라이튼 301
마일즈 앨런 137
마크 라이너스 93

마크 리나스 127
만인의 만인에 대한 투쟁 265
매튜 패터슨 140
무지학 86, 331
묵시로서의 인류세 240
「묵시록」 245
묵시론적 345
문명화 사명 84
문화의 자연화 279
물다양성 281
물질교환 194
물질대사 194
물질성 118, 169
미셸 세르 120
민주주의 68

【ㅂ】

바츨라프 스밀 110
박해 381
반사성 266, 268, 320
반사적 상호작용 262, 263
반사적 차별 264
반프로메테우스 218
발터 벤야민 120
방글라데시 382, 383
배설물 196
배출량 165
뱅시안 데스프레 94
버턴 릭터 145
베스트셀러 84
베이컨 124

벤자민 디즈레일리 199
보전 67, 285
보전주의 363
보전주의 시대 67
복원력 97
복원 생태학자 293
복제적 모방 265
부생고 194
부엔 비비르 88
불공평 142
불공평한 지구적 과정 161
불균등한 분배 162
불문 헌법 327
불평등 211
불평등한 생태적 교환 102
불확실성 134
붕괴 257, 265, 268, 269
뷔퐁 백작 56
브라이언 로벨 130, 131
브래드 워너 114, 315, 318
브렛 클라크 141
브로니슬라프 셔진스키 242
브룬트란트 보고서 355
브뤼노 라투르 58, 93, 94, 168, 172, 278, 312
블랙박스 103
블랙박스화 100
비교 행성학 154
비르지니 마리스 58
비윤리적 62, 63
비인간 구성요소 173

비인간적 130
비인간중심주의 149
빈곤 139
빈부 격차 100
빌 맥키벤 364

【ㅅ】

사랑의 윤리 251
사막대 224, 225
사막의 시대 224
사물들의 물화 164
사회 80, 158
사회과학 69, 119, 156, 168
사회과학자 111
사회기술 네트워크 161
사회생태 운동 97
사회성 169
사회 정의 147
산림 보전 190
산업 문명 151
산업 문명의 역사 130
산업 생활 145
산업자본주의 100
산업주의 85, 174
산업혁명 166, 241
삼림 벌채 187, 188, 189, 201
상상력 169
새로운 아틀란티스 245
새로운 인간 117
새 하늘 새 땅 244, 246
생명의 역사 130

생명체 386
생물권 84, 158, 287
생물다양성 281, 284
생물다양성 관리자 293
생물지구화학적 78
생태계의 붕괴로 인한 종말 260
생태 근대주의 91
생태근대화 옹호자 358
생태-근본주의 361
생태 근본주의자 361
생태 마르크스주의 99
생태 마르크스주의 서사 51, 76, 99
생태발자국 363
생태 실용주의 91
생태 실용주의자 93
생태 위기 287
생태적 근대화 355, 356
생태적 정언명령 360, 361
생태정치 350, 351, 352, 353, 358, 359, 367
생태정치학 358, 364
생태-종말론 222
생태주의 221
생태주의 사고 360
생태파국론 221
생태파국주의 95
생태 파국주의 서사 51, 76, 97, 98
생태 파국주의 정치사상 65
생태학 119, 193
생태학 역사가 345
생태학적 대변동 cataclysm을 예고하는 시대 241
생태학적 붕괴 100
생태학적 종말론 254
샤를 푸리에 86, 192
서구 과학 84
서사 75, 77, 103, 181
〈서사 1〉 81, 82, 88
〈서사 2〉 89, 92
서쿰푸사 184, 185
서큘러스 195
석탄 139, 144
석탄 연료 사용 139
선스타인 138
선택된 사례 302
성장의 한계 219, 221, 222
성찰적 90
성찰적 근대성 59, 182
성찰적 인류세 59
세 epoch 46, 47, 54
세계들 간의 전쟁 337
세계시민적 리얼리즘 119
세계체제 99
세계 체제 범주 102
세르게이 포돌린스키 197
셜리 스트럼 168
소비자들의 취향 260
소수세 373
소테로세 225
손실과 피해 메커니즘 379
수경 재배 124
스미스소니언 연구소 200

스태리 제번스 198
스토리텔링 77
스트데카르트적 사회과학 156
스티븐 슈나이더 298
슬라보예 지젝 117, 150
시대들의 궁전 390, 391
시대의 표적 248
시민 사회 99
시스템 장애 260
시카 포인트 231
신기관 245
신약성경 250
신자유주의 우파 359
신체화된 토지 102
실재론적 과학 302
실재의 본성 61

【ㅇ】

아가르왈 142
아베 두보스 185
아서 영 194
안트로포스 103, 161
알바레즈 가설 299
알프 호른보리 60
앤드류 돕슨 219
야생 동물 110
야생 보존 283
얀 잘라시에비치 108
어휘/우주론 177
얼 엘리스 92, 126
에너지 하강 223, 226

에두아르드 자허 197
에드워드 윌슨 224
에레모조익 224
에른스트 헤켈 193
에스뻬랑스 345
에코 모더니스트 63, 126, 127
엔트로피 196
역학 266
연소 명령 83
연속론 216
연속론 가설 215
연속론자 209, 215
열산업문명 207
열역학 182, 196
열역학 법칙 159
영토 342
예방적 원칙 139
예수 그리스도의 탄생 추정일 233
예측 불가능성 136
오노마토포레 389, 390
오래된 합의 334
오이코스 193
온난화 130, 131
온실가스 82, 141, 142
온실가스 배출 379, 381
완전성 362
왈리 브로커 108, 123
외부성 289, 290
「요한계시록」 244, 250
용의자 281
운석 분화구 215

울리히 벡 118
움벨트 111
원자적 171
월러스 브로커 136
월터 로젠 281
위생학자 186
윌리엄 글래드스톤 199
윌리엄 크로넌 74
윌리엄 크룩스 199
윌 스테픈 147
유기적 171
유령 토지 101
유세비우스 232
유전자 조작식품 311
유진 스토머 206
유진 파트린 192
유진 후자르 184, 192
유토피아 117, 125
율리우스 아프리카누스 232
응답-능력 321
의사 결정 과정 69
이념적 한계 355
이매뉴얼 월러스틴 99
이민 374
이분법 275
이산화탄소 132, 137, 152, 165
이원론 352
이자벨 스텡거스 58, 95, 103
이주 380
이주 역학 376
이중 본성 148

인간 107, 109, 110, 111, 112, 126, 140, 148, 277, 287
인간과 자연의 물질대사 182
인간 본성 117
인간시스템 114
인간예외주의 74, 80
인간의 시간 177
인간의 시간 기준 140
인간의 시간성 56
인간의 시대 69, 239, 373
인간의 자리 148
인간의 조건 94
인간의 행위성 118
인간 종 165
인간중심주의 149
인공물 169
인공물의 지구적 아상블라주 161
인구 80, 143, 145, 146
인구 문제 143
인구 이동 375
인도 143, 144
인류 53, 78, 79, 180, 181, 238, 288, 309, 393
인류대 46, 108
인류세 44, 45, 46, 47, 54, 66, 68, 74, 79, 80, 89, 90, 96, 103, 119, 165, 180, 182, 206, 207, 210, 211, 217, 218, 235, 238, 287, 288, 292, 296, 297, 325, 351, 363, 367, 372, 383, 397
인류세 과학 289
인류세를 역사화하기 180

인류세 묵시록 250
인류세 서사 173, 287
인류세 온난화 132, 146, 152
인류세의 3단계 223
인류세 정치학 64
인류세 종말론 246
인류세 종언 213
인문학 69
인문학자 111
인위적 306
인지 부조화 259
인지적 부조화 87
인클로저 188

【ㅈ】

자기 제한 원칙 225
자본 99, 150
자본세 99, 100
자본주의 151
자연 57, 65, 67, 74, 81, 89, 91, 95, 106, 107, 109, 121, 158, 178, 274, 275, 276, 278, 280, 282, 289, 292, 364
자연 경제 182, 190, 191, 193
자연 계약 121
자연권 121
자연-문화 이원론 80, 277
자연보전협회 91
자연 보존 283
자연 보호 285
자연-사회 대사 363
자연 세계 55

자연의 공간 177
자연의 문화화 276
자연의 본질적 가치 361
자연의 이분화 325, 346
『자연의 종말』 368
자연의 종말 364
자연의 종언 52, 89
자연의 죽음 275
자연의 타자성 58
자연의 힘 106
자연이 없는 세계 89
자연재해 373
자연적 한도 150
자연주의 서사 51, 76, 77
자연주의적 인식론 277
자원경제학 200
자원 보전 283
자원으로서의 세계 74
자유 57, 61
자유주의적 소비민주주의 350
자유주의적 소비자본주의 358
자율성 362
자이람 라메쉬 143
장거리 운송 176
장 루이 불리에르 261
장 앙투안 샤프탈 198
재정치화 360, 367
재주체화 360, 367
전략적 실증주의 338
전환 마을 88
점진론자 215

정체성 362
정치 278, 335
정치경제학 197
정치생태학 172, 174
정치적 336
정치적 인식론 332
정치적 평화 343
제2차 해방 365
제이슨 무어 316
제임스 러브록 84, 136, 372
제임스 시비츠키 50
제임스 프록터 331
제임스 허튼 230
조셉 뱅크스 189
존 맥닐 147
존 메이너드 케인즈 171
존 벨라미 포스터 141
존 윌리엄스 188
존 트렉 341
종species 79, 80, 144, 146, 169, 244, 274
종교 148
종말 224, 257, 258, 269
종말eschaton의 시대 233
종말론적 254
좋은 인류세 63, 89, 217, 237
주관화 방식 352, 358, 367
주위 182, 183
주체의 탈정치화 383
중국 143, 144
쥘 미슐레 56
지구 53, 86, 120, 121, 122, 192, 280, 287, 382
지구과학 236
지구과학자 46, 235
지구되기 58
지구물리학 115
지구사적 74
지구시스템 49, 50, 67, 100, 114, 206, 231, 256, 372
지구시스템과학 48
지구시스템의 역사 130
지구시스템의 청지기 212
지구시스템 자연과학 156
지구의 건강 150
지구의 미래 69
지구의 생명체 53
지구의 시간성 56
지구의 정치학 66
지구이야기 58, 76
지구적 304, 313
지구적 금융시스템 177
지구적 마술 171
지구적 변화 206
지구적 붕괴 257, 265
지구적 생태 위기 177
지구적 에너지 하강 209
지구적 추상체 178
지구적 환경 변화 86
지구적 환경 지식 86
지구정치학geopolitics 시대 67
지구화된 기술 171
지구화된 기술시스템 164

지구화 억제 174
지배종 140
지상의 학 320
지속가능성 패러다임 358
지속가능한 발전 354
지속불가능성 357, 366, 369
지속불가능성 거버넌스 369
지역적 기술 171
지역적 마술 171
지정학 54, 66
지질학적 47, 218
지질학적 권력 107
지질학적 사건 109
진보 115, 116
진화의 도식 264
집단 지성 318

【ㅊ】

차별적 모방 265
찰스 라이엘 56
찰스 라일 232
천연자원 202
초기 인류세 테제 92
최소극대화 원칙 139
추출주의 172
층서학자 47

【ㅋ】

카이로스 247
카이로스로서의 인류세 247
칼 마르크스 114, 196

캐롤린 머천트 191, 276
커트 스태이저 145
케네스 포메란츠 101
케빈 트렌버스 109
코스모폴리티즘 383
코페르니쿠스적 혁명 376
쿤슬러 257
크로노스 247, 249
클라이브 해밀턴 216, 309, 310, 328, 345

【ㅌ】

타자성 289, 290, 292
타자의 완전성 361
타조 정책 258
탄소 218, 341
탄소 발자국 141
탄소 배출량 181
탄소 신학 344
탄소의 결백 341
탈구축 320
탈성장 88
탈억제 202
탈자연적 de-natured 정치 64
탈정치화 356, 362, 380
탈희생화 379
테야르 드 샤르댕 107
테크노세 167, 172
토양 고갈 195
토지 강탈 339, 345
토템주의 148
통치 66

통화시스템 175
특별 화폐 176
티머시 미첼 64
티핑 포인트 95, 136, 139

【ㅍ】

파국 224
파국론 216
파국론 가설 215
파국론자 209, 215
파국론적 운동 210, 223
파국론적 행동주의 223
파국주의 215, 219
파네로테크닉 395
파울 크뤼천 44, 76, 87, 147, 206, 212, 246
파트너십 윤리 277
팔레오세-에오세 최고온기 131
패트릭 게디스 197
평 한 149
페터 슬로터다이크 94
펠릭스 노가렛 192
평화 343
포스트 데카르트적 160
포스트 생태학적 전환 365
포스트 자연 89, 95
포스트 자연 서사 51, 76, 94
포스트자연적 368
폴 에드워즈 137
프랑수아 앙투안 르흐 189
프랑켄슈타인 89
프랭크 런츠 329

프레드릭 소디 197
프레드릭 올브리튼 존슨 125
프로메테우스 217
프로테로테크닉 396
피에르 클레르제 84
피크 오일 208, 223
피크 올 208, 223
피터 뉴웰 140
피터 카레이바 91
피터 하프 146
필리프 데스콜라 158, 277
필립 베르트랑 192

【ㅎ】

한스 요나스 116
합리적 착취 85
해럴드 호텔링 200
해양 287
해양 산성화 144
핵겨울 가설 299
핵무기 사용 금지 299
행복한 탈성장 268
행성 50, 96, 98, 122, 154, 237
행성 경계 49
행성 과학 153
행성시대 387
행성시대위원회 388
행성시스템 113
행성온난화 153
행성의 청지기 78
행성적 내생시간학 392

행성 충돌 224
행성학 153
행위성 168, 289, 291
행위소 168
행위자 네트워크 이론 168
허무주의적 생태신학 94
혁신연구소 92
현실주의 314
호모 사피엔스 53
호모 이코노미쿠스 263
홀로세 44, 206, 397
홍수와 함께 살기 382
화석연료 130, 144, 151, 164
화석연료 기술 162
화석연료 연소 222
화이트헤드 325
화폐 174, 176
화폐 교환 201
환경 67, 182, 183, 184, 186
환경묵시록 243
환경 문법들 182
환경 변화 374, 375
환경 이주민 375, 376
환경적 의식 88
환경주의 351
활발한active 지질학적 힘 214
회의주의 330
후기 인류세 209, 215, 219, 221, 224
훌륭한 금지령 319

【기타】

AD 233
BC 233
H1 217
H2 217
H3 218, 222
H4 218, 222

인류세란 무엇인가?

등록 1994.7.1 제1-1071
초판 1쇄 발행 2025년 11월 25일

편저자   클라이브 해밀턴, 크리스토프 보뇌이유, 프랑수아 주멘느
옮긴이   조성환, 허남진, 이원진
펴낸이   박길수
편집장   소경희
편집·디자인   조영준
관 리   위현정
펴낸곳   도서출판 모시는사람들
          03147 서울시 종로구 삼일대로 457(경운동 수운회관) 1306호
전 화   02-735-7173 / 팩스 02-730-7173
홈페이지   http://www.mosinsaram.com/

인 쇄   피오디북(031-955-8100)
배 본   문화유통북스(031-937-6100)

값은 뒤표지에 있습니다.
ISBN   979-11-6629-250-7   94100
ISBN(세트)   979-11-6629-094-7   94100

* 잘못된 책은 바꿔드립니다.
* 이 책의 전부 또는 일부 내용을 재사용하려면 사전에 저작권자와
  도서출판 모시는사람들의 동의를 받아야 합니다.

* 이 번역서는 2017년 대한민국 교육부와 한국연구재단의 지원을 받아
  수행된 연구임(NRF-2017S1A6A3A02079082).